파이썬의 정석

파이썬의 정석

초판 1쇄 발행 2021년 3월 1일

지은이 시바타 보요
옮긴이 최하영

펴낸이 한창훈

펴낸곳 루비페이퍼 / **등록** 2013년 11월 6일(제 385-2013-000053 호)
주소 경기도 부천시 원미구 길주로 284 913호
전화 032-322-6754 / **팩스** 031-8039-4526
홈페이지 www.RubyPaper.co.kr
ISBN 979-11-86710-62-3

파이썬의 정석

루비페이퍼

옮긴이의 말

파이썬을 시작하는 여러분 환영합니다. 파이썬으로 할 수 있는 일은 무궁무진합니다. 간단한 스크립트부터 프로토타이핑은 물론 딥러닝이나 머신러닝까지 폭넓고 깊게 적용할 수 있습니다. 파이썬의 묘미는 간결한 프로그래밍에 있고, 이를 위해 무궁한 라이브러리가 존재합니다. 또한 C나 C++로 만든 프로그램을 파이썬에서 사용할 수 있을 정도로 다른 언어와 유기적으로 동작하기 때문에 확장성은 무한합니다. 따라서 여러분이 프로그램을 구상하면 그 생각의 흐름대로 풀어나갈 수 있습니다.

파이썬의 묘미가 간결성에 있는 만큼 파이썬 문법은 직관적이고 배우기 쉬우므로 다른 프로그래밍 언어에 경험이 있는 분이라면 금방 적응할 수 있습니다. 하지만 파이썬은 깊이 있는 언어이므로 학습이 절대 만만하지 않으니 기초를 탄탄히 다지길 바랍니다. 이 책의 저자는 수년간의 교육 경험을 통해 누구나 쉽게 이해할 수 있도록 집필했습니다. 저자의 당부대로 가능한 순서대로 학습하길 추천합니다. 물론 필요한 부분부터 학습해도 좋습니다. 더불어 개념를 완벽히 이해할 수 있도록 많은 예제가 준비되어 있습니다. 본문만으로 이해가 안 된다면 일단 예제를 실행해보고, 코드를 읽어 보길 바랍니다.

번역할 때 최대한 한국어를 사용하고자 노력했습니다. 가령 인수와 아규먼트 중에서는 인수를, 매개 변수와 파라미터에서는 매개 변수를 채택했습니다. 그러나 '이터러블'처럼 우리나라 말로는 정확한 의미를 나타내기 어려울 때는 영어 발음 그대로 표기했습니다. 또한 저자가 만들어낸 일본식 용어는 과감하게 제외한 점을 알아주시기 바랍니다.

여러분이 이 책과 함께 파이썬을 쉽게 시작하길 바랍니다. 그리고 기초를 탄탄하게 쌓아 언제든 파이썬을 자유자재로 다룰 수 있길 바랍니다.

최하영

저자 서문

여러분 안녕하세요. 만나서 반갑습니다.

많은 기업에서 파이썬을 개발 언어로 사용하면서 파이썬 사용자가 급격히 늘어나고 있습니다. 파이썬은 머신러닝이나 딥러닝과 같은 AI뿐만 아니라 공학 계산과 웹 애플리케이션 등 수많은 분야에 특화된 개발 언어입니다.

『파이썬의 정석』은 체계적으로 기초를 다지는 동시에 꼼꼼하게 학습할 수 있는 기본서입니다. 먼저 '찾아보기'를 살펴보기 바랍니다. 나열된 용어를 보는 것만으로도 얼마나 자세히 학습할 수 있는지 알게 될 것입니다.

이 책에서는 파이썬 기초와 프로그래밍 기초를 균형 있게 다룹니다. 외국어 학습과 비교한다면 파이썬 기초는 기초 문법과 단어이며, 프로그래밍 기초는 작문과 회화입니다. 이 책은 개발 언어와 프로그램의 본질을 깊고 자세히 다루기 때문에 파이썬 초보자뿐만 아니라 다른 개발 언어를 경험한 독자도 만족할 수 있을 것입니다.

기초라고는 하지만 결코 쉽지만은 않습니다. 따라서 이 책에서는 난해한 개념이나 문법을 시각적으로 이해할 수 있도록 165개의 그림과 표를 첨부했습니다. 더불어 299개의 예제를 함께 실었으니 예제를 통하여 파이썬에 익숙해져 봅시다.

이 책에는 오랜 강의 경험을 기반으로 초보자가 이해하기 어렵거나 헷갈리기 쉬운 부분을 주의 깊게 설명하기 위해 구어체를 사용했습니다. 제 강의를 수강하는 기분으로 이 책을 학습하길 바랍니다.

시바타 보요

이 책은 파이썬과 파이썬을 이용해 프로그래밍 기초를 학습하기 위한 기본서입니다. 총 13챕터와 부록이 다음과 같이 구성되어 있습니다.

- 챕터_1 파이썬 시작하기
- 챕터_2 화면에 출력하고 키보드로 입력하기
- 챕터_3 프로그램 흐름의 분기
- 챕터_4 프로그램 흐름의 반복
- 챕터_5 객체와 타입
- 챕터_6 문자열
- 챕터_7 리스트
- 챕터_8 튜플/딕셔너리/집합
- 챕터_9 함수
- 챕터_10 모듈과 패키지
- 챕터_11 클래스
- 챕터_12 예외 처리
- 챕터_13 파일 처리
- 부록 설치와 실행

학습을 시작하기 전에, 알아두어야 할 것이 있습니다. 파이썬은 언뜻 쉬워 보이지만 알고 보면 깊이 있고 복잡한 언어입니다. 파이썬을 능숙하게 다루기는 절대 쉽지만은 않습니다.

하나의 개념을 이해하기 위해서는 다른 개념에 대한 사전 지식도 필요합니다. 예를 들면 프로그램의 흐름을 반복하기 위한 for문(4챕터)을 이해하려면 리스트를 포함한 이터러블 객체(iterable object, 6~8챕터)에 대한 지식이 필요합니다. 그러나 이터러블 객체를 이해하기 위해서는 for문을 먼저 알고 있어야 합니다.

수년에 걸쳐 쌓은 교육 경험을 바탕으로 가능한 순서대로 학습할 수 있도록 이 책을 구성했지만 후반부의 지식이 필요한 경우도 많습니다. 순서대로 학습하되 필요한 경우 뒷부분의 내용을 참조하는 것을 추천합니다. 어느 부분을 참조하면 좋은지 본문에 함께 기술했습니다.

또한, 본문에 대한 보충 설명이나 응용할 수 있는 내용을 정리한 Column에는 다소 높은 수준의 내용도 있기 때문에 어렵게 느껴진다면 일단 건너뛰고 다음 내용을 학습해도 좋습니다.

이 책을 항상 손이 잘 닿는 곳에 두고 학습하길 바랍니다.

컴퓨터와 관련된 기초 용어

이 책에서는 '바이트', '메모리 영역' 등과 같은 컴퓨터와 관련된 일반적인 기초 용어나 파일 제어 등의 설명은 하지 않습니다. 이러한 내용까지 모두 설명하면 한 권에 모두 담을 수도 없고, 이미 알고 있는 독자에게는 필요하지 않을 수도 있기 때문입니다. 기초 용어나 기본 사용 방법은 인터넷에서 정보를 찾아보거나, 다른 서적을 참고하기 바랍니다.

숫자 영(0) 표기

예제 코드 안의 숫자 0은 안에 사선이 있는 문자 '0'으로 표기하여 알파벳 문자 'O'와 쉽게 구별할 수 있도록 했습니다. 단, CHAPTER, SECTION, 도표, 페이지 등의 번호나 날짜에는 일반적인 0으로 표기합니다. 또한, 숫자 일(1), 소문자 엘(l), 대문자 아이(I), 수직선 기호(|)도 구별하기 쉬운 문자를 사용해 표기했습니다.

역슬래시(\)와 원 기호(₩) 표기

파이썬에서 사용하는 역슬래시(\)는 개발 환경에 따라 원 기호(₩)로 표기될 수 있습니다.

스크립트 프로그램

이 책에서는 299개의 스크립트를 활용하여 학습합니다. 다만 본문에 사용한 코드를 약간만 변형한 스크립트의 경우 일부분만 싣거나 전체 생략했습니다. 본문에 사용된 스크립트는 237개로 나머지 62개는 생략했습니다.

모든 예제 소스는 다음 주소에서 내려받을 수 있습니다.

> **루비페이퍼 홈페이지의 자료실**
>
> https://www.rubypaper.co.kr/

파이썬 스크립트 실행 방법은 부록에 정리되어 있습니다. IDLE에서 스크립트를 열고 [F5] 키를 누르면 실행할 수 있습니다. 299개의 스크립트를 직접 실행하면서 파이썬과 친숙해지기를 바랍니다.

Contents

CHAPTER 03 프로그램 흐름의 분기

CHAPTER 04 프로그램 흐름의 반복

CHAPTER 05 객체와 타입

CHAPTER 06 문자열

CHAPTER 07 리스트

CHAPTER 08 튜플 / 딕셔너리 / 집합

CHAPTER 09 함수

CHAPTER 12 예외 처리

CHAPTER 13 파일 처리

부 록 설치와 실행

01

파이썬 시작하기

1챕터에서는 파이썬의 특징을 알아보고 기초를 다집니다.

- 파이썬이란
- 파이썬 실행하기
- 인터랙티브 셸(대화형 모드)
- 연산자와 피연산자
- 단항 연산자와 2항 연산자
- 기본 산술 연산자
- 연산자 우선순위
- 자료형과 type 함수
- 수치 자료형
- 정수형(int)/실수형(float)/복소수형(complex)
- 숫자 리터럴
- 정수 리터럴(2진수/8진수/10진수/16진수)과 실수 리터럴
- 문자열
- 문자 리터럴과 이스케이프 시퀀스
- 변수
- 대입문
- \를 사용한 행의 연속
- 파이썬의 철학(The Zen of Python)

SECTION 1-1

파이썬이란

파이썬 학습을 시작하기에 앞서 파이썬의 특징과
발전 과정을 학습합니다.

:: 파이썬이란

컴퓨터가 무언가를 하고 있다는 것은 어떠한 프로그램이 실행되고 있다는 것입니다. 여기서 프로그램이란 컴퓨터를 움직이게 하는 명령어의 집합입니다. 프로그램을 작성하기 위해 명령어를 체계화한 것이 프로그래밍 언어(Programming language)라고 불리는 인공 언어입니다.

지금부터 배울 파이썬은 네덜란드 출신의 귀도 반 로섬(Guido van Rossum)이 개발한 프로그래밍 언어입니다. 파이썬이라는 이름은 영국 BBC 방송국의 코미디 프로인 '몬티 파이썬의 날으는 서커스(Monty Python's Flying Circus)'에서 유래했습니다.

▶ 비단뱀이라는 뜻을 가진 python 단어처럼 파이썬의 로고에는 뱀이 그려져 있습니다(그림 1-1).

현재 파이썬 소프트웨어 재단(Python Software Foundation)에서 파이썬 개발 및 유지를 담당하고 있으며, 대표적으로 아래에 소개하는 사이트에서 파이썬 정보를 얻을 수 있습니다.

A 파이썬 기본 정보 : 파이썬 소프트웨어 재단

https://www.python.org/
이 사이트에서 파이썬을 다운로드할 수 있습니다.

B 한국어 정보 : 한국 파이썬 사용자 그룹

https://www.facebook.com/groups/pythonkorea/
한국 파이썬 사용자 모임의 홈페이지입니다. 한국어 정보를 제공합니다.

C 한국어 문서(Python 3)

https://docs.python.org/ko/3/
튜토리얼, 레퍼런스, 라이브러리 레퍼런스, FAQ(자주하는 질문과 답변) 등, 파이썬 소프트웨어 재단의 다양한 문서를 한국어로 번역해놓았습니다.

그림 1-1. 파이썬 로고

: 파이썬의 특징

이제 프로그래밍 언어 중 하나인 파이썬의 특징을 알아보겠습니다. 지금은 이해할 수 없는 내용이 있더라도 괜찮으니 가볍게 살펴봅시다.

오픈 소스 소프트웨어입니다.

파이썬은 무료로 사용할 수 있고 파이썬을 만든 소스까지 공개되어 있습니다. 따라서, 파이썬을 사용해 프로그램을 만드는 것뿐만 아니라 파이썬 자체의 내용까지 조사하거나 학습할 수 있습니다.

멀티플랫폼입니다.

Windows, macOS, Linux 등 다양한 환경에서 동작합니다.

각종 문서가 풍부하게 제공됩니다.

튜토리얼을 포함한 문서가 인터넷에 공개되어 있습니다.

폭넓은 분야에 적용할 수 있는 범용 언어입니다.

프로그래밍 언어마다 각각 특화된 분야가 있습니다. 한 언어가 모든 분야에 완벽하게 적용되는 것은 아닙니다. 그러나 파이썬은 머신러닝, 딥러닝 등의 AI(인공지능) 분야, 데이터 분석, 과학 기술 계산, 웹 애플리케이션, GUI(graphic user interface) 등 다양한 분야에 특화되어 있습니다. 쉽게 말해 파이썬은 멀티플레이어 같은 존재입니다.
더욱이 파이썬은 다른 언어로 개발된 프로그램과 쉽게 결합할 수 있는 글루 언어(glue language)로 불립니다. 따라서 파이썬이 처리하기 어려운 분야라면 그 분야에 특화된 언어로 개발하고 후에 파이썬으로 혼합하여 사용할 수도 있습니다.

다양한 프로그래밍 패러다임을 흡수하고 있습니다.

프로그램에는 그 바탕이 되는 사상과 개발 방법을 나타내는 각종 패러다임이 있습니다. 파이썬은 명령형, 절차형, 함수형, 객체지향 프로그래밍 등과 같은 다양한 프로그래밍 패러다임을 내포하는 포용력이 넓은 언어입니다. 파이썬을 학습하면 앞서 설명한 프로그래밍 패러다임에 능숙해질 수 있습니다.

스크립트 언어입니다.

스크립트 언어는 비교적 가벼운 체계의 프로그래밍 언어입니다. 스크립트 언어는 작성하거나, 실행, 테스트 등을 간단히 수행할 수 있습니다. 파이썬은 다음과 같은 특징이 있습니다.

- 다른 언어보다 짧고 효율적으로 작성할 수 있습니다.
- 가독성이 좋아 코드를 읽기 쉽습니다.

라이브러리가 풍부합니다.

다른 프로그래밍 언어와 마찬가지로 파이썬 자체만으로 할 수 있는 것은 한정되어 있습니다. 그러나 파이썬은 빠른 보급과 함께, 폭넓은 분야에 걸친 라이브러리가 제공되어 다양한 분야를 프로그래밍할 수 있습니다.

프로그램의 실행 속도가 아주 빠르지는 않습니다.

인터프리터 형식이며 동적 언어인 파이썬은 속도가 결코 빠르지 않습니다. 그러나 주요 부분에 고속 라이브러리를 활용하면 나름대로 빠른 처리가 가능합니다.

배우는 것이 결코 쉽지만은 않습니다.

파이썬은 배우기 쉽다고 알려졌지만 반드시 그렇지만도 않습니다. 효율적으로 작성할 수 있다는 것은 짧은 코드 안에 깊은 의도가 담겨있다는 의미입니다. 또, 파이썬은 흔히 이해하기 어렵다고 여겨지는 포인터가 표면적으로는 드러나지 않지만, 내부에는 포인터(참조) 투성이입니다. 파이썬을 학습할 때는 반드시 식 하나하나, 명령어 하나하나 의미를 제대로 이해해야 합니다.

:: 파이썬 버전

파이썬은 지속적으로 버전을 발전시키고 있으며 A.B 혹은 A.B.C와 같은 형식으로 버전을 표기합니다. A는 메이저 버전 번호, B는 마이너 버전 번호이며 C는 작은 변경 사항이나 버그 픽스가 있을 때 변경됩니다. 1991년에 0.9, 1994년에 1.0에 이어 2000년에는 2.0 그리고 2008년에는 3.0버전이 발표되었습니다.

파이썬은 2.0버전부터 주목을 받았으며 수많은 라이브러리가 만들어졌습니다. 파이썬 3는 언어 차원에서 큰 변화가 있었기 때문에 파이썬 2와 호환되지 않아 파이썬 2로 작성된 프로그램 대부분은 파이썬 3에서 동작하지 않습니다. 파이썬 2는 2020년까지만 지원되니 파이썬 2의 라이브러리를 사용해야만 하는 특별한 이유가 없다면 파이썬 3를 사용해야 합니다.

이 책에서는 파이썬 3.7을 학습합니다.

:: 파이썬 실행하기

파이썬으로 프로그램을 작성하려면, 먼저 파이썬을 설치해야 합니다. 부록을 참고하여 설치합니다. 파이썬 프로그램은 크게 세 가지 방법으로 실행할 수 있습니다(그림 1-2).

: 인터랙티브 셸

프로그램을 한 행씩 실행합니다(그림 1-2 a). 이번 챕터에서는 인터랙티브 셸(대화형 모드)만 사용합니다.

: 통합 개발 환경에서 실행

IDLE(Integrated Development and Learning Environment)라고 하는 통합 개발 환경(그림 1-2 **b**)을 사용하여 실행합니다.

: 파이썬 명령으로 실행

파이썬 명령은 .py 확장자로 저장된 프로그램을 이용하여 실행합니다.

a 인터랙티브 셸(대화형 모드)

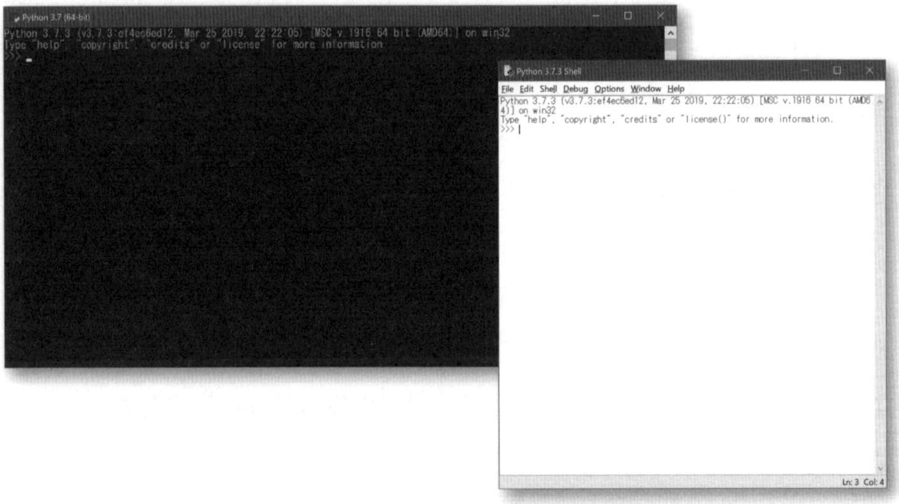

b IDLE(통합 개발 환경)

그림 1-2. 파이썬 프로그램 실행하기

또한, 서드 파티가 제공하는 IDLE(통합 개발 환경)을 사용하는 방법과 컴파일을 수행하여 빠르게 프로그램을 실행하는 방법 등이 있습니다.

SECTION 1-2

파이썬 기초 다지기

인터랙티브 셸(대화형 모드)을 이용해 파이썬에 익숙해지도록 하며
파이썬의 기초 내용을 학습합니다.

:: 인터랙티브 셸

파이썬에는 다양한 실행 방법이 있다는 것을 배웠습니다. 먼저 대화형 모드라고 불리는 인터랙티브 셸을 사용합니다.

: 인터랙티브 셸(대화형 모드)의 실행과 종료

먼저 파이썬 명령으로 인터랙티브 셸을 실행합니다.

▶ 실행 방법은 OS 버전과 파이썬 버전 등에 따라 달라집니다.

- Windows에서는 Powershell 혹은 명령 프롬프트에서 python을 입력합니다.
  또는, [시작 메뉴]에서 다음의 단계로 실행하는 것도 가능합니다.
  [시작 메뉴] → [Python 3.7] → [Python 3.7 (64bit)]
- Linux에서는 셸 프롬프트에 python을 입력합니다.
- macOS에서는 터미널에 python3를 입력합니다.

인터랙티브 셸을 실행하면 오른쪽 방향의 부등호(>>>) 3개가 연달아 나타납니다. 이 기호가 기본 프롬프트(primary prompt)입니다.

▶ >>> 다음에 스페이스가 한 칸 입력되어 있습니다.

프롬프트 다음에 여러 명령어를 입력할 수 있습니다. 먼저 copyright라고 입력합니다. 그러면 저작권 정보가 표시됩니다.

예 1-1. 인터랙티브 셸(대화형 모드)에 대한 저작권 정보 표시

```
Python 3.7.0 on win32
Type "help", "copyright", "credits" or "license" for more information.
>>> copyright Enter↵
Copyright (c) 2001-2018 Python Software Foundation.
All Rights Reserved.

Copyright (c) 2000 BeOpen.com.
All Rights Reserved.

Copyright (c) 1995-2001 Corporation for National Research Initiatives.
All Rights Reserved.

Copyright (c) 1991-1995 Stichting Mathematisch Centrum, Amsterdam.
All Rights Reserved.
>>>
```

여러분이 입력하는 곳입니다.

파이썬 셸에 의해 출력되는 내용으로 버전에 따라 달라집니다.

인터랙티브 셸을 본격적으로 사용하기 전에 기본적인 내용을 알아봅시다.

종료 방법

인터랙티브 셸은 다음 방법으로 종료할 수 있습니다.

(1) quit() 함수/exit() 함수를 사용하여 종료하기

quit()이나 exit() 함수를 입력합니다. 먼저 quit() 함수를 입력합니다.

예 1-2. 인터랙티브 셸 종료하기 1 - quit() 함수

```
>>> quit() Enter ↵
```

입력 후 인터랙티브 셸이 종료됩니다. 다시 파이썬을 실행하고 이번에는 exit()를 입력하여 종료합니다.

예 1-3. 인터랙티브 셸 종료하기 2 - exit() 함수

```
>> exit() Enter ↵
```

여기에 등장한 함수와 소괄호( )의 의미는 앞으로 하나씩 차분히 배워나갑니다.

(2) 키보드로 강제 종료하기

강제 종료가 필요한 경우에는 아래와 같이 단축키를 사용합니다.

- **Windows**: [Ctrl]키와 [Z]키를 누른 후, [Enter]를 누릅니다.
- **macOS/Linux 등**: [Ctrl]키와 [D]를 누른 후, [Enter]를 누릅니다.

이 방법은 실행 중 프로그램이 종료되지 않을 때 사용하는 마지막 방법입니다.

▶ [Ctrl]+[Z]와 [Ctrl]+[D]는 EOF(End Of File, 파일 끝)라고 합니다.

이전에 입력했던 명령어 불러오기

앞에서 사용했던 명령문과 동일하거나 유사한 명령어를 다시 사용하는 경우, 처음부터 다시 입력할 필요가 없습니다.

[↑], [↓], [Page Up], [Page Down] 키를 사용하면 지금까지 입력했던 명령어가 순서대로 나옵니다. 사용했던 명령어를 다시 사용하려면 그대로 [Enter]를 입력합니다. 만약 수정을 해야 한다면 [→]나 [←]로 커서를 이동해 불필요한 부분을 수정한 후 [Enter]를 입력합니다.

중요

동일하거나 유사한 명령어를 입력할 때는, 이전에 입력했던 명령어를 활용해 수정하여 사용한다.

:: 연산자와 피연산자

인터랙티브 셸을 계산기 대신 사용하여 파이썬에 익숙해져 봅시다. 먼저 사칙연산을 실행합니다. 계산식을 입력하면 연산 결과가 표시됩니다.

예 1-4. 사칙연산과 거듭제곱

```
>>> 7 + 3 Enter↵          ← 덧셈
10
>>> 7 - 3 Enter↵          ← 뺄셈
4
>>> 7 * 3 Enter↵          ← 곱셈
21
>>> 7 / 3 Enter↵          ← 나눗셈
2.3333333333333335
>>> 7 // 3 Enter↵         ← 나눗셈의 몫
2
>>> 7 % 3 Enter↵          ← 나눗셈의 나머지
1
```

주의 동일하거나 유사한 식이 필요한 경우에는 새로 입력하지 않고 이전에 입력했던 식을 찾아 수정하여 입력하면 편리합니다.

실수로 7÷3을 구하는 것이 7/3

정수로 7÷3은 몫 2, 나머지 1
몫 2를 구하는 연산자가 //
나머지인 1을 구하는 연산자가 %

```
>>> 7 ** 3 Enter↵                ← 거듭제곱(7의 3제곱)
343
>>> 7 * (3 + 2) * 4 Enter↵       ← 괄호() 안의 계산이 우선됨
140
```

프롬프트와 숫자 7 사이에는 스페이스를 입력하면 안 됩니다. 하지만 7과 +, +와 3, 3과 [Enter] 사이에는 스페이스가 있거나 없어도 상관없습니다.

▶ 그 이유는 Section 3-3에서 알아보겠습니다. 또 7/3의 결과에서 나머지 마지막 자릿수 값이 3이 아닌 5가 되는 이유는 5챕터에서 설명합니다.

: 연산자와 피연산자

연산을 하기 위해 사용되는 +, - 등의 기호는 연산자(operator)라고 하고, 7이나 3과 같이 연산의 대상을 피연산자(operand)라고 합니다(그림 1-3).

덧셈과 뺄셈 연산자 +와 -는 일반 계산에 사용되는 기호와 동일하지만 곱셈과 나눗셈 연산자 기호는 다릅니다. 곱셈은 X 대신 *을, 나눗셈은 ÷ 대신 /을 사용하며 나눗셈 결과에서 소수점 값을 버리고 몫만 구할 때는 //, 나머지를 구하는 계산에는 %를 사용합니다(표 1-1).

또, 단순한 사칙 연산은 아니지만, 거듭제곱의 값을 구하는 연산자는 **입니다.

▶ 7 ** 3은 7 * 7 * 7을 계산하며 두 개의 *사이에는 스페이스를 입력하면 안 됩니다.

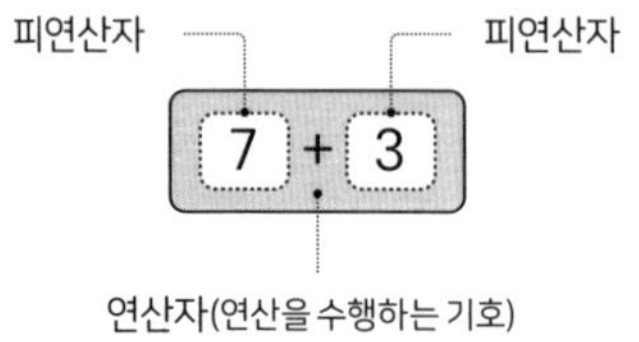

※ 왼쪽의 7을 제1피연산자 또는 왼쪽 피연산자라고 부르고 오른쪽의 3을 제2피연산자 또는 오른쪽 피연산자라고 부릅니다.

그림 1-3. 연산자와 피연산자

마지막 수식인 7 * (3 + 2) * 4에서 소괄호( )가 없으면 7 * 3과 2 * 4를 더해 값은 29가 됩니다. 즉 아래 내용도 일반적인 산술 계산과 동일합니다.

- 사칙연산은 왼쪽에서부터 오른쪽으로 계산한다.
- 곱셈과 나눗셈은 덧셈과 뺄셈보다 먼저 계산한다(연산자의 우선순위가 높다).
- 괄호 안의 식을 가장 먼저 계산한다.

소괄호( )는 중첩될 수 있습니다. 예를 들면, 7 * ((3 + 5) % 2)처럼 쓸 수 있습니다.

▶ 연산이 왼쪽에서부터 수행되는 연산자는 좌결합이라고 합니다. 다만 거듭제곱 **은 예외적으로 우결합입니다. 연산자의 종합 규칙은 뒤에서 자세히 다룹니다.

: 연산자 우선순위

지금까지 알아본 연산자는 피연산자가 2개인 2항 연산자(binary operator)였습니다. 2항 연산자 외에 피연산자가 3개인 3항 연산자(ternary operator)와 피연산자가 1개인 단항 연산자(unary operator)가 있습니다.

이제 일반 계산에서도 익숙한 단항 연산자 +와 -를 사용해봅시다.

예 1-5. 2항 연산자와 단항 연산자

```
>>> 7*+3 Enter↵          ← 7 * (+3)의 의미 : 7과 (+3)의 곱을 계산
21
>>> 7*-3 Enter↵          ← 7 * (-3)의 의미 : 7과 (-3)의 곱을 계산
-21
```

이 예에서 다음을 알 수 있습니다.

> +와 - 단항 연산자는 곱셈 및 나눗셈 연산자보다도 우선하여 연산을 수행한다.

인터랙티브 셸을 계산기 대신에 사용하면서 9개의 연산자를 학습했습니다. 연산자는 우선순위에 따라 4종류로 나눌 수 있습니다. 표 1-1에는 우선순위가 높은 연산자부터 차례대로 나열되어 있습니다.

표 1-1. 기본 산술 연산자

x**y	거듭제곱	x 의 y 제곱 수를 생성 우결합 연산자	↑
+x	단항+	x 그 자체의 수를 생성	↑
-x	단항-	x의 부호를 반전한 값을 생성	
x*y	곱셈	x에 y를 곱한 값을 생성	↑
x/y	나눗셈	x를 y로 나눈 값을 생성(연산은 실수형으로 수행)	
x//y	나눗셈의 몫	x를 y로 나눈 값에서 몫에 해당하는 값을 생성 (소수점 이하의 값을 버리고 정수형 값을 생성)	
x%y	나눗셈의 나머지	x를 y로 나눈 값의 나머지를 생성	
x+y	덧셈	x에 y를 더한 값을 생성	↑
x-y	뺄셈	x에서 y를 뺀 값을 생성	

:: 수치 자료형과 숫자 리터럴

예 1-4에서는 정수끼리 산술 연산을 했습니다. 연산자 /를 사용한 결과만 소수점 이하를 가지는 실수가 되고 다른 연산 결과는 모두 정수입니다.

: 수치 자료형

수를 표시하는 방법은 프로그래밍 언어에 따라 달라집니다. 수나 문자를 나타내는 종류나 방법을 자료형(data type)이라고 부르며, 파이썬에는 3개의 수치 자료형이 있습니다.

int타입	정수를 나타내는 정수형(integer type)입니다
float타입	실수를 나타내는 실수형(부동 소수점형, floating type)입니다
complex타입	복소수를 나타내는 복소수형(complex type)입니다

▶ 다른 프로그래밍 언어에서 int타입으로 표시할 수 있는 수는 한정되어 있습니다. 예를 들어 '-2,147,483,648부터 2,147,483,647 범위의 값만 사용할 수 있다' 같은 제한이 있습니다. 하지만 파이썬에는 이러한 제한이 없습니다.
또 파이썬의 float타입은 C나 Java의 float타입이 아닌 double타입에 해당합니다. 파이썬에는 double타입은 없습니다.

정수형과 실수형이 섞인 연산을 수행해봅시다.

예 1-6. 정수와 실수의 연산

```
>>> 7 + 3 Enter↵          ← int + int의 연산 결과는 int
10                        ← 이 결과만 int타입
>>> 7.0 + 3 Enter↵        ← float + int의 연산 결과는 float
10.0
>>> 7 + 3.0 Enter↵        ← int + float의 연산 결과는 float
10.0
>>> 7.0 + 3.0 Enter↵      ← float + float의 연산 결과는 float
10.0
```

int타입끼리의 덧셈 결과는 int타입이고, 이외의 덧셈 결과는 float타입입니다. 이와 같이 피연산자의 자료형에 따라 연산 결과의 자료형도 달라집니다. 상세한 규칙은 5 챕터에서 자세히 학습합니다.

: 숫자 리터럴

7이나 3.0과 같이 수의 값을 나타내는 방법을 숫자 리터럴(numeric literal)이라고 합니다. 7은 정수 리터럴(integer literal)이고, 3.0은 실수 리터럴(floating point literal)입니다.

▶ 리터럴은 '문자 그대로의'와 '문자로 표현되었다'라는 뜻이 있습니다.

정수 값은 10진수뿐만 아니라 2진수, 8진수, 16진수로도 나타낼 수 있습니다.

▶ 일반적으로 n진수는 n을 기수로 한 수입니다 (Column 1-2).

각 기수의 상수 표기는 다음과 같습니다.

2진수	0b로 시작	사용할 수 있는 숫자는 0~1로 2개
8진수	0o로 시작	사용할 수 있는 숫자는 0~7로 8개
10진수		사용할 수 있는 숫자는 0~9로 10개
16진수	0x로 시작	사용할 수 있는 숫자는 0~9와 a~f(A-F도 가능)로 16개

▶ 2진수, 8진수, 16진수는 0b, 0o, 0x 대신 0B, 0O, 0X 와 같이 대문자로 표기할 수 있습니다. 다만 8진수의 0O가 읽기 어려울 수 있습니다.

0b나 0x에 사용되는 0은 진수 지정자이기 때문에, 0 이외의 10진수는 0으로 시작할 수 없습니다. 즉, 03이나 010과 같은 수는 허용되지 않습니다. 정수 값을 입력해 봅시다.

예 1-7. 2진수/8진수/10진수/16진수

```
>>> 0b10 Enter ↵                ← 2진수의 10 (10진수의 2)
2
>>> 0o10 Enter ↵                ← 8진수의 10 (10진수의 8)
8
>>> 10 Enter ↵                  ← 10진수의 10
10
>>> 0x10 Enter ↵                ← 16진수의 10 (10진수의 16)
16
>>> 010 Enter ↵                 ← 10진수의 10으로 볼 수 없습니다.
  File "<stdin>", line 1
    010
      ^
SyntaxError: invalid token
```

10진수 값의 앞에 0을 입력하면 에러가 발생합니다.

마지막 010에서 오류가 발생합니다.

▶ 이 에러는 구문 오류입니다. 구문 오류는 3챕터에서 자세히 학습합니다.

이 예에서 다음의 내용을 알 수 있습니다.

- 연산을 수행하지 않고 값만 입력해도 그 값이 표시된다.
- 정수형은 10진수로 표시된다.

파이썬 3.6부터는 숫자 값 중간 아무 곳에나 밑줄 문자(_)를 입력할 수 있습니다. 파이썬은 숫자 값 중간에 쓴 밑줄 문자를 무시하기 때문에 큰 자릿수를 읽기 쉽도록 만들 때 사용합니다.

예 1-8. 정수 값에 밑줄 문자 넣기

```
>>> 38_239_521_489_247 Enter ↵          ← 10진수 38,239,521,487,247
38239521487247
```

다음 예처럼 실수는 정수부와 소수부 중 한쪽을 생략할 수 있습니다. 또한, 10의 제곱 지수 표기를 뒤에 붙일 수 있습니다.

```
6.52    10.    .001    1e5    3.14e-7    3.141_592_653_5
```

▶ e5는 10^5를 의미하며, e-7은 10^{-7}입니다.

:: 문자 리터럴과 이스케이프 시퀀스

지금까지는 '숫자'에 대해 학습했습니다. 이제 '문자'를 학습합니다. 먼저 직접 입력해 결과를 살펴봅니다.

예 1-9. 문자열(에러)

```
>>> Seoul Enter↵
Traceback (most recent call last):
 File "<stdin>", line 1, in <module>
NameError : name 'Seoul' is not defined
```

단순히 여러 개의 문자를 나열한 것은 문자열이 아닙니다.

Seoul만 입력했더니 에러가 발생하였습니다. 여기에 입력한 Seoul은 문자를 나열한 것이 아니라 하나의 '이름'으로 인식되었기 때문입니다.

▶ 에러 메시지의 마지막 행의 내용은 아래와 같습니다.
이름 오류 : 'Seoul'이라는 이름이 정의되어 있지 않습니다.

여기에서 말하는 '이름'이 무엇의 이름인지 문자 리터럴을 학습하면서 알아봅니다.

: 문자 리터럴

문자를 나열하여 입력한 것을 문자열(string)이라고 부르고, 이 일련의 문자열을 표기하는 것을 문자 리터럴(string literal)이라고 합니다. 문자 리터럴은 따옴표로 묶인 단일 문자로, 작은따옴표(') 혹은 큰따옴표(")로 묶어 'A', 'Seoul'과 같이 표기합니다. 직접 입력하여 확인합니다.

예 1-10. 문자 리터럴과 문자 리터럴의 덧셈과 곱셈

```
>>> 'A' Enter↵                          ← 한 개의 문자로 이루어진 문자열
'A'
>>> 'Seoul' Enter↵                      ← 다섯 개의 문자로 이루어진 문자열
'Seoul'
>>> '서울' Enter↵                        ← 두 개의 문자로 이루어진 문자열
'서울'
>>> '서' + '울' + '시' Enter↵            ← 덧셈 연산자 +로 문자열을 연속으로 나열
'서울시'
>>> '서울' * 3 Enter↵                    ← 곱셈 연산자 *로 문자열을 반복(3회)
'서울서울서울'
>>> 3 * '서울' + '입니다.' Enter↵        ← 곱셈 연산자 *로 반복한 후 덧셈 연산자 +로 연속
'서울서울서울입니다.'
>>> 3 * '서울' * 2 Enter↵                ← 곱셈 연산자 *로 문자열을 반복(6회)
'서울서울서울서울서울서울'
>>> ''                                  ← 공백 문자열 ——— 이것도 문자열입니다.
''
```

예제의 네 번째 입력부터 아래의 내용을 알 수 있습니다.

- '문자열' + '문자열'을 연산하면 왼쪽부터 문자열을 연속한 결과가 나온다.
- 문자열과 정수를 곱셈 연산자 *을 이용하여 곱하면 정수만큼 반복된 문자열을 얻을 수 있다.
  ※주의 : 문자열끼리는 곱셈 연산자로 곱할 수 없다.
- 문자열을 구성하는 문자의 개수는 0개일 수 있다(공백 문자열).

숫자 값과 문자열의 속성은 완전히 다릅니다. 문자 리터럴의 타입은 int타입이나 float타입이 아닌 str타입입니다. 문자열과 숫자 값의 차이를 아래의 예를 통해 확인합니다.

예 1-11. 문자열 간의 덧셈과 정수와의 덧셈

```
>>> '12' + '34' Enter↵          ← 문자열의 덧셈(연속) : 결과는 46이 아닙니다.
'1234'
>>> 'Python' + '3'
'Python3'
>>> 'Python' + 3 Enter↵         ← 'Python3'이 아닙니다.
Traceback (most recent call last) :
 File "<stdin>", line 1, in <module>
TypeError : can only concatenate str (not "int") to str
```

'문자열' + 숫자는 실행되지 않습니다.

: 이스케이프 시퀀스

작은따옴표(')는 문자열의 시작과 끝을 나타내는 특수 문자입니다. 따라서 'This isn't a pen.'을 표기할 수 없습니다. 따라서 문자열 내에서 작은따옴표(')를 입력하기 위해서는 역슬래시 \와 함께 \'로 입력합니다. 입력할 때는 \와 '로 두 개의 문자이지만, 실제로는 '의 값만 갖게 됩니다. 즉, 'This isn\'t a pen.' 으로 입력해야 합니다.

```
× 'This isn't a pen.'        O 'This isn\'t a pen.'
```

이처럼 역슬래시 \와 함께 단일 문자를 입력하는 방법을 이스케이프 시퀀스(escape sequence)라고 합니다. 이스케이프 시퀀스의 종류는 다음과 같습니다.

표 1-2. 이스케이프 시퀀스

\a	벨 소리(alert)	청각적 혹은 시각적 경보를 생성
\b	백스페이스(backspace)	커서를 한 칸 앞으로 이동
\f	폼피드(form feed)	커서 위치를 페이지의 처음으로 이동
\n	줄 바꿈(new line)	문자열 안에서 행을 바꿈
\r	캐리지 리턴(carriage return)	현재 커서를 행의 가장 앞으로 이동
\t	탭 문자(horizon tab)	행 내에 다음 탭 위치로 이동
\v	수직 탭(vertical tab)	다음의 수직 탭 위치로 이동
\\	역슬래시	
\?	물음표 ?	
\'	작은따옴표 '	
\"	큰따옴표 "	
\newline	역슬래시와 개행 문자를 무시	
\ooo	1~3 자리수인 8진수 ooo	
\xhh	2자리수인 16진수 hh	

▶ 주의 : Windows 한국어 버전에서는 역슬래시 \대신 원 기호 ₩가 입력됩니다.

: 문자열 표기 방법

작은따옴표(') 한 개로 구성된 문자열은 문자열 시작의 작은따옴표(')와 또한 작은 따옴표를 나타내기 위한 \', 그리고 문자열을 끝내는 작은따옴표(')를 합쳐 4개의 문자로 나타냅니다.

예 1-12. 작은따옴표

```
>>> '\'' Enter↵                    ← 작은따옴표 1개의 문자로만 이루어진 문자열
"'"
```

예 1-12의 실행 결과는 지금까지의 예제와는 달리 문자열을 감싸고 있는 기호가 작은따옴표(')가 아닌 큰따옴표(")입니다.

- **작은따옴표(')를 사용**
  큰따옴표(")를 그대로 입력할 수 있습니다. 작은따옴표는 \'로 표기할 수 있습니다.
- **큰따옴표(")를 사용**
  작은따옴표(')를 그대로 입력할 수 있습니다. 큰따옴표는 \"로 표기할 수 있습니다.
- **작은따옴표(''') 세 개를 사용**
  큰따옴표(")를 그대로 입력할 수 있습니다. 문자열에 개행 문자를 포함할 수 있습니다.
- **큰따옴표(""") 세 개를 사용**
  작은따옴표(')를 그대로 입력할 수 있습니다. 문자열에 개행 문자를 포함할 수 있습니다.

따옴표나 개행 문자를 포함하지 않는 한 모두 동일하게 사용할 수 있습니다.

예 1-13. 문자열 입력하기

```
>>> 'String' Enter↵
'String'
>>> "String" Enter↵
'String'
>>> '''String''' Enter↵
'String'
>>> """String""" Enter↵
'String'
```

예 1-13의 결과는 모두 작은따옴표(')로 문자열이 표시되고, 'String'으로 값이 같습니다. 이제 문자열 내에 따옴표와 개행을 입력해보겠습니다.

예 1-14. 문자열에 따옴표/개행 입력하기

```
>>> '이것은 "ABD"입니다.' Enter↵
'이것은 "ABD"입니다.'
>>> "문자열 \"ABC\"를 구성하는 글자는 'A'와 'B'와 'C'입니다." Enter↵
'문자열 "ABC"를 구성하는 글자는 \'A\'와 \'B\'와 \'C\'입니다.'
>>> '''중간에 Enter↵
... 개행을 Enter↵
... 할 수 있습니다.''' Enter↵
'중간에 \n개행을\n할 수 있습니다.'
```

주의 '''혹은 """으로 입력하는 하는 경우, 개행을 하면 기본 프롬프트인 >>>가 아닌 보조 프롬프트(secondary prompt)인 ...가 나타납니다.

지금까지 살펴본 예를 통해 인터랙티브 셸은 문자열 리터럴의 결과 값을 아래와 같이 표시하는 것을 알 수 있습니다.

- 기본적으로 ''로 표시한다.
- 문자열에 작은따옴표가 있는 경우 ""로 표시한다.
- 개행 문자와 작은따옴표는 이스케이프 시퀀스인 \n과 \'으로 나타낸다.

다양한 방법으로 문자열을 입력할 수 있어 편리합니다. 그러나 파이썬 코드를 작성할 때는 가능한 통일하여 쓰는 것이 좋습니다.

▶ 이 책에서는 기본적으로 ''으로 쓰고, 작은따옴표를 포함하는 경우 ""를 사용합니다.

''' 형식과 """형식은 개행 문자를 포함한 문자열 입력에만 사용하는 것처럼 보이지만 그 외에도 사용하는 경우가 있습니다. """형식의 문자열은 코드에 삽입된 내용을 바탕으로 매뉴얼 등 프로그램 문서를 작성할 때 사용합니다.

▶ """형식의 문자열에 대해서는 9챕터에서 학습합니다.

: 나란히 있는 문자열의 결합

스페이스, 탭, 개행 등의 공백 문자를 사이에 두고 있는 문자열은 연속하여 입력한 것으로 간주합니다. 예를 들어 'ABC'   'DEF'는 'ABCDEF'로 처리됩니다. 예 1-15에서 확인합니다.

예 1-15. 공백을 사이에 두고 있는 문자열 리터럴(문자열의 결합)

```
>>> 'ABC'    'DEF' Enter ↵
'ABCDEF'
```

공백이 없어지고 'ABCDEF'로 표시됩니다. 'ABC'+'DEF'와 같이 연산에 의해 연결된 것이 아닙니다.

: raw 문자열 리터럴

raw 문자열 리터럴은 문자열에 있는 이스케이프 시퀀스를 입력한 값 그대로 처리하는 것으로, 문자열 앞에 r 혹은 R을 입력합니다. 문자열 리터럴과 raw 문자열 리터럴의 차이를 알아보겠습니다.

```
역슬래시 \ 4개가 연속하는 문자열
  문자열 리터럴 '\\\\\\\\'          ※ 이스케이프 시퀀스 \\가 4개
  raw 문자열 리터럴 r'\\\\'         ※ 역슬래시 \가 4개
```

raw 문자열 리터럴은 역슬래시가 여러 번 사용되는 경로 등을 입력하는 경우에 사용합니다(ex r'C:\rubypaper\test').

▶ raw는 '원 상태의', '가공하지 않은'이라는 의미입니다.

: : 변수와 타입

따옴표로 묶지 않은 Seoul은 문자열이 아니라 이름이라고 앞서 기술했습니다. 바로, 변수(variable) 이름입니다. 변수에 대해서는 나중에 자세히 학습하니 우선 간단히 알아봅시다.

중요

변수란 정수, 실수 혹은 문자열 등의 값을 담아두기 위한 상자와 같은 것으로, 값을 넣어두면 언제든지 꺼내 쓸 수 있다.

▶ 이 설명은 정확한 정의가 아니기 때문에 5챕터에서 자세히 학습합니다.

예 1-16. 변수(값의 대입과 연산)

```
1 >>> x = 17 Enter↵             ← x에 17을 대입
  >>> y = 52 Enter↵             ← y에 52를 대입
  >>> z = x + y Enter↵          ← z에 x + y를 대입
2 >>> x Enter↵                  ← x의 값을 평가
  17
  >>> y Enter↵                  ← y의 값을 평가
  52
  >>> z Enter↵                  ← z의 값을 평가
  69
3 >>> x + 2 Enter↵              ← x + 2의 값을 평가
  19
  >>> x // 2 Enter↵             ← x // 2의 값을 평가
  8
4 >>> x, y, z Enter↵            ← x와 y, z의 값을 평가
  (17, 52, 69)
```

> 평가라는 용어는 3챕터에서 자세히 학습합니다.

1 =은 대입하라는 기호입니다. 수학에서는 'x와 17은 같다'라고 하지만, 프로그래밍에서는 변수 x, y, z에 값을 대입합니다.

2 인터랙티브 셸에 변수명만 입력하면 그 변수의 값이 표시됩니다.

3 변수끼리 산술 연산을 하면 그 연산 결과 값이 나옵니다

4 쉼표(,)로 구분하여 복수의 변수명을 입력하면 각각에 해당하는 값이 쉼표로 분리되어 괄호 안에 표시됩니다.

예 1-9에서 Seoul이라는 단어를 입력했을 때 이 이름이 정의되어 있지 않다는 에러가 발생했습니다. 그러나 지금 배운 것처럼 "x = 17"과 같이 대입하면 에러는 발생하지 않습니다. 그 이유는 다음과 같습니다.

중요

최초로 사용하고자 하는 변수에 값을 대입하기만 하면, 변수가 선언된다.

세 변수 x, y, z는 정수 값이 대입되었기 때문에 int타입으로 선언됩니다. 그러나, 변수의 타입은 고정되는 것이 아니라 변경할 수 있습니다. 다음 예 1-17을 직접 입력해 확인합니다.

예 1-17. 변수 타입 바꾸기

```
>>> x = 17 Enter↵            ← x에 int타입 정수 값 17을 대입
>>> x Enter↵                 ← x의 값을 평가
17
>>> x = 3.14 Enter↵          ← x에 float타입 실수 값 3.14를 대입
>>> x Enter↵                 ← x의 값을 평가
3.14
>>> x = 'ABE' Enter↵         ← x에 str타입 문자열 'ABC'를 대입
>>> x Enter↵                 ← x의 값을 평가
'ABC'
```

변수의 타입을 바꾸면서 '값'을 확인합니다.

변수 x가 차례대로 int타입, float타입, 그리고 str타입으로 바뀝니다.

: type 함수를 이용하여 변수 타입 확인하기

type() 함수를 이용하여 변수의 타입을 확인할 수 있습니다. type()의 괄호 안에 알고자 하는 변수 혹은 값을 입력합니다.

예 1-18. 변수 타입 확인하기

```
>>> x = 17 Enter↵
>>> type(x) Enter↵
<class 'int'>
>>> x = 3.14 Enter↵
>>> type(x) Enter↵
<class 'float'>
>>> x = 'ABC' Enter↵
>>> type(x) Enter↵
<class 'str'>
```

변수의 타입을 바꾸면서 '타입'을 확인합니다.

변수 x의 타입이 차례대로 바뀌는 것을 볼 수 있습니다. 또한, type()에는 변수 이름이 아닌 값 자체를 입력해도 타입을 알 수 있습니다.

예 1-19. 값의 타입 확인

```
>>> type(5) Enter
<class 'int'>
>>> type(5.5) Enter
<class 'float'>
>>> type('ABC') Enter
<class 'str'>
```

값의 '타입'을 확인합니다.

지금까지는 변수명을 한 글자로만 지정했습니다. 그러나 변수명은 아무렇게나 선언해서는 안 됩니다. 변수명을 만들기 위한 규칙은 다음과 같습니다.

- 변수명에는 알파벳, 숫자 그리고 밑줄 문자(_)를 사용할 수 있다.
- 알파벳은 대문자와 소문자를 구분한다.
- 변수 이름은 숫자로 시작할 수 없다.

즉, 다음과 같은 형태의 변수명을 사용할 수 있습니다.

```
a    abc    point    point_3d    a1    r2
```

▶ 3챕터에서 상세한 규칙을 학습합니다.

:: 식과 문

대입과 덧셈을 비교해보겠습니다.

예 1-20. 대입과 덧셈

```
>>> x = 17 Enter      ← x에 17을 대입
>>> x + 17 Enter      ← x에 17을 더한 값
34
```

처음에 x = 17을 입력하면 아무것도 나오지 않지만, 계속해서 x + 17을 입력하면 연산 결과 값이 나타납니다. 이는 다음과 같은 차이가 있기 때문입니다.

- x = 17은 문(statement)이다. ※ 식이 아닌 문이다.
- x + 17은 식(expression)이다. ※ 식이자 문이기도 하다.

식을 입력하면 그 결과 값이 나오지만 문을 입력하면 x = 17처럼 대입이 수행됩니다.

▶ 물론, 표시하도록 명령문을 실행하면 나타납니다. 다음 챕터에서 학습합니다.

x + 17이 식인 반면, x = 17은 식이 될 수 없는 이유를 예 1-21에서 확인합니다.

예 1-21. 대입과 덧셈의 타입

```
>>> x = 0 Enter
>>> type(x + 17) Enter
<class 'int'>                                   덧셈 x + 17은 int타입
>>> type(x = 17)
Traceback (most recent call last):              대입 x = 17에는 타입이 없음
 File "<stdin>", lin1, in <module>
TypeError:type() takes 1 or 3 arguments
```

식이 아닌 대입문은 타입을 알 수 없기 때문에 에러가 발생합니다. 식과 문은 단순해 보이지만 복잡한 개념입니다. 다음 챕터부터 조금씩 학습해 나가겠습니다.

:: 대입문

앞서 배운 것처럼 +는 덧셈 연산자입니다. 반면, =는 연산자가 아닙니다.

중요

대입을 위한 기호 =는 연산자가 아니다.

▶ 표 3-5에 정리된 연산자 목록을 보면 =는 포함되어 있지 않습니다. 연산자는 아니지만 관습상 대입 연산자라 불리므로 이 책에서도 동일하게 대입 연산자라 부릅니다.

기호 =을 사용하여 대입을 수행하는 문을 대입문(assignment statement)이라고 부릅니다. 대입문은 다양한 기능을 갖고 있습니다.

▶ 처음 사용하는 이름의 변수에 값을 대입하기만 하면 자동으로 변수가 선언되는 것을 앞서 배웠습니다.

자세한 내용은 차차 학습합니다. 지금은 편리한 기능 두 가지를 알아보겠습니다.

: 여러 개의 변수에 같은 값을 일괄적으로 대입하기

여러 개의 변수에 같은 값을 일괄적으로 대입할 수 있습니다.

예 1-22. 여러 개의 변수에 동일한 값 대입하기

```
>>> x = y = 1 Enter↵          ← x와 y에 각각 1을 대입
>>> x Enter↵
1
>>> y Enter↵
1
```

x와 y 두 개의 변수가 자동으로 선언되면서 1이 대입됩니다.

: 여러 개의 변수에 각각 다른 값을 한 번에 대입하기

여러 개의 변수에 각각 다른 값을 한 번에 대입할 수 있습니다.

예 1-23. 여러 개의 변수에 다른 값을 한 번에 대입하기

```
>>> x, y, z = 1, 2, 3 Enter ↵          ← x, y, z에 각각 1, 2, 3을 대입
>>> x Enter ↵
1
>>> y Enter ↵
2
>>> z Enter ↵
3
```

변수 x, y, z에 각각 1, 2, 3을 대입했습니다. 이번에는 약간 변형된 예제를 살펴보겠습니다.

예 1-24. 여러 개의 변수에 일괄적으로 한 번에 대입하기

```
>>> x = 6 Enter ↵
>>> y = 2 Enter ↵
>>> x, y = y + 2, x + 3 Enter ↵          ← x에 y+2를 대입 y에 x+3을 대입
>>> x Enter ↵
4
>>> y Enter ↵
9
```

변수 x와 y에 각각 대입을 하였습니다. 이 대입이 순서대로 진행된다면 아래와 같은 결과가 나왔을 것입니다.

❶ x = y + 2로 x의 값은 4가 된다.
❷ y = x + 3으로 ❶의 x값 4에 3을 더한 y 값은 7이 된다.

X

그러나 실제로 두 개의 대입은 순서대로가 아니라 동시에 이루어집니다.

- x = y + 2로 x값은 4가 된다.
- y = x + 3으로 y의 값은 9가 된다.

O

중요

여러 개의 변수에 일괄적으로 한 번에 대입할 때는 동시에 수행된다.

▶ 쉼표를 이용하여 여러 개의 변수에 대입할 때에는 8챕터에서 학습할 튜플이 사용됩니다.

:: 기호 읽기

아래는 파이썬에서 사용하는 기호를 읽는 방법을 정리한 표입니다.

표 1-3. 기호 읽기

기호	읽는 방법
+	덧셈 기호, 플러스(plus)
-	뺄셈 기호, 마이너스(minus)
*	곱셈 기호, 별표, 애스터리스크(asterisk)
/	슬래시(slash)
\	역슬래시
₩	원기호, 원 (주의)
%	퍼센트(percent)
.	점, 마침표
,	쉼표, 콤마(comma)
:	콜론(colon)
;	세미 콜론(semi colon)
'	작은따옴표, 인용 부호
"	큰따옴표, 인용 부호
(	왼쪽 소괄호, 소괄호 열기
)	오른쪽 소괄호, 소괄호 닫기
{	왼쪽 중괄호, 중괄호 열기
}	오른쪽 중괄호, 중괄호 닫기
[	왼쪽 대괄호, 대괄호 열기
]	오른쪽 대괄호, 대괄호 닫기

〈	왼쪽 홑화살괄호, 홑화살괄호 열기, 부등호
〉	오른쪽 홑화살괄호, 홑화살괄호 닫기, 부등호
?	물음표
!	느낌표
&	앤드(and) 기호, 앰퍼샌드(ampersand)
~	물결표, 틸데(tilde)
‾	오버 라인(over line), 어퍼 라인(upper line)
^	캐럿(caret)
#	번호 기호, 샵(sharp), 해시(hash), 우물정(井)
_	밑줄 문자, 언더스코어(underscore)
=	등호, 이퀄(equal)
|	수직선, 파이프, 버티컬 라인(vertical line)

주의 한국어 버전의 Windows에서는 역슬래시 \ 대신 원 기호 ₩를 사용합니다. 예를 들어 개행을 나타내는 이스케이프 시퀀스\n은 ₩n과 같이 표시됩니다.

사용하고 있는 시스템이 ₩을 사용하는 환경이라면 이 책에 표기된 모든 \를 ₩으로 읽어주세요.

:: \를 사용한 행의 연속

행의 마지막에(개행 문자 직전) \를 입력하면 줄바꿈을 사용하지 않고 다음 행에 이어서 작성할 수 있습니다. 즉, \와 개행 문자를 연속하여 입력한 이스케이프 시퀀스(표 1-2)는 다음과 같은 의미입니다.

```
이 행은 다음 행에 이어진다.
```

예 1-25. 행의 마지막에 \를 입력하여 행을 연속하기

```
>>> x \ Enter↵              ← 입력 중에 개행(다음 행에 연속됨)        x = 17
... = 17 Enter↵             ← 앞의 행에서 이어짐
>>> x Enter↵
17
>>> x = 5      \ Enter↵     ← 입력 중에 개행(다음 행에 연속됨)
... + 3 Enter↵              ← 앞의 행에서 이어짐                      x = 5 + 3
>>> x Enter↵
8
>>> x = \    Enter↵         \의 뒤에 공백을 입력하면 에러가 발생합니다.
  File "<stdin>", line 1
    x = \
^
SyntaxError: unexpected character after line continuation character
```

마지막 예와 같이, \와 개행 문자 사이에 공백이 있으면 에러가 발생합니다.

\를 사용한 행의 연속은 인터랙티브 셸의 특징으로 이후에 학습할 스크립트 프로그램에서 사용할 수 있습니다.

중요

현재 행을 다음 행과 연결할 때는 현재 행의 끝에 \를 입력합니다.

※ 행의 끝에 \가 있으면 다음 행으로 이어집니다.

▶ 이 외에도 소괄호()를 이용한 행의 연속은 3챕터에서 알아보겠습니다.

Column 1-1. 인터랙티브 셸에서 가장 최근에 표시한 값

인터랙티브 셸에서 가장 최근에 표시한 값은 밑줄 문자 '_'라는 변수에 대입됩니다. 이 변수는 앞선 계산 결과에 이어 다음 계산을 수행할 때 유용합니다.

```
>>> 5 + 3 Enter↵
8
>>> _ * 2 Enter↵                    ← 가장 최근에 표시한 값 * 2
16
>>> 7 + _ Enter↵                    ← 7 + 가장 최근에 표시한 값
23
```

:: 파이썬의 철학

인터랙티브 셸에서 다음과 같이 입력합니다.

예 1-26. import this를 이용하여 The Zen of Python 보기

```
>>> import this Enter↵
The Zen of Python, by Tim Peters

Beautiful is better than ugly.
Explicit is better than implicit.
Simple is better than complex.
Complex is better than complicated.
Flat is better than nested.
Sparse is better than dense.
Readability counts.
Special cases aren't special enough to break the rules.
Although practicality beats purity.
Errors should never pass silently.
Unless explicitly silenced.
In the face of ambiguity, refuse the temptation to guess.
There should be one-- and preferably only one --obvious way to do it.
Although that way may not be obvious at first unless you're Dutch.
Now is better than never.
Although never is often better than *right* now.
If the implementation is hard to explain, it's a bad idea.
If the implementation is easy to explain, it may be a good idea.
Namespaces are one honking great idea -- let's do more of those!
```

import this를 입력하여 나온 것은 팀 피터스(Tim Peters)가 정리한 The Zen of Python 입니다.

▶ 이 내용은 PEP 사이트에서도 확인할 수 있습니다.
※ PEP에 대해서는 3챕터에서 학습합니다.

이제, 각 문장을 살펴보겠습니다. 지금은 문장의 의미를 이해하지 않아도 괜찮습니다.

Beautiful is better than ugly.
아름다운 것이 추한 것보다 낫다.

Explicit is better than implicit.
명시적인 것이 암시적인 것보다 낫다.

Simple is better than complex.
단순한 것이 복잡한 것보다 낫다.

Complex is better than complicated.
복잡한 것이 난해한 것보다 낫다.

Flat is better than nested.
단조로운 것이 중첩된 것보다 낫다.

Sparse is better than dense.
여유로운 것이 밀집한 것보다 낫다.

Readability counts.
가독성은 중요하다.

Special cases aren't special enough to break the rules.
규칙을 깰 정도로 특별한 경우는 없다.

Although practicality beats purity.
비록 실용성이 순수성을 능가할지라도.

Errors should never pass silently.
에러는 결코 조용히 지나가는 법이 없다.

Unless explicitly silenced.
알고도 무시하지 않는 한.

In the face of ambiguity, refuse the temptation to guess.
모호할 때 추측하려 들면 안 된다.

There should be one-- and preferably only one --obvious way to do it.
문제를 해결할 수 있는 유일하고 명백한 하나의 방법이 있기 마련이다.

Although that way may not be obvious at first unless you're Dutch.
당신이 네덜란드 사람이 아닌 한, 그 방법이 명백하다고 생각하지 않겠지만.
▶ 파이썬의 창시자인 Guido van Rossum이 네덜란드 사람인 것에 비유한 것입니다.

Now is better than never.
영원히 하지 않는 것보다 지금 하는 것이 낫다.

Although never is often better than *right* now.
영영 하지 않는 것이 바로 지금 하는 것보다 나을 때도 있지만.

If the implementation is hard to explain, it's a bad idea.
구현 내역을 설명하기 어렵다면 좋은 아이디어가 아니다.

If the implementation is easy to explain, it may be a good idea.
구현 내역을 설명하기 쉽다면 좋은 아이디어다.

Namespaces are one honking great idea -- let's do more of those!
네임스페이스를 적절히 쓴다면 이보다 더 좋을 수 없다. 더 많이 쓰자!

Column 1-2. 기수

일상적으로 계산에서 사용하는 10진수는 '10을 기수로 하는 수'입니다. 마찬가지로 2진수는 '2를 기수로 하는 수'이며, 8진수는 '8을 기수로 하는 수', 16진수는 '16을 기수로 하는 수'입니다. 각 기수에 대하여 간단하게 배워보겠습니다.

■ 10진수

10진수에서는 0,1,2,3,4,5,6,7,8,9와 같이 숫자 10개를 사용하여 수를 나타냅니다. 9 다음에는 자리를 올려 10이 됩니다. 두 자리 수는 10부터 99까지로 그 다음은 자리를 한 번 더 올린 100입니다.

한 자리 … 0 ~ 9, 10개의 수를 나타냄.
~ 두 자리 … 0 ~ 99, 100개의 수를 나타냄.
~ 세 자리 … 0~999, 1000개의 수를 나타냄.

10진수의 각 자릿수는 마지막 자릿수부터 차례대로 10^0, 10^1, 10^2, … 와 같이 10의 거듭제곱 값을 갖습니다. 그러므로 1234는 다음과 같이 해석할 수 있습니다.

$1234 = 1 \times 10^3 + 2 \times 10^2 + 3 \times 10^1 + 4 \times 10^0$
10^0은 1입니다(2^0이나 8^0과 같이 어떤 수라도 0제곱은 1입니다).

■ 2진수

2진수는 0과 1, 두 개의 숫자로만 수를 나타냅니다. 1 다음에는 자리를 올려 10이 됩니다. 두 자릿수는 10부터 11까지이며 그 다음은 자리를 한 번 더 올린 100입니다.

한 자리 … 0 ~ 1, 2개의 수를 나타냄.
~ 두 자리 … 0 ~ 11, 4개의 수를 나타냄.
~ 세 자리 … 0~111, 8개의 수를 나타냄.

2진수의각 자릿수는 마지막부터 순서대로 2^0, 2^1, 2^2, … 와 같이 2의 거듭제곱 값을 갖습니다. 그러므로 1011은 다음과 같이 해석할 수 있습니다.

$1011 = 1 \times 2^3 + 0 \times 2^2 + 1 \times 2^1 + 1 \times 2^0$

10진수로 나타내면 11입니다.
※ 파이썬에서 2진 정수 리터럴로 표기하면, 0b1011입니다.

■ 8진수

8진수는 0,1,2,3,4,5,6,7 과 같이 숫자 8개를 사용하여 수를 나타냅니다. 7 다음에는 자리를 올려 10이 됩니다. 두 자릿수는 10부터 77까지로 그 다음은 자리를 한 번 더 올린 100입니다.

한 자리 … 0 ~ 7, 8개의 수를 나타냄.
~ 두 자리 … 0 ~ 77, 64개의 수를 나타냄.
~ 세 자리 … 0~777, 512개의 수를 나타냄.

8진수의 각 자릿수는 마지막부터 순서대로 8^0, 8^1, 8^2, … 와 같이 8의 거듭제곱 값을 갖습니다. 그러므로 5316은 다음과 같이 해석할 수 있습니다.

$$5316 = 5 \times 8^3 + 3 \times 8^2 + 1 \times 8^1 + 6 \times 8^0$$

10진수로 나타내면 2766입니다.
※ 파이썬에서 8진 정수 리터럴로 표기하면, 0o5316입니다.

■ 16진수

16진수는 0 ~ 9, 그리고 A ~ F와 같이 숫자 10개와 영문자 6개를 사용하여 수를 나타냅니다.
0 1 2 3 4 5 6 7 8 9 A B C D E F
앞에서부터 순서대로 10진수의 0~15에 해당합니다(A ~ F는 소문자 a ~f 로도 사용할 수 있습니다).
F 다음에는 자리를 올려10이 됩니다. 두 자릿수는 10부터 FF까지이며 그 다음은 자리를 한 번 더 올린 100입니다. 16진수의 각 자릿수는 마지막부터 순서대로 16^0, 16^1, 16^2, … 와 같이 16의 거듭제곱 값을 갖습니다. 그러므로 12A3은 다음과 같이 해석할 수 있습니다.

$$12A3 = 1 \times 16^3 + 2 \times 16^2 + 10 \times 16^1 + 3 \times 16^0$$

10진수로 나타내면 4771입니다.
※ 파이썬에서 16진 정수 리터럴로 표기하면, 0x12a3입니다.

■ 2진수와 16진수의 상호 변환

표 1C-1과 같이 네 자릿수의 2진수는 한 자릿수의 16진수에 대응됩니다. 즉 2진수의 네 자릿수 0000~1111은 16진수의 한 자릿수 0~F입니다.
이 점을 이용하면 2진수를 16진수로 혹은 16진수를 2진수로 쉽게 변환할 수 있습니다.
예를 들어 2진수 0111101010011100을 16진수로 변환하면 네 자리씩 잘라 각각 16진수에 해당하는 수로 치환하면 됩니다.

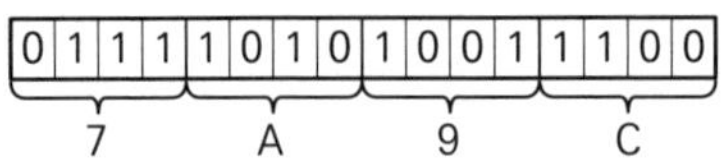

또한 16진수를 2진수로 변환할 때는 반대로 하면 됩니다. 16진수의 한 자릿수마다 2진수의 네 자릿수로 치환하며 또 한 자릿수의 8진수는 세 자릿수의 2진수에 대응됩니다. 세 자릿수인 2진수 000~111은 8진수의 한 자릿수 0~7입니다.
이 점을 이용하면 마찬가지로 변환할 수 있습니다.

표 1C-1. 2진수와 16진수의 대응

2진수	16진수	2진수	16진수
0000	0	1000	8
0001	1	1001	9
0010	2	1010	A
0011	3	1011	B
0100	4	1100	C
0101	5	1101	D
0110	6	1110	E
0111	7	1111	F

정리

- 파이썬은 명령형, 절차형, 함수형, 객체지향 프로그래밍과 같은 다양한 프로그래밍 패러다임에 대응하는 스크립트 프로그래밍 언어로써 급속도로 확산되고 있다.
- 파이썬은 버전을 지속적으로 높이고 있으며 현재는 파이썬 3 버전이 공개되었다. 특별한 이유가 없는 한 파이썬 3를 사용해야 한다.
- 파이썬 프로그램은 인터랙티브 셸(기본 대화 모드)에서 대화형으로 실행하거나 명령어 혹은 통합 개발 환경(IDLE)에서 실행할 수 있다.
- 기본 대화 모드에서는 기본 프롬프트라 불리는 >>>가 표시된다. 명령어나 식 등은 기본 프롬프트 다음에 입력한다. quit() 혹은 exit()를 입력하면 종료된다.
- 연산을 수행하기 위한 *나 + 등의 기호는 연산자라고 하며 연산의 대상은 피연산자라고 한다

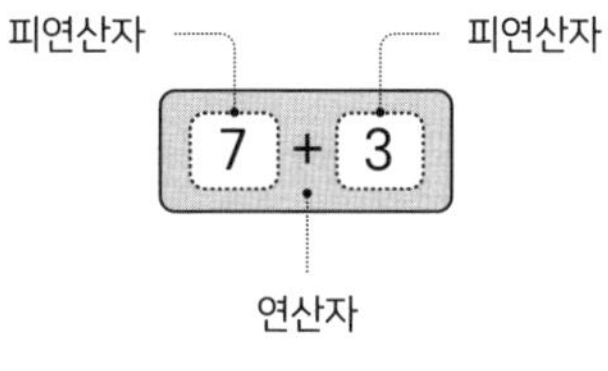

- 연산자는 피연산자의 개수에 따라 단항, 2항, 3항 연산자로 나뉜다.
- 기본적인 계산을 위한 연산자에는 거듭제곱의 **, 단항의 +와 −, 2항의 *, /, //, %, +, −가 있다.

- 연산자는 우선순위가 있다. 곱셈과 나눗셈이 덧셈과 뺄셈보다 우선순위가 높기 때문에 먼저 연산을 수행한다. 그러나 이러한 우선순위와 상관없이 괄호() 안에 있는 식의 연산이 먼저 수행된다.

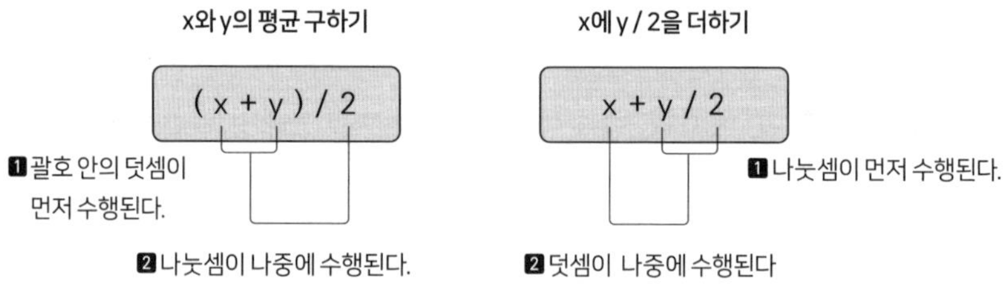

- 숫자나 문자의 특성을 규정하는 것은 타입이다.
- 수치 자료형에는 정수형(int타입), 실수형(float타입), 복소수형(complex타입)이 있다.
- 숫자나 문자열로 숫자 값을 나타내는 표기를 숫자 리터럴이라고 한다.
- 숫자 리터럴은 2진수, 8진수, 10진수, 16진수의 네 종류 기수로 나타낼 수 있다.
- 실수형의 끝에는 e^n 형식으로 지수 표기를 붙일 수 있다.
- 한국어 버전의 Windows에서는 역슬래시 \ 대신에 원기호 ₩가 입력된다.
- 역슬래시와 글자를 함께 입력하는 단일 문자인 이스케이프 시퀀스에는 개행 문자 \n, 복귀 문자 \r 등이 있다.
- 행의 마지막(개행 문자 직전)에 \를 입력하면 현재의 행을 다음 행으로 분리하여 연속할 수 있다.

- 문자 값을 나타내는 타입은 문자열형(str타입)이다. 그 문자의 꾸러미를 표기하는 문자열 리터럴은, 나타내고자 하는 문자열의 시작과 끝에 작은따옴표 ', 큰따옴표 ", 혹은 각각을 세 개씩 입력하여 '''이나 """을 붙인다.
- 공백 문자로 나누어져 있는 문자열 리터럴은 결합할 수 있다.
- raw 문자열 리터럴은 리터럴 안에 포함된 이스케이프 시퀀스가 입력된 그대로 처리된다.
- 연산자 +로 숫자 값끼리 덧셈이나 문자끼리의 덧셈(연속)은 가능하지만 문자와 숫자 값을 섞은 덧셈은 불가능하다
- 변수에는 정수나 실수, 문자열 등의 값을 담아둘 수 있고, 언제든지 그 값을 불러올 수 있다.
- x + 17은 식이며, x = 17은 식이 아닌 문이다. 대입을 위한 기호 =는 다양한 기능을 갖고 있지만 연산자는 아니다.
- 최초로 사용하는 이름의 변수에 값을 대입하면 그 이름의 변수가 자동으로 선언된다.
- 이미 선언된 변수에는 현재의 타입과 다른 타입의 값을 대입할 수 있다.
- 여러 개의 변수를 쉼표로 구분하여 한번에 값을 대입할 수 있다. 이 대입은 논리적으로 동시에 수행된다.
- 변수나 리터럴의 타입은 type()으로 확인할 수 있다.

■ 팀 피터스(Tim Peters)의 The Zen of Python은 전 세계 파이썬 개발자들에게 널리 읽히고 있으며, 파이썬의 철학이라 할 수 있다.

x ** y	거듭제곱 연산자	x의 y제곱 값	7 ** 3 → 343
+x	단항 + 연산자	x의 그 자체의 값	+7 → 7
-x	단항 - 연산자	x의 부호를 역으로 하는 값	-7 → -7
x * y	곱셈 연산자	x에 y를 곱한 값	7 * 3 → 21
x / y	나눗셈 연산자	x를 y로 나눈 값(실수 값)	7 / 3 → 2.3333333333335
x // y	나눗셈의 몫만 구하는 연산자	x를 y로 나눈 값 (소수점 아래 값은 버린다.)	7 // 3 → 2
x % y	나눗셈의 나머지를 구하는 연산자	x를 y로 나눈 나머지 값	7 % 3 → 1
x + y	덧셈 연산자	x에 y를 더한 값	7 + 3 → 10
x - y	뺄셈 연산자	x에서 y를 뺀 값	7 - 3 → 4

02

화면에 출력하고 키보드로 입력하기

화면에 출력하고 키보드로 입력하는 프로그램을 작성하면서 다양한 내용을 학습합니다.

- 스크립트 프로그램
- 스크립트 파일과 확장자 .py
- 주석
- 빈 행
- 식과 문
- 함수
- 내장 함수
- 함수 호출/호출 연산자/인수
- print 함수를 사용하여 화면에 출력하기
- print 함수로 전달되는 end 인수와 sep 인수
- input 함수를 사용하여 키보드로 입력하기
- int 함수를 사용하여 문자열을 정수 값으로 변환하기
- float 함수를 사용하여 문자열을 실수 값으로 변환하기
- str 함수를 사용하여 숫자 값을 문자열로 변환하기
- bin 함수/oct 함수/hex 함수를 사용하여 정수 값을 문자열로 변환하기
- format 메소드를 사용하여 문자열 서식화하기
- 매직 넘버
- 정수를 보관하는 함수
- 인코딩 지정과 UTF-8

SECTION 2-1

화면에 출력하기

앞 챕터에서는 인터랙티브 셸을 이용하여 파이썬을 학습했습니다.
이번 챕터부터는 프로그램을 파일로 저장하고 실행합니다.

:: print 함수를 사용하여 화면에 출력하기

지금 떠오르는 수의 연산을 생각해봅시다. 예를 들어 오른쪽과 같이 두 개의 정수를 입력하고 그 합을 출력합니다(입력한 값에 따라 연산 결과가 다릅니다).

```
정수a : 12 Enter ↵
정수b : 3 Enter ↵
a + b는 15입니다.
```

이 코드를 인터랙티브 셸에서 한 줄씩 입력하여 대화 형식으로 실행할 수 있습니다. 하지만 실행할 때마다 매번 같은 내용을 입력해야 합니다.

: 스크립트

워드나 메모장 등에서 문서를 만들어 저장하면 필요할 때마다 출력하거나 수정할 수 있습니다. 이와 마찬가지로 프로그램도 파일로 저장하여 언제든 실행하고 수정할 수 있습니다.

이러한 프로그램을 스크립트 프로그램(script program)이라고 하며, 이를 저장한 파일을 스크립트 파일(script file)이라고 합니다. 먼저 List2-1을 보겠습니다. 화면에 Hello!라고 출력하는 프로그램입니다.

▶ 프로그램을 저장하거나 실행하는 방법은 부록 A-2에 있습니다. 통합 개발 환경 IDLE에서 입력하거나 불러와서 [F5] 키를 누르면 실행할 수 있습니다.

List 2-1

```
# 'Hello!'를 화면에 출력하기

print('Hello!')     # print 함수를 호출하여 화면에 출력
```

행의 처음부터 입력합니다(공백을 입력하면 안 됩니다).

실행 결과

```
Hello!
```

: 주석

먼저 위의 스크립트에서 첫 행을 살펴보겠습니다. #의 의미는 다음과 같습니다.

> 이 행의 이 부분부터는 이 코드를 보는 사람에게 전하는 내용이다.

즉, 주석 혹은 코멘트(comment)입니다. 주석의 유무나 내용은 스크립트의 동작에 어떠한 영향도 주지 않습니다. 작성자 자신을 포함하여 코드를 읽고 있는 사람에게 전하고자 하는 내용을 한국어나 영어로 간결하게 작성합니다.

▶ #의 직후에 공백을 한 칸 입력하는 것이 기본입니다.
또한, 'ABC#DEF'와 같이 문자열 사이에 있는 #은 주석이 아닙니다.

중요

프로그램에는 작성자 자신을 포함하여 코드를 읽고 있는 사람에게 전하고자 하는 코멘트를 간결하게 작성한다.

다른 사람이 개발한 코드에 적절한 주석이 있다면 읽기 쉽고 이해하기 쉽습니다. 또 자신이 개발한 코드를 영원히 기억할 수 없으므로 주석을 다는 것은 작성자 자신에게도 중요합니다.

: 빈 행

두 번째 행은 아무것도 입력하지 않은 빈 행(blank line)입니다. 이러한 빈 행은 스크립트의 동작에 아무런 영향도 주지 않으므로 빈 행을 적절히 삽입하면 읽기 쉬운 코드가 됩니다.

: print 함수를 사용하여 화면에 출력하기

화면에 출력하는 코드를 직접 짜는 것은 매우 어렵습니다. 따라서 print라고 불리는 함수를 사용합니다. 함수는 한 단위의 처리를 수행하는 부품 같은 것으로 호출해서 사용할 수 있습니다.

그림 2-1에서 볼 수 있듯 함수 호출은 어떠한 일의 처리를 의뢰하는 행위와 같습니다. 그리고 이때 보조적인 지시를 하는 요소가 소괄호( )에 주어지는 인수(argument)입니다.

인수를 담고 있는 소괄호( )는 호출 연산자(call operator)라고 부릅니다. 호출된 print 함수는 전달된 문자열과 개행 문자를 화면에 출력합니다.

▶ 문자열의 내용이 표시되기 때문에 작은따옴표(')는 출력되지 않습니다.

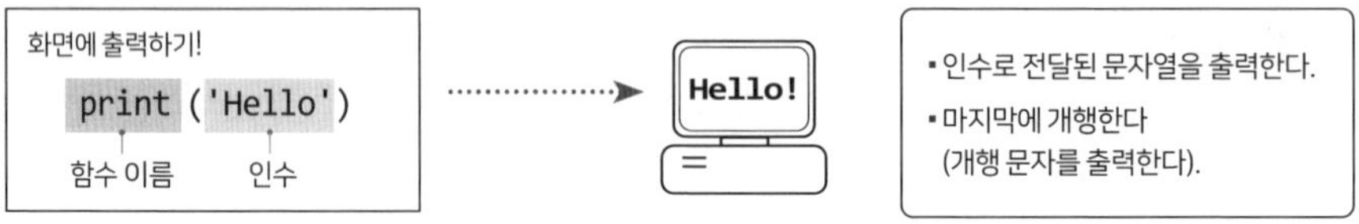

그림 2-1. print 함수를 호출하여 화면에 출력하기

또한 print 함수처럼 이용할 수 있는 표준 함수를 내장 함수(built-in-function)라고 합니다(내장 함수가 아닌 함수도 있습니다). 이 코드는 주석과 공백을 제외하면 1행뿐이며 print 함수가 호출되고 실행을 마치면 프로그램도 종료됩니다.

▶ 함수에 대해서는 이제부터 조금씩 배워 나가겠습니다.

:: 출력과 개행

이어서 '안녕하세요.'와 '만나서 반갑습니다.'를 출력합니다. List 2-2를 실행하면 print 함수가 순서대로 호출되어 문자열을 출력하고 개행합니다.

List 2-2

```
# '안녕하세요.'와 '만나서 반갑습니다.' 출력하기

print('안녕하세요.')          # 개행
print('만나서 반갑습니다.')    # 개행
```

순서대로 실행됩니다.

실행 결과

```
안녕하세요.
만나서 반갑습니다.
```

: 출력 후 개행하지 않는 방법

글자를 출력한 후 개행하지 않아야 할 때가 있습니다. List 2-3은 개행 없이 출력합니다.

List 2-3

```
# '안녕하세요.'와 '만나서 반갑습니다.' 출력하기

print('안녕하세요.', end=' ')   # 개행되지 않음
print('만나서 반갑습니다.')      # 개행
```

실행 결과

```
안녕하세요. 만나서 반갑습니다.
```

이와 같이 함수에 전달되는 인수가 여러 개 있는 경우에는 쉼표로 구분합니다. 또한, print 함수에 전달되는 두 번째 인수 end=' '는 다음과 같은 의미입니다.

> 표시 후 자동 출력하는 문자열 end를 줄 바꿈이 아닌 빈 문자열 ' '로 변경한다.

: 출력 중에 개행하기

문자열 내에서 줄을 바꾸려 할 때는 개행 문자에 해당하는 이스케이프 시퀀스 \n을 문자열 내에 삽입합니다.

List 2-4

```
# '바람', '숲', '불', '산' 출력하기1

print('바람\n숲\n불\n산')
```

실행 결과

```
바람
숲
불
산
```

print 함수가 개행 문자를 자동 출력하기 때문에 문자열 마지막에는 개행 문자인 이스케이프 시퀀스 \n을 입력하지 않아도 됩니다.

List 2-5

```
# '바람', '숲', '불', '산' 출력하기2

print('바람')
print('숲')
print('불')
print('산')
```

실행 결과

```
바람
숲
불
산
```

: 개행만 출력하기

개행만 출력할 때는 괄호 안에 아무것도 입력하지 않은 채로 print()를 호출하면 됩니다. 즉, 인수를 전달하지 않고 print 함수를 호출하면 개행 문자만 출력됩니다. List 2-6에서 확인합니다.

List 2-6

```
# '안녕하세요.'와 '만나서 반갑습니다.'를 개행으로 구분하여 출력하기

print('안녕하세요.')           # 문자열 출력
print()                        # 빈 행 출력
print('만나서 반갑습니다.')    # 문자열 출력
```

실행 결과

```
안녕하세요.

만나서 반갑습니다.
```

print 함수 호출은 식(expression)인 동시에 문(statement)이기도 합니다. 코드 내의 각 문은 기본적으로 순서대로 실행됩니다.

▶ 식과 문은 1챕터에서 학습했습니다. 다음 챕터에서 더욱 자세하게 설명합니다.

: 문자열 평가와 print 함수

1챕터에서는 인터랙티브 셸에 문자열을 입력하여 그 값을 출력했습니다. 이 출력과 print 함수를 이용한 출력은 다른 방식입니다.

인터랙티브 셸에서 먼저 문자열을 입력합니다.

예 2-1. 문자열

```
>>> 'Hello!\nGood Bye!' Enter        ← 식
'Hello!\nGood Bye!'                  ← ... 문자열이 출력됨
```

컴퓨터 중심

문자열 리터럴 'Hello\nGood bye!'는 하나의 식이기 때문에 이 문자열 자체를 평가한 값이 인터랙티브 셸에 '응답'과 같이 출력됩니다.

출력되는 것은 문자열이 가지고 있는 내용입니다. 개행 문자가 \n으로 그대로 출력되기 때문에 사람이 아닌 컴퓨터 중심으로 출력됩니다.

▶ 평가에 대해서는 다음 챕터에서 상세하게 학습합니다.

다음은 함수 호출입니다.

예 2-2. 함수 호출하기

```
>>> print('Hello\nGood Bye!')       ← 문
Hello!                               ← ... 명령에 따라 출력됨
Good Bye!                                ※ \n으로 개행된다
```

사람 중심

문자열 리터럴 Hello\nGood Bye!가 인수로 주어진 print 함수를 호출하고 있습니다. print 함수의 동작에 따라 'Hello', 'Good Bye!'가 출력됩니다. 이번에는 개행 문자가 \n으로 출력되지 않고, 실제로 개행하여 출력되었기 때문에, 사람 중심이라고 할 수 있습니다.

▶ 식이 문이라고 해석되는 이유는 다음 챕터에서 학습합니다.

SECTION 2-2

키보드로 입력하기

앞서 화면에 출력하는 코드를 작성했습니다. 이번에는 키보드로 문자열을 입력받아 대화 형식으로 실행하는 코드를 만들어보겠습니다.

:: input 함수를 사용하여 키보드로 문자열 입력받기

다음은 키보드로 입력받는 방식을 알아보겠습니다. List 2-7은 이름을 물어보고 문자열을 입력받아 출력하는 코드입니다.

List 2-7

```
# 이름을 입력받아 출력하기(공백으로 구분하여 출력)

print('이름이 무엇입니까?:', end='')
name = input()

print('안녕하세요.', name, '씨.')
```

실행 결과

```
이름이 무엇입니까? : 홍길동 Enter ↵
안녕하세요. 홍길동 씨.
```

구분을 위한 공백

처음으로 등장한 input 함수입니다. input 함수는 키보드로 문자열을 입력받아 리턴합니다. 함수의 '리턴'에 대해서는 9챕터에서 배울 예정이므로 다음과 같이 알아두기 바랍니다.

```
input()은 키보드로 입력받은 문자열 그 자체가 된다.
```

List2-7의 실행 결과에서는 input()으로 입력받은 문자열 '홍길동' 그 자체가 변수 name에 대입되었습니다. 1챕터에서 배운 바와 같이 대입으로 변수 선언과 동시에 변수 타입이 자동으로 결정되므로 변수 name의 타입은 str타입이고 값은 '홍길동'입니다.

또한 input 함수는 아래와 같이 인수로 문자열을 받을 수 있습니다.

```
input('출력할 문자열')
```

이 형식에서는 화면에 '출력할 문자열'이 출력된 후(이 경우 개행 문자는 출력되지 않습니다) 문자열을 입력받습니다. 이 형식을 응용한 것이 List 2-8입니다.

그림 2-2. 키보드로 문자열 입력받기

List 2-8

```
# 이름을 입력받아 출력하기(input 함수로 이름 요청하기)
name = input('이름이 무엇입니까?:')
print('안녕하세요.', name, '씨.')
```

실행 결과

```
이름이 무엇입니까?:홍길동 Enter ↵
안녕하세요. 홍길동 씨.
```

두 줄이었던 코드가 한 줄로 정리되어 간결해졌습니다. List 2-8에서는 input('이름이 무엇입니까?:')로 입력받은 문자열 '홍길동'이 변수 name에 대입되었습니다.

▶ input 함수는 줄 바꿈을 의미하는 엔터키까지 입력받습니다. 그러나 반환되는 문자열 마지막에 입력한 개행 문자는 포함하지 않습니다.

: 여러 문자열 출력하기

두 코드의 마지막 행을 살펴보겠습니다. print 함수에 전달된 인수는 '안녕하세요.'와 name, '씨.'로 세 개입니다. 이와 같이 쉼표로 구분한 print 함수에 여러 개의 인수를 전달하면 왼쪽에서부터 순서대로 출력됩니다.

여기에서는 문자열을 전달받은 print 함수가 각 문자열 사이를 구분하기 위해 공백을 출력한다는 점을 주의해야 합니다. 구분을 위한 공백을 출력하지 않도록 하려면 List 2-9와 같이 작성할 수 있습니다.

List 2-9

```
# 이름을 입력받아 출력하기(공백 없이 출력)
name = input('이름이 무엇입니까?:')
print('안녕하세요.', name, '씨.', sep='')
```

실행 결과

```
이름이 무엇입니까?:홍길동 Enter ↵
안녕하세요.홍길동씨.
```

print 함수에 주어진 마지막 인수 sep=''은 다음과 같은 지시를 합니다.

> 출력할 때 구분 문자열 sep를 공백이 아닌 빈 문자열 ''로 변경한다.

▶ sep에는 원하는 문자열을 지정할 수 있습니다. 만약 sep='\n'으로 지정하면 인수마다 한 행씩 개행됩니다. 또한 sep='---'으로 하면 '안녕하세요.---홍길동---씨.'와 같이 각 인수가 ---으로 구분되어 출력됩니다.

문자열을 +로 연결한 다음 출력하면 공백은 출력되지 않습니다. List 2-10에서 확인합니다.

List 2-10

```
# 이름을 입력받아 출력하기(문자열을 연속해서 출력)

name = input('이름이 무엇입니까?: ')

print('안녕하세요.' + name + '씨.')
```

실행 결과

```
이름이 무엇입니까?: 홍길동 Enter↵
안녕하세요.홍길동씨.
```

:: 문자열을 숫자 값으로 변환

이제 두 개의 정수 값을 입력받아 사칙 연산을 수행하고 출력합니다.

▶ 사칙 연산뿐만 아니라 거듭제곱 값도 구해 출력합니다. 또한 변수 b의 값이 0이라면 0으로 나눗셈을 수행한 결과 오류가 발생합니다. 이를 방지하기 위한 대책 방안은 3챕터와 12챕터에서 학습합니다.

List 2-11

```
# 두 개의 정수를 입력받아 사칙연산 수행하기 1(문자열을 입력받아 정수로 변환)

s = input('정수 a:')
a = int(s)
s = input('정수 b:')
b = int(s)

print('a + b는', a + b, '입니다.')
print('a - b는', a - b, '입니다.')
print('a * b는', a * b, '입니다.')
print('a / b는', a / b, '입니다.')
print('a // b는', a // b, '입니다.')
print('a % b는', a % b, '입니다.')
print('a ** b는', a ** b, '입니다.')
```

실행 결과

```
정수 a: 7 Enter↵
정수 b: 3 Enter↵
a + b는 10 입니다.
a - b는 4 입니다.
a * b는 21 입니다.
a / b는 2.3333333333335 입니다.
a // b는 2 입니다.
a % b는 1 입니다.
a ** b는 343 입니다.
```

s는 문자열 '7'
a는 정수 값 7

List 2-11의 실행 결과에서는 입력받은 문자열 '7'이 변수 s에 대입되었습니다. str타입인 문자열 '7'은 숫자 문자로 int타입이나 float타입과 같은 숫자 값이 아닙니다.

따라서 int 함수를 사용하여 문자열을 int타입 정수로 변환할 수 있습니다. 그림 2-3과 같이 int(문자열)의 형식으로 호출하면 문자열을 정수로 변환한 값이 리턴됩니다.

또한, 2진수, 8진수, 16진수로 나타내고자 한다면 int(문자열, 기수) 형식으로 호출하며, 문자열을 float타입 실수로 변환할 때에는 float(문자열) 형식으로 float 함수를 호출합니다.

▶ 숫자 값으로 변환할 수 없는 문자열을 인수로 호출한 식(int('H20'), float('5X.2') 등)에서는 에러가 발생합니다.

예	결과	형식	설명
int('17')	→ 17	int(문자열)	10진수 정수로 변환
int('0b110', 2) int('0o75', 8) int('13', 10) int('0x3F', 16)	→ 6 → 61 → 13 → 63	int(문자열, 기수)	지정된 기수의 정수로 변환
float(3.14)	→ 3.14	float(문자열)	실수로 간주하여 변환

그림 2-3. 문자열을 숫자 값으로 변환하기

문자열을 입력받고 숫자 값으로 변환하는 과정을 한 번에 수행하면 코드가 간결해집니다. List 2-12 에서 살펴보겠습니다.

List 2-12

```
# 두 개의 정수를 입력받아 사칙연산 수행하기 2(입력과 변환을 단일 문으로 수행)

a = int(input('정수 a:'))
b = int(input('정수 b:'))
```

변경한 곳 이외의 부분은 생략했습니다. 앞으로도 이러한 방식으로 예제에 생략되는 부분이 있습니다. 하지만, 예제 파일에는 전체 코드가 실려 있습니다.

이 코드를 실행하여 List 2-11 예제에서 입력한 값과 같은 값을 입력하면, int('7')이 리턴하는 7이 a에 대입되고, int('3')이 리턴하는 3이 b에 대입됩니다.

또한, 연산 결과를 출력할 때 구분 문자열 sep를 지정하지 않았으므로 각 항목인 연산 결과의 숫자 값 사이에 공백이 출력됩니다. 그렇지만 List 2-10의 방식으로 아래와 같이 입력하면 오류가 발생합니다.

```
print('a + b는' + a + b + '입니다.')  # 오류
```

1챕터에서 배운 것과 같이 문자열과 숫자 값은 +로 연결할 수 없기 때문입니다.

숫자 값을 문자열로 변환한 후에 연결하면 오류를 방지할 수 있습니다. 숫자 값을 문자열로 변환할 때는 그림 2-4에 있는 str 함수를 사용할 수 있습니다. int 함수나 float 함수와 반대로 변환합니다. 더불어 2진수, 8진수, 16진수의 문자열로 변환할 때는 bin 함수, oct 함수, hex 함수를 사용합니다.

str 함수를 사용해 List 2-13과 같이 작성합니다.

List 2-13

```
# 두 개의 정수를 입력받아 사칙 연산 수행하기 3(str 함수로 사칙연산 수행 결과를 연속해서 출력하기)

a = int(input('정수 a:'))
b = int(input('정수 b:'))

print('a + b는'  + str(a + b)  + '입니다.')
print('a - b는'  + str(a - b)  + '입니다.')
print('a * b는'  + str(a * b)  + '입니다.')
print('a / b는'  + str(a / b)  + '입니다.')
print('a // b는' + str(a // b) + '입니다.')
print('a % b는'  + str(a % b)  + '입니다.')
print('a ** b는' + str(a ** b) + '입니다.')
```

실행 결과

```
정수 a: 7 Enter ↵
정수 b: 3 Enter ↵
a + b는10입니다.
a - b는4입니다.
a * b는21입니다.
...이하 생략...
```

함수	결과	설명
str(53)	→ '53'	10진수 문자열로 변환
str(3.14)	→ '3.14'	
bin(6)	→ '0b110'	2진수 문자열로 변환
oct(61)	→ '0o75'	8진수 문자열로 변환
hex(63)	→ '0x3F'	16진수 문자열로 변환

그림 2-4. 숫자 값을 문자열로 변환하기

:: format 메소드를 이용한 문자열 서식화

문자열과 정수는 바로 연결할 수 없기 때문에 이를 연결하려면 여러 단계를 거쳐야 한다는 것을 배웠습니다. 하지만 실제로는 문자열 안에 정수 값을 포함할 수 있는 방법이 있습니다. List 2-14를 실행합니다.

List 2-14

```
# 두 정수 값의 합 출력하기

a = int(input('정수 a:'))
b = int(input('정수 b:'))

print('a와 b의 합은 {}입니다.'.format(a + b))
print('{}와 {}의 합은 {}입니다.'.format(a, b, a + b))
```

실행 결과

```
정수 a: 5 Enter↵
정수 b:3 Enter↵
a와 b의 합은 8입니다.
5와 3의 합은 8입니다.
```

코드와 실행 결과를 함께 보면 의미를 정확히 알지 못하더라도 코드가 무엇을 수행하고 있는지 가늠할 수 있습니다. 이 코드에서는 출력을 위해 다음과 같은 형식을 사용하고 있습니다.

```
문자열.format(인수들)        ※문자열에 {}가 포함되어 있다.
```

이는 format()에 전달된 인수를 문자열로 변환한 다음 {}안에 삽입할 문자열을 새롭게 생성하는 식입니다(인수가 여러 개인 경우에는 왼쪽부터 순서대로 {}안에 삽입합니다).

그림 2-5는 List 2-14의 실행 결과에서 수행한 내용을 나타낸 그림입니다. 삽입 후 생성된 문자열이 print 함수에 전달되어 출력됩니다.

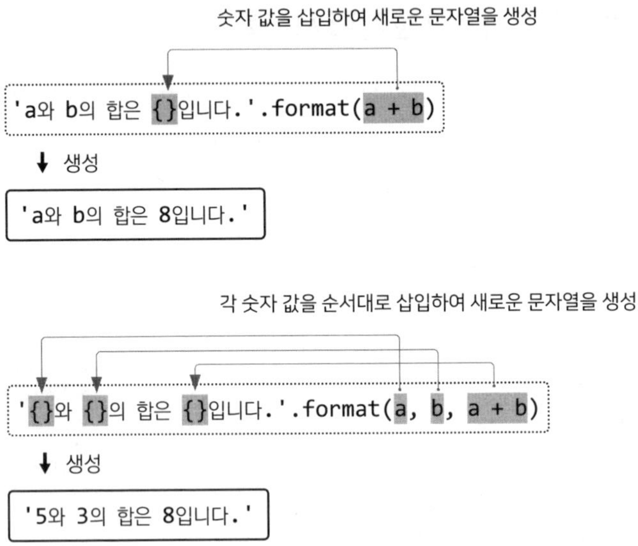

그림 2-5. 문자열에 숫자 값 삽입하기

format을 이용하여 지금까지의 코드를 다시 작성합니다. List 2-9를 수정한 예가 List 2-15입니다.

List 2-15

```
# 이름을 입력받아 출력하기

name = input('이름이 무엇입니까? : ')
print('안녕하세요.{}씨.'.format(name))
```

실행 결과

```
이름이 무엇입니까? : 홍길동 Enter ↵
안녕하세요. 홍길동씨.
```

이 코드에서 format으로 숫자 값이 아닌 문자열을 삽입했습니다. 이제 List 2-16으로 List 2-13을 다시 작성합니다.

List 2-16

```
# 두 개의 정수를 입력받아 사칙 연산 수행하기 4(format 이용하기)

a = int(input('정수 a : '))
b = int(input('정수 b : '))

print('a + b는 {}입니다.'.format(a + b))
print('a - b는 {}입니다.'.format(a - b))
print('a * b는 {}입니다.'.format(a * b))
print('a / b는 {}입니다.'.format(a / b))
print('a // b는 {}입니다.'.format(a // b))
print('a % b는 {}입니다.'.format(a % b))
print('a ** b는 {}입니다.'.format(a ** b))
```

실행 결과

```
정수 a: 7 Enter↵
정수 b: 3 Enter↵
a + b는 10입니다.
a - b는 4입니다.
a * b는 21입니다.
a / b는 2.3333333333335입니다.
a // b는 2입니다.
a % b는 1입니다.
a ** b는 343입니다.
```

format은 삽입뿐만 아니라 다양한 서식(왼쪽 정렬/가운데 정렬/오른쪽 정렬, 자릿수 지정 등)을 지정할 수 있습니다.

중요

문자열 안에 별도 문자열이나 숫자 값을 서식화하여 삽입한 문자열을 생성할 때는 문자열.format(...)을 사용한다.

함수인 print와는 다르게 format은 메소드(method)입니다. 끝에 괄호를 붙여 호출하는 등의 공통점도 있지만 다른 점도 많습니다. 메소드에 대해서는 6챕터와 11챕터에서 학습합니다.

지금까지 format 메소드를 이용하여 서식화하는 방법을 배웠습니다. 이 외에도 % 연산자나 영문자 f를 사용하는 방법도 있습니다. 서식화 방법은 6챕터에서 자세히 학습합니다.

:: 정해진 수의 값을 나타내는 변수

원의 반지름을 키보드로 입력받아 '원의 둘레'와 '원의 넓이'를 구해 출력하는 코드를 작성합니다.

List 2-17

```
# 원의 둘레와 넓이 구하기 1(원주율을 실수 값으로 사용하여 구하기)

r = float(input('반지름 : '))

print('원의 둘레는', 2 * 3.14 * r, '입니다.')
print('넓이는', 3.14 * r * r, '입니다.')
```

실행 결과

```
반지름: 7.2 Enter
원의 둘레는 45.216 입니다.
원의 넓이는 162.7776 입니다.
```

List2-17에서는 공식대로 원의 둘레와 넓이를 구하고 있습니다(반지름이 r인 원의 둘레는 $2\pi r$이고, 넓이는 πr^2입니다).

원주율 파이(π)를 3.14로 계산했지만 파이의 값은 3.14가 아닌 3.1415926535...로 무한 소수입니다. 만약 원의 둘레와 넓이를 좀더 정확하게 구하기 위해서 원주율을 3.14159로 한다면 3.14의 부분을 3.14159로 수정하면 됩니다.

이 코드에서는 두 군데만 수정하면 되지만, 대규모 프로그램에서는 프로그램 내에 π가 수백 군데에 이를 수도 있습니다. 편집 툴의 '바꾸기' 기능을 사용하면, 파일 내의 모든 3.14를 3.14159로 쉽게 바꿀 수 있습니다. 하지만 원주율이 아닌 다른 값으로도 3.14를 사용할 수도 있습니다. 이러한 부분은 치환 대상이 아니므로 선택적으로 치환해야 합니다.

작성자 이외에는 의도를 정확히 파악할 수 없게 사용된 숫자 값을 매직 넘버(magic number)라고 합니다. 매직 넘버는 가능한 사용하지 않는 것이 좋습니다.

따라서 원주율을 나타내는 변수를 사용하여 List 2-18과 같이 가독성이 좋은 코드를 작성합니다.

List 2-18

```
# 원의 둘레와 넓이 구하기 2(원주율을 변수에 담아 구하기)

PI = 3.14159                  # 원주율
r = float(input('반지름 : '))

print('원의 둘레는', 2 * PI * r, '입니다.')
print('넓이는', PI * r * r, '입니다.')
```

실행 결과

```
반지름: 7.2 Enter↵
원의 둘레는 45.238896 입니다.
원의 넓이는 162.8400256 입니다.
```

첫 줄에서 변수 PI에 3.14159를 대입하고, 그 뒤로는 PI를 사용하여 계산합니다. 상수 용도(한 번 대입한 값을 변경하지 않음)로 사용하는 변수 이름은 대문자와 밑줄 문자(_)만으로 구성하는 것이 관례이기 때문에 변수명은 대문자 PI입니다.

이 코드에는 다음과 같은 두 가지 장점이 있습니다.

(1) 한 군데에서만 값을 관리하면 된다.

원주율 3.14159는 가장 앞에서 변수 PI에 대입되어 있습니다. 만약 다른 값(3.14159265 등)으로 바꾸려면 딱 한 군데에서만 변경하면 됩니다.

따라서 오타는 물론 편집 툴의 치환으로 인한 오류를 방지할 수 있습니다. 또한 3.14159와 3.14159265를 혼용하거나 원주율이 아닌 다른 용도로 사용하는 값을 치환하는 실수를 방지할 수 있습니다. 즉, 코드의 보존성(maintainability)이 향상됩니다.

(2) 읽기 쉬운 코드가 된다.

코드에서는 숫자 값이 아닌 변수명 PI로 원주율을 참조할 수 있기 때문에 읽기 쉬운 코드가 됩니다. 즉, 코드의 가독성(readability)이 좋아집니다.

중요

코드를 작성할 때는 매직 넘버를 사용하지 않는 것이 좋다. 대문자(또는 밑줄 문자)로 구성된 이름의 변수에 값을 대입하여 이 변수를 사용한다.

▶ 원주율을 나타내는 변수는 math.pi로 제공됩니다. 이 변수를 사용하면 코드는 다음과 같이 작성할 수 있습니다(chap02/list0218a.py).

```
# 원의 둘레와 넓이 구하기 3(math.pi를 이용하여 구하기)

from math import pi

r = float(input('반지름 : '))

print('원의 둘레는', 2 * pi * r, '입니다.')
print('넓이는', pi * r * r, '입니다.')
```

여기에서는 math 모듈에서 변수 pi를 임포트합니다. from~import에 대해서는 10챕터에서 학습합니다.

Column 2-1. 인코딩 지정

파이썬과 같은 스크립트 프로그램에는 인코딩(Column 13-1)을 지정할 수 있으며 다음과 같이 쓰면 인코딩을 UTF-8로 지정할 수 있습니다.

```
# coding: utf-8
```

다만 프로그래밍의 지침인 PEP에는

"UTF-8을 사용하는 파일(파이썬 2에서는 ASCII)에는 인코딩 선언을 넣어서는 안 된다."

라고 되어 있습니다. 파이썬 3에서 UTF-8을 사용하고 있는 한 별도 인코딩 선언은 필요하지 않습니다.

정리

- 파이썬의 스크립트 프로그램은 확장자.py로 저장된다.
- 코드에 있는 문은 기본적으로 순차 실행된다.
- 스크립트 프로그램에는 작성자 자신을 포함하여 읽는 사람에게 전달하고자 하는 주석을 간결하게 작성할 수 있다. #부터 그 행의 마지막까지가 주석이 된다.
- 주석이나 빈 행은 코드 실행에 아무런 영향을 주지 않는다.
- print 함수나 input 함수와 같은 편리한 기능이 내장 함수로써 제공된다.
- 함수를 호출하여 연산을 할 때는 호출 연산자인 ( )를 붙여 함수명(인수) 형식으로 함수를 호출한다.
- 문자열을 화면에 출력하려면, 출력하고자 하는(0개 이상의) 문자열을 인수로 전달하여 print 함수를 호출한다. 인수의 문자열에 \n이 있으면 출력 중간에 개행할 수 있다.
- print 함수는 전달받은 인수 사이에 구분을 위한 공백을 출력하는 동시에, 마지막에는 자동으로 개행 문자를 출력한다. 이러한 '구분'을 변경할 때는 sep='문자열'을 전달하고, 개행을 변경할 때는 end='문자열'을 전달한다.

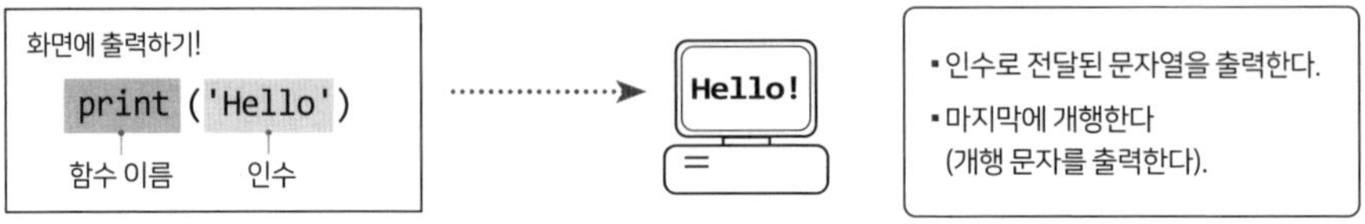

■ input 함수는 키보드로 입력한 문자열을 받아 반환한다. 마지막 엔터키까지 수행되지만 개행 문자는 반환하는 문자열에 포함되지 않는다.

■ 또한 문자열을 인수로써 전달하면 그 문자열을 출력한 다음 입력을 받는다.

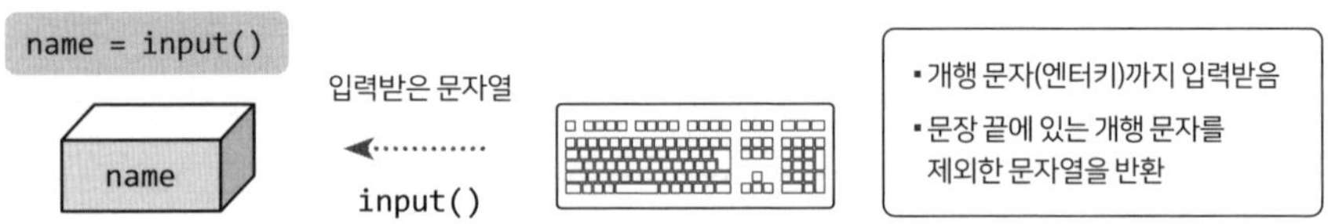

■ 문자열을 정수 값으로 변환할 때는 그 문자열을 인수로 전달하여 int 함수를 호출한다. 생략 가능한 두 번째 인수에는 2, 8, 10, 16진수를 지정할 수 있다.

■ 문자열을 실수 값으로 변환할 때에는 float 함수를 호출한다.

■ 숫자 값을 문자열로 변환할 때에는 10진수라면 str 함수, 2진수는 bin 함수, 8진수는 oct 함수, 16진수는 hex 함수를 호출한다.

■ format 메소드를 호출하면 문자열 내에 별도 문자열과 숫자 값을 (서식화하여) 삽입한 문자열을 생성할 수 있다. 호출 형식은 문자열.format(인수)로, 문자열에 {}을 포함한다.

■ 숫자 값을 그대로 사용하면 정체 불명의 매직 넘버가 될 수 있다. 대문자와 밑줄 문자로 구성된 이름의 변수에 값을 넣어두고, 그 변수를 사용하면 좋다.

2챕터 정리

```
chap02/gist.py

print('ABC', 'XYZ')
print('ABC', 'XYZ', end='')   # 행의 마지막에서 개행하지 않음
print('ABC', 'XYZ', sep='')   # 구분을 위한 공백을 넣지 않음
print()                       # 개행
print('ABC\n\nXYZ', sep='')   # 중간에 두 번 개행
print()                       # 개행

s = input('문자열:')
print('당신은' , s , '을 입력하였습니다.')
print('당신은' + s + '을 입력하였습니다.')
print('당신은{}을 입력하였습니다.'.format(s))
print()

no = int(input('정수 값:'))
print('마지막 자리의 값:', str(no % 10), sep='')
print('2진수:' + bin(no))      # 2진 문자열으로 변환
print('8진수:' + oct(no))      # 8진 문자열으로 변환
print('10진수:' + str(no))     # 10진 문자열으로 변환
print('16진수:' + hex(no))     # 16진 문자열으로 변환
print()

PI = 3.14159                   # 원주율을 나타내는 수
print('사각형과 원의 넓이를 구하겠습니다.')
width = float(input('사각형 가로의 길이:'))
height = float(input('사각형 세로의 길이:'))
radius = float(input('원의 지름:'))

print('사각형:{}'.format(width * height))
print('원:{}'.format(PI * radius * radius))
```

실행 결과

```
ABC XYZ
ABC XYZABCXYZ

ABC

XYZ

문자열:Seoul Enter↵
당신은 Seoul 을 입력하였습니다.
당신은Seoul을 입력하였습니다.
당신은Seoul을 입력하였습니다.

정수 값:123 Enter↵
마지막 자리의 값:3
2진수:0b1111011
8진수:0o173
10진수:123
16진수:0x7b

사각형과 원의 넓이를 구하겠습니다.
사각형 가로의 길이:5.3 Enter↵
사각형 세로의 길이:7.2 Enter↵
원의 지름:6.4 Enter↵
사각형:38.16
원:128.67952640000001
```

03

프로그램 흐름의 분기

이번 챕터에서는 프로그램의 흐름을 분기하는 if문을 중심으로 연산자와 식, 구문, 스타일 가이드 등을 학습합니다.

- if문(if절, elif절, else절)
- 인덴트
- 플로차트(흐름도)
- 비교 연산자(<, >, <=, >=, ==, !=)
- pass문
- 논리형
- 참과 거짓/True와 False
- 식과 평가
- 논리 연산자(and, or, not)
- 단락 평가
- 집합에 의한 판정
- 조건 연산자(if ~ else)
- 중첩된 if문
- 단순문과 복합문/스위트
- min()과 max()
- 정렬(오름차순/내림차순)과 sorted()
- 토큰/키워드/식별자/연산자/구분자/리터럴
- 구문 오류와 예외
- 스타일 가이드와 PEP8

SECTION 3-1

if문

if문은 조건의 성립 여부에 따라 수행 여부를 결정합니다.

여기서는 if문과 함께 기본적인 연산자에 대해 학습합니다.

:: if문 1

키보드로 입력받은 숫자 값이 양의 정수일 때 "양의 정수입니다."라고 출력하는 코드를 작성합니다. List 3-1을 살펴보면 print 앞에는 4개의 공백이 있습니다. 이와 같이 식이나 문을 입력하기 전에 행의 선두에 공백을 입력하는 것을 들여쓰기 혹은 인덴트(indent)라고 합니다.

▶ 공백은 4개가 아니어도 상관없지만, 최소 한 개는 필요합니다. 공백 대신에 탭을 사용하거나, 전각 문자로 공백을 입력하는 방법은 추천하지 않습니다. 이에 대해서는 뒤에서 자세히 학습합니다.

List 3-1

```
# 입력받은 수가 양의 정수인지 확인하기 1

n = int(input('정수 값:'))

if n > 0:
    print('양의 정수입니다.')
```

if문

들여쓰기 : 한 개 이상의 공백(이 책에서는 공백 네 개를 사용합니다)

실행 결과

```
❶ 정수 값:15 Enter↵
양의 정수입니다.
❷ 정수 값:-15 Enter↵
```

먼저 키보드로 입력받은 정수를 변수 n에 저장합니다. List 3-1의 회색으로 표시한 부분에서 n이 양의 정수인지 판정하고 성립한 경우 출력합니다. 이 부분이 아래 오른쪽과 같은 형식으로 이루어진 if문(if statement)입니다.

판정식

```
if 식:
    문
```

if로 시작하여 콜론(:)으로 끝나는 식(지금부터는 판정식이라고 부릅니다)을 평가하고, 그 결과가 참인 경우에만 콜론(:) 이후에 작성된 문을 실행합니다. 물론 선두의 if는 '만약'이라는 의미입니다.

이 코드의 판정식은 n > 0입니다. 연산자 >는 왼쪽 피연산자의 값이 오른쪽 피연산자보다 크면 참인 True를 생성합니다. 그렇지 않으면 거짓인 False를 생성합니다.

▶ 평가, 참, 거짓, True, False 등의 용어는 앞으로 자세히 학습합니다.

그림 3-1은 if문 처리 순서를 나타낸 플로차트(흐름도)입니다. 플로차트에 그려진 선과 화살표를 따라가면 코드의 흐름을 알 수 있습니다.

▶ 플로차트의 기호는 Section 3-2 마지막 부분에 설명되어 있습니다.

```
if n > 0:
        print('양의 정수입니다.')
```

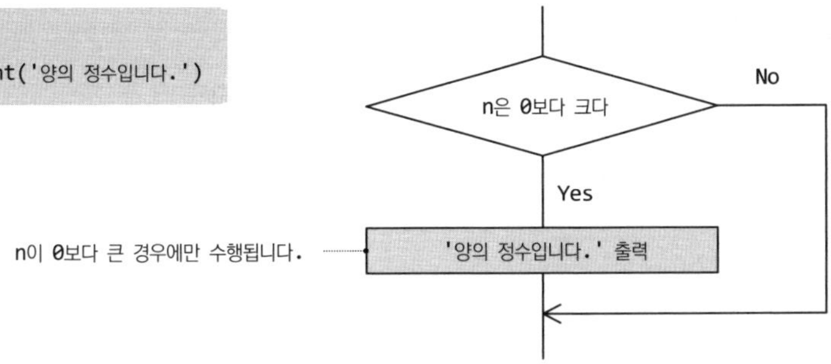

그림 3-1. 예 3-1 if문의 플로차트

실행 결과 ❶에서 판정식 n > 0에 따라 평가한 값은 True입니다. 플로차트의 Yes 쪽의 선을 따라 내려가 아래의 문이 실행되고 '양의 정수입니다.'라고 출력합니다.

```
print('양의 정수입니다.')
```

n > 0이 참인 경우에만 실행됩니다.

또한, 실행 결과 ❷처럼 n의 값이 0보다 작으면 No의 선을 따라가기 때문에 이 문은 실행되지 않습니다. 즉, 화면에는 아무것도 출력되지 않습니다.

중요

어떠한 조건이 성립한 경우에만 수행하는 것이 있다면 if문으로 구현한다.

:: 비교 연산자

연산자 〉와 같이 좌우에 있는 피연산자의 값을 비교하는 연산자를 비교 연산자(value comparison operator)라고 합니다. 표 3-1과 같이 6개의 연산자가 있습니다.

표 3-1. 비교 연산자

x<y	x가 y보다 작으면 True, 그렇지 않으면 False를 생성
x>y	x가 y보다 크면 True, 그렇지 않으면 False를 생성
x<=y	x가 y보다 작거나 같으면 True, 그렇지 않으면 False를 생성
x>=y	x가 y보다 크거나 같으면 True, 그렇지 않으면 False를 생성
x==y	x와 y의 값이 같으면 True, 그렇지 않으면 False를 생성
x!=y	x와 y의 값이 다르면 True, 그렇지 않으면 False를 생성

▶ 비교 연산자를 두 개 이상 연속하여 사용할 수 있습니다.

비교 연산자가 값을 비교하는 두 개의 피연산자는 다른 타입이어도 됩니다. 따라서 정수와 실수와 같이 서로 다른 타입의 값을 〉나 == 등으로 비교할 수 있습니다.

▶ 연산자 〈=와 〉=는 =〈, =〉와 같이 등호를 왼쪽에 먼저 쓸 수 없으며 〈 =, 〉 = 와 같이 부등호와 등호 사이에 띄어쓰기를 할 수 없습니다.

:: if문 2(else절)

List 3-1에서는 양의 정수 값이 아닐 때는 아무런 결과가 표시되지 않고 종료되므로 조금 어색합니다. 양의 정수가 아닌 경우에는 '0 또는 음의 정수입니다.'라고 출력하도록 List 3-2과 같이 수정합니다.

▶ List 3-1과 마찬가지로 print 함수 앞에는 들여쓰기가 필요합니다.

List 3-2

```python
# 입력받은 수가 양의 정수인지 확인하기 2

n = int(input('정수 값:'))

if n > 0:
    print('양의 정수입니다.')
else:
    print('0 또는 음의 정수입니다.')
```

if절 / else절 → if문

여기에도 들여쓰기 필요

실행 결과

```
❶ 정수 값:15 Enter ↵
  양의 정수입니다.

❷ 정수 값:-15 Enter ↵
  0 또는 음의 정수입니다.
```

이 예제에는 else: 이하의 코드가 추가되었습니다. 이번 if문은 흐린 회색으로 표시한 if절 그리고 진한 회색으로 표시한 else절로 이루어졌습니다.

```
if 식:
    문
else :
    문
```

▶ List 3-1의 if문은 if절로만 이루어져 있습니다.

else는 '~가 아니면'이라는 뜻입니다. 판정식을 평가한 값이 참이면 if 절의 문장이 실행되고 그렇지 않으면 즉, 거짓이면 else절의 문이 실행됩니다.

따라서 그림 3-2와 같이 n이 양의 정수인지 아닌지에 따라 다르게 처리됩니다.

중요

조건의 참과 거짓에 따라 다른 처리를 할 경우에는, else절을 포함한 if문으로 구현한다.

▶ 이 형식의 if문에서는 두 개의 문 중 하나가 실행됩니다. 모두 실행되지 않거나 둘 다 실행되는 경우는 없습니다.

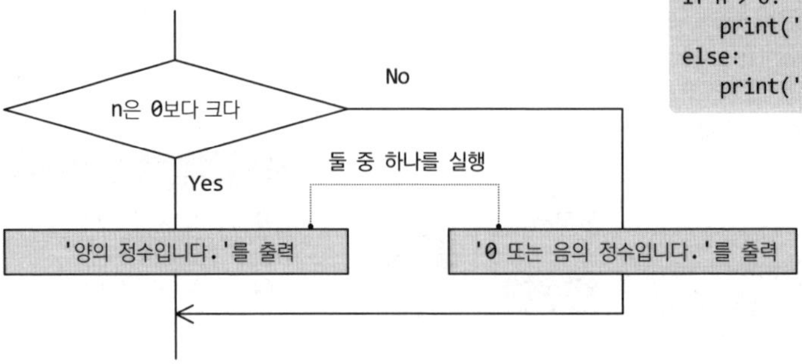


```
if n > 0:
    print('양의 정수입니다.')
else:
    print('0 또는 음의 정수입니다.')
```

그림 3-2. List3-2에서 구현한 if문의 플로차트

:: 등가성 판정

List 3-3에서는 키보드로 입력받은 두 개의 정수 값이 같은지를 판정하고 출력합니다.

List 3-3

```
# 입력받은 두 정수의 값이 같은지 확인하기 1(== 연산자 사용하기)

a = int(input('정수a : '))
b = int(input('정수b : '))

if a == b:
    print('두 숫자의 값은 같습니다.')
else:
    print('두 숫자의 값은 같지 않습니다.')
```

실행 결과

```
정수a : 37 Enter ↵
정수b : 52 Enter ↵
두 숫자의 값은 같지 않습니다.
```

변수 a와 b에 정수 값을 입력받고 그 값의 등가성을 판정합니다. if문의 판정식에 사용된 ==는 좌우 피연산자가 같은지를 판정하는 비교 연산자입니다(표 3-1).

▶ 정수와 실수의 값이 같은지 판단하는 37 == 37.0은 True지만, 정수와 문자열이 같은지 판단하는 37 == '37'은 False입니다.

좌우 피연산자가 다른지 판정할 때는 List3-4처럼 != 연산자를 사용하여 구현할 수 있습니다.

List 3-4

```
# 입력받은 두 정수의 값이 같은지 확인하기 2(!= 연산자 사용하기)

a = int(input('정수a : '))
b = int(input('정수b : '))

if a != b:
    print('두 숫자의 값은 같지 않습니다.')
else:
    print('두 숫자의 값은 같습니다.')
```

List 3-3과 반대

실행 결과

```
정수a : 37 Enter
정수b : 52 Enter
두 숫자의 값은 같지 않습니다.
```

두 문의 순서가 바뀐 것에 주의해야 합니다.

if, 판정식, 콜론(:), else는 각각 독립적인 단어입니다. 그렇기 때문에 식과 콜론 사이, else와 콜론 사이에 공백을 입력해도 상관없습니다(오류가 발생하지 않습니다).

그러나 일반적으로 공백은 입력하지 않습니다.

▶ PEP 스타일 가이드에서 쉼표, 콜론, 세미콜론 직전에는 공백을 입력하지 않는 것을 권장하기 때문입니다.

:: if문 3(elif절)

다음으로 배울 List 3-5는 정수 값의 부호(양수/0/음수)를 판정하여 출력하는 코드입니다.

List 3-5

```
# 입력받은 숫자의 부호 표시하기

n = int(input('정수 값: '))

if n > 0:
    print('양수입니다.')
elif n == 0:
    print('0입니다.')
else:
    print('음수입니다.')
print('프로그램을 종료합니다')
```

if절 / elif절 / else절 → if문

들여쓰기 불필요

들여쓰기 필요

실행 결과

```
❶ 정수 값: 37 Enter ↵
양수입니다.
프로그램을 종료합니다.

❷ 정수 값: 0 Enter ↵
0입니다.
프로그램을 종료합니다.

❸ 정수 값: -5 Enter ↵
음수입니다.
프로그램을 종료합니다.
```

List3-5의 if문은 if절과 else절 사이에 "elif식:문" 형식의 elif절이 포함되어 있습니다. elif는 else if의 약자이며 **'~가 아니고, 만약 ~라면'**이라는 뜻입니다. 지금까지 살펴본 예제의 if문과 동일하게, 절 안에 있는 문장이 실행되면 if문은 종료되고 이후의 절은 실행되지 않습니다.

```
if 식:
    문
elif 식:
    문
else :
    문
```

따라서 세 개의 print 함수 중 하나만 실행됩니다. 아무것도 실행되지 않거나, 두 개 이상이 실행되는 경우는 없습니다. 또한 각 절의 처리(print 함수 호출)가 완료되면 if문은 종료됩니다.

중요

여러 조건에 따라 각각 다른 처리를 할 경우에는 elif절을 사용해 구현한다.

마지막 행에서는 print 함수를 호출하여 '프로그램을 종료합니다.'라고 출력합니다. 이 부분은 if문과 무관합니다. 들여쓰기를 하지 않은 것이 그 이전의 if문과 상관없는 코드라는 것을 의미합니다.

▶ List 3-5의 마지막 print 함수의 행에 그 이전 행과 같이 들여쓰기를 해보겠습니다(chap03/list0305a.py).

```
n = int(input('정수 값 : '))
if n > 0:
    print('양수입니다.')
elif n == 0:
    print('0입니다.')
else:
    print('음수입니다.')
    print('프로그램을 종료합니다')
```

그러면 n이 음수인 경우에만 '프로그램을 종료합니다.' 가 출력됩니다. 들여쓰기의 의미와 입력 방법은 Section 3-2에서 자세히 학습합니다.

: 여러 개의 elif절

if문 안에서 elif절은 여러 번 사용할 수 있습니다. List 3-6을 통해 살펴보겠습니다.

List 3-6

```
# 숫자를 입력받아 색깔 이름 출력하기

n = int(input('숫자를 입력하세요. :'))

if n == 0:
    print('빨강')
elif n == 1:
    print('파랑')
elif n == 2:
    print('노랑')
elif n == 3:
    print('검정')
```

실행 결과

```
❶ 숫자를 입력하세요. :0 Enter↵
빨강
❷ 숫자를 입력하세요. :1 Enter↵
파랑
❸ 숫자를 입력하세요. :2 Enter↵
노랑
❹ 숫자를 입력하세요. :3 Enter↵
검정
❺ 숫자를 입력하세요. :4 Enter↵
```

빨강, 파랑, 노랑, 그리고 검정을 0부터 3에 각각 대응하여 출력하고 있습니다. List 3-6에는 elif절을 세 개 사용하였고 else절은 없습니다. 따라서 0~3 이외의 값을 입력하면 아무것도 출력되지 않습니다.

실행 결과에서 보는 것과 같이 이 코드는 네 번 분기하는 것이 아니라 다섯 번 분기합니다

▶ 파이썬은 C언어 등 다른 언어에서 사용할 수 있는 switch문을 지원하지 않으나 대신 elif를 활용할 수 있습니다.

: if문 나열

이어서 List 3-7을 살펴보겠습니다.

List 3-7

```
# 숫자를 입력받아 양수인지, 그리고 홀수인지 확인하기

n = int(input('정수 값:'))

if n > 0:
    print('이 값은 양수입니다.')
if n % 2 == 1:
    print('이 값은 홀수입니다.')
```

행의 시작부터 입력해야 하며 공백을 입력하면 안 됩니다.

실행 결과

```
❶ 정수 값:-6 Enter↵
❷ 정수 값:-5 Enter↵
  이 값은 홀수입니다.
❸ 정수 값:6 Enter↵
  이 값은 양수입니다.
❹ 정수 값:7 Enter↵
  이 값은 양수입니다.
  이 값은 홀수입니다.
```

List 3-7은 elif절과 else절 없이 두 개의 if문만 순서대로 실행됩니다. 따라서 각각의 if문에서 판정식이 참인 경우에만 출력됩니다. 이 예제는 두 if문을 순서대로 수행한 것으로 elif절과 else절이 있는 if문과는 완전히 다릅니다. 혼동하지 않도록 주의하기 바랍니다.

▶ 이 코드를 수정하여 List 3-29에서 다시 한번 알아보겠습니다.

:: pass문

List 3-5를 다시 한번 살펴봅시다. 세 갈래로 분기하여 입력받은 숫자가 양수인지, 0인지, 또는 음수인지 출력합니다. 여기서 0은 양수 혹은 음수 어느 쪽에도 해당하지 않습니다. if문 안의 각 절에서 수행할 수 없을 때는 단순히 pass라고 쓰기만 하면 실행하지 않고 넘길 수 있습니다. List 3-8을 통해 확인합니다.

List 3-8

```
# 입력받은 숫자의 부호 표시하기(0 패스하기)

n = int(input('정수 값:'))

if n > 0:
    print('양수입니다.')
elif n == 0:
    pass
else:
    print('음수입니다.')
```

pass문

실행 결과

```
❶ 정수 값:17 Enter
양수입니다.

❷ 정수 값:0 Enter

❸ 정수 값:-5 Enter
음수입니다.
```

pass문(pass statement)은 pass만 쓰면 아무것도 수행하지 않습니다. 또한 if문뿐만 아니라 다양한 곳에서 사용할 수 있습니다. 수행해야 할 것이 아직 정해지지 않았거나 아무것도 실행하지 않음을 명시하는 경우에 사용합니다.

중요

구문상 실행문이 필요한 곳에서 아무것도 수행하지 않는다면 pass문을 사용한다.

▶ pass 대신 주석만 작성하면 안 됩니다. 반드시 하나의 문이 있어야 하기 때문입니다.

:: 단순문

앞서 학습한 pass문은 단순문(simple statement)의 일종입니다. 여러 단순문 중 다음 두 가지를 많이 사용합니다.

표현식문(expression statement)

호출하는 동시에 식 그 자체가 문이 되는 경우입니다. 예) `print('ABC')`

대입문(assignment statement)

대입하는 문입니다(1챕터에서 학습했습니다). 예) `a = b`

이 밖의 단순문으로는 pass문, break문, continue문, del문 등이 있습니다.

:: 논리형

참과 거짓을 나타내는 타입은 논리형(bool type)이라고 하는 bool타입입니다. bool타입이 가질 수 있는 값은 두 가지로 참이면 True, 거짓이면 False입니다. 이 값은 내부적으로 True는 1, False는 0으로 나타냅니다.

파이썬에서는 다음의 규칙에 따라 참 또는 거짓을 구분합니다.

> - False, 0, 0.0, None, 빈 값(빈 문자열 '', 빈 리스트 [], 빈 튜플 (), 빈 딕셔너리 {}, 빈 집합은 모두 거짓(false)
> - 위의 내용 이외의 값과 True는 참(true)

▶ None은 5챕터, 리스트는 7챕터, 튜플/딕셔너리/집합은 8챕터에서 학습합니다.

거짓(False)에 해당하는 값은 'False' 이외에도 0이나 빈 문자열 등이 있습니다. 마찬가지로 참(True)에 해당하는 값 역시 'True' 이외에도 존재합니다.

논리 값(bool타입의 값)을 문자열로 변환하면 각각 'False'와 'True'입니다. 또한 print 함수에서 논리 값을 출력하면 그 문자열이 표시됩니다. List 3-9를 통해 확인합니다.

List 3-9

```
# bool타입 값 출력하기

a = int(input('정수a:'))
b = int(input('정수b:'))

print('a <  b :', a <  b)
print('a <= b :', a <= b)
print('a >  b :', a >  b)
print('a >= b :', a >= b)
print('a == b :', a == b)
print('a != b :', a != b)

print('False   :', False)
print('True    :', True)
print('True + 5:', True + 5)  # 1 + 5로 처리됩니다.
```

실행 결과

```
정수a:5 Enter↵
정수b:3 Enter↵
a <  b : False
a <= b : False
a >  b : True
a >= b : True
a == b : False
a != b  : True
False   : False
True    : True
True + 5: 6
```

List 3-9의 앞 부분에서는 비교 연산자를 이용하여 정수 a와 b의 비교 결과를 출력합니다. 참과 거짓이 자동으로 문자열로 변환되고 True 또는 False로 표시됩니다.

뒷부분에서는 False와 True 및 True + 5의 값을 출력합니다. bool타입과 정수의 덧셈은 실제 프로그램에서도 사용되는 기술입니다.

중요

논리 값은 내부적으로 False는 0, True는 1로 처리된다. 문자열로 변환하면 각각 'False'와 'True'다.

:: 식과 평가

이 챕터에서는 '식' 또는 '평가'라는 용어를 사용해왔습니다. 이제부터 이러한 용어를 정확히 학습합니다.

: 식

지금까지 식(expression)이라는 용어를 자주 사용했습니다. 엄밀한 정의는 아니지만, 식은 아래 세 가지의 총칭이라고 할 수 있습니다.

> - 변수
> - 리터럴
> - 변수와 리터럴을 연산자로 결합한 것

예를 들어, 'no + 135'에서 변수 no, 정수 135, 그리고 이 둘을 + 연산자로 결합한 no + 135 모두가 식입니다. 또한, '○○연산자'와 피연산자가 결합한 식을 '○○식'이라고 합니다. 비교 연산자 >으로 no와 135이 결합된 식인 no > 135는 비교식이라고 할 수 있습니다.

: 평가

식에는 기본적으로 '타입'과 '값'이 있고, 그 값은 프로그램을 실행할 때 확인하게 됩니다. 식의 값을 확인하는 것을 평가(evaluation)라고 합니다.

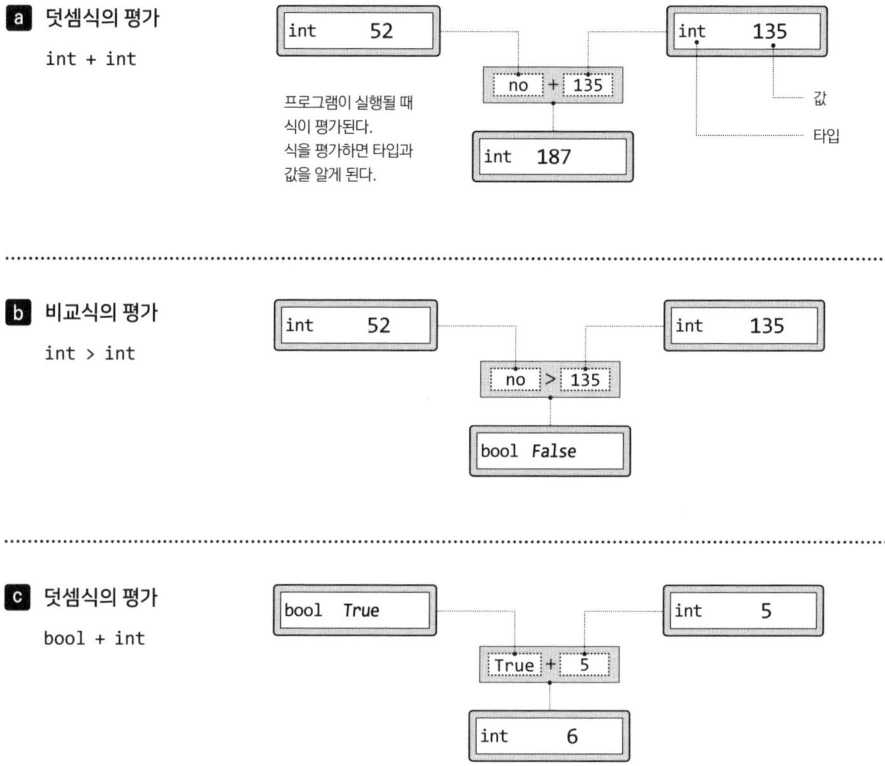

그림 3-3. 식의 평가

그림 3-3을 통해 '평가'의 개념을 확인할 수 있습니다(변수 no는 int타입이고, 값이 52다). 변수 no의 값이 52이기 때문에 그림 a와 같이 식 no, 135, no + 135의 평가를 통해 얻게 되는 값은 각각 52, 135, 187입니다. 물론, 세 개 모두 int타입입니다.

그림 3-3에서는, 사각형 속 왼쪽 작은 문자가 '타입'이고 오른쪽의 큰 문자가 '값'입니다.

중요

식에는 타입과 값이 있고 프로그램이 실행될 때 식의 값이 평가된다.

각 피연산자와 식 전체의 타입이 동일하지 않을 수도 있다는 점을 유념하기 바랍니다.

그림 b … int > int

int타입 변수 no의 값이 52일 때, 식 no 〉 135의 평가를 통해 얻을 수 있는 것은 bool타입인 False입니다.

그림 c … bool + int

앞에서 살펴본 이 식에서 bool타입인 True는 내부적으로 정수 1에 해당하기 때문에 True에 5를 더하면 int타입 6입니다.

세 개의 식을 예로 평가, 타입, 그리고 값에 대해 배웠습니다. List 3-10을 실행하여 확인합니다.

List 3-10

```
# 덧셈과 비교를 수행하는 식의 타입과 값

no = int(input('no의 값 : '))

print('no + 135의 타입은 {}이고, 값은 {}입니다.'.format(type(no + 135), no + 135))
print('no > 135의 타입은 {}이고, 값은 {}입니다.'.format(type(no > 135), no > 135))
```

실행 결과

```
no의 값 : 52 Enter ↵
no + 135의 타입은 <class 'int'>이고, 값은 187입니다.
no > 135의 타입은 <class 'bool'>이고, 값은 False입니다.
```

앞서 배운 type 함수를 이용하여 각 값의 타입을 확인했습니다. 또한 값을 출력할 때는 앞 챕터에서 배운 format 메소드(서식화한 문자열 삽입)를 사용했습니다.

:: 논리 연산자

정수를 입력받아 0인지, 한 자리 수인지 혹은 그 이상 자릿수의 수인지를 판단하여 출력하는 List 3-11을 살펴보겠습니다.

List 3-11

```
# 입력받은 수의 자릿수 알아보기(0/한 자리/두 자리 이상)

n = int(input('정수 값 : '))

if n == 0:                          # 0
    print('이 숫자는 0입니다.')
elif n >= -9 and n <= 9:            # 한 자리
    print('이 숫자는 한 자리 수입니다.')
else:                               # 두 자리 이상
    print('이 숫자는 두 자리 이상의 수입니다.')
```

실행 결과

```
❶ 정수 값 : 0 Enter ↵
  이 숫자는 0입니다.
❷ 정수 값 : 5 Enter ↵
  이 숫자는 한 자리 수입니다.
❸ 정수 값 : -25 Enter ↵
  이 숫자는 두 자리 이상의 수입니다.
```

: 논리곱 연산자 and

List 3-11에서 회색으로 표시한 부분이 입력받은 값이 한 자리인지 판단하는 코드입니다. and 연산자를 사용한 식 'x and y'는 'x 그리고 y'라는 의미입니다(그림 3-4 a).

따라서 n이 -9 이상 그리고 n이 9 이하인 경우에 "이 숫자는 한 자리 수입니다."라고 출력됩니다.

▶ 회색으로 표시한 부분에서 and 연산자의 우선순위는 비교 연산자인 >=와 <=보다 낮습니다. 우선순위를 포함한 전체 연산자 목록은 표 3-5에서 확인할 수 있습니다. 또한, n이 0이면 "이 숫자는 0입니다."라고 출력한 후 if문이 종료되고, n이 -9, -8, ..., -2, -1, 1, 2, ..., 8, 9인 경우에 "이 숫자는 한자리 수입니다."라고 출력됩니다.

: 논리합 연산자 or

이번에는 입력받은 값이 두 자리 이상인지를 판정하여 출력하는 List 3-12를 살펴보겠습니다.

List 3-12

```
# 입력받은 정수가 두 자리 이상인지 알아보기 1

n = int(input('정수 값:'))

if n <= -10 or n >= 10:              # 두 자리 이상
    print('이 숫자는 두 자리 이상의 수입니다.')
else:                                # 두 자리 미만
    print('이 숫자는 두 자리 미만의 수입니다.')
```

실행 결과

```
❶ 정수 값:-15 Enter↵
이 숫자는 두 자리 이상의 수입니다.
❷ 정수 값:5 Enter↵
이 숫자는 두 자리 미만의 수입니다.
```

or 연산자를 사용한 식 'x or y'는 'x 또는 y'라는 의미입니다(그림 3-4 b). 이 식은 입력받은 정수가 x나 y 중 어느 한쪽에 해당하는가를 의미하기보다 어느 한쪽에라도 해당하는가를 판단합니다.

따라서 변수 n의 값이 -10 이하이거나, 또는 n의 값이 10 이상의 값인 경우에만 '이 숫자는 두 자리 이상의 수입니다.'라고 출력됩니다.

: 논리 부정 연산자 not

List 3-12에서 수행한 판정을 반대로 해보겠습니다. 논리 값을 반전하는(그림 3-4 c) not 연산자를 사용한 예제가 List 3-13입니다.

List 3-13

```
# 입력받은 정수가 두 자리 이상인지 알아보기 2

n = int(input('정수 값:'))

if not (n <= -10 or n >= 10):   # 두 자리 미만
    print('이 숫자는 두 자리 미만의 수입니다.')
else:                           # 두 자리 이상
    print('이 숫자는 두 자리 이상의 수입니다.')
```

List 3-12와 순서가 반대

실행 결과

```
❶ 정수 값:-15 Enter↵
이 숫자는 두 자리 이상의 수입니다.
❷ 정수 값:5 Enter↵
이 숫자는 두 자리 미만의 수입니다.
```

위의 코드에서 회색으로 표시한 부분은 List 3-12에서 회색으로 표시한 부분의 부정으로, 변수 n의 값이 -10 이하이거나, 또는 n이 10 이상의 값이 아닌 경우에 참으로 평가되어 '이 숫자는 두 자리 미만의 수입니다.'라고 출력됩니다.

지금까지 학습한 세 가지 연산자를 논리 연산자(logical operator)라고 합니다.

그림 3-4는 일반적인 논리곱 연산자(and), 논리합 연산자(or), 논리 부정 연산자(not)의 연산 결과입니다. 그러나 파이썬의 and 연산자와 or 연산자는 이 표와 다르게 동작하는 점에 주의해야 합니다.

주의 : 파이썬의 and 연산자 or 연산자의 기능과는 다르다

a 논리곱 연산자(and)

x	y	x AND y
참	참	참
참	거짓	거짓
거짓	참	거짓
거짓	거짓	거짓

양 쪽이 모두 참이어야 참

b 논리합 연산자(or)

x	y	x OR y
참	참	참
참	거짓	참
거짓	참	참
거짓	거짓	거짓

한 쪽이라도 참이면 참

c 논리 부정 연산자(not)

x	NOT x
참	거짓
거짓	참

거짓이어야 참

그림 3-4. 일반적인 논리곱/논리합/논리 부정 연산자의 진리 값

표 3-2가 파이썬에서 논리 연산자를 처리하는 방식입니다. True나 False를 리턴하는 것은 not 연산자뿐입니다.

표 3-2. 논리 연산자

x and y	x를 평가해서 거짓이면 그 값을 생성합니다. 그렇지 않으면 y를 평가하여 그 값을 생성합니다.
x or y	x를 평가해서 참이면 그 값을 생성합니다. 그렇지 않으면 y를 평가하여 그 값을 생성합니다.
not x	x가 참이면 False, 그렇지 않으면 True를 생성합니다.

▶ 우선순위는 not 연산자가 가장 높고 and 연산자, or 연산자 순입니다.

:: 논리 연산식의 평가와 단락 평가

우선 List 3-14에서 논리곱 연산자 and가 어떻게 동작하는지 살펴보겠습니다.

▶ 점선 안의 식을 계산한 값이 변수 c에 대입되는 것에 주의합니다.

List 3-14

```
# a가 b로 나누어 떨어지는지 알아보기

a = int(input('정수 a:'))
b = int(input('정수 b:'))

c = b != 0 and a % b
print(c, end='...')

if c:
    print('a는 b로 나누어 떨어지지 않습니다.')
else:
    print('b는 0이거나, a는 b로 나누어 떨어집니다.')
```

b != 0이 거짓이면 계산되지 않습니다.

실행 결과

```
❶ 정수 a:12 Enter↵
   정수 b:0 Enter↵
   False...b는 0이거나, a는 b로 나누어 떨어집니다.
❷ 정수 a:12 Enter↵
   정수 b:4 Enter↵
   0...b는 0이거나, a는 b로 나누어 떨어집니다.
❸ 정수 a:12 Enter↵
   정수 b:7 Enter↵
   5...a는 b로 나누어 떨어지지 않습니다.
```

표 3-2에서 확인한 것처럼 and 연산자의 기능은 다음과 같습니다.

> x를 평가해서 거짓이면 그 값을 생성한다. 그렇지 않으면 y를 평가하여 그 값을 생성한다.

실행 결과 ❶(b의 값이 0 → 왼쪽 피연산자 x는 거짓)

왼쪽 피연산자 b != 0이 거짓임을 확인한 시점에 and 식의 평가가 종료됩니다(그 결과 c에 False가 대입됩니다). 왜냐하면 왼쪽 피연산자가 거짓이면 논리적으로 and의 결과는 반드시 거짓이기 때문입니다. 즉, and 연산자의 왼쪽 피연산자를 평가한 값이 거짓이면 오른쪽 피연산자의 평가는 생략됩니다.

오른쪽 피연산자인 a % b의 평가가 생략된 것은 0으로 나눌 때 발생하는 오류가 나타나지 않은 점을 통해 알 수 있습니다.

실행 결과 ❷(b의 값이 4 → 왼쪽 피연산자 x는 참)

왼쪽 피연산자의 b != 0이 참이기 때문에 오른쪽 피연산자 a % b가 평가됩니다. 12를 4로 나눈 나머지인 0이 c에 대입됩니다.

실행 결과 ❸(b의 값이 5 → 왼쪽 피연산자 x는 참)

왼쪽 피연산자의 b != 0이 참이기 때문에, 오른쪽 피연산자 a % b가 평가됩니다. 12를 7로 나눈 나머지인 5가 c에 대입됩니다(5는 True입니다).

정리하면, c에 대입되는 값은 다음과 같습니다.

- b가 0이면 : 논리 값인 False.　　　　※주의 : a % b 나눗셈은 수행되지 않는다.
- b가 0이 아니면 : 정수a를 b로 나눈 나머지.

한편 or 연산자의 기능은 다음과 같습니다.

> x를 평가해서 참이면 그 값을 생성하고 그렇지 않으면 y를 평가하여 그 값을 생성한다.

List 3-15를 통해 확인합니다.

List 3-15

```
# b가 0이 아닌 경우에만 a를 b로 나눈 몫 출력하기

a = int(input('정수 a:'))
b = int(input('정수 b:'))

b == 0 or print('a // b = ', a // b)
```

b == 0이 참이면 평가되지 않는다.

실행 결과

```
❶ 정수 a:12 Enter
  정수 b:0 Enter
❷ 정수 a:12 Enter
  정수 b:4 Enter
  a // b =  3
```

실행 결과 ❶과 같이 b == 0이 성립하면 이를 확인한 시점에 평가가 종료됩니다. 왼쪽 피연산자가 참이면, 논리합 or 연산의 결과가 반드시 참이기 때문입니다. 즉 or 연산자의 왼쪽 피연산자를 평가한 값이 참이면, 오른쪽 피연산자의 평가는 생략됩니다.

실행 결과 ❷와 같이 b == 0이 성립하지 않으면 오른쪽 피연산자의 평가가 이루어집니다. 이 경우 오른쪽 피연산자 print('a // b = ', a // b) 수행되고 화면에 출력됩니다.

논리 연산의 평가 결과가 왼쪽 피연산자의 평가 결과만으로 명확해질 경우, 오른쪽 피연산자의 평가가 생략되는 것을 단락 평가(short circuit evaluation)라고 합니다.

중요

and 연산자와 or 연산자는 단락 평가를 수행하기 때문에, 오른쪽 피연산자가 항상 평가되는 것은 아니다. 어느 연산자라도 최종적으로 생성하는 값은 마지막에 평가한 식의 값이며, 참이나 거짓의 논리 값만 있는 것이 아니다.

즉 파이썬의 논리 연산자는 그림 3-5와 같이 연산을 수행합니다.

a 논리곱 연산자(and)

x	y	x AND y
참	참	y
참	거짓	y
거짓	참	x
거짓	거짓	x

양 쪽이 모두 참이어야 참

b 논리합 연산자(or)

x	y	x OR y
참	참	x
참	거짓	x
거짓	참	y
거짓	거짓	y

한 쪽이라도 참이면 참

c 논리 부정 연산자(not)

x	NOT x
참	False
거짓	True

거짓이면 True

실선 박스로 표시된 피연산자는 평가되지 않고 실질적으로 무시됩니다.
점선 박스로 표시된 부분이 연산 결과로 채택되는 피연산자입니다.
※ 예를 들어, x and y를 평가한 값은 '참 and 거짓'에서는 거짓인 y의 값이 되고,
'거짓 and 참'이면 거짓인 x의 값이 됩니다.

그림 3-5. 파이썬의 and/or/not 연산자

:: 다중 값 비교

List 3-16은 논리곱 연산자 and와 논리합 연산자 or를 이용하여 1~12월 중 각 달의 계절을 확인하는 코드입니다.

List 3-16

```
# 입력받은 달의 계절을 알아보기 1

month = int(input('계절을 알아봅시다.\n몇 월입니까 : '))

if 3 <= month and month <= 5:
    print('봄입니다.')
elif 6 <= month and month <= 8:
    print('여름입니다.')
elif 9 <= month and month <= 11:
    print('가을입니다.')
elif month == 1 or month == 2 or month == 12:
    print('겨울입니다.')
else:
    print('이상한 달이군요.')
```

실행 결과

```
❶ 계절을 알아봅시다.
   몇 월입니까 : 3 Enter↵
   봄입니다.
❷ 계절을 알아봅시다.
   몇 월입니까 : 7 Enter↵
   여름입니다.
❸ 계절을 알아봅시다. Enter↵
   몇 월입니까 : 1
   겨울입니다.
```

각 계절의 판정을 위해, and 연산자와 or 연산자를 이용하고 있습니다. 이 예제에서는 각 판정을 한 행 내에 작성할 수 있으나, 좀 더 복잡한 판정이라면 여러 행에 걸쳐 작성해야 할 것입니다. 긴 수식은 괄호( ) 안에 여러 행으로 작성할 수 있습니다.

List 3-17에서 이를 이용하여 '겨울'을 판정합니다.

List 3-17

```
# 입력받은 달의 계절을 알아보기 2(겨울 판정 조건을 여러 행에 나열하기)

month = int(input('계절을 알아봅시다.\n몇 월입니까 : '))

if month >= 3 and month <= 5:
    print('봄입니다.')
elif month >= 6 and month <= 8:
    print('여름입니다.')
```

```
elif month >= 9 and month <= 11:
    print('가을입니다.')
elif (month == 1 or     #  1월은 겨울
      month == 2 or     #  2월도 겨울
      month == 12       # 12월도 겨울
     ):
    print('겨울입니다.')
else:
    print('이상한 달이군요.')
```

이와 같이 괄호 안의 행에는 주석을 작성하기도 편합니다.

중요

한 행 안에 입력이 어려운 복잡한 수식은 괄호로 묶어 여러 줄로 작성할 수 있다.

▶ 작성이 편할 뿐만 아니라 주석을 작성할 수 있는 점에서 1챕터에서 배운 \ 방식보다 편리합니다. 또한 단어(변수명이나 연산자 등)의 중간에 줄을 바꿀 수 없는 점은 \ 방식과 동일합니다.

봄, 여름, 가을의 판정은 and 연산자를 사용하지 않고 판정할 수 있습니다. List 3-18을 통해 확인합니다. 비교 연산자(표 3-1)를 연속해서 사용하여 and 연산자를 사용한 것과 같은 결과를 낼 수 있습니다..

예를 들어 `x < y <= z`는 `x < y and y  <= z`와 동일합니다.

▶ 따라서 x < y <= z에서 x < y가 거짓이면 식 z 값의 평가는 생략됩니다.

List 3-18

```
# 입력받은 달의 계절을 알아보기 3(비교 연산자를 연속해서 사용하기)

month = int(input('계절을 알아봅시다.\n몇 월입니까 : '))

if 3 <= month <= 5:
    print('봄입니다.')
elif 6 <= month <= 8:
    print('여름입니다.')
```

```
3 <= month and month <= 5
3 <= month <= 5
```
동일

```
elif 9 <= month <= 11:
    print('가을입니다.')
elif month == 12 or month == 1 or month == 2:
    print('겨울입니다.')
else:
    print('이상한 달이군요.')
```

▶ 동등성을 판정하는 비교 연산자 ==도 연속해서 사용할 수 있습니다. 예를 들어 세 개의 변수 a, b, c의 값이 모두 같은지를 확인하는 코드는 다음과 같습니다(chap03/list03a1.py).

```
if a == b == c:
    print('a,b,c 모두 같습니다.')
else:
    print('a,b,c는 서로 같지 않습니다.')
```

비교 연산자를 연속해서 적용하면 코드를 간단하고 명료하게 작성할 수 있습니다.

중요

필요하다면 비교 연산자를 연속 적용하여 코드를 간결하게 할 수 있다.

:: 집합을 이용한 판정

List 3-16부터 List 3-18까지의 각 계절을 판정하는 식을 이해하려면 차분히 학습해야 합니다. 이를 좀 더 직관적으로 알 수 있도록 List 3-19와 같이 작성합니다.

List 3-19

```
# 입력받은 달의 계절을 알아보기 4(집합 이용하기)

month = int(input('계절을 알아봅시다. \n몇 월입니까: '))

if month in {3, 4, 5}:
    print('봄입니다.')
elif month in {6, 7, 8}:
    print('여름입니다.')
```

실행 결과

```
❶ 계절을 알아봅시다.
  몇 월입니까:3 Enter↵
  봄입니다.
❷ 계절을 알아봅시다.
  몇 월입니까:7 Enter↵
  여름입니다.
❸ 계절을 알아봅시다. Enter↵
  몇 월입니까:1
  겨울입니다.
```

```
elif month in {9, 10, 11}:
    print('가을입니다.')
elif month in {1, 2, 12}:
    print('겨울입니다.')
else:
    print('이상한 달이군요.')
```

코드를 보면 무엇을 의미하는지 대략 이해할 수 있습니다. 데이터를 쉼표로 구분하여 중괄호{ }로 묶은 것을 집합(set)이라고 합니다. 일반적으로 'a in 집합'은 a가 집합에 포함되어 있는지를 판정합니다.

▶ 집합에 대해서는 8챕터에서, 멤버 연산자(membership operator) in은 6챕터, 7챕터, 8챕터에서 학습합니다.

:: 조건 연산자

List 3-20은 두 값을 입력받아 둘 중 작은 값을 출력합니다.

List 3-20

```
# 두 정수 중 작은 값 출력하기 1(if문)

a = int(input('정수 a:'))
b = int(input('정수 b:'))

if a < b:
    min2 = a
else:
    min2 = b
print('작은 값은', min2, '입니다.')
```

실행 결과

❶ 정수 a:29 Enter ↵
정수 b:52 Enter ↵
작은 값은 29 입니다.

❷ 정수 a:31 Enter ↵
정수 b:15 Enter ↵
작은 값은 15 입니다.

변수 a, b로 입력받은 값을 비교하여 a가 b보다 작으면 변수 min2에 a를 대입하고, 그렇지 않으면 변수 min2에 b를 대입합니다. 그 결과 if문이 끝나면 변수 min2에는 둘 중 작은 값이 들어 있습니다.

▶ a와 b의 값이 같으면 min2에 최종 대입되는 값은 b입니다.

마지막 줄에서 print 함수를 호출할 때 들여쓰기가 없어 if문과는 무관하므로 변수 a와 b의 대소 관계에 상관없이 실행됩니다.

: 조건 연산자

이 코드는 if문을 사용하지 않은 방식으로도 작성할 수 있습니다. List 3-21을 통해 알아봅니다.

List 3-21

```
# 두 정수 중 작은 값 출력하기 2(조건 연산자)

a = int(input('정수 a:'))
b = int(input('정수 b:'))

min2 = a if a < b else b
  a < b이면 a ──┘     └── 그렇지 않으면 b

print('작은 값은', min2, '입니다.')
```

처음으로 등장한 if else는 표 3-3에 있는 조건 연산자(conditional operator)이며, 그림 3-6에서 이 연산자를 이용한 조건식(conditional expression)의 평가를 나타냅니다.

변수 min2에는 a가 b보다 작으면 a의 값, 그렇지 않으면 b의 값이 대입됩니다. 조건식은 if문을 응집한 것과 같은 식입니다.

표 3-3. 조건 연산자

x if y else z	y를 평가한 값이 참이면 x를 평가한 값을, 그렇지 않으면 z를 평가한 값을 생성합니다.

▶ 조건 연산자는 유일한 3항 연산자입니다. 다른 연산자는 단항 또는 2항 연산자입니다. 또한 y를 평가한 값이 참이면 식 z의 평가를 생략하고, 거짓이면 식 x의 평가는 생략됩니다. 즉 단락 평가가 이루어집니다.

: 차 구하기

List 3-21을 조금만 수정하면 '두 정수 값의 차'를 구할 수 있습니다. List 3-22로 확인합니다.

List 3-22

```
# 두 값의 차 출력하기

a = int(input('정수 a:'))
b = int(input('정수 b:'))

print('두 값의 차는', b - a if a < b else a - b, '입니다.')
```

a < b이면 b - a / 그렇지 않으면 a - b

실행 결과

```
❶ 정수 a:4 Enter ↵
  정수 b:1 Enter ↵
  두 값의 차는 3 입니다.
❷ 정수 a:2 Enter ↵
  정수 b:7 Enter ↵
  두 값의 차는 5 입니다.
```

둘 중 큰 수에서 작은 수를 뺀 값을 구합니다.

중요

조건 연산자를 잘 이용하면 참과 거짓에 따라 다른 값을 생성하는 식을 간결하게 작성할 수 있다.

List 3-23은 두 개의 조건 연산자를 중첩으로 사용했습니다. 입력받은 정수의 부호를 표시합니다.

List 3-23

```
# 입력받은 수의 부호 출력하기(조건 연산자)

n = int(input('수를 입력해주세요. : '))

print('이 값은 ' + ('양수' if n > 0 else '0' if n == 0 else '음수') + '입니다.')
```

▶ 실행 결과는 생략합니다.

이 정도의 식이라면 어느 정도는 읽을 수 있지만 중첩을 과도하게 사용하면 오히려 읽기 어렵게 되므로 주의합니다.

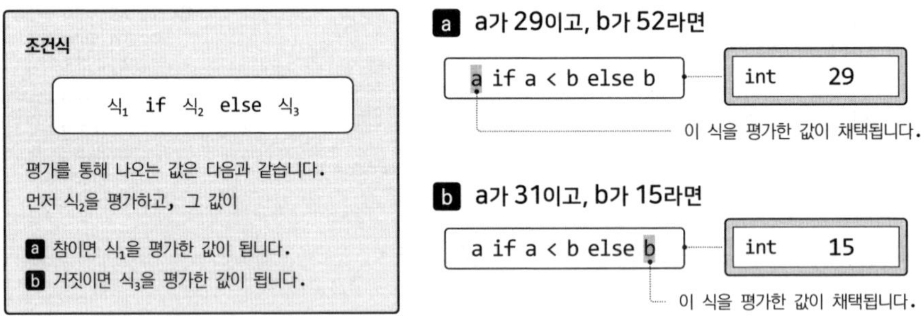

그림 3-6. 조건식의 평가

SECTION 3-2

중첩된 if문과 스위트

Section 3-1에서는 if문의 기초를 배웠습니다. 이제부터는 if문 안에 if문이 들어가는 중첩문과 if문에서 여러 개의 문을 실행하는 복잡한 if문을 학습합니다.

:: 중첩된 if문

다음 내용을 만족하는 코드를 작성합니다.

- 입력받은 정수 값이 양수이면, 짝수인지 홀수인지를 출력한다.
- 그렇지 않다면 그 이유를 출력한다.

이 내용대로 작성한 예제가 바로 List 3-24입니다.

List 3-24

```
# 입력받은 정수 값이 양수이면, 짝수인지 홀수인지 출력하기

n = int(input('양의 정수를 입력해주세요 : '))

if n > 0:
    if n % 2 == 0:
        print('이 숫자는 양수-짝수입니다.')    ❶
    else:
        print('이 숫자는 양수-홀수입니다.')    ❷
else:
    print('양의 정수가 아닙니다.')             ❸
```

실행 결과

```
❶ 양의 정수를 입력해주세요 : 38 Enter ↵
  이 숫자는 양수-짝수입니다.
❷ 양의 정수를 입력해주세요 : 15 Enter ↵
  이 숫자는 양수-홀수입니다.
❸ 양의 정수를 입력해주세요 : 0 Enter ↵
  양의 정수가 아닙니다.
```

List 3-24의 if문은 그림 3-7과 같이 if문 안에 if문이 중첩된 구조입니다. 첫 번째 if문의 if절에서는 내부의 if문을 실행합니다(구문상 if문은 단일문으로 간주되기 때문입니다).

이 if문에서는 n이 짝수인지 홀수인지에 따라 ❶ 또는 ❷를 실행합니다. 외부 if문의 else절에서는 ❸을 실행합니다.

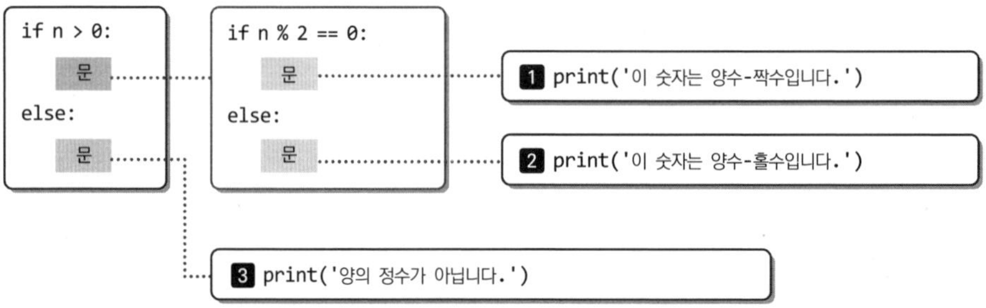

그림 3-7. 중첩된 if문

또한 내부 if문에 있는 if n % 2 == 0과 else: 앞에 들여쓰기를 하지 않으면 이 둘이 어디에 포함된 절인지 알 수 없기 때문에 오류가 발생합니다.

if절, else절, elif절에서 조건이 성립하는 경우 수행하는 문 앞에 4개의 공백을 들여쓰기로 사용해왔습니다. 그러나 사실 이러한 실행문은 각 조건문의 콜론(:) 뒤(즉 콜론부터 개행 문자 사이)에도 입력해도 됩니다. 두 가지 예를 그림 3-8에서 비교합니다.

List 3-1

양쪽 모두 가능!

```
if n > 0:
    print('양수입니다.')
```

```
if n > 0: print('양수입니다.')
```

List 3-5

양쪽 모두 가능!

```
if n > 0:
    print('양수입니다.')
elif n == 0:
    print('0입니다.')
else:
    print('음수입니다.')
```

```
if n > 0: print('양수입니다.')
elif n == 0: print('0입니다.')
else: print('음수입니다.')
```

그림 3-8. if문 작성 방법 비교

앞으로 배울 내용과도 관련이 있기 때문에 일반화하여 학습하는 것이 좋습니다. 이 챕터에서 학습하는 if문과 다음 챕터에서 다룰 while문, for문 등은 앞서 배운 단순문이 아닌 복합문(compound statement)입니다. 복합문에서는 실행문(조건이 성립했을 때 실행하는 문장)이 단순문이라면 콜론 다음 동일한 행에 입력할 수 있습니다.

중요

복합문에서 실행문이 단순문인 경우에는 개행하지 않고 콜론 다음에 바로 작성한다.

이번에 다룬 예제의 if문은 다음과 같이 작성할 수 있습니다(chap03/list0324a.py).

```
# 입력받은 정수의 값이 양수이면, 짝수인지 홀수인지 출력하기 (별첨1)

n = int(input('양의 정수를 입력해주세요 : '))

if n > 0:
    if n % 2 == 0: print('이 숫자는 양수-짝수입니다.')
    else: print('이 숫자는 양수-홀수입니다.')
else:
    print('양의 정수가 아닙니다.')
```

또한, 조건 연산자를 이용하면 다음과 같이 간결하게 정리할 수 있습니다(chap03/list0324b.py).

```
# 입력받은 정수의 값이 양수이면, 짝수인지 홀수인지 출력하기 (별첨2)

n = int(input('양의 정수를 입력해주세요 : '))

if n > 0:
    print('이 숫자는 양수-{}입니다.'.format('홀수' if n % 2 else '짝수'))
else:
    print('양의 정수가 아닙니다.')
```

:: 여러 문을 실행하는 if문

두 정수 값을 입력받아, 작은 값과 큰 값을 구하는 List 3-25를 살펴보겠습니다.

List 3-25

```
# 작은 값과 큰 값 구하기 1

a = int(input('정수 a:'))
b = int(input('정수 b:'))

if a < b:
    min2 = a   # 1
    max2 = b
else:
    min2 = b   # 2
    max2 = a

print('작은 값은', min2, '입니다.')
print('큰 값은', max2, '입니다.')
```

실행 결과

```
정수 a:37 Enter
정수 b:52 Enter
작은 값은 37 입니다.
큰 값은 52 입니다.
```

if문은 a가 b보다 작으면 ❶ 을 실행하고 그렇지 않으면 ❷ 를 실행합니다. 이번에는 if절과 else절 모두 수행문이 두 개씩 있습니다. 이와 같이 수행문이 여러 개 있는 경우 반드시 들여쓰기를 해야 하며 그렇지 않으면 오류가 발생합니다.

중요

복합문에서 실행문이 여럿일 경우 그 문장은 들여쓰기를 통일한 후 여러 줄에 걸쳐 기술한다.

그러나 그림 3-9와 같이 if절, elif절, else절 별로 각각의 절 내에서는 들여쓰기를 통일하는 것을 추천하지만, 모든 절을 통일할 필요는 없습니다. 물론 가독성을 높이기 위해 모든 절의 들여쓰기를 통일하면 좋습니다.

X — 절 내에 통일되어 있지 않음

```
if a < b:
 min2 = a
    max2 = b
else:
    min2 = b
    max2 = a
```

O — 절 내에 통일되어 있음

```
if a < b:
  min2 = a
  max2 = b
else:
    min2 = b
    max2 = a
```

그림 3-9. if문과 들여쓰기

복합문이 제어의 대상으로 하는 문을 스위트(suite)라고 합니다. 스위트가 여러 개의 단순문으로 이루어진 경우에는 각 문을 세미콜론(;)으로 구분하여 한 행에 나열할 수 있습니다. 이를 이용하여 List 3-26과 같이 다시 작성합니다.

List 3-26

```
# 작은 값과 큰 값 구하기 2

a = int(input('정수 a:'))
b = int(input('정수 b:'))

if a < b:
    min2 = a; max2 = b;
else:
    min2 = b; max2 = a;

print('작은 값은', min2, '입니다.')
print('큰 값은', max2, '입니다.')
```

List 3-26a

```
# 작은 값과 큰 값 구하기 3

a = int(input('정수 a:'))
b = int(input('정수 b:'))

if a < b: min2 = a; max2 = b;
else: min2 = b; max2 = a;

print('작은 값은', min2, '입니다.')
print('큰 값은', max2, '입니다.')
```

마지막 세미콜론은 생략할 수 있다.

각 절에서 수행하는 스위트가 한 행으로 정리되었습니다.

▶ List 3-26a에서는 각 절 전체를 한 행에 작성했습니다. 그러나 이로 인해 오히려 가독성이 떨어졌습니다.

조건 연산자와 여러 변수에 값을 한 번에 대입하는 스위트는 단 한 줄로 작성할 수 있습니다. List 3-27을 통해 살펴보겠습니다.

List 3-27

```
# 작은 값과 큰 값 구하기 4(조건 연산자)

a = int(input('정수 a : '))
b = int(input('정수 b : '))

min2, max2 = (a, b) if a < b else (b, a)

print('작은 값은', min2, '입니다.')
print('큰 값은', max2, '입니다.')
```

a < b면 (a, b)

그렇지 않으면 (b, a)

우변의 식 (a, b)와 (b, a)의 괄호를 생략하면 식의 구분이 불분명해지기 때문에 오류가 발생합니다.

▶ 괄호의 의미는 8챕터에서 학습합니다.

: min 함수와 max 함수

파이썬은 최솟값을 구하는 min 함수와 최댓값을 구하는 max 함수를 기본 함수로 제공합니다. 이를 이용하여 간단하게 구현한 예제가 List 3-28입니다.

List 3-28

```
# 작은 값과 큰 값 구하기 5(min 함수와 max 함수)

a = int(input('정수 a :'))
b = int(input('정수 b :'))

min2 = min(a, b)
max2 = max(a, b)

print('작은 값은', min2, '입니다.')
print('큰 값은', max2, '입니다.')
```

min 함수와 max 함수는 주어진 값 중 최솟값과 최댓값을 리턴합니다. 심지어 인수가 두 개 이상이어도 가능합니다.

▶ 함수 호출식을 우변에 두고 대입하면 함수가 리턴한 값이 변수에 대입되는 것은 앞서 다뤘습니다. 자세한 원리는 9챕터에서 학습합니다.

:: if문과 들여쓰기

이어서 살펴볼 List 3-29의 예는 List 3-7의 두 번째 if문에 들여쓰기를 했을 뿐이지만 동작이 달라집니다.

List 3-29

```
# 숫자를 입력받아 양수인지 확인하고, 그 양수가 홀수인지 확인하기

n = int(input('숫자를 입력하세요.: '))

if n > 0:
    print('이 값은 양수입니다.')
    if n % 2 == 1:
        print('이 값은 홀수입니다.')
```

이처럼 들여쓰기를 맞춰 사용해야 합니다.

실행 결과

❶ 숫자를 입력하세요.:-6 Enter ↵
❷ 숫자를 입력하세요.:-5 Enter ↵
❸ 숫자를 입력하세요.:6 Enter ↵
이 값은 양수입니다.
❹ 숫자를 입력하세요.:7 Enter ↵
이 값은 양수입니다.
이 값은 홀수입니다

```
# List 3-7의 if문
if n > 0:
    print('이 값은 양수입니다.')
if n % 2 == 1:
    print('이 값은 홀수입니다.')
```

실행 결과

❶ 숫자를 입력하세요.:-6 Enter ↵
❷ 숫자를 입력하세요.:-5 Enter ↵
이 값은 홀수입니다.
❸ 숫자를 입력하세요.:6 Enter ↵
이 값은 양수입니다.
❹ 숫자를 입력하세요.:7 Enter ↵
이 값은 양수입니다.
이 값은 홀수입니다.

List 3-7

두 개의 if문이 순서대로 있고 서로 독립적입니다. 따라서 n의 값이 양수인지 아닌지에 상관없이 홀수인지 판정하여 홀수면 그 내용이 출력됩니다.

List 3-29

두 번째 if문은 첫 번째(외부) if문 안에 속해 있습니다. n값이 양수일 때 회색으로 표시한 부분이 실행되기 때문에 n이 양수인 경우에만 홀수 여부를 판정하고 홀수면 그 내용이 출력됩니다.

▶ 즉 실행 결과 ❶과 ❷처럼 n이 0 이하이면 홀수 여부가 판정되지 않고 출력도 되지 않습니다.

외부의 if문이 제어하는(판정식 n > 0이 참이면 실행되는) 스위트는 다음의 A와 B로 구성됩니다.

```
A print ('이 값은 양수입니다.')
B if n % 2 == 1: print ('이 값은 홀수입니다.') ── C
```

따라서 A와 B는 if문보다 한 단계 더 들여쓰기를 해야 합니다.

▶ List 3-29에서는 B의 if문에 있는 if절이 제어하는 C를 다음 행에 입력했습니다. 따라서 C는 한 단계 더 들여쓰기 되었습니다.

:: if문 구문과 스위트

if문의 형식을 나타낸 그림을 앞서 세 번에 걸쳐 소개했습니다. 그림 3-10의 a가 앞서 소개했던 if문의 형식입니다. 하지만 사실 이 그림은 부정확한 형식을 나타낸 그림입니다.

정확한 구문(문법 형식)을 나타낸 것이 그림 3-10 b입니다.

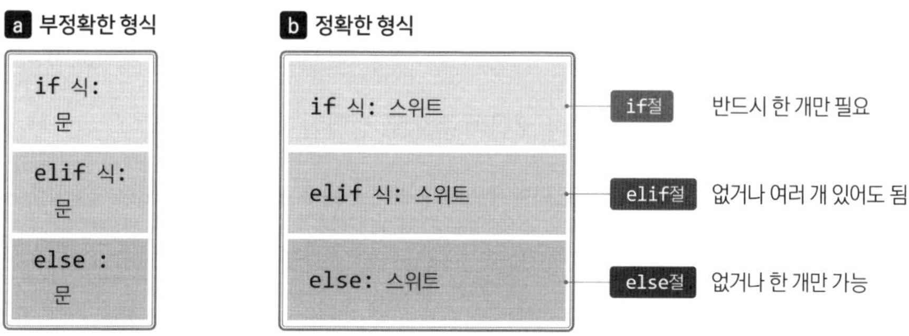

그림 3-10. if문의 구문

복합문 내에 있는 각 절은 if나 else로 시작하여 콜론으로 끝납니다. 이 부분을 각 절의 헤더(header)라고 합니다. 헤더 마지막의 콜론은 이후 스위트가 있다는 것을 의미합니다.

스위트는 다음과 같이 설명할 수 있습니다.

- 헤더의 다음 행에 한 레벨 더 들여쓰기하여 문을 입력합니다.
  스위트에 문이 여러 개인 경우 모든 문을 동일한 수준으로 들여쓰기를 합니다.
  또한 문은 단순문이든 복합문이든 상관없습니다. 만약 복합문이라면 List 3-29처럼 복합문 안에 복합문이 삽입된 중첩 구조가 됩니다.

  ▶ 들여쓰기를 위한 공간은 최소 1개 필요합니다.

- 스위트가 단순문으로 구성된 경우에만 헤더와 같은 행, 즉 콜론과 개행 사이에 스위트를 둘 수 있습니다. 단순문이 두 개 이상이면 각 문을 세미콜론으로 구분하며 세미콜론은 마지막 문장 뒤에도 입력 가능합니다.

  예) if a < b : min2 = a

  예) if a < b : min2 = a; max2 = b;

  ▶ 헤더와 같은 행에 위치한 스위트에 복합문을 포함할 수 없습니다. 따라서 다음과 같이 입력하면 오류가 발생합니다.

```
✕ if a <b:if c < d:x = u    # 콜론 뒤에는 복합문이 위치하면 안 됩니다.
           복합문
```

:: 두 값의 정렬

List 3-30는 두 정수 값을 입력받아 오름차순으로 정렬합니다.

▶ 오름차순은 '작은 쪽부터 큰 쪽으로'라는 뜻입니다. 반대로 '큰 쪽에서 작은 쪽으로'는 내림차순입니다.

List 3-30

```
# 두 개의 정수를 오름차순으로 정렬하기 1

a = int(input('정수 a:'))
b = int(input('정수 b:'))

if a > b:
    t = a
    a = b
    b = t

print('a≤b로 정렬했습니다.')
print('정수 a의 값은', a, '입니다.')
print('정수 b의 값은', b, '입니다.')
```

a와 b의 값을 교환

실행 결과

```
정수 a:57 Enter↵
정수 b:13 Enter↵
a≤b로 정렬했습니다.
정수 a의 값은 13 입니다.
정수 b의 값은 57 입니다.
```

순서대로 정렬하는 것을 소트(sort)라고 합니다. 두 값의 정렬은 변수 a와 b의 값을 교환하여 수행합니다. 그러나 교환은 a가 b보다 큰 경우에만 수행합니다. 이 예제에서는 그림 3-11과 같은 순서로 두 개의 값을 교환합니다.

▶ 1 a의 값을 t에 저장해둔다.
2 b의 값을 a에 대입한다.
3 t에 저장한 처음의 a값을 b에 대입한다.

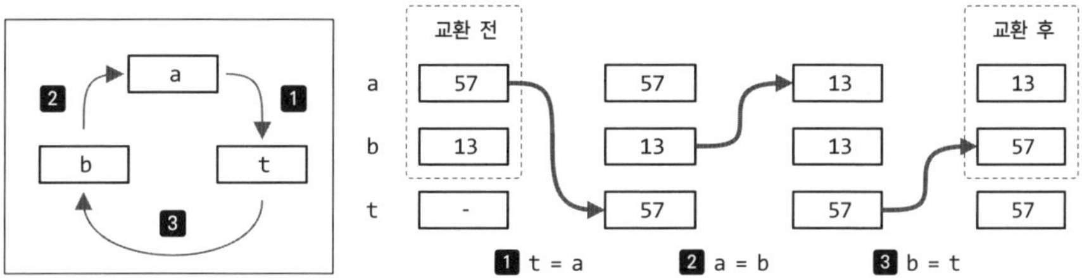

그림 3-11. 두 값의 교환 순서

또한, 앞서 배운 '여러 변수에 한 번에 대입'하는 방법을 활용하면 List 3-31처럼 간결하게 바꿀 수 있습니다. a에 b를 대입하고, b에 a를 대입하는 것이 동시에 이루어집니다.

List 3-31

```
# 두 개의 정수를 오름차순으로 정렬하기 2

a = int(input('정수 a:'))
b = int(input('정수 b:'))

if a > b:
    a, b = b, a        ← a와 b의 값을 교환

print('a≦b로 정렬했습니다.')
print('정수 a의 값은', a, '입니다.')
print('정수 b의 값은', b, '입니다.')
```

:: 세 값의 정렬

List 3-32에서 세 개의 값을 오름차순으로 정렬합니다.

List 3-32

```
# 세 개의 정수를 오름차순으로 정렬하기 1

a = int(input('정수 a:'))
b = int(input('정수 b:'))
c = int(input('정수 c:'))

if a > b: a, b = b, a  ← 1
if b > c: b, c = c, b  ← 2
if a > b: a, b = b, a  ← 3

print('a≦b≦c로 정렬했습니다.')
print('정수 a의 값은', a, '입니다.')
print('정수 b의 값은', b, '입니다.')
print('정수 c의 값은', c, '입니다.')
```

실행 결과

```
정수 a:5 Enter↵
정수 b:3 Enter↵
정수 c:2 Enter↵
a≦b≦c로 정렬했습니다.
정수 a의 값은 2 입니다.
정수 b의 값은 3 입니다.
정수 c의 값은 5 입니다.
```

세 값을 세 개의 if문을 이용해 정렬하는 그림이 3-12입니다.

1 a와 b의 값을 비교합니다. 왼쪽의 a가 오른쪽 b보다 크면, 두 값을 교환합니다.

2 b와 c도 동일하게 처리합니다(필요한 경우에만 b와 c를 교환합니다).

여기까지 두 단계 절차에 따라 가장 큰 값이 c에 저장됩니다. 왜냐하면 이는 그림 3-12의 오른쪽과 같이 토너먼트 방식이기 때문입니다.

3 최댓값이 c에 저장되었습니다. 마지막으로 2위를 결정해야 합니다. 마지막 if문에 의해 a와 b 중 큰 값이 b에 대입됩니다.

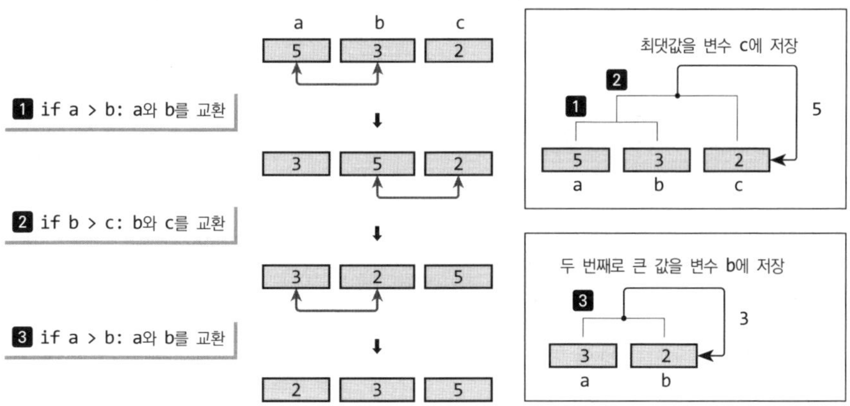

그림 3-12. 세 값의 정렬 순서

:: 정렬을 위한 기본 제공 함수 sorted

두 값을 정렬하는 코드와 세 값을 정렬하는 코드를 작성했습니다. 네 개의 값을 정렬하려면 조금 더 복잡해집니다. 왜냐하면 if문을 여러 개 사용해야 하기 때문입니다. 프로그래밍을 배우는 과정에서는 정렬 절차를 배울 필요가 있지만, 실제로 프로그래밍할 때는 기본으로 제공되는 함수인 sorted를 이용합니다.

두 개의 값을 정렬하는 코드에 sorted 함수를 적용한 List 3-33을 확인합니다.

List 3-33

```
# 두 개의 정수를 오름차순으로 정렬하기 3

a = int(input('정수 a:'))
b = int(input('정수 b:'))

a, b = sorted([a, b])        # 오름차순 정렬

print('a≤b로 정렬했습니다.')
print('정수 a의 값은', a, '입니다.')
print('정수 b의 값은', b, '입니다.')
```

실행 결과

```
정수 a:52 Enter↵
정수 b:37 Enter↵
a≤b로 정렬했습니다.
정수 a의 값은 37 입니다.
정수 b의 값은 52 입니다.
```

List 3-33에서는 7챕터에서 학습하게 될 리스트를 사용했으므로 지금 코드를 정확히 이해하지 않아도 괜찮습니다.

▶ sorted는 단순히 정렬하는 함수라기보다 정렬한 후의 리스트를 새로 생성하고 리턴하는 함수입니다. 지금은 형태를 보고 따라 쓸 수 있으면 됩니다.

sorted 함수를 사용하면 다음과 같이 세 값의 정렬(chap03/sort03.py)과 네 값의 정렬(chap03/sort04.py)을 할 수 있습니다.

```
a, b, c = sorted([a, b, c])          # 세 개의 값을 오름차순으로 정렬
a, b, c, d = sorted([a, b, c, d])    # 네 개의 값을 오름차순으로 정렬
```

내림차순으로 정렬할 때는 sorted 함수의 두 번째 인수에 reverse = True를 전달합니다. List 3-34로 확인합니다.

List 3-34

```
# 두 개의 정수를 내림차순으로 정렬하기

a = int(input('정수 a:'))
b = int(input('정수 b:'))

a, b = sorted([a, b], reverse=True) # 내림차순으로 정렬

print('a≥b로 정렬했습니다.')
print('정수 a의 값은', a, '입니다.')
print('정수 b의 값은', b, '입니다.')
```

실행 결과

```
정수 a:17 Enter↵
정수 b:23 Enter↵
a≥b로 정렬했습니다.
정수 a의 값은 23 입니다.
정수 b의 값은 17 입니다.
```

List 3-34를 실행하면 내림차순으로 정렬됩니다.

:: 플로차트

플로차트(흐름도)와 기호를 학습합니다.

흐름도 기호

문제의 정의, 분석 및 해법을 그림으로 표현한 플로차트(flowchart)와 그 기호는 다음의 규격으로 정의되어 있습니다.

KS X ISO5807「정보처리 - 정보 처리용 흐름도,프로그램 망도, 시스템 자원도 기호」

이제 기초적인 용어와 기호를 배워보겠습니다.

프로그램 흐름도(program flowchart)

프로그램 흐름도는 다음과 같이 구성됩니다.

· 실제로 수행할 연산을 나타내는 기호.
· 제어의 흐름을 나타내는 선 기호.
· 프로그램 흐름도를 이해하고, 작성 시에 편의를 제공하는 특수 기호.

입출력(data)

매체를 지정하지 않은 데이터를 나타냅니다.

처리(process)

어떠한 처리를 위한 기능을 의미합니다. 예를 들어 정보의 값, 모양, 위치를 바꾸도록 정의된 연산의 실행, 혹은 연속되는 몇 개의 흐름 중 하나를 결정하는 연산의 실행을 나타냅니다.

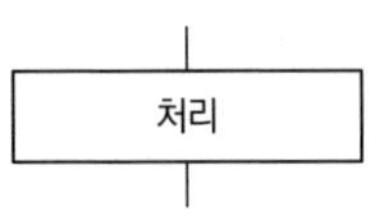

사전 정의 처리(predefined process)

서브 루틴이나 모듈과 같이 다른 곳에서 정의된 하나 이상의 연산 또는 명령의 집합으로 이루어진 처리를 나타냅니다.

판단(decision)

하나의 인풋과 선택할 수 있는 여러 개의 아웃풋으로 이루어져 있으며, 기호에 정의된 조건의 평가에 따라 단 하나의 아웃풋을 선택하는 판단이나 양자택일 기능을 나타냅니다.

예상되는 평가 결과는 경로를 나타내는 선 근처에 작성합니다.

루프 끝(loop limit)

두 부분으로 구성되어 있으며 루프의 시작과 끝을 나타냅니다.

두 개로 나누어진 기호에는 같은 이름을 부여합니다.

루프의 시작 기호(전 판정 반복하는 경우) 또는 루프의 종료 기호(후 판정을 반복하는 경우)에 초기화·증가·종료 조건을 표기합니다.

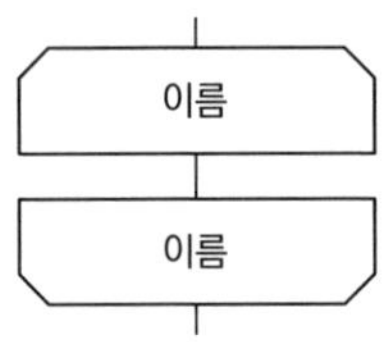

흐름선(line)

제어의 흐름을 나타냅니다.

흐름의 방향을 명시할 필요가 있을 때는 화살표를 사용해야 합니다. 또한 명시할 필요가 없는 경우에도 보기 편하도록 화살표를 사용해도 괜찮습니다.

단말(terminator)

외부 환경으로 나가는 출구 또는 외부 환경에서 들어오는 입구를 나타냅니다. 예를 들어, 프로그램 흐름의 시작 또는 끝을 나타냅니다.

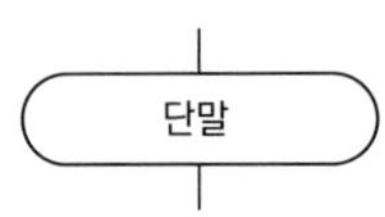

이 외에도, 병렬 처리, 파선 등의 기호가 있습니다.

SECTION 3-3

프로그램의 구성 요소

Section 3-3에서는 키워드, 식별자, 리터럴, 연산자 등 프로그램을 구성하는 다양한 요소를 학습합니다.

:: 프로그램의 구성 요소

파이썬은 행(개행 문자)과 들여쓰기(공백)에 중요한 의미를 부여합니다. 다음의 내용은 앞서 살펴보았습니다.

> 1 행 끝에 \를 입력하여 현재 행을 다음 행에 이어서 사용하는 방법.
> 2 빈 행은 실질적으로는 무시된다.
> 3 들여쓰기의 의미와 입력 방법.
> 4 소괄호( ) 안에서는 자유롭게 개행할 수 있다.

마지막 4에 설명을 덧붙이자면 소괄호( )뿐만 아니라 6챕터 이후에 학습할 대괄호 [ ]와 중괄호{ } 안에서도 자유롭게 줄 바꿈이 가능합니다.

중요

괄호 기호 (), [], {}로 묶여 있다면, 여러 행에 걸쳐 작성할 수 있다.

개행과 공백 이외에 프로그램 구성 요소에는 키워드, 식별자, 주석, 연산자, 구분자 등이 있습니다. 이들은 '단어'와 같은 것으로 토큰(token)이라고 합니다.

▶ 주석은 앞에서도 배웠지만 9챕터에서도 학습합니다.

:: 키워드

이번 챕터에서 학습한 if나 else처럼 특별한 의미가 있는 단어를 키워드(keyword)라고 합니다. 표 3-4는 키워드의 목록입니다.

표 3-4. 키워드 목록

and	as	assert	break	class	continue
def	del	elif	else	except	False
finally	for	from	global	if	import
in	is	lambda	None	nonlocal	not
or	pass	raise	return	True	try
while	with	yield			

▶ 키워드는 예약어(reserved word)라고도 합니다.

:: 식별자

식별자(identifier)는 변수, 함수, 클래스 등에 부여한 이름입니다. 기본적으로 알파벳과 숫자 그리고 밑줄 문자로 구성합니다.

- 대문자 알파벳 A B C D E F G H I J K L M N O P Q R S T U V W X Y Z
- 소문자 알파벳 a b c d e f g h i j k l m n o p q r s t u v w x y z
- 밑줄 문자 _
- 숫자 0 1 2 3 4 5 6 7 8 9

이름을 부여할 때, 첫 번째 문자는 숫자가 아닌 문자여야 합니다. 키워드는 식별자로 사용할 수 없습니다.

```
▪ 올바른 예      x1    _x1    abc    _
▪ 잘못된 예      1x    if
```

▶ 표 6-2에서 학습할 str.isidentifier 메소드를 이용하면 식별자로서 올바른 문자열인지 확인할 수 있습니다. __로 시작하는 이름이나 __로 시작해서 __로 끝나는 이름은 특별한 의미가 있으며 예약 식별자 클래스(reserved classes of identifiers)라고 합니다.

:: 연산자

표 3-5는 연산자(operator) 목록입니다.

: 우선순위

1챕터에서 연산자 우선순위를 학습했습니다. 이 표에 있는 연산자는 우선순위가 높은 것부터 순서대로 17개 그룹으로 나뉘어 있습니다.

: 대입은 연산자가 아니다

대입을 위한 기호 =나 +=는 연산자가 아닙니다.

표 3-5. 모든 연산자의 우선순위/명칭/결합 규칙

<table>
<tr><th>우선순위</th><th>연산자</th><th colspan="2">명칭</th></tr>
<tr><td rowspan="4">1</td><td>(식 ...)</td><td colspan="2">결합 연산자 (튜플 표기 연산자)</td></tr>
<tr><td>[식 ...]</td><td colspan="2">리스트 표기 연산자</td></tr>
<tr><td>{키 : 값}</td><td colspan="2">딕셔너리 표기 연산자</td></tr>
<tr><td>{식 ...}</td><td colspan="2">집합 표기 연산자</td></tr>
<tr><td rowspan="4">2</td><td>x[인덱스]</td><td colspan="2">인덱스 연산자</td></tr>
<tr><td>x[인덱스1:인덱스2:증가폭]</td><td colspan="2">슬라이스 연산자</td></tr>
<tr><td>x(인수 ...)</td><td colspan="2">호출 연산자</td></tr>
<tr><td>x.속성</td><td colspan="2">속성 참조 연산자</td></tr>
<tr><td>3</td><td>await</td><td colspan="2">await 연산자</td></tr>
<tr><td>4</td><td>x ** y</td><td colspan="2">거듭제곱 연산자</td></tr>
<tr><td rowspan="3">5</td><td>+x</td><td colspan="2">단항 + 연산자</td></tr>
<tr><td>−x</td><td colspan="2">단항 − 연산자</td></tr>
<tr><td>~x</td><td colspan="2">비트 반전 연산자</td></tr>
<tr><td rowspan="5">6</td><td>x * y</td><td colspan="2">곱셈 연산자</td></tr>
<tr><td>x @ y</td><td colspan="2">행렬 곱셈 연산자</td></tr>
<tr><td>x / y</td><td colspan="2">나눗셈 연산자</td></tr>
<tr><td>x // y</td><td colspan="2">나눗셈의 몫 연산자</td></tr>
<tr><td>x % y</td><td colspan="2">나머지 연산자</td></tr>
<tr><td rowspan="2">7</td><td>x + y</td><td colspan="2">덧셈 연산자</td></tr>
<tr><td>x − y</td><td colspan="2">뺄셈 연산자</td></tr>
<tr><td rowspan="2">8</td><td>x << y</td><td colspan="2">왼쪽 시프트 연산자</td></tr>
<tr><td>x >> y</td><td colspan="2">오른쪽 시프트 연산자</td></tr>
<tr><td>9</td><td>x & y</td><td>비트 논리곱 연산자</td><td rowspan="3">2항 비트 단위 연산자</td></tr>
<tr><td>10</td><td>x ^ y</td><td>비트 배타적 논리합 연산자</td></tr>
<tr><td>11</td><td>x | y</td><td>비트 논리합 연산자</td></tr>
<tr><td rowspan="10">12</td><td>x in y</td><td rowspan="2">귀속 판정 연산자</td><td rowspan="10">비교 연산자
※ 연속 적용하면 and 결합으로 간주된다</td></tr>
<tr><td>x not in y</td></tr>
<tr><td>x is y</td><td rowspan="2">동일성 판정 연산자</td></tr>
<tr><td>x is not y</td></tr>
<tr><td>x < y</td><td rowspan="6">비교 연산자</td></tr>
<tr><td>x <= y</td></tr>
<tr><td>x > y</td></tr>
<tr><td>x >= y</td></tr>
<tr><td>x == y</td></tr>
<tr><td>x != y</td></tr>
<tr><td>13</td><td>not x</td><td>논리 부정 연산자</td><td rowspan="3">논리 연산자</td></tr>
<tr><td>14</td><td>x and y</td><td>논리곱 연산자</td></tr>
<tr><td>15</td><td>x or y</td><td>논리합 연산자</td></tr>
<tr><td>16</td><td>x if y else z</td><td colspan="2">조건 연산자</td></tr>
<tr><td>17</td><td>lambda</td><td colspan="2">람다 연산자</td></tr>
</table>

주요 기능	
지정된 식을 결합하여 튜플화한다.	
지정된 식을 결합하여 리스트화한다.	
지정된 키와 값을 결합하여 딕셔너리화한다.	
지정된 식을 결합하고 집합화한다.	
지정된 인덱스를 갖는 x의 요소.	
인덱스로 지정된 범위를 슬라이스한다.	
인수를 전달해 함수 또는 메소드 x를 호출한다.	
지정된 속성을 가진 x의 요소.	
awaitable 개체에서 코루틴(Coroutine) 실행을 일시 중지한다.	
x를 y 제곱한 값을 생성한다.	우결합 연산자
x 자체의 값을 생성한다.	
x의 부호를 반전한 값을 생성한다.	
x의 비트를 반전한 값 − (x + 1)을 생성한다.	
x에 y를 곱한 값을 생성한다.	
행렬x와 행렬y를 곱한 값을 생성한다(임베디드형으로는 사용할 수 없다).	
x를 y로 나눈 값을 생성한다(연산은 실수로 수행된다).	
x를 y로 나눈 값을 생성한다(소수점 이하를 버리고 정수 값을 생성).	
x를 y로 나눈 때의 나머지를 생성한다.	
x에 y를 더한 값을 생성한다.	
x와 y를 뺀 값을 생성한다.	
x의 모든 비트를 y 비트만큼 왼쪽으로 시프트한 값을 생성한다.	
x의 모든 비트를 y 비트만큼 오른쪽으로 시프트한 값을 생성한다.	
x와 y의 비트 단위의 논리곱을 생성.	
x와 y의 비트 단위의 배타적 논리합을 생성.	
x와 y의 비트 단위의 논리합을 생성.	
x가 y의 요소이면 True를, 그렇지 않으면 False를 생성한다.	
x가 y의 요소가 아니면 True를, 그렇지 않으면 False를 생성한다.	
x와 y가 동일한 객체이면 True를, 그렇지 않으면 False를 생성한다.	
x와 y가 다른 객체이면 True를, 그렇지 않으면 False를 생성한다.	
x가 y보다 작으면 True를, 그렇지 않으면 False를 생성한다.	
x가 y보다 작거나 같으면 True를, 그렇지 않으면 False를 생성한다.	
x가 y보다 크면 True를, 그렇지 않으면 False를 생성한다.	
x가 y보다 크거나 같으면 True를, 그렇지 않으면 False를 생성한다.	
x와 y가 같으면 True를, 그렇지 않으면 False를 생성한다.	
x와 y가 같지 않으면 True를, 그렇지 않으면 False를 생성한다.	
x가 참이면 False를, 그렇지 않으면 True를 생성한다.	
x를 평가하고 거짓이면 그 값을 생성한다. 그렇지 않으면 y를 평가하여 그 값을 생성한다.	
x를 평가하고 참이면 그 값을 생성한다. 그렇지 않으면 y를 평가하여 그 값을 생성한다.	
y를 평가 한 값이 참이면 x를 평가한 값을, 그렇지 않으면 z를 평가한 값을 생성한다.	
익명 함수를 만든다.	

: 결합 규칙

연산자 대부분은 연산이 왼쪽부터 이루어집니다. 이를 좌결합이라고 합니다. 예를 들어, 24 // 4 // 2의 연산 결과는 3입니다.

▶ 만약 오른쪽부터 연산이 이루어진다면 24 // (4 // 2)로 간주하여 연산 결과가 12가 됩니다.

한가지 예외인 연산자가 있습니다. 거듭제곱을 구하는 ** 연산자는 우결합입니다.

▶ 예를 들어, 2 ** 1 ** 4는 2 ** (1 ** 4)로 간주되기 때문에 연산 결과는 2입니다.

: : 구분자

식별자와 키워드 등 각 토큰 사이에는 띄어쓰기를 해야 합니다. 예를 들어 if a == 0: 에서 if와 a를 ifa == 0:과 같이 띄어쓰기 없이 쓰면 안 됩니다.

그러나 구분자(delimiter)가 있다면, 그 앞뒤로는 띄어쓰기가 필요하지 않습니다. if a == 0에 구분 기호 ( )를 사용하면 띄어쓰기 없이 if(a==0):로 쓸 수 있습니다.

즉 정리하면 다음과 같습니다. 표 3-6은 구분자 목록입니다.

```
X ifa == 0:        ※ if와 a가 구분되지 않는다.
O if a == 0:       ※ if와 a가 띄어쓰기로 구분되어 있다.
O if(a==0):        ※ if와 a가 구분자로 구분되었다.
```

표 3-6. 구분자 목록

(	)	[	]	{	}	,	:	.	;	@	=	->
+=	-=	*=	/=	//=	%=	@=	&=	|=	^=	>>=	<<=	**=

▶ 마침표(.)는 실수와 허수에도 사용할 수 있습니다. 또한 생략 부호(...)로도 사용됩니다. 그러나 이러한 경우에는 구분자의 역할을 하지 않습니다

:: 숫자 리터럴

1챕터에서는 정수 리터럴과 실수 리터럴을 학습했습니다. 이 둘과 허수 리터럴을 포함하여 총 세 종류의 숫자 리터럴 (numeric literal)이 있습니다.

: 정수 리터럴

int타입 정수 값을 나타내는 것이 정수 리터럴(integer literal)입니다. 주기억 장치에 저장될 수 있는 한, 정수 자릿수에는 제한이 없습니다. 10진수/2진수/8진수/16진수로 표기할 수 있으며 파이썬 3.6에서 임의의 위치에 밑줄 문자를 넣을 수 있다는 것을 1챕터에서 배웠습니다. 다음은 정수 리터럴의 예입니다.

```
2147483647                       0o177        0b100110111
79228162514264337593543950336    0o377        0xdeadbeef
100_000_000_000                  0b_1110_0101
```

▶ 값이 0이 아닌 10진수의 선두에 0이 올 수 없는 것도 앞서 배웠습니다.

: 실수 리터럴

float타입인 실수 값을 10진수로 표기하는 리터럴을 실수 리터럴(floating point literal)이라고 합니다. 다음은 실수 리터럴의 예입니다.

```
3.14    10.    .001    1e100    003.14e-010    0e0    3.14_15_93
```

또한 정수와 지수 선두에 여러 개의 0을 쓸 수 있습니다. 이는 10진수 정수 리터럴과 다른 점입니다.

▶ 따라서 003.14e-010과 3.14e-10은 동일합니다.

: 허수 리터럴

실수부가 0.0인 복소수(complex)를 나타내는 것이 허수 리터럴(imaginary literal)입니다. 허수 리터럴 형식은 실수 리터럴에 j를 붙인 형태입니다. 소문자 j 대신 대문자 J를 쓸 수도 있으나 일반적으로는 소문자 j를 사용합니다. 다음은 허수 리터럴의 예입니다.

```
3.14j    10.j    10j    .001j    1e100j    3.14e-10j    3.14_15_93j
```

(2.3 + 5j)처럼 실수와 허수를 더하면 complex타입 복소수를 얻을 수 있습니다.

:: 문자열 리터럴과 바이트열 리터럴

문자열 리터럴(string literal)은 1챕터에서 살펴보았습니다. 앞으로 다음 두 리터럴을 학습합니다.

: f문자열 리터럴

포맷 문자열 리터럴이라고 불리는 f문자열 리터럴(formatted string literal)은 f 또는 F로 시작하는 문자열 리터럴입니다.

▶ 6챕터에서 자세히 학습합니다.

: 바이트열 리터럴

바이트열 리터럴(bytes literal)은 b 또는 B로 시작하는 리터럴로 문자열과 비슷한 형식입니다.

▶ 7챕터에서 자세히 학습합니다.

:: 구문 오류와 예외

파이썬에는 구문 오류(syntax error)와 예외(exception)라는 두 종류의 오류가 있습니다. 여러분이 문법에 익숙해질 때까지 다양한 오류를 접하게 됩니다. 전형적인 오류와 그 해결 방법을 알아보겠습니다.

: 구문 오류

구문 오류는 SyntaxError와 IndentationError가 있으며 들여쓰기를 포함한 어휘 상의 오류입니다. 구문 오류가 있는 코드는 실행할 수 없습니다.

✕
```
print('ABC)
```

SyntaxError : EOL while scanning string literal

구문 오류 : 문자열 리터럴을 수행하는 중 EOL(End Of Line, 행의 끝)에 도달했다.

문자열 리터럴의 끝을 나타내는 작은따옴표 '가 빠졌으므로 C 뒤에 '를 추가해야 합니다. 이 오류는 'ABC"처럼 '와 "이 혼재되는 등 문자열 리터럴의 시작 및 종료 기호가 통일되지 않은 경우에도 발생합니다.

✕
```
print('x 값은'. x. '입니다')
```

SyntaxError : invalid syntax

구문 오류 : 잘못된 구문

print 함수에 전달된 인수의 구분 기호가 잘못되었습니다. 사용된 두 개의 마침표 .를 모두 쉼표 ,로 바꾸면 오류가 해결됩니다.

✕
```
print('x 값은', x, '입니다')
```

SyntaxError : invalid character in identifier

구문 오류 : 식별자에 잘못된 문자가 포함되었다.

얼핏 오류가 없어 보이지만 print 함수에 전달된 인수를 구분하는 쉼표 뒤 전각 문자가 띄어쓰기로 사용되었습니다. 이를 지우고 일반적인 반각 문자로 띄어쓰기를 입력합니다. 전각 문자로 띄어쓰기를 입력할 일이 흔치 않으나 아시아권 글자를 입력할 때 발생하는 경우가 있으니 알아두면 좋습니다.

✕
```
m1=17
m2=08
```

SyntaxError : invalid token

구문 오류 : 잘못된 토큰

10진수 정수 앞에 0을 입력할 수 없습니다. 08을 8로 수정합니다.

✕
```
if a > 5
    print('a는 5보다 큽니다')
```

SyntaxError : invalid syntax

구문 오류 : 잘못된 구문

if문의 식에 콜론이 빠졌습니다. 5 뒤에 :를 입력합니다.

✕
```
if a > 5:
print('a는 5보다 큽니다')
```

IndentationError : expected an indented block

들여쓰기 오류 : 들여쓰기가 된 블록이 필요합니다

print 함수 앞에 들여쓰기를 합니다.

: 예외

프로그램을 실행할 때 발생하는 것이 예외입니다. 예외는 12챕터에서 더 자세하게 배우므로 지금은 간단하게 살펴보겠습니다.

```
x = 5 / 0
```

ZeroDivisionError : division by zero

0으로 나누기 오류 : 0으로 나누기를 시도함

0으로 나누기를 하지 않도록 합니다.

```
'ABC' + 5
```

TypeError : can only concatenate str (not "int") to str

형식 오류 : 문자열에는 ("int"가 아닌) 문자열만 결합 가능합니다.

문자열과 정수는 결합할 수 없습니다. 정수 5를 문자열로 변환하도록 str(5)로 수정합니다.

```
a = '5.3'
print(int(a))
```

ValueError : invalid literal for int () with base 10 : '5.3'

값 오류 : int()에 전달하는 값 '5.3'은 잘못된 10진수

'5.3'은 정수로 변환할 수 없습니다. a의 문자열을 '5'로 바꾸거나 int() 대신 float()을 사용해 실수로 변환합니다.

:: PEP와 스타일 가이드

파이썬 기능의 세부 사항이 정리된 각종 문서는 PEP(Python Enhancement Proposals)로 공개되어 있습니다.

```
https://www.python.org/dev/peps/
```

각 PEP에는 번호가 할당되어 있으며 PEP 8 'Style Guide for Python Code'는 존중해야 할 스타일 가이드입니다. 여기서는 그 일부를 소개합니다.

▶ PEP에는 새로운 기능의 상세 설명뿐만 아니라 그 기능이 책정되기까지의 과정도 공개되어 있습니다. PEP 전반에 관한 문서는 PEP 0 'Index of Python Enhancement Proposals'입니다.

- 스타일 가이드는 코드의 가독성을 높이고 코드를 일관성있게 만들기 위해 사용하지만 과도하게 고집하면 안 된다.

▶ 스타일 가이드를 지켰을 때 오히려 가독성이 떨어진다면 읽기 쉽게 수정해야 합니다.

- 각 행은 79자 이내로 공백을 적절하게 사용한다.
- 행 끝에 공백이나 탭을 입력하지 않는다.
- 문법적으로 들여쓰기를 할 때는 한 레벨당 네 개의 공백을 사용한다. Python 3에서는 탭과 띄어쓰기를 혼용하는 것이 금지되어 있기 때문에 탭은 사용하지 않는다.

▶ The Chromium Projects의 Python Style Guidelines에서는 들여쓰기가 두 개의 공백으로 되어 있습니다. 이 스타일 가이드는 PEP가 아니지만 조직이나 프로젝트의 정책을 따르는 것도 고려해야 합니다.

- 문자열의 구분 기호는 '나 " 모두 사용할 수 있지만 통일하여 사용한다.

- 주석은 # 다음에 띄어쓰기 한 칸을 입력하고 작성한다. 코드의 동작을 그대로 설명하는 주석은 작성하지 않는다.

▶ 예를 들어, 다음과 같은 주석은 효용이 없습니다.

```
x = x + 1            # x를 1만큼 증가
```

그러나 이 책은 기본서이기 때문에 예제에는 종종 위와 같은 설명이 있습니다.

- 2항 연산식 중간에 개행을 하려면 연산자의 뒤가 아닌 앞에서 개행한다.

○
```
x = (number
     + point
     - (x * y))
```

✕
```
x = (number +
     point -
     (x * y))
```

- 상수는 모듈 레벨에서 정의하고 이러한 상수의 이름은 대문자로 한다. 여러 단어로 이루어진 이름이면 밑줄 문자로 구분한다.

▶ 상수를 나타내는 변수 이름은 TOTAL이나 MAX_OVERFLOW와 같은 모양으로 작성합니다. 함수는 9챕터에서, 모듈은 10챕터에서 학습합니다.

- 식이나 문장의 공백 문자에 대해

  - 과도한 공백 사용은 피한다. 다음에서 설명하는 부분에 공백을 넣지 않도록 주의한다.

    소괄호와 중괄호, 대괄호의 앞과 뒤

    ○ `spam(ham[1], {eggs: 2})` ✕ `spam(  ham [ 1 ], {  eggs: 2 }  )`

    마지막 쉼표와 그 뒤에 괄호 사이

    ○ `foo = (0,)` ✕ `foo = (0, )`

    쉼표, 세미콜론, 콜론의 앞

    ○ `if x == 4: print (x, y); x, y = x, y`
    ✕ `if x == 4 :print (x, y)  ; x  , y = x  , y`

슬라이스를 지정하는 콜론의 앞뒤. 그러나 복잡한 경우에는 앞뒤에 동일한 개수의 공백을 입력한다.

```
○ sl[1:9], sl[1:9:3], sl[:9:3], sl[1::3], sl[1:9:]
X sl[1: 9], sl[1 :9], sl[1:9 :3]
○ sl[lower:upper], sl[lower:upper:], sl[lower::step]
X sl[lower : : upper]
○ sl[lower+offset : upper+offset]
○ sl[lower + offset : upper + offset]
X sl[lower + offset:upper + offset]
○ sl[: upper_fn(x) : step_fn(x)], sl[:: step_fn(x)]
X sl[ : upper]
X print (x)
```

▶ 슬라이스에 대해서는 6, 7, 8챕터에서 학습합니다.

- 2항 연산자의 앞뒤에는 한 개의 공백을 입력한다.
- 우선순위가 다른 연산자를 함께 쓰는 경우 우선순위가 가장 낮은 연산자의 양쪽에 공백을 입력한다.
- if문, while문, for문에서 실행하는 스위트를 헤더와 같은 줄에 두지 않는다.

▶ 예를 들어 List 3-32는 이 가이드를 따르지 않았습니다.

각 함수, 모듈, 클래스 학습 시에 스타일 가이드도 함께 학습할 예정입니다.

▶ PEP 8 준수 여부를 확인할 수 있는 도구로써 pycodestyle을 사용할 수 있고, 코드를 PEP 8에 맞춰 수정하는 도구로는 autopep8 등이 있습니다.

정리

- 변수, 리터럴, 변수와 리터럴을 연산자로 결합한 것은 모두 식이다. 식에는 타입과 값이 있고, 이것들은 프로그램이 실행될 때 평가를 통해 얻어진다.

- 논리형(bool타입)은 거짓이면 False, 참이면 True인 논리 값을 갖는 타입이다. 내부적으로는 각각 0과 1이며, 문자열로 변환하면 'False' 및 'True'가 된다. 또한 빈 값과 0은 거짓에 해당하며 그렇지 않은 값은 참으로 간주한다.

- 논리 연산을 수행하는 and/or/not 연산자는 논리 연산자다. and와 or 연산자가 생성하는 것은 마지막에 평가한 식의 값이고 논리 값에 한정되지 않는다. 이 두 연산자는 단락 평가를 하기 때문에 오른쪽 피연산자의 평가는 생략될 수 있다.

a 논리곱 연산자(and)

x	y	x AND y
참	참	y
참	거짓	y
거짓	참	x
거짓	거짓	x

양 쪽이 모두 참이어야 참

b 논리합 연산자(or)

x	y	x OR y
참	참	x
참	거짓	x
거짓	참	y
거짓	거짓	y

한 쪽이라도 참이면 참

c 논리 부정 연산자(not)

x	NOT x
참	False
거짓	True

거짓이면 True

- 값의 대소 관계 또는 동등성을 판정하는 비교 연산자(<, <=, >, >=, ==, !=)를 적용한 비교식을 평가하면 True나 False의 논리 값을 얻게 된다. 또한 이러한 연산자는 연속 적용이 가능하며, 이러한 경우 and 결합으로 간주한다.

- 식이 그대로 문장이 되는 표현식문과 대입문은 단순문이다.
- 구문, 문장이 필요한 곳에서 아무것도 수행하지 않는다면 단순문인 pass문을 사용한다.
- if문을 사용하면 조건 성립 여부에 따라 프로그램의 흐름을 분기하여 선택적으로 처리할 수 있다.

if절	if식:스위트
elif절	elif식:스위트
else절	else:스위트

- if문의 각 절(if절, elif절, else절)은 헤더와 그것을 제어하는 스위트로 이루어진다.
- 스위트는 헤더의 다음 줄에 한 레벨 들여쓰기하여 작성하는 것이 원칙이다. 들여쓰기는 적어도 하나의 공백을 입력하면 되지만 공백 네 개가 표준이다.
- if문을 비롯한 복합문이 제어하는 스위트는 단순문으로 구성된 경우에만 개행하지 않고 헤더의 콜론 다음에 위치할 수 있다. 또한 문이 여러 개인 경우에는 세미 콜론으로 구분한다.
- 괄호 (), [], {} 안에서는 여러 줄에 걸쳐 기술할 수 있다. 길어서 한 행에 다 작성할 수 없는 복잡한 수식은 괄호 안에 여러 줄로 작성하면 된다.
- 조건 연산자인 3항 연산자 if~else~를 사용하면 if문의 기능을 조건식 하나로 줄일 수 있다. 두 번째 피연산자의 평가 결과에 따라 첫 번째 또는 세 번째 피연산자 중 하나만 평가된다.
- 여러 개의 값 중 최솟값과 최댓값은 기본 함수인 min 함수와 max 함수에서 구할 수 있다.
- a와 b 두 값의 교환은 a, b = b, a의 대입으로도 가능하다.

- 여러 값을 오름차순 또는 내림차순으로 바꾸는 것을 정렬이라고 하며 기본 함수인 sorted 함수로 정렬할 수 있다.
- 프로그램의 구성 요소에는 키워드, 식별자, 연산자, 구분자, 리터럴 등이 있다.
- 여러 개의 연산자가 함께 연산되는 경우에는 우선순위가 높은 연산자가 먼저 연산된다. 동일한 우선순위의 연산자가 연속하는 경우에는, 결합 규칙에 따라 왼쪽 또는 오른쪽에서부터 연산이 이루어진다. 대부분의 연산자는 좌결합이다.
- 오류는 구문 오류와 예외 오류, 두 가지가 있으며 구문 오류는 들여쓰기를 포함한 문법상의 오류다.
- 코드를 작성할 때는 PEP 8 'Style Guide for Python Code'의 스타일 가이드를 존중한다.
- 플로차트(흐름도)를 이용해 프로그램의 흐름을 도식화할 수 있다.

chap03/gist.py

```
# 3챕터 정리

a = int(input('정수 a:'))
b = int(input('정수 b:'))
c = int(input('정수 c:'))
d = int(input('정수 d:'))

if     a: print('a는 0이 아닙니다.')            # 0이 아니면 참
if not b: print('b는 0입니다.')                 # 0이 아니면 참의 부정

# a, b, c 중에서 0이 아닌 첫 번째 값을 x에 대입하고, 모두 0인 경우 d를 x에 대입하기
x = a or b or c or d
print('x =', x)

if d % c:                                       # d를 c로 나눈 나머지가 0이 아니다.
    print('c는 d의 약수가 아닙니다.')
else:
    print('c는 d의 약수입니다.')

print('c는 ' + ('홀수' if c % 2 else '짝수') + '입니다.')

print('점수 d의 평가:', end='')
if d < 0 or d > 100:    # 0~100 이외
    print('잘못된 점수')
elif d >= 60:           # 60~100
    print('합격')
else:                   # 0~59
    print('불합격')
```

실행 결과

```
정수 a:0 Enter↵
정수 b:0 Enter↵
정수 c:6 Enter↵
정수 d:72 Enter↵
b는 0입니다.
x = 6
c는 d의 약수입니다.
c는 짝수입니다.
점수 d의 평가:합격
```

04

프로그램 흐름의 반복

이번 챕터에서는 프로그램의 흐름을 반복하는 데 사용하는 while문과 for문을 중심으로 학습합니다.

- 반복(루프)
- 반복문의 전치 판정과 후치 판정
- 판정식과 루프 본체
- while문
- for문과 range 함수
- 누적 대입 연산자
- 카운트업과 증가
- 카운트다운과 감소
- 1부터 n까지의 합
- break문과 else절
- continue 문
- 무한 루프
- 다중 루프
- import문을 사용한 모듈 임포트
- 프로그램 실행 일시 정지(time.sleep 함수)
- 난수 생성(random.randint 함수)
- 숫자 맞히기 게임 / 가위바위보 게임
- 배터리가 포함된 파이썬
- 반복문을 이용한 탐색

SECTION 4-1

while문

3챕터에서 배운 분기를 응용하여 프로그램 흐름을 반복할 수 있습니다. 이제 반복에 사용되는 while문을 학습합니다.

:: while문

프로그램의 흐름을 반복하면 다음과 같은 작업이 가능합니다.

- 동일하거나 유사한 처리를 반복 실행한다.
- 조건을 바꾸면서 처리를 반복 실행한다.
- 조건이 성립될 때까지 작업을 반복한다.

처음으로 살펴볼 List 4-1은 두 정수 값을 입력받아, 작은 값부터 큰 값까지 세는 예제입니다.

List 4-1

```
# 정수의 카운트업(정렬 후 a부터 b까지)

a = int(input('정수 a:'))
b = int(input('정수 b:'))

a, b = sorted([a, b])       # 오름차순으로 정렬

counter = a
while counter <= b:
    print(counter, end=' ')
    counter = counter + 1   # counter를 1만큼 증가
print()
```

while문

스위트의 각 문은 동일하게 들여쓰기 합니다.

실행 결과

```
❶ 정수 a:8 Enter↵
  정수 b:3 Enter↵
  3 4 5 6 7 8
❷ 정수 a:3 Enter↵
  정수 b:8 Enter↵
  3 4 5 6 7 8
```

정수 값을 입력받아, 오름차순으로 정렬하는 것까지는 List 3-33과 동일합니다.

▶ 실행 결과와 같이 키보드에서 입력받은 시점의 a와 b의 값은 '8과 3' 그리고 '3과 8'로 서로 순서가 다르지만 정렬 후에는 a가 3이고 b가 8이 됩니다.

정렬 후에는 counter에 a를 대입합니다(실행 결과에서는 3을 대입합니다). 회색으로 표시한 부분은 while문(while statement)으로 식을 평가한 값이 참인 동안 스위트를 반복해서 수행하는 반복문입니다. 또한 이 책에서는 반복을 계속할지 여부를 판정하기 위한 수식을 판정식이라 부르고 반복되는 스위트를 루프 본체라고 합니다.

▶ 루프(loop)는 '반복'입니다. 앞 챕터에서 배운 대로 실행하는 스위트를 여러 행에 걸쳐 작성할 때는 들여쓰기로 정렬해야 합니다. 또한 권장하지는 않으나 다음과 같이 한 줄로도 작성할 수 있습니다.

```
while counter <= b: print(counter, end = ''); counter = counter + 1
```

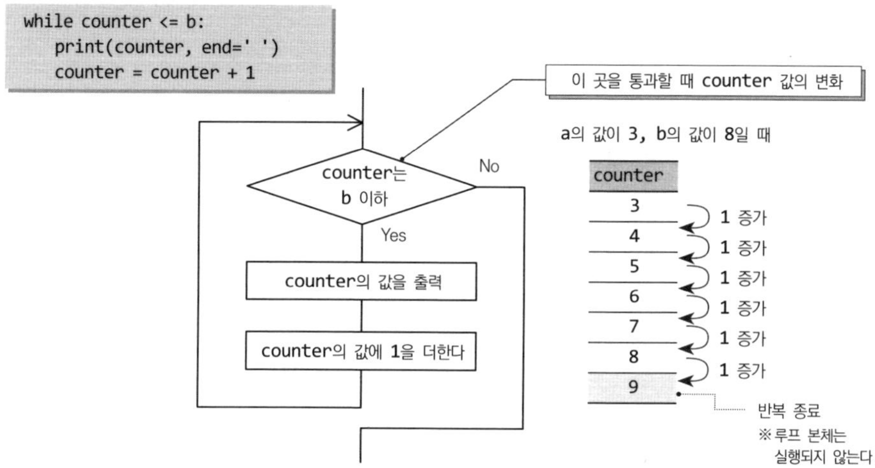

그림 4-1. List 4-1의 while문 흐름도

그림 4-1은 List 4-1에서 사용한 while문의 흐름입니다. while문은 counter가 b 이하인 동안 루프 본체에 있는 두 개의 처리를 반복합니다.

- counter 값을 출력한다
- counter + 1의 결과를 counter에 대입하여 counter의 값을 1만큼 증가한다.

프로그램의 흐름이 while문에 들어갔을 때 counter 값은 3이기 때문에 3이 출력되고, 그 후 counter의 값이 4로 업데이트됩니다. 프로그램의 흐름은 다시 while문의 처음으로 돌아가 반복 여부를 판정합니다. counter의 값 4는 b 이하이기 때문에, 다시 루프 본체가 실행됩니다. 같은 방법으로 반복을 계속합니다.

counter의 값이 8로 출력되고 그 값이 증가해 9가 되면 counter <= b가 더 이상 성립하지 않습니다. 드디어 while문이 종료됩니다. 출력되는 마지막 값은 8이지만, while문 종료 시점의 counter 값은 9입니다. 코드 마지막 행에서 print 함수를 호출하면 쉽게 확인할 수 있습니다 (chap04/list0401a.py).

```
print('\ncounter 값은', counter, '입니다.')
```

개행

```
counter의 값은 9 입니다.
```

다음으로 counter 값의 업데이트 부분을 다음과 같이 바꿔 보겠습니다(chap04/list0401b.py).

```
counter = counter + 2        # counter에 2를 더하기
```

```
3 5 7
```

:: 카운트다운

List 4-2를 통해 입력받은 정수 값에서 시작하여 0까지 카운트다운하는 코드를 작성합니다.

List 4-2

```
# 양의 정수를 0까지 카운트다운

print('카운트다운하겠습니다.')
n = int(input('양의 정수를 입력해주세요.:'))

while n >= 0:
    print(n, end=' ')
    n -= 1            # n에서 1을 뺀다
print()
```

실행 결과

```
❶ 카운트다운하겠습니다.
  양의 정수를 입력해주세요.:5 Enter↵
  5 4 3 2 1 0
❷ 카운트다운하겠습니다.
  양의 정수를 입력해주세요.:-17 Enter↵
```

빈 행이 출력됩니다.

'n에서 1을 뺀다'라는 주석이 있습니다. n -= 1은 뺄셈의 결과를 대입하는 n = n - 1과 기본적으로는 동일합니다. 또한, 변수의 값을 1씩 줄이는 것을 감소(decrement)라고 하며 1씩 늘리는 것을 증가(increment)라고 합니다.

▶ 다른 프로그래밍 언어에서 제공하는 증가 연산자 ++ 및 감소 연산자 --는 파이썬에서 지원하지 않습니다.

2항 연산자 +, -, *, @, /, // %, ** >>, <<, &, ^, | 바로 다음에 =을 쓰는 구분자를 누적 대입 연산자(augmented assignment operator)라고 합니다(표 4-1).

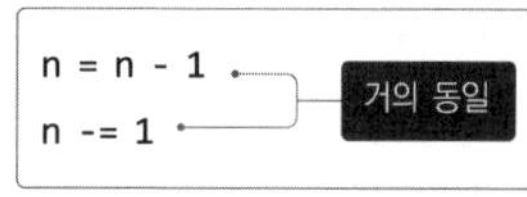

연산자가 ★이라면 ★의 연산 결과를 대입하는 a = a ★ b는 누적 대입 a ★= b와 기본적으로는 동일합니다. 누적 대입을 사용하면 다음과 같은 장점이 있습니다.

- 수행할 연산을 간결하게 표현한다.
  - n에서 1을 뺀 값을 n에 대입하는 것보다 n에서 1을 빼는 것이 간단할 뿐만 아니라 자연스러운 표현입니다.
- 좌변의 변수명을 한 번만 쓰면 된다.
  - 변수 이름이 긴 경우나 리스트, 클래스 등을 이용한 복잡한 식을 쓸 때 오타가 줄고, 가독성도 좋습니다.
- 좌변의 평가가 일회성이다.
  - 누적 대입을 이용하는 장점 중 하나는 좌변의 평가가 한 번만 이루어진다는 점입니다.

▶ 이 페이지에서 '기본적으로는'이라는 표현을 사용한 이유는 평가 횟수 외에도 큰 차이가 있기 때문입니다.

표 4-1. 누적 대입 연산자(참고: 문법상의 연산자가 아님)

+=	-=	*=	@=	/=	//=	%=	**=	>>=	<<=	&=	^=	|=

▶ 대입 연산자가 진정한 의미에서 연산자가 아닌 것과 같이 누적 대입 연산자도 연산자가 아니며 중간에 공백을 넣어 + = 나 >> = 처럼 쓸 수 없습니다.

누적 대입을 배웠으니 이제 코드 전체를 살펴보겠습니다. 이 예제에서 while문은 변수 n의 값을 0까지 카운트다운합니다. 실행 결과 ❶을 그림 4-2와 함께 생각해보겠습니다.

처음 print 함수가 호출될 때 키보드로부터 입력받은 값 5와 공백이 출력되고 그 직후에 n의 값이 감소되어 4가 됩니다. 프로그램의 흐름은 다시 while문의 처음으로 돌아가 계속해서 반복할지를 판정합니다.

변수 n의 값 4는 0 이상이기 때문에 루프 본체가 실행되고 출력과 감소가 이루어집니다. 마찬가지로 반복을 계속하고 0을 표시한 후에 감소되면 n의 값은 -1입니다. 그 시점에 while문에 의한 반복은 종료됩니다. 출력되는 마지막 값은 0이지만 while문이 종료될 때 n의 값은 -1입니다.

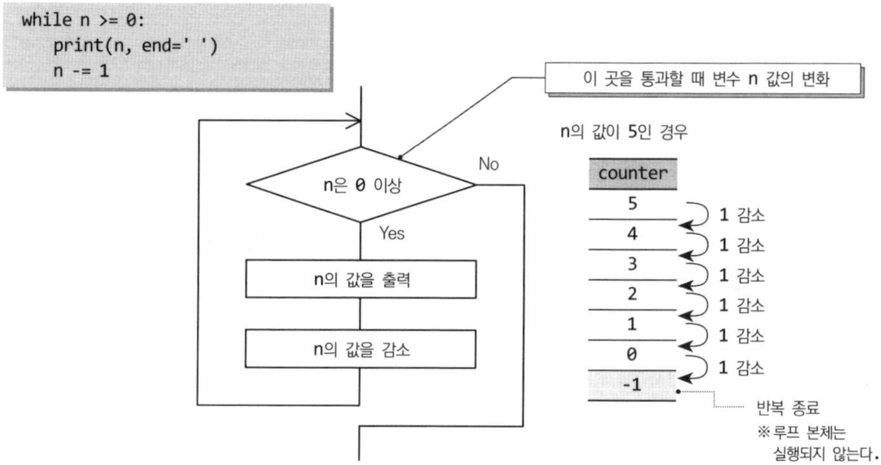

그림 4-2. List 4-2의 while문 흐름도

또한 실행 결과 ❷와 같이 입력받은 n이 음수이면 while문의 루프 본체는 한 번도 실행되지 않고 개행 문자만 출력됩니다.

▶ 원래 n에는 양의 정수 값만 입력되도록 해야 합니다. List 4-4와 같이 개선할 수 있습니다.

:: 1부터 n까지의 합 구하기

List 4-3은 누적 대입을 이용한 또 하나의 예제로, 1에서 n까지의 합을 구합니다. 예를 들어 입력받은 정수 n의 값이 5라면 구하는 값은 1+2+3+4+5를 한 값인 15입니다.

List 4-3

```
# 1부터 n까지 합 구하기

print('1부터 n까지의 합을 구해보겠습니다.')
n = int(input('n의 값을 입력해주세요 : '))

sum = 0
i = 1
while i <= n:
    sum += i      # sum에 i를 더하기
    i += 1        # i에 1을 더하기
print('1부터', n, '까지의 합은', sum, '입니다.')
```

(1: sum = 0, i = 1 / 2: while 루프)

실행 결과

```
1부터 n까지의 합을 구해보겠습니다.
n의 값을 입력해주세요 : 5 Enter ↵
1부터 5 까지의 합은 15 입니다.
```

그림 4-3에서 볼 수 있는 1과 2의 동작을 알아보겠습니다. 먼저 간략하게 설명하면 다음과 같습니다.

1 합을 구하기 위한 사전 준비입니다. 합을 저장하는 변수 sum의 값을 0으로 하고 반복을 제어하는 변수 i의 값을 1로 설정합니다.

2 변수 i의 값이 n 이하인 동안 i의 값이 증가하면서 루프 본체를 반복 수행합니다. 반복은 n회 수행합니다.

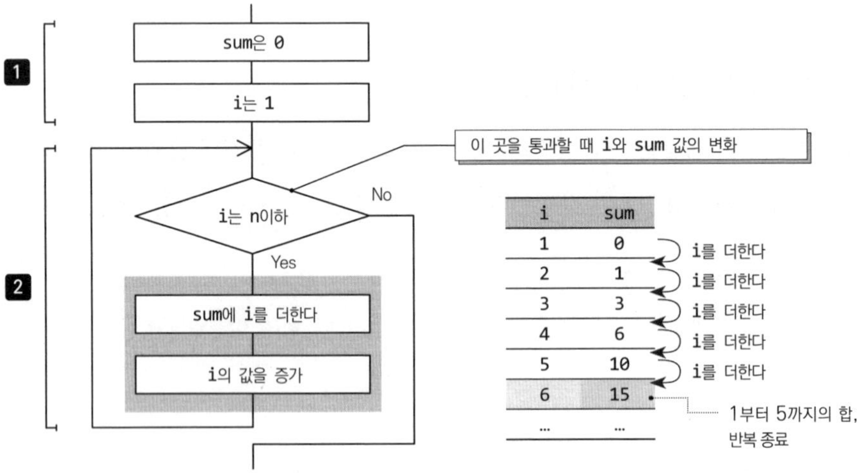

그림 4-3. 1부터 n까지의 합을 구하는 플로차트

while문의 판정식 i <= n(즉, 플로차트의 ◇)을 통과할 때, 변수 i와 sum 값의 변화를 그림 4-3의 오른쪽 표에서 볼 수 있습니다. 이 표와 코드를 비교하면서 알아보겠습니다.

판정식 i <= n을 처음 통과할 때 변수 i와 sum의 값은 **1**에서 설정한 값입니다. 그 반복이 수행될 때마다 변수 i의 값이 1씩 증가합니다. 따라서 판정식을 통과할 때는 두 변수에 다음의 값이 대입됩니다.

- 변수 sum : 현재까지의 합
- 변수 i : 다음 번에 더할 값

예를 들어, i가 5일 때 변수 sum의 값은 10입니다. 이는 1부터 4까지의 합이며, 변수 i의 값인 5가 더해지기 전의 값입니다. 또한, i 값이 n을 초과할 때 while문의 반복을 종료하기 위해 최종 i의 값은 n이 아닌 n + 1입니다.

▶ 표와 같이 n이 5이면 while문이 종료될 때 i는 6, sum은 15입니다.

1부터 n까지의 합을 구하는 더 짧은 작성 방법은 7챕터에서 학습합니다.

Column 4-1. 프로그램의 실행을 일정 시간 정지시키는 sleep 함수

List 4-2에서는 카운트다운을 합니다. 카운트다운을 하는 상황을 1초마다 출력하도록 변경한 것이 List 4C-1입니다.

List 4C-1

```
# 양의 정수를 0까지 1초마다 카운트다운

import time

print('카운트다운을 하겠습니다.')
n = int(input('양의 정수를 입력해주세요.:'))

while n >= 0:
    print(n, end=' ')
    n -= 1              # n에서 1을 뺀다
    time.sleep(1)       # 1초 정지
print()
```

실행 결과

```
카운트다운을 하겠습니다.
양의 정수를 입력해주세요.:5 Enter↵
5 4 3 2 1 0
```

1초마다 출력됩니다.

여기에서 사용한 time.sleep 함수는 ()안에 지정된 초만큼 프로그램 실행을 정지시키는 time 모듈의 함수입니다.

import 선언 및 함수 호출 형식이 '이름()' 대신 '이름.이름()'인 이유는 10챕터에서 자세히 학습합니다.

:: break문을 이용한 반복의 중단과 else절

카운트다운 예제와 1부터 n까지의 합을 구하는 예제는 정수가 아닌 값을 n에 입력하면 이상한 결과가 출력됩니다. 양의 정수만 입력받을 수 있도록 앞서 작성한 코드를 List 4-4로 수정합니다.

List 4-4

```
# 1부터 n까지 합 구하기(n에 양의 정수만 입력받기)

print('1부터 n까지의 합을 구해보겠습니다.')
```

```
while True:
    n = int(input('n의 값을 입력해주세요 : '))
    if n > 0:
        break

sum = 0
i = 1
while i <= n:
    sum += i   # sum에 i를 더하기
    i += 1     # i에 1을 더하기
print('1부터', n, '까지의 합은', sum, '입니다.')
```

실행 결과

```
1부터 n까지의 합을 구해보겠습니다.
n의 값을 입력해주세요 : -5 Enter↵
n의 값을 입력해주세요 : 0 Enter↵
n의 값을 입력해주세요 : 5 Enter↵
1부터 5 까지의 합은 15 입니다.
```

읽어들인 값을 n에 대입하는 문장은 회색으로 표시된 while문 안에 들어있습니다. while문의 판정식이 True이기 때문에, 이 while문은 무한히 반복됩니다. 이러한 반복은 무한 루프라고 합니다.

: break문

키보드에서 정수 값을 입력받은 뒤에 n이 양수인지를 if문으로 판정합니다. 판정이 성립하면 실행되는 것이 break문(break statement)입니다. 그림 4-4와 같이 반복문에서 break문이 실행되면 그 반복문을 강제로 종료하고 무한 루프에서 나오게 됩니다.

▶ Section 4-3에서 학습할 다중 루프에서 break문이 실행되면 그 break문이 속해 있는 반복문의 실행이 중단됩니다.

또한 입력받은 정수 n이 0 이하이면 break문이 실행되지 않기 때문에 while문이 반복 실행됩니다.

: else절

그림 4-4에서 보는 것과 같이 while문의 끝에 else절을 사용할 수 있습니다. while문이 break문으로 강제 종료되지 않은 경우에만 else절에 있는 스위트가 실행됩니다.

▶ else절이 있는 while문의 예는 List 4-6입니다.

:: continue문으로 반복문에 있는 처리 건너뛰기

continue문(continue statement)은 break문과 대조적입니다. 그림 4-4와 같이 반복문에서 continue문이 실행되는 경우 루프 본체의 후속 부분 실행을 건너뛰고 다시 판정식으로 돌아갑니다. List 4-5는 continue문을 이용한 예입니다.

List 4-5

```
# 양의 정수의 값을 차례대로 입력받아 더하기

print('양의 정수 값을 더해 보겠습니다.(종료하려면 -9999를 입력하세요.)')

sum = 0
while True:
    n = int(input('정수를 입력해 주세요.:'))
    if n == -9999:
        break
    if n <= 0:
        continue
    sum += n
print('총 합은', sum, '입니다.')
```

실행 결과

```
양의 정수 값을 더해 보겠습니다.
(종료하려면 -9999를 입력하세요.)
정수를 입력해 주세요.:5 Enter↵
정수를 입력해 주세요.:7 Enter↵
정수를 입력해 주세요.:-2 Enter↵
정수를 입력해 주세요.:4 Enter↵
정수를 입력해 주세요.:-9999 Enter↵
총 합은 16 입니다.
```

정수 n을 차례대로 입력받아 덧셈을 반복해 합을 구합니다. 그때, 다음과 같이 처리합니다.

- n이 -9999이면 입력받기를 종료한다.　　　→ break문 실행
- n가 0 이하면 더하지 않는다(양수 값만 더한다).　　　→ continue문 실행

n이 0 이하일 때 실행되는 continue문에 의해 누적 대입 sum += n 실행을 건너뜁니다(따라서 음수 값은 sum에 가산되지 않습니다).

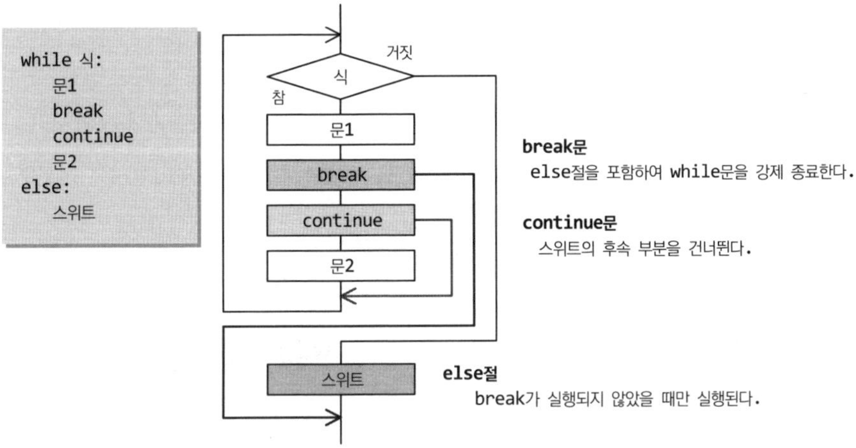

그림 4-4 while/break/continue문

:: 숫자 맞히기 게임(난수 생성과 모듈)

프로그램으로 숫자 맞히기 게임을 작성합니다. 1부터 1000 중 하나의 숫자를 맞혀야 하며 기회는 10회입니다. 그러나 1보다 작거나 1000보다 큰 값으로 잘못 입력한 경우에는 시도한 횟수에 포함하지 않습니다. List 4-6이 이 조건을 반영한 예제입니다.

List 4-6

```
# 숫자 맞히기 게임

import random                                          1

MAX = 1000                  # 고를 수 있는 가장 큰 수
MAX_STAGE = 10              # 입력할 수 있는 기회
print('1부터 {}까지의 숫자 중 맞혀 보세요. 기회는 {}회입니다.'.format(MAX, MAX_STAGE))

stage = 1
answer = random.randint(1, MAX)                        2

while stage <= MAX_STAGE:
    print(stage, '번 시도 몇일까요? : ', end='')
    n = int(input())

    if n < 1 or n > MAX:    # 범위 외의 값이 들어오면 다시 시작    3
        continue
    if n == answer:         # 정답일 때
        print('정답!', stage,'번 째에 맞혔습니다!')          4
        break
    elif n > answer:
        print('더 작은 수입니다.')                            5
    else:
        print('더 큰 수입니다.')                              6
    stage += 1                                                7
else:
    print('앗, 아쉽네요. 정답은', answer, '입니다.')          8
```

실행 결과

```
1부터 1000까지의 숫자 중 맞혀 보세요.
기회는 10회입니다.
1 번 시도 몇일까요? : 499 Enter↵
더 작은 수입니다.
2 번 시도 몇일까요? : 249 Enter↵
더 큰 수입니다.
3 번 시도 몇일까요? : 374 Enter↵
정답! 3 번째에 맞혔습니다.
```

: 난수 생성과 모듈 임포트

맞혀야 하는 숫자가 매번 바뀌지 않으면 제대로 된 게임이 아닙니다. 그래서 필요한 것이 어느 수가 나올지 모르는 난수입니다. 아쉽게도 파이썬은 아무 기능도 추가하지 않은 기본 상태에서는 난수를 만들어 내는 기능을 제공하지 않습니다. 그러나 파이썬은 필요한 기능을 언제든지 자유롭게 추가할 수 있습니다.

이처럼 기능을 추가하는 부분이 ❶ 과 같은 import문(import statement)입니다. 여기에서는 random 모듈 임포트(import)를 수행합니다. 함수를 비롯한 각종 부품을 모아둔 것이 모듈(module)입니다.

▶ 함수가 부품과 같다는 사실은 2챕터에서 배웠습니다.

▶ 여기에서는 모듈에 대해 간략하게 배웁니다. 모듈, 임포트 방법, 모듈에 있는 함수 호출 방법과 같은 자세한 내용은 10챕터에서 학습합니다.

모듈을 설치하면 그 모듈에 있는 함수를 다음과 같은 형식으로 호출할 수 있습니다.

```
모듈 이름.함수 이름(인수)
```

이 예제에서 사용한 함수는 random 모듈에서 제공하는 randint 함수입니다. random.randint(a, b)는 a 이상 b 이하의 정수에서 난수를 생성(무작위로 한 개의 정수를 추출)하고 그 값을 리턴합니다(그림 4-5).

따라서 ❷에서는 1~MAX, 즉 1부터 1000 사이에 있는 하나의 값을 변수 answer에 대입하고 프로그램을 실행할 때마다 매번 다른 값을 대입합니다.

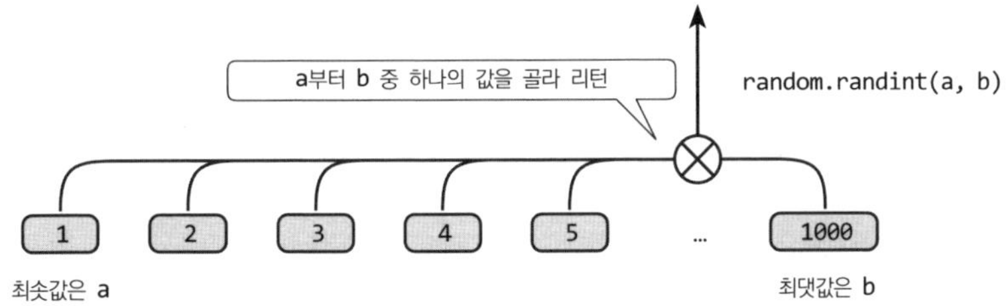

그림 4-5. random.randint 함수의 난수 생성

이 예제의 while문은 stage가 MAX_STAGE까지, 즉 10 이하일 때까지 반복합니다. 오답인 경우 stage의 값이 증가합니다.

▶ 맞혀야 하는 수의 최댓값 1000과 시도할 수 있는 최대 횟수 10은 매직 넘버가 되지 않고, 값을 바꾸기 쉽도록 대문자 이름의 변수에 대입합니다.

3에서는 변수 n에 입력된 값을 확인합니다. 1이하 또는 1000보다 큰 범위 밖의 값이면 continue문을 실행하여 4 ~ 7을 건너 뜁니다. 특히 7의 stage의 증가가 생략되는 점에 유의하기 바랍니다.

범위 안이면 판정 후에 아래와 같이 선택적으로 실행합니다.

```
입력받은 n의 값이 맞혀야 할 값 answer
...과 같으면: "정답"을 출력하고 while문 반복을 종료      → 4 정답
...보다 크면: "더 작은 수입니다."를 출력                  → 5 오답
...보다 작으면: "더 큰 수입니다."를 출력                  → 6 오답
```

오답이면 7에서 stage를 증가시킵니다. 증가 후 stage가 MAX_STAGE, 즉 10을 초과하면 입력할 수 있는 기회가 모두 소진되었기 때문에 while문을 종료합니다. break 문이 실행되지 않고 while문이 종료되는 경우 else절이 실행되며 8을 출력합니다.

:: 가위바위보 게임 만들기

난수를 만드는 방법을 배웠으므로 또 다른 게임을 작성해봅시다. List 4-7은 가위바위보 게임입니다.

List 4-7

```
# 가위바위보

import random

print('가위 바위 보')

# 이긴 횟수, 진 횟수, 비긴 횟수
win_no = lose_no = draw_no = 0

while True:
    comp = random.randint(0, 2)
    while True:                                          ── 0~2만 입력받기 위한 반복   ❶
        human = int(input('가위바위보(0:바위/1:가위/2: 보):'))
        if 0 <= human <= 2:
            break
    print('나는 ', end='')
    if comp == 0:
        print('주먹', end='')
    elif comp == 1:
        print('가위', end='')
    else:
        print('보', end='')
    print('입니다.')

    # 승패 판정                                          ❷
    judge = (human - comp + 3) % 3
    if judge == 0:
        print('비겼습니다.')
        draw_no += 1
    elif judge == 1:
        print('당신이 졌습니다.')
        lose_no += 1
    else:
        print('당신이 이겼습니다.')
        win_no += 1
    retry = int(input('한 번 더 해볼까요?(0:네/1:아니오):'))
    if retry == 1:
        break

print('결과 :', win_no, '승', draw_no, '무', lose_no, '패입니다.')
```

실행 결과

```
가위 바위 보
가위바위보(0:바위/1:가위/2: 보):1 Enter↵
나는 주먹입니다.
당신이 졌습니다.
한 번 더 해볼까요?(0:네/1:아니오):0 Enter↵
가위바위보(0:바위/1:가위/2: 보):2 Enter↵
나는 보입니다.
비겼습니다.
한 번 더 해볼까요?(0:네/1:아니오):1 Enter↵
결과:0 승 1 무 1 패입니다.
```

이 예제에서는 바위, 가위, 보를 순서대로 0, 1, 2로 나타냅니다. 컴퓨터가 0~2 사이의 난수를 생성하고 플레이어는 ❶부분에서 키보드로 입력합니다.

그림 4-6과 같이 컴퓨터와 플레이어가 입력해 나오는 모든 경우의 수 조합은 9개이고 ❷에서는 그 조합에 대한 승패를 식 하나로 구할 수 있습니다.

▶ 이 예제는 반복문 안에 반복문이 들어간 구조로 Section 4-3에서 학습할 다중 루프입니다.

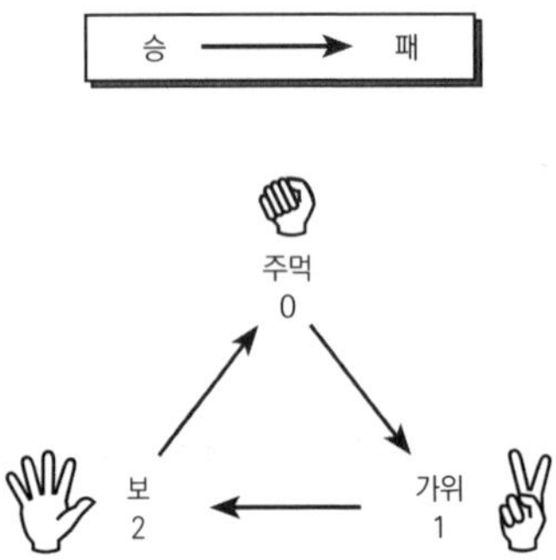

a 비김

human	comp	human - comp	(human - comp + 3) % 3
0	0	0	0
1	1	0	0
2	2	0	0

b 플레이어가 짐

human	comp	human - comp	(human - comp + 3) % 3
0	2	-2	1
1	0	1	1
2	1	1	1

c 플레이어가 이김

human	comp	human - comp	(human - comp + 3) % 3
0	1	-1	2
1	2	-1	2
2	0	2	2

그림 4-6. 가위바위보의 조합과 승패의 판정

:: 배터리 포함

파이썬 개념 중 하나는 배터리 포함(batteries included)입니다. 이 말은 원래 가전 제품이나 전자 기기 등을 구입했을 때 처음부터 배터리가 포함되어 있다는 의미입니다. 포함되어 있다는 말은, 내장되어 있다는 말과는 의미가 조금 다릅니다.

파이썬에는 다양한 부품이 포함되어 있습니다. print 함수처럼 기본 함수는 처음부터 내장되어 있습니다. 반면에 random.randint 같은 함수는 처음부터 내장되어 있지는 않지만 임포트하기만 하면 언제든지 쓸 수 있습니다(그림 4-7).

또한 표준 파이썬에서는 제공하지 않는 부품(기업이나 단체 등이 제공하는 것)도 필요에 따라 추가할 수 있습니다. 원하는 아이템을 쓰면 언제든지 업그레이드할 수 있는 게임 캐릭터와 같은 느낌입니다.

그림 4-7. 배터리 포함

SECTION 4-2

for문

앞서 배운 while문과 같은 종류의 반복문인 for문입니다.
여기서는 for문의 기본 내용을 학습합니다.

:: for문

반복을 수행하는 반복문에는 while문과 for문(for statement)이 있습니다. List 4-8은 for문을 사용하여 지정된 횟수만큼 인사하는 코드입니다.

List 4-8

```
# 입력받은 횟수만큼 인사하기(카운트는 0부터 시작)

n = int(input('몇 번 인사할까요? : '))

for i in range(n):
    print('No.', i, ' : 안녕하세요.')
```

실행 결과

```
몇 번 인사할까요? : 3 Enter↵
No. 0 : 안녕하세요.
No. 1 : 안녕하세요.
No. 2 : 안녕하세요.
```

먼저, range(n)를 살펴보겠습니다. range(n)은 0, 1, 2, ..., n - 1인 수열 즉, 숫자의 '정렬식'을 만드는 함수입니다. 이 식은 다음과 같은 정렬식을 만듭니다.

```
range(n) 0 이상 n 미만의 숫자를 순서대로 열거한 수열
```

여기에서 정렬식의 마지막 수는 n이 아닌 n - 1입니다.

▶ range는 "범위", "구분" 등의 의미가 있습니다.

다음으로 for문의 의미를 알아보겠습니다.

```
'for 변수 in 정렬식 : 스위트'는 정렬식에 들어있는 값을 변수에 대입하여 스위트를 실행하는
                    작업을 범위에 도달할 때까지 반복한다.
```

실행 결과에서 n은 3이므로 range(3)이 0, 1, 2와 같은 수열을 만듭니다. 따라서 프로그램의 흐름은 다음과 같습니다.

```
▪ range(3)에 의해 수열 0, 1, 2가 생성된다(최초 1회만 수행된다).
▪ 변수 i에 0을 대입하고 스위트(print 함수를 호출 문장)를 수행한다.
▪ 변수 i에 1을 대입하고 스위트(print 함수를 호출 문장)를 수행한다.
▪ 변수 i에 2를 대입하고 스위트(print 함수를 호출 문장)를 수행한다.
```

변수 i와 같이, 반복 제어에 사용하는 변수를 카운터용 변수라고 합니다. 그런데 컴퓨터 세계의 카운트는 0부터 시작하지만 사람은 보통 1부터 카운트를 시작합니다. 따라서 1부터 n회 반복하도록 List 4-9처럼 다시 작성합니다.

List 4-9

```
# 입력받은 횟수만큼 인사하기(카운트는 1부터 시작 1)

n = int(input('몇 번 인사할까요?:'))

for i in range(n):
    print('No.', i + 1, ':안녕하세요.')
```

실행 결과

```
몇 번 인사할까요?:3 Enter↵
No. 1:안녕하세요.
No. 2:안녕하세요.
No. 3:안녕하세요.
```

위와 같이 No의 값을 i에서 i + 1로 변경합니다.

range 함수에 인수 두 개를 주고 range(a, b)로 호출하면 다음과 같은 식이 만들어집니다.

```
range(a, b)  a 이상 b 미만의 수를 순서대로 열거한 수열
```

여기에서 마지막 숫자는 b - 1이며, b는 포함되지 않는다는 점에 주의합니다. range(a, b)로 변경한 코드가 List 4-10입니다.

List 4-10

```
# 입력받은 횟수만큼 인사하기(카운트는 1부터 시작 2)

n = int(input('몇 번 인사할까요?: '))

for i in range(1, n + 1):
    print('No.', i , ':안녕하세요.')
```

실행 결과

```
몇 번 인사할까요?:3 Enter↵
No.1:안녕하세요.
No.2:안녕하세요.
No.3:안녕하세요.
```

실행 결과에서 n이 3이므로 range(1, 4)에 의해 1, 2, 3이라는 수열이 만들어집니다.

이 챕터에서 처음 다뤘던 List 4-1에서는 a 이상 b 이하의 정수를 while문을 이용하여 나열했습니다. for문과 range 함수를 함께 쓰면 List 4-11처럼 작성할 수 있습니다.

List 4-11

```
# for문으로 정수 세기(오름차순으로 정렬된 a부터 b까지)

a = int(input('정수 a:'))
b = int(input('정수 b:'))

a, b = sorted([a, b])       # 오름차순 정렬

for counter in range(a, b + 1):
    print(counter, end=' ')
print()
```

실행 결과

```
❶ 정수 a:8 Enter↵
  정수 b:3 Enter↵
  3 4 5 6 7 8
❷ 정수 a:3 Enter↵
  정수 b:8 Enter↵
  3 4 5 6 7 8
```

while문보다 간결해졌습니다.

▶ 다른 프로그래밍 언어는 for문의 카운터용 변수(여기에서는 counter)를 for문에서만 사용할 수 있는 경우가 많지만 파이썬은 반복문 이후에도 카운터용 변수가 남아 있습니다.

:: range 함수

지금까지 range 함수를 호출하는 두 가지 형식을 배웠고, 이제 또 다른 형식을 하나 더 학습합니다. 인수 세 개를 전달해 range(a, b, step)와 같이 호출하면 다음과 같은 수열이 만들어집니다.

`range(a, b, step)` a 이상 b 미만의 수를 step만큼의 간격으로 순서대로 열거한 수열

List 4-12에서 확인합니다.

List 4-12

```
# 정수의 카운트업

start = int(input('시작할 숫자 : '))
end   = int(input('종료할 숫자 : '))
step  = int(input('간격 : '))

for count in range(start, end, step):
    print(count, end=' ')
print()
```

실행 결과

```
❶ 시작할 숫자 : 3 Enter↵
   종료할 숫자 : 8 Enter↵
   간격 : 2 Enter↵
   3 5 7
❷ 시작할 숫자 : 8 Enter↵
   종료할 숫자 : 3 Enter↵
   간격 : -2 Enter↵
   8 6 4
```

실행 결과 ❷와 같이 step이 음수라면 큰 수에서 작은 수로 내려가는 수열이 생성됩니다.

range(n)	0 이상 n 미만의 수를 순서대로 열거한 수열
range(a, b)	a 이상 b 미만의 수를 순서대로 열거한 수열
range(a, b, step)	a 이상 b 미만의 수를 step만큼의 간격으로 열거한 수열

그림 4-8. range 함수

▶ for문을 깊게 이해하기 위해서는 4챕터 내용 전체를 알아야 하기 때문에 지금은 핵심만 학습하고 있습니다. 다음 내용은 8챕터까지 학습한 후에 읽으면 좋습니다.
이 챕터에서 수열로 표현하는 것은 이터러블 객체(iterable object)입니다. 임의의 시퀀스형(sequence type)이나 문자열 등과 같은 range() 이외의 식을 사용할 수 있습니다.
range(n)은 0부터 n - 1까지의 수열을 저장하는 이터러블 객체를 생성합니다.

Column 4-2. 카운터용 변수의 이름은 왜 i와 j일까

많은 프로그래머가 for문 같은 반복문 제어 변수로 i와 j를 사용합니다. 그 역사는 기술 계산용 프로그래밍 언어인 FORTRAN 초기 시대까지 거슬러 올라갑니다. FORTRAN에서는 변수는 원칙적으로 실수(float)입니다. 그러나 이름의 첫 글자가 I, J, ..., N인 변수만은 자동으로 정수로 간주되었습니다. 따라서 반복을 제어하기 위한 변수로는 I, J, ...을 사용하는 것이 가장 쉬운 방법이었습니다.

for문을 활용한 세 개의 추가 예제를 살펴보겠습니다.

홀수 열거하기

List 4-13은 입력받은 정수보다 작은 양의 홀수를 오름차순으로 출력하는 프로그램입니다. 변수 i가 1부터 2씩 증가합니다.

List 4-13

```
# 입력받은 수보다 작은 홀수를 오름차순으로 나열하기

n = int(input('정수를 입력해 주세요.:'))

for i in range(1, n + 1, 2):
    print(i, end=' ')
print()
```

실행 결과

```
❶ 정수를 입력해 주세요.:13 Enter ↵
  1 3 5 7 9 11 13
❷ 정수를 입력해 주세요.:12 Enter ↵
  1 3 5 7 9 11
```

약수 열거하기

List 4-14은 입력받은 정수의 모든 약수를 출력합니다.

List 4-14

```
# 입력받은 수의 약수를 오름차순으로 나열하기

n = int(input('정수를 입력해 주세요.:'))

for i in range(1, n + 1):
    if n % i == 0:
        print(i, end=' ')
print()
```

실행 결과

```
정수를 입력해 주세요.:18 Enter ↵
1 2 3 6 9 18
```

for문에서는 변수 i의 값이 1에서 n까지 증가합니다. n을 i로 나눈 나머지가 0이면(n이 i로 나누어 떨어지는 경우) i는 n의 약수이기 때문에 그 값을 출력합니다.

기호 문자 연속 표시하기

List 4-15은 입력받은 수만큼 *를 출력합니다.

List 4-15

```
# 입력받은 수만큼 * 출력하기

n = int(input('정수를 입력해 주세요.: '))

for _ in range(n):
    print('*', end='')
print()
```

실행 결과

```
정수를 입력해 주세요.:15 Enter↵
***************
```

예제에서 반복용 카운터에 변수명이 _로 표기되어 있습니다. 밑줄 문자 _로만 이루어진 변수는 '이 변수의 값을 루프 본체에서 사용하지 않는다'를 의미합니다.

▶ 물론, 루프 본체에서 변수 _의 값을 사용할 수 있습니다. 뒤에서 자세히 학습합니다.

:: else절

while문 끝에서 else절을 쓸 수 있는 것과 마찬가지로, for문의 끝에도 else절을 쓸 수 있습니다. else절이 있는 for문에서는 break문으로 강제 종료되지 않고 반복이 끝난 경우에만 else절에 있는 스위트가 실행됩니다. List 4-16은 else절을 수반한 for문입니다.

List 4-16

```
# 10~99 사이의 난수 n개 생성하기

import random

n = int(input('몇 개의 난수를 만들까요?:'))

for _ in range(n):
    r = random.randint(10, 99)
    if (r == 13):
        print('\n갑작스런 이유로 중지되었습니다.')
        break
    print(r, end=' ')
else:
    print('\n난수 생성을 종료합니다.')
```

실행 결과

```
❶ 몇 개의 난수를 만들까요?:5 Enter
88 49 87 84 38
난수 생성을 종료합니다.
❷ 몇 개의 난수를 만들까요?:5 Enter
37 72 86
갑작스런 이유로 중지되었습니다.
```

난수 13이 생성되었음

for문을 반복하여 10~99 사이의 난수를 n개 생성합니다. 그 과정에서 13이 생성되면 '갑작스런 이유로 중지되었습니다.'라는 표시와 함께 for문의 반복을 break문으로 강제 중단합니다. 이때 13은 출력하지 않으므로 else절은 실행되지 않습니다.

덧붙여 13이 한 번도 나오지 않은 경우 반복을 끝내고 else절이 실행되어 '난수 생성을 종료합니다.'가 출력됩니다.

:: for문과 탐색

4챕터에서 학습하고 있는 for문은 어떠한 동작을 n번 반복할 뿐입니다. 실제 많은 프로그램에서 데이터 집합인 문자열이나 리스트 등의 요소를 차례로 탐색할 때 사용합니다. 구체적인 내용은 다음 챕터에서 학습합니다.

- 6챕터 → 문자열 탐색
- 7챕터 → 리스트 탐색
- 8챕터 → 튜플, 딕셔너리, 집합 탐색

▶ 탐색은 6챕터에서 학습합니다.

:: 반복문의 전치 판정

while문과 for문은 루프 본체가 실행되기 전 계속 반복할지를 판정합니다. 따라서 루프 본체에서 어떠한 실행도 하지 않고 지나가는 경우가 있습니다. 이러한 반복 구조를 전치 판정이라고 합니다.

많은 프로그래밍 언어에서 루프 본체 실행 후에 계속 반복할지 결정하는 후치 판정을 하기 때문에 do~while문이나 repeat~until문 등을 제공하지만 파이썬에서는 이러한 구문을 제공하지 않습니다.

Column 4-3. 반복 건너뛰기와 여러 range 탐색

for문의 반복 과정 중 특정 조건에서 처리를 하지 않아도 되는 경우가 있습니다. 예를 들어 1~12 중 '8을 생략하고' 반복하는 경우 이러한 처리를 위해 List 4C-2에서는 continue문을 이용했습니다.

List 4C-2

```
# 1~12 중에서 8을 생략하고 반복하기 1

for i in range(1, 13):
    if i == 8:
        continue
    print(i, end=' ')
print()
```

실행 결과
1 2 3 4 5 6 7 9 10 11 12

이러한 프로그램은 바람직하지 않다는 것을 알아두어야 합니다. 왜냐하면 건너뛰어야 할 것인지 판정하는 데 메모리나 시간이 들기 때문입니다. 만약 10만 번 반복하는 중 단 한 번만 건너뛴다면 그 한 번을 위해 10만 번의 판정이 이루어집니다.

물론 키보드로 건너뛸 값을 입력받거나 난수로 값을 설정하는 등 작업을 수행하는 도중에 값을 결정하거나 값이 일정하지 않은 경우 이와 같은 if문과 continue문을 사용하지 않을 수 없습니다.

건너뛸 값을 미리 알고 있다면 List 4C-3처럼 미리 구현할 수 있습니다.

List 4C-3

```
# 1~12 중에서 8을 생략하고 반복하기 2

for i in list(range(1, 8)) + list(range(9, 13)):
    print(i, end=' ')
print()
```

실행 결과

```
1 2 3 4 5 6 7 9 10 11 12
```

이 예제에서는 7챕터에서 배울 리스트를 이용했습니다. 반복 전에 1~7까지 수열과 9~12까지의 수열을 연결한 리스트 [1, 2, 3, 4, 5, 6, 7, 9, 10, 11, 12]를 생성하고 각각 하나씩 꺼내 가며 반복을 수행합니다. 따라서 루프 본체에서는 불필요한 판정을 하지 않아도 됩니다.

SECTION 4-3

다중 루프

반복문의 루프 본체를 반복문으로 작성하면 이중 또는 삼중으로 반복할 수 있습니다. 이러한 반복을 다중 루프라고 합니다. 이번 섹션에서는 다중 루프를 학습합니다.

:: 구구단 표

지금까지는 일차원적인 반복만 수행하는 코드를 연습했습니다. 반복을 하는 동안 또 다른 반복을 수행할 수 있는데 이를 다중 루프라 하며 중첩 레벨에 따라 이중 루프 또는 삼중 루프 등으로 부릅니다.

List 4-17에서는 이중 루프를 사용해 구구단 표를 구현했습니다.

List 4-17

행 루프 / 열 루프

```
# 구구단 표 만들기

print('-' * 27)
for i in range(1, 10):
    for j in range(1, 10):
        print('{:3d}'.format(i * j), end='')
    print()
print('-' * 27)
```

실행 결과

```
---------------------------
  1  2  3  4  5  6  7  8  9
  2  4  6  8 10 12 14 16 18
  3  6  9 12 15 18 21 24 27
  4  8 12 16 20 24 28 32 36
  5 10 15 20 25 30 35 40 45
  6 12 18 24 30 36 42 48 54
  7 14 21 28 35 42 49 56 63
  8 16 24 32 40 48 56 64 72
  9 18 27 36 45 54 63 72 81
---------------------------
```

구구단 표를 출력하는 부분(회색으로 표시)의 플로차트를 그림 4-9에서 확인할 수 있습니다. 그림에서 오른쪽 부분은 변수 i와 j 값의 변화를 나타냅니다.

바깥 for문(행 루프)에서 i 값은 1에서 9까지 증가합니다. 그 반복은 표에서 첫 번째, 두 번째, ... 아홉 번째 행에 해당하며, 세로 방향을 구현합니다. 그 행에서 실행되는 내부 for문 (열 루프)에서는 j의 값이 1부터 9까지 증가하며, 각 줄에서 가로 방향을 구현합니다.

변수 i의 값이 1에서 9까지 증가하는 '행 루프'는 9회 반복됩니다. 이러한 각 반복에서 변수 j의 값은 1에서 9까지 증가하는 '열 루프'가 9회 반복됩니다. '열 루프'가 종료된 후 개행 출력은 다음 행으로 넘어가기 위한 일종의 마무리이자 준비입니다.

따라서 이 이중 루프는 다음과 같이 처리됩니다.

- i가 1일 때 : j가 1부터 9로 증가하면서 세 자릿수로 1 * j를 표시하고 줄 바꿈
- i가 2일 때 : j가 1부터 9로 증가하면서 세 자릿수로 2 * j를 표시하고 줄 바꿈
- i가 3일 때 : j가 1부터 9로 증가하면서 세 자릿수로 3 * j를 표시하고 줄 바꿈

    ... 중략 ...

- i가 9일 때 : j가 1부터 9로 증가하면서 세 자릿수로 9 * j를 표시하고 줄 바꿈

▶ 문자열의 {:3d}는 10진수를 세 자릿수 표시하는 형식입니다(Section 6-3에서 자세히 학습합니다).

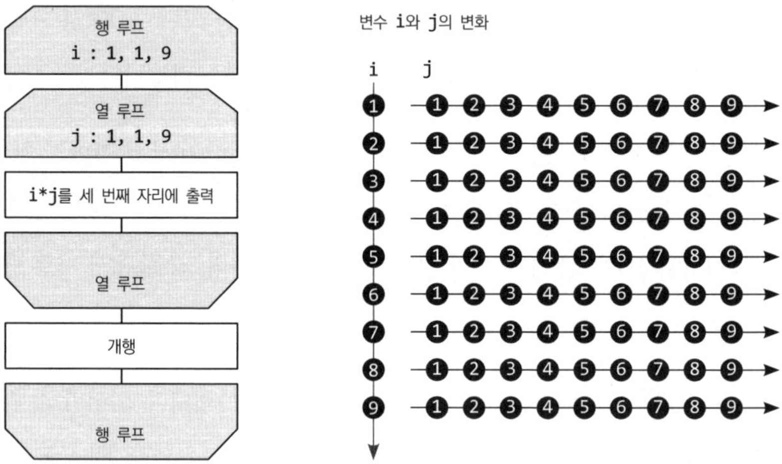

그림 4-9. 구구단 표를 출력하는 이중 루프의 흐름

:: 사각형 그리기

이번에는 이중 루프를 사용해 도형을 그려보겠습니다. List 4-18은 *를 사용해 직사각형을 출력합니다.

List 4-18

```
# 사각형 그리기

print('사각형')
h = int(input('높이: '))
w = int(input('넓이: '))

for i in range(h):        # 행 루프
    for j in range(w):    # 열 루프
        print('*', end='')
    print()
```

실행 결과

```
사각형
높이: 5 Enter
넓이: 7 Enter
*******
*******
*******
*******
*******
```

행과 열의 수를 입력하는 것 외에는 구구단을 출력하는 프로그램과 같은 구조입니다. 이 이중 루프는 다음과 같이 처리됩니다.

- i가 0일 때: j를 0부터 w - 1까지 증가하면서 '*'를 출력하고 줄 바꿈
- i가 1일 때: j를 0부터 w - 1까지 증가하면서 '*'를 출력하고 줄 바꿈
- i가 2일 때: j를 0부터 w - 1까지 증가하면서 '*'를 출력하고 줄 바꿈

  ... 중략 ...
- i가 h - 1일 때: j를 0부터 w - 1까지 증가하면서 '*'를 출력하고 줄 바꿈

:: 직각 삼각형 그리기

이번에는 삼각형을 그려보겠습니다. List 4-19는 *를 사용하여 왼쪽 하단이 직각인 이등변 삼각형을 출력합니다.

List 4-19

```
# 왼쪽 하단이 직각인 이등변 삼각형 그리기

print('왼쪽 하단이 직각인 이등변 삼각형')
n = int(input('짧은 변의 길이 : '))

for i in range(n):              # 행 루프
    for j in range(i + 1):      # 열 루프
        print('*', end='')
    print()
```

실행 결과

```
왼쪽 하단이 직각인 이등변 삼각형
짧은 변의 길이 : 5 Enter
*
**
***
****
*****
```

직각 삼각형 출력 부분은 그림 4-10에 있는 플로차트에서 흐름을 확인할 수 있습니다. 그림에서 오른쪽 부분은 변수 i와 j 값의 변화를 나타냅니다. 실행 결과와 같이 n의 값이 5인 경우 어떻게 처리되는지 알아보겠습니다.

행 루프인 바깥 for문의 변수 i 값은 0에서 n - 1, 즉 4까지 증가합니다. 이 루프는 행, 즉 삼각형의 높이를 구현합니다. 이 행에서 실행되는 열 루프인 내부 for문에서는 변수 j 값이 0에서 i까지 증가하며 출력합니다. 이 루프는 삼각형의 너비를 구현합니다.

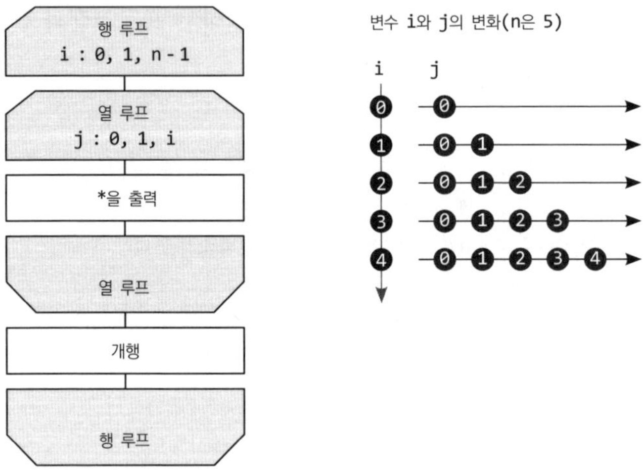

그림 4-10. 왼쪽 하단이 직각인 이등변 삼각형을 출력하는 이중 루프의 흐름

따라서 이 이중 루프는 다음과 같이 처리됩니다.

- i가 0일 때 : j가 0에서 0으로 증가하면서 '*' 출력하고 줄 바꿈 *
- i가 1일 때 : j가 0에서 1로 증가하면서 '*' 출력하고 줄 바꿈 **
- i가 2일 때 : j가 0에서 2로 증가하면서 '*' 출력하고 줄 바꿈 ***
- i가 3일 때 : j가 0에서 3으로 증가하면서 '*' 출력하고 줄 바꿈 ****
- i가 4일 때 : j가 0에서 4로 증가하면서 '*' 출력하고 줄 바꿈 *****

삼각형을 위에서부터 0행 ~ n - 1행이라고 하면, i행에 i + 1개의 *을 출력하고 마지막 행인 n행에는 n + 1개의 *을 출력합니다.

다음은 오른쪽 하단이 직각인 이등변 삼각형을 출력하는 예제인 List 4-20을 함께 살펴보겠습니다.

List 4-20

```
# 오른쪽 하단이 직각인 이등변 삼각형 그리기

print('오른쪽 하단이 직각인 이등변 삼각형')
n = int(input('짧은 변의 길이 : '))

for i in range(n):
    for _ in range(n - i - 1):
        print(' ', end='')
    for _ in range(i + 1):
        print('*', end='')
    print()
```

실행 결과

```
오른쪽 하단이 직각인 이등변 삼각형
짧은 변의 길이 : 5 Enter
    *
   **
  ***
 ****
*****
```

*에 앞서 적절한 공간을 출력해야 하므로 List 4-19보다 복잡합니다. 따라서 for문 안에 두 개의 for문이 들어 있습니다.

- 첫 번째 for문 : n - i - 1개의 공백을 출력
- 두 번째 for문 : i + 1개의 '*'을 출력

모든 행의 공백과 *은 총 n개입니다. 이 예제에서는 내부에 있는 두 for문의 카운터용 변수 이름이 밑줄 문자 한 개로 되어 있습니다(이 스타일은 List 4-15에서 배웠습니다).

▶ 변수 이름을 밑줄 문자 하나로 하여 루프 본체에서는 카운터용 변수의 값을 사용하지 않음을 나타냅니다. 또한 List 4-18의 카운터 i와 j, List 4-19의 카운터 j도 이름을 _로 바꿀 수 있습니다(chap04/list0418a.py 및 chap04/list0419a.py).

정리

- 프로그램 흐름을 반복하기 위한 반복문에는 while문과 for문이 있다. while문과 for문 모두 작업을 수행할지를 미리 결정하므로 루프 본체는 한 번도 수행되지 않을 수 있다.
- 파이썬에는 루프 본체를 실행한 후 계속 반복할지 판정하는 형태의 반복문은 없다.
- range 함수는 일정 범위의 정수를 정렬한 수열, 즉 이터러블 객체를 생성한다.
- for문이 탐색하는 대상을 range 함수가 생성하는 수열로 사용하면 일정 횟수 동안 반복할 수 있다.
- 반복을 제어하기 위해 사용하는 변수는 카운터용 변수라고 한다. 루프 본체에서 카운터용 변수의 값을 사용하지 않는다면 변수 이름은 _로 한다.
- 반복문 안에서 반복하는 것이 다중 루프다.
- 반복문에서 break문을 실행하면 그 반복문의 실행을 강제로 중단한다. 또한 break문이 실행되지 않고 반복문이 종료될 때 수행할 작업은 else절에서 이루어진다.
- 반복문 안에서 continue문을 실행하면 루프 본체의 다음 부분을 건너뛴다.

- 값을 1씩 늘리는 것을 증가(increment), 1씩 줄이는 것을 감소(decrement)라고 한다.

- 누적 대입 연산자(+=, -=, *=, @=, /=, //=, %=, **=, 〉〉=, 〈〈=, &=, ^=, |=)를 이용하면 연산과 대입을 식 하나로 정리할 수 있다. 대입할 변수의 이름을 한 번만 써도 되는 동시에 평가가 한 번만 이루어지는 장점이 있다.

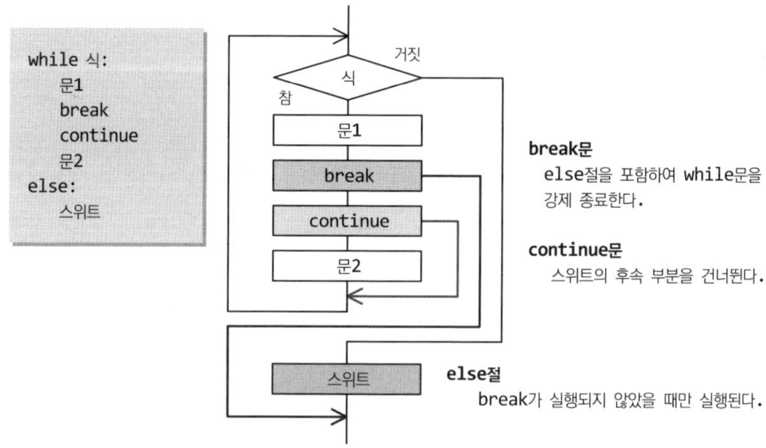

- 표준에서 제공하지 않는 기능은 import문으로 모듈을 가져와 통합하는 것만으로도 간편하게 사용할 수 있다.

- time 모듈에 포함된 sleep 함수를 time.sleep(s)와 같이 호출하여 프로그램의 실행을 s초 동안 멈출 수 있다.

- random 모듈에 포함된 randint 함수를 random.randint(a, b)와 같이 호출하여 a~b 사이의 난수를 생성할 수 있다.

chap04/gist.py

```
# 4챕터 정리

while True:
    n = int(input('0~100 사이의 정수 : '))
    if 0 <= n <= 100:
        break
c = n

# '*'을 c개 출력하기
while n > 0:
    print('*', end='')
    n -= 1
print()

# '1234567890'을 반복하여 출력 총 c회
for i in range(1, c + 1):
    print(i % 10, end='')
print('\n')

# 넓이가 s이고, 세로와 가로가 정수인 사각형의 변의 길이
s = int(input('넓이 : '))
print('넓이가 {}(이)고, 세로와 길이가 정수인
        사각형의 변의 길이'.format(s))
for i in range(1, s + 1):
    if i * i > s: break
    if s % i: continue
    print('{}×{}'.format(i, s // i))
print()

# n개의 '*'을 w번째 마다 개행하면서 출력하기
n = int(input('*을 총 몇 개 출력할까요 : '))
w = int(input('몇 번째마다 개행할까요 : '))
for i in range(1, n + 1):
    print('*', end='')
    if i % w == 0:
        print()
if n % w != 1:
    print()
print()

# 숫자로 사각형 그리기
h = int(input('세로 : '))
w = int(input('가로 : '))
for i in range(1, h + 1):
    for j in range(1, w + 1):
        print((i + j - 1) % 10, end='')
    print()
```

실행 결과

```
0~100 사이의 정수 : 25 Enter
*************************
1234567890123456789012345

넓이 : 32 Enter
넓이가 32(이)고, 세로와 길이가
정수인 사각형의 변의 길이
1×32
2×16
4×8

*을 총 몇 개 출력할까요 : 17 Enter
몇 번째마다 개행할까요 : 6 Enter
******
******
*****

세로 : 7 Enter
가로 : 13 Enter
1234567890123
2345678901234
3456789012345
4567890123456
5678901234567
6789012345678
7890123456789
```

05

객체와 타입

파이썬은 모든 것을 객체로 취급합니다. 학습을 시작하기 전에 객체의 본질을 알아봅니다.

- 객체와 변수
- 타입과 값
- 참조와 연결
- 아이덴티티
- id 함수
- 메모리
- 대입문
- del문
- 가변과 불변
- 동일성 판정 연산자 (is 연산자와 is not 연산자)
- None과 NoneType타입
- 참조 카운터
- 실수형(float타입)의 특성과 정밀도
- 산술 변환
- 산술 연산용 내장 함수
- 비트 단위 논리 연산자 (& 연산자, | 연산자, ^ 연산자, ~ 연산자)
- 비트 시프트 연산자 (<< 연산자, >> 연산자)
- 1의 보수와 2의 보수

SECTION 5-1

객체

지금까지 다양한 타입의 변수를 다루어 보았습니다. 파이썬은 모든 것을 객체로 취급하므로, "객체지향"이라고 할 수 있습니다.

:: 객체란

지금까지는 "변수란 값을 저장하는 상자와 같은 것"이라고 이해하고 학습했습니다. 사실 이는 잘못된 설명입니다. 다음 챕터으로 나아가기 전에 정확하게 알아둘 필요가 있습니다.

먼저 변수를 간단히 설명하면 다음과 같습니다.

중요

변수는 객체를 참조하는 것으로 객체에 연결된 이름에 불과하다.

이 설명만으로는 이해하기 어렵습니다. 대화형 셸에서 확인합니다.

예 5-1. 객체의 아이덴티티

```
>>> n = 17 Enter↵
>>> id(17)  Enter↵
140711199888704          ← 17의 아이덴티티
>>> id(n) Enter↵
140711199888704          ← n의 아이덴티티(17의 아이덴티티와 동일)
```

주의 출력되는 값은 환경에 따라 달라집니다.

변수 n에 17을 대입한 후, 내장 함수인 id 함수를 두 번 호출합니다. id 함수는 객체의 고유한 값인 아이덴티티(identity)를 리턴하는 함수입니다.

▶ 서로 다른 객체에는 같은 아이덴티티가 부여되지 않습니다.

파이썬에서 대입은 그림 5-1 ⓐ처럼 값을 복사하는 것이 아닙니다. 그림 ⓑ와 같이 먼저 값이 17인 int타입 객체가 존재하고, 그 객체를 참조하도록 n이라는 이름을 연결(bind)할 뿐입니다. 이것이 정수 17과 변수 n의 아이덴티티가 동일한 이유입니다.

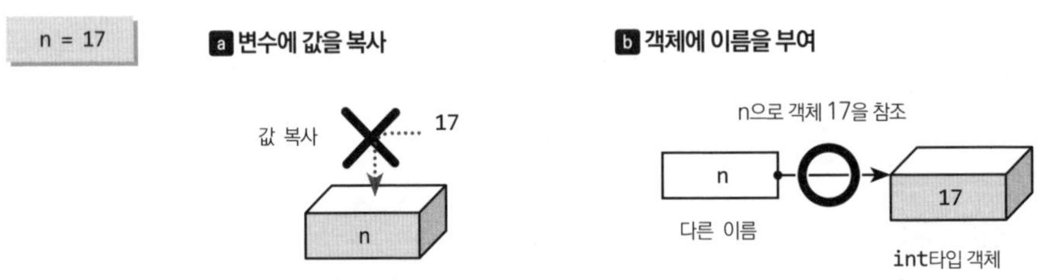

그림 5-1. 객체에 변수 이름 연결하기

변수에는 저장한 값과 다른 타입의 값을 대입할 수 있다고 1챕터에서 배웠습니다. 어떻게 가능한지 확인합니다.

예 5-2. 변수에 다른 형태의 값을 대입

```
>>> n = 5 Enter↵
>>> id(n) Enter↵
140711199888732
>>> n = 'ABC' Enter↵
>>> id(n) Enter↵
140711199888764      ← 아이덴티티가 바뀌었다.
```

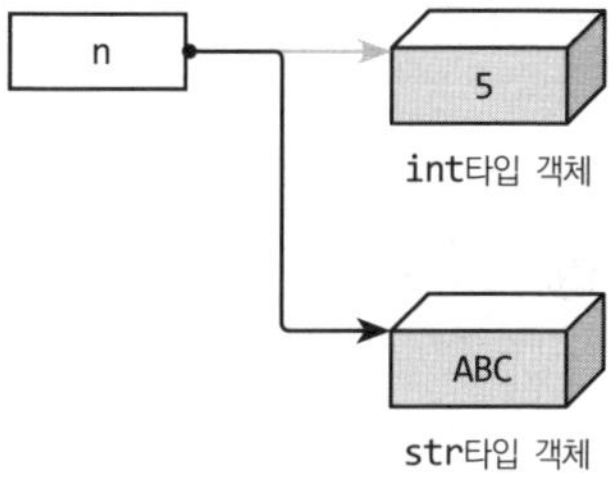

그림 5-2. 대입으로 참조 정보 업데이트

문자열을 대입한 후 n의 아이덴티티가 바뀌었습니다. 그림 5-2와 같이 변수 n의 참조가 int타입인 5에서 str타입인 'ABC'로 업데이트된 것입니다. 당연히 int타입 객체 5 자체의 형태는 물론 값도 바뀌지 않습니다.

중요

변수에 대입할 때는 값이 복사되는 것이 아니라 참조할 대상이 지정되는 것이다.

예 5-3. 두 변수의 값 교환

```
>>> a = 5 Enter↵
>>> b = 7 Enter↵
>>> id(a), id(b) Enter↵
(140711199888544, 140711199888608)
>>> a, b = b, a Enter↵        ← a와 b를 교환
>>> id(a), id(b) Enter↵
(140711199888608, 140711199888544)
```

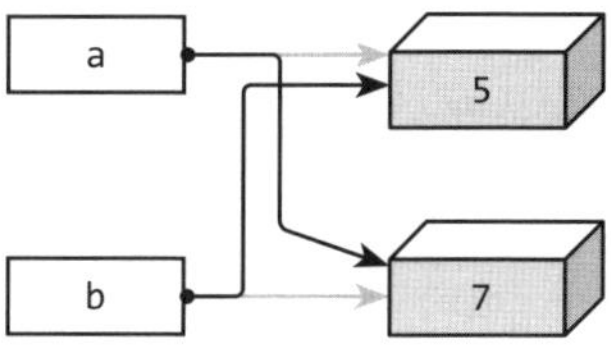

그림 5-3. 대입으로 참조 대상 교환

교환 후 변수 a와 b의 아이덴티티가 바뀌었습니다. 그림 5-3처럼 변수의 값이 아닌 변수가 참조하는 대상이 교환됩니다.

'파이썬은 객체지향 언어다'라는 의미를 조금씩 알아 가고 있습니다. 각 객체는 저장소(storage), 즉 메모리를 차지합니다. 따라서 아이덴티티는 기본적으로 메모리 위치로 표시됩니다.

중요

파이썬에서는 모든 것이 객체다. 메모리의 일부를 점유하는 객체는 아이덴티티(identity), 타입(type), 값 (value) 등의 특성을 갖는다.

▶ 아이덴티티는 정체성입니다. 다른 객체와는 다른 아이덴티티를 가지고 있고, 다른 객체들과 반드시 구별할 수 있다는 의미입니다.
객체의 아이덴티티는 id 함수로 확인하지만 객체의 타입을 확인할 때는 1챕터에서 배운 type 함수를 사용합니다.

: : 가변과 불변

지금까지는 단순히 대입을 하고, 아이덴티티를 확인하기만 했습니다. 이제 연산에 의해 변수의 값이 바뀌는 경우를 살펴보겠습니다. 우선 정수입니다.

예 5-4. 변수의 값을 증가

```
>>> n = 12 Enter
>>> id(n) Enter
140711199888768
>>> n += 1 Enter
>>> id(n) Enter
140711199888800     ← 아이덴티티가 바뀌었다.
```

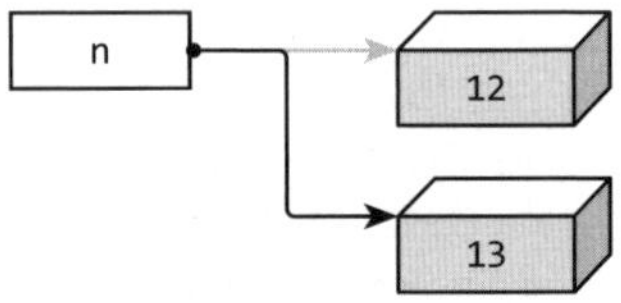

그림 5-4. 정수 값 변경(참조 대상 업데이트)

누적 대입 +=에 의해 n의 값이 증가한 결과, n의 아이덴티티가 바뀌었습니다.

그림 5-4와 같이 n의 참조 대상이 int타입 객체 12에서 int타입 객체 13으로 업데이트된 것을 알 수 있습니다. 숫자나 문자열은 한 번 주어진 값이 변경될 수 없는 불변(immutable) 형식입니다.

변수 n의 값을 변경할 수 있다고 생각하겠지만, 그렇지 않습니다. 정수인 객체 12의 값을 변경할 수 없기 때문에 전혀 다른 정수형 객체인 13을 참조하도록 n의 참조 대상이 업데이트된 것입니다.

▶ immutable은 불변, mutable은 가변이라는 뜻입니다.

문자열도 동일합니다. 예를 통해 확인합니다.

예 5-5. 문자열에 추가

```
>>> s = 'ABC' Enter
>>> id(s) Enter
140711199888768
>>> s += 'DEF' Enter
>>> id(s) Enter
140711199888800    ← 아이덴티티가 바뀌었다.
```

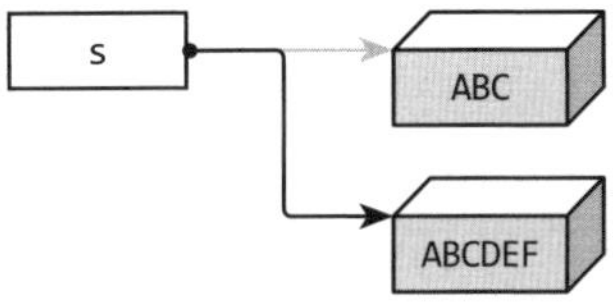

그림 5-5. 문자열 변경(참조 대상 업데이트)

문자열이 새롭게 생성된 결과 그림 5-5처럼 s의 아이덴티티가 바뀌었습니다. 주어진 값을 변경할 수 있는 가변(mutable) 형식도 있습니다. 즉, 형태는 두 종류로 나뉩니다.

중요

파이썬의 형식은 값의 변경 가능 여부에 따라 두 종류로 나뉜다.

가변형 : 리스트, 딕셔너리, 집합 등 ※ 값 변경 가능

불변형 : 숫자, 문자열, 튜플 등 ※ 값 변경 불가능

또한 가변 객체와 불변 객체 모두 타입 자체를 변경할 수는 없습니다.

:: 동일성 판정 연산자 (is 연산자와 is not 연산자)

3챕터에서 학습한 값 비교 연산자 ==와 !=는 이름에서 알 수 있듯이 객체의 값이 동일한가를 판정하는 연산자입니다. 따라서 x와 y가 다른 객체여도 값이 같거나 같지 않다면 각각의 판정이 성립합니다.

표 5-1에서는 값 비교 연산자와 비슷하면서도 다른 동일성 판정 연산자(identity operator)를 보여줍니다. is 연산자(is operator)와 is not 연산자(is not operator)는 값이 아니라 객체 자체가 동일한지를 판정합니다.

▶ 정확히는 좌우 피연산자의 아이덴티티가 같은지를 판정하며 a is b is c와 같이 연속해서 적용하면 and 결합으로 간주됩니다.

표 5-1. 동일성 판정 연산자

x is y	x와 y가 동일한 객체이면 True를, 그렇지 않으면 False를 생성합니다.
x is not y	x와 y가 다른 객체이면 True를, 그렇지 않으면 False를 생성합니다.

List 5-1을 통해 두 변수의 동일성을 판정합니다.

List 5-1

```
# a와 b의 동일성 판정하기

a = int(input('정수 a:'))
b = int(input('정수 b:'))

print('a is b =', a is b)
```

실행 결과

```
❶ 정수 a : 5 Enter↵
  정수 b : 5 Enter↵
  a is b = True
❷ 정수 a : 5 Enter↵
  정수 b : 7 Enter↵
  a is b = False
```

변수 a와 b의 값을 입력받아, 그 동일성을 판정합니다. 그림 5-6은 두 실행 결과에 있는 변수와 객체를 나타내고 있습니다. 동일한 값을 입력받으면 두 변수가 같은 객체를 참조하며, 그 판정 결과인 a is b는 True입니다.

여기에서는 불변 객체인 int타입에 적용했지만 기본적으로 is 연산자와 is not 연산자는 가변 객체끼리 또는 None과 비교할 때 이용합니다.

▶ 값이 동일하지만 아이덴티티가 다른 경우도 있습니다.

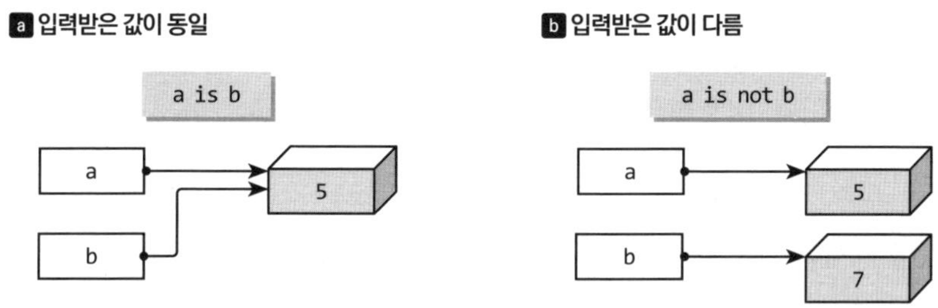

그림 5-6. 변수의 동일성(is 연산자와 is not 연산자)

: : 대입문

대입을 수행하는 구분자(=)는 연산자가 아님을 1챕터에서 배웠습니다. 이제 대입문을 정리합니다.

> 대입문은
> **1** 우변의 값을 좌변에 복사하지 않는다.
> **2** 우변의 객체에 좌변의 변수를 연결한다(참조하도록 한다).
> **3** 좌변의 변수가 처음 사용되는 것이라면 그 이름의 변수를 생성한다.

▶ **3** 은 범위와 관련이 있어 규칙이 복잡합니다. 자세한 내용은 9챕터에서 학습합니다.

:: del문

del문(del statement)은 대입문과 대조적입니다. del문은 단순히 이름에 불과한 변수를 제거합니다. 다음 예를 통해 확인합니다.

예 5-6. del문에 의한 변수 삭제

```
>>> x = 5 Enter↵
>>> print(x) Enter↵
5
>>> del x Enter↵
>>> print(x) Enter↵
Traceback (most recent call last) :
File "<stdin>", line 1, in <module>
NameError : name 'x' is not defined
```

변수 x를 삭제한 후에 값을 출력하려고 하면 오류가 발생합니다.

▶ 이 예는 del문의 동작을 보여주기 위해 간단히 만든 예제입니다. 실제로는 리스트의 요소를 제거할 때 사용합니다.

del문은 객체에 연결된 이름을 분리합니다. 그 이름이 객체를 참조하는 유일한 이름이었다면, 객체의 메모리가 해제됩니다(Column 5-1).

▶ del문으로 삭제된 객체의 아이덴티티는 이후에 생성되는 객체에 재사용할 수 있습니다.

:: None

어떠한 객체와도 식별할 수 있는 것이 NoneType타입(NoneType type)의 None입니다. None은 '빈 값'과 '존재하지 않는 값'을 구별하기 위한 특별한 값입니다.

▶ None은 NoneType타입의 값을 가지는 유일한 객체입니다. id(None)로 None의 아이덴티티를 확인할 수 있습니다. None의 아이덴티티 역시 다른 모든 객체의 아이덴티티와 다릅니다.

None을 논리 값으로 평하면 '거짓'입니다. 그러나 None 자체가 논리 값 'False'와 동일한 것은 아닙니다.

▶ 정수 0, 실수 0.0, 빈 문자열 '', 빈 리스트[], 빈 튜플(), 빈 딕셔너리{}, 빈 집합 set()은 모두 거짓으로 간주되지만 모두 None과는 같지 않습니다.

List 5-2~5를 통해 None의 특성을 다시 한번 확인합니다.

List 5-2

```
# None과 논리식 1

x = None
if x:
    print('성립')
else:
    print('미성립')
```

None은 거짓으로 간주된다.

실행 결과

```
미성립
```

List 5-3

```
# None과 논리식 2(is 연산자)

x = None
if x is None:
    print('성립')
else:
    print('미성립')
```

None과 같은 것은 None 자체뿐이다.

실행 결과

```
성립
```

List 5-4

```
# 거짓으로 처리되는 값의 판정 1

x = 0
if x:
    print('성립')
else:
    print('미성립')
```

0은 거짓으로 간주된다.

실행 결과

```
미성립
```

List 5-5

```
# 거짓으로 처리되는 값의 판정 2

x = 0
if x is None:
    print('성립')
else:
    print('미성립')
```

거짓이 None인 것은 아니다.

실행 결과

```
미성립
```

또한, None을 str 함수를 이용해 문자열로 변환하면 문자열 'None'을 얻을 수 있습니다. 변수 x가 문자열을 참조하고 있다면 그 문자열을 그대로 받고, 변수 x가 None이고 빈 문자열을 얻고자 하는 경우 x or ''로 빈 문자열을 얻을 수 있습니다. 다음 예제에서 확인합니다.

예 5-7. 논리식 x or ''

None을 빈 문자열로 변환

```
>>> x = None Enter
>>> s = x or '' Enter
>>> s Enter
''
```

빈 문자열은 빈 문자열 그대로

```
>>> x = '' Enter
>>> s = x or '' Enter
>>> s Enter
''
```

이외의 문자열은 그대로

```
>>> x = 'ABC' Enter
>>> s = x or '' Enter
>>> s Enter
'ABC'
```

▶ or 식 "x or y"를 평가한 값이 x 또는 y가 되는 것을 이용합니다.

Column 5-1. 사용되지 않는 객체의 행방

변수는 객체를 참조만 하는 존재로써 불변 변수의 값이 변경되면 다른 객체를 참조하도록 아이덴티티가 업데이트된다는 것을 배웠습니다. 그럼 참조하지 않게 된(사용하지 않는) 객체는 어떻게 될까요? 그대로 두면 메모리만 차지하게 됩니다.

그렇기 때문에 이러한 메모리 관리를 위해 참조 카운터라는 방식을 사용합니다. 참조 카운터는 각 객체를 몇 개의 변수에서 참조하고 있는지를 저장합니다(변수 a와 b가 어떠한 하나의 객체를 참조하면, 참조 카운터는 2입니다).

참조 카운터가 0이 되면 불필요한 것으로 판단하고 일정 시간 후 객체가 점유하고 있던 메모리 영역이 해제되어 그 영역을 재사용할 수 있습니다. C 언어와 같이 프로그램 시작부터 끝까지 메모리를 유지하는 정적 메모리 할당이나 블록 안에서만 메모리를 유지하는 자동 메모리 관리 등과는 완전히 다른 방식으로 관리가 이루어집니다.

SECTION 5-2

타입과 연산

파이썬은 객체지향 언어이며 변수는 이름에 불과하다는 사실을 앞서 학습했습니다.
이제 객체의 타입과 연산에 대해 알아보겠습니다.

:: 객체와 기본 데이터 타입

이 책을 통해 다양한 타입을 학습하고 있습니다. 표 5-2는 주요 빌트인 타입 목록으로 회색으로 표시된 타입은 가변 형식입니다.

표 5-2. 주요 데이터 타입

NoneType타입			
숫자형	정수형	정수형	int타입
		논리형	bool타입
	실수형		float타입
	복소수형		complex타입

시퀀스형	불변 시퀀스형	문자열형	str타입
		튜플형	tuple타입
		바이트형	bytes타입
	가변 시퀀스형	리스트형	list타입
		바이트 배열형	bytearray타입
집합형		집합형	set타입
		연속집합형	frozenset타입
매핑형		딕셔너리형	dict타입

▶ 시퀀스, 집합, 매핑은 6~8챕터에서 학습합니다. 이 표에 있는 타입들은 모두 데이터 타입으로 함수(9챕터), 모듈(10챕터), 클래스(11챕터)도 객체이며 각각 타입이 있습니다.
파이썬에서는 모든 것이 객체이므로 타입 역시 객체의 일종입니다.

:: 논리형

참과 거짓을 나타내는 논리형(bool타입)은 3챕터에서 살펴보았습니다. 예제 5-8을 통해 True와 False 값이 각각 1과 0임을 확인합니다.

예 5-8 True와 False 값 확인

```
>>> True == 1 Enter↵
True
```

```
>>> False == 0 Enter↵
True
```

▶ True와 False는 각각 한 개씩 존재합니다. 따라서 bool(7)이나 bool(0)에 의해 새로운 객체가 만들어지지 않고 기존에 존재하는 객체가 사용됩니다.

:: 부동 소수점형과 실수의 연산

1챕터에서는 7을 3으로 나눈 값에 차이가 있음을 확인했습니다.

```
>>> 7 / 3 Enter↵          ← 나눗셈
2.3333333333333335
```

소수부에서 3이 무한히 반복하지만, 16번째 자리가 5입니다. 이와 같은 결과가 나오는 이유는 float타입 데이터의 값에는 크기와 정밀도에 한계가 있기 때문입니다. 이 한계는 다음과 같이 정리할 수 있습니다.

> 숫자의 크기는 **12**자리까지 나타낼 수 있고, 정밀도로는 여섯 자리가 효과적이다.

예를 들어 1234567890은 10자리이기 때문에, 크기로는 12자리의 범위에 들어갑니다. 그러나 이 숫자는 여섯 자리의 정밀도로 표현되지 않았기 때문에 왼쪽에서 일곱 번째 자리를 반올림하여 1234570000으로 만듭니다. 이것을 수학적으로 나타내면 그림 5-7과 같습니다.

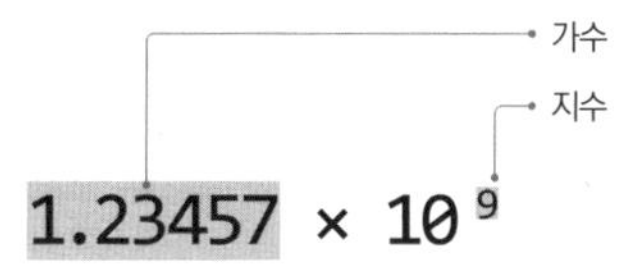

그림 5-7. 가수와 지수

그림 5-7에서 1.23457를 가수라고 하고 9를 지수라고 합니다. 가수의 자릿수가 '정확성'에 해당하며 지수의 값이 '크기'에 해당합니다.

지금까지는 이해를 돕기 위해 10진수의 수로 배웠지만, 실제로 유효 숫자와 지수는 2진수로 표현되어 있습니다. 따라서 크기와 정밀도를 10진수 정수에 적용한 '12자리'나 '6자리'라는 조건으로 정확히 표현할 수 없습니다.

실수를 나타내는 float타입은 환경에 따라 특성이 달라집니다. 따라서 제공되는 sys.float_info를 이용해 float타입의 특성을 알 수 있습니다.

예 5-9. float타입의 특성을 표시

```
>>> import sys Enter↵
>>> sys.float_info Enter↵
sys.float_info (max = 1.7976931348623157e + 308 max_exp = 1024 max_10_exp = 308
min = 2.2250738585072014e-308 min_exp = -1021, min_10_exp = -307, dig = 15, mant_
dig = 53, epsilon = 2.220446049250313e-16, radix = 2, rounds = 1)
```

▶ 표시되는 값은 환경에 따라 달라집니다.

- **max, min** 표현할 수 있는 가장 큰 수/작은 수
- **max_exp** 표현할 수 있는 최대의 정수
- **dig** 실수로 정확하게 표현할 수 있는 십진수의 최대 자릿수
- **epsilon** 1과 그다음 표현 가능한 float 값의 차

다른 값의 의미는 직접 알아보기 바랍니다. 실수의 정밀도에는 한계가 있기 때문에 돈 계산과 같이 정확성이 요구될 때에는 decimal 모듈에 정의된 Decimal 형식을 사용합니다. 이 형식 역시 직접 학습하기 바랍니다. 또한 chap05/float_info.py를 실행하면 예 5-9와 동일한 결과를 얻을 수 있습니다.

:: 산술 변환

예 1-6에서는 정수와 실수의 연산을 확인했습니다. 7 또는 7.0과 3 또는 3.0의 덧셈 결과 중 3 + 7만 int타입 정수이고 그 외에는 모두 float타입인 실수였습니다. 이러한 결과가 나오는 이유는 다음의 규칙에 따라 연산되기 때문입니다.

- 피연산자 중 하나라도 복소수라면, 다른 피연산자 또한 복소수형으로 변환된다.
- 그렇지 않고 피연산자가 실수라면, 다른 피연산자 또한 실수형으로 변환된다.
- 그렇지 않으면, 두 인수 모두 정수여야 하며 변환되지 않는다.

: 산술 연산에 사용하는 내장 함수

사칙 연산 이외의 산술 연산을 수행하기 위해 여러 내장 함수를 제공합니다. 표 5-3은 제공되는 내장 함수를 보여줍니다. List 5-6에서는 아래의 함수 일부를 사용하고 있습니다.

표 5-3. 산술 연산을 위한 내장 함수

abs(x)	숫자 x의 절댓값을 리턴한다.
bool(x)	x의 논리 값(True 또는 False)을 리턴한다.
comp(real, imag)	real + imag * 1j의 복소수 값을 리턴하거나 문자열이나 숫자를 복소수로 변환한 값을 리턴한다. imag가 생략된 경우에는 0으로 처리된다. real과 imag 모두가 생략된 경우에는 0j가 리턴된다.
divmod(a, b)	값 a를 b로 나눈 몫과 나머지로 이루어진 튜플을 리턴한다.
float(x)	문자열 또는 숫자 x를 실수로 변환한 값을 리턴한다. 인수가 생략된 경우에는 0.0를 리턴한다.
hex(x)	정수 x의 0x로 시작하는 16진수 형태의 문자열을 리턴한다.
int(x, base)	x를 int타입 정수로 변환한 값을 리턴한다. base는 0~36의 범위이어야 하고, 생략된 경우에는 10으로 처리된다.
max(args)	인수의 최댓값을 리턴한다.
min(args)	인수의 최솟값을 리턴한다.
oct(x)	정수 x의 8진수 형태인 0o로 시작하는 문자열을 리턴한다.
pow(x, y, z)	x의 제곱, 즉 x**y를 리턴한다. z가 지정된 경우에는 x의 y제곱을 z로 나눈 값의 나머지를 리턴한다. pow(x, y) % z보다 효율적인 계산을 할 수 있다.
round(n, ndigits)	n의 소수점 ndigits 자리에서 반올림한 값을 리턴한다. ndigits가 None이거나 생략된 경우에는 입력 값과 가장 가까운 정수를 리턴한다.
sum(x, start)	start와 x의 요소를 순서대로 합산하여 그 합을 리턴한다. start의 기본값은 0이다.

List 5-6

```
# 산술 연산을 위한 내장 함수의 사용

x = float(input('실수x:'))
y = float(input('실수y:'))
z = float(input('실수z:'))

print('abs(x) = ', abs(x))
print('bool(x) = ', bool(x))
print('divmod(x, y) = ', divmod(x, y))
print('max(x, y) = ', max(x, y))
print('min(x, y) = ', min(x, y))
print('pow(x, y) = ', pow(x, y))
print('round(x, 2) = ', round(x, 2))
print('round(x, 3) = ', round(x, 3))
print('sum(x, y, z) = ', sum((x, y, z)))
```

실행 결과

```
실수x:5.762 Enter
실수y:2.815 Enter
실수z:3.423 Enter
abs(x) = 5.762
bool(x) = True
divmod(x, y) = (2.0, 0.13199999999999967)
max(x, y) = 5.762
min(x, y) = 2.815
pow(x, y) = 138.36100562288362
round(x, 2) = 5.76
round(x, 3) = 5.762
sum(x, y, z) = 12.0
```

회색으로 표시한 부분에서 sum 함수에 전달된 인수는 x, y, z가 아니라 괄호로 다시 한번 더 묶어 (x, y, z)로 주어집니다. 그 이유는 괄호 안에 있는 여러 값을 하나의 값(튜플)으로 정리하기 위해서입니다.

▶ 튜플은 8챕터에서 학습합니다.
float 함수, hex 함수, int 함수, oct 함수, sum 함수는 앞에서 이미 학습한 내용과 동일합니다.
pow 함수에 세 번째 인수인 z가 전달되는 경우, z는 음수가 아니어야 하며, x와 y는 정수여야 합니다.

:: 복소수형

복소수형(complex type)인 complex타입은 두 개의 실수를 조합하여 나타내는 형태입니다. 실수부와 허수부가 0이 아닌 수로 3.2 + 5.7.j와 같이 표현합니다. 여기까지의 내용은 3챕터에서 살펴봤습니다.

복소수 z의 실수부와 허수부는 각각 z.real과 z.imag로 추출할 수 있으며 아래의 예시와 같이 복소수를 생성해 실수부와 허수부의 값을 확인할 수 있습니다.

```
>>> z = 3.2 + 5.7j Enter
>>> z.real Enter
3.2
>>> z.imag Enter
5.7
```

▶ 이 책은 기본서이므로 복소수는 이 정도로만 설명합니다.

:: 비트 처리 연산자

컴퓨터 내부에서 숫자는 비트인 ON과 OFF로만 표현되며 이 두 비트를 나타내는 방법이 바로 2진수입니다. 거의 모든 프로그래밍 언어에서는 이러한 비트를 처리하기 위한 수단을 제공합니다.

파이썬에서는 비트 연산을 위해 정수 전용 연산자를 제공합니다. 이 연산자들을 학습합니다.

:: 비트 단위 논리 연산자

먼저 비트 단위의 논리 연산을 수행하는 네 개의 연산자를 살펴보겠습니다.

```
& → 비트 논리곱 연산자(bitwise and operator)
| → 비트 논리합 연산자(bitwise inclusive or operator)
^ → 비트 배타적 논리합 연산자(bitwise exclusive or operator)
~ → 비트 반전 연산자(bitwise invert operator)
```

위에서부터 세 개의 연산자는 2항 연산자이며, 비트 반전 연산자만 단항 연산자입니다.

표 5-4. 비트 논리 연산자

x&y	x와 y의 비트 단위 논리곱을 생성
x|y	x와 y의 비트 단위 논리합을 생성
x^y	x와 y의 비트 단위 배타적 논리합을 생성
~x	x의 모든 비트를 반전한 값 – (x + 1)을 생성

▶ 비트 논리 연산의 피연산자는 정수만 가능합니다. 우선순위는 높은 것부터 순서대로 ~, &, ^, |입니다. 또한 ~ 연산자가 생성하는 값에 대해서는 Column 5-2에서 자세히 학습합니다.

각 논리 연산의 진리표를 그림 5-8을 통해 살펴보겠습니다.

▶ a와 b, d는 3챕터에서 학습한 논리 연산자(표 3-2)와 비슷합니다.

a 논리곱

x	y	x & y
0	0	0
0	1	0
1	0	0
1	1	1

모두 1이면 1

b 논리합

x	y	x | y
0	0	0
0	1	1
1	0	1
1	1	1

하나라도 1이면 1

c 배타적 논리합

x	y	x ^ y
0	0	0
0	1	1
1	0	1
1	1	0

하나만 1이어야 1

d 반전

x	~x
0	1
1	0

0이면 1
1이면 0

그림 5-8. 비트 단위의 논리 연산

List 5-7을 통해 이러한 연산자의 기능을 확인할 수 있습니다. 두 정수 값을 입력받아 각종 논리 연산의 결과를 출력합니다.

▶ 이 예제의 출력은 아직 배우지 않은 방식을 적용했습니다.
변수 f에 대입하는 이유는 f가 서식 지정용 문자열이기 때문입니다(자세한 내용은 Section 6-3에서 학습합니다). 실행 결과와 같이 w가 8이라면, f는 '{:08b}'입니다. 왜냐하면 '{{'은 '{'가 되고 '}}'는 '}'가 되어, '{}'가 w(를 10진수 모양의 문자열로 바꾼 것)가 되기 때문입니다.

List 5-7

```
# 비트 단위의 논리곱, 논리합, 배타적 논리합, 반전 확인하기

a = int(input('양의 정수 a : '))
b = int(input('양의 정수 b : '))
w = int(input('출력할 자릿수 : '))

f = '{{:0{}b}}'.format(w)
m = 2 ** w - 1      # w자리 모두 1의 2진수에 해당

print('a     = ' + f.format(a))
print('b     = ' + f.format(b))
print('a & b = ' + f.format(a & b))
print('a | b = ' + f.format(a | b))
print('a ^ b = ' + f.format(a ^ b))
print('~a    = ' + f.format(~a & m))
print('~b    = ' + f.format(~b & m))
```

실행 결과

```
양의 정수 a : 3 Enter
양의 정수 b : 5 Enter
출력할 자릿수 : 8 Enter
a      = 00000011
b      = 00000101
a & b  = 00000001
a | b  = 00000111
a ^ b  = 00000110
~a     = 11111100
~b     = 11111010
```

a 논리곱

```
a      0011
b      0101
a & b  0001
```

모두 1이면 1

b 논리합

```
a      0011
b      0101
a | b  0111
```

하나라도 1이면 1

c 배타적 논리합

```
a      0011
b      0101
a ^ b  0110
```

하나만 1이어야 1

변수 m에 2^{W}-1을 대입합니다. 이 값은 w 자리의 수로 나타낸 2진수로, 모든 자리의 수가 1인 값입니다. 실행 결과처럼 w가 8이면 m의 값은 2진수 0b11111111입니다.

x의 비트를 반전한 ~x는 파이썬 언어 사양에 따라 -(x + 1)이 됩니다(Column 5-1).

▶ ~a와 ~b는 음수가 되기 때문에, 본 예제에서는 m과의 논리곱을 구해 출력했습니다.

: 논리 연산의 응용

논리곱, 논리합, 배타적 논리합의 각 연산은 다음의 용도로 사용할 수 있습니다.

- 논리곱 : 모든 비트를 0으로 마스크
- 논리합 : 모든 비트를 1로 세트
- 배타적 논리합 : 모든 비트를 반전

정수 a의 하위 4비트를 마스크/세트/반전한 값을 List 5-8에서 확인합니다.

List 5-8

```
# 하위 4비트를 마스크/세트/반전하기

a = int(input('0~255의 정수 : '))

print('2진수 = {:08b}'.format(a))
print('마스크 = {:08b}'.format(a & 0b11110000))
print('세트 = {:08b}'.format(a | 0b00001111))
print('반전   = {:08b}'.format(a ^ 0b00001111))
```

실행 결과

```
0~255의 정수 : 169 Enter
2진수 = 10101001
마스크 = 10100000
세트 = 10101111
반전   = 10100110
```

▶ 마스크/세트/반전은 하위 4비트에만 적용되며, 그 이외의 비트는 유지됩니다.

: : 비트 시프트 연산자

《 연산자와 》 연산자는 정수의 모든 비트를 왼쪽 또는 오른쪽으로 이동한 값을 생성하는 연산자입니다. 두 연산자를 비트 시프트 연산자(bitwise shift operator)라고 부릅니다.

표 5-5. 비트 시프트 연산자

x《y	x의 모든 비트를 y 비트만큼 왼쪽으로 시프트한 값을 생성합니다.
x》y	x의 모든 비트를 y 비트만큼 오른쪽으로 시프트한 값을 생성합니다.

▶ 피연산자는 정수만 가능합니다.

입력받은 정수의 비트를 좌우로 이동한 결과를 List 5-9에서 확인합니다.

List 5-9

```
# 정수를 좌우 시프트하여 2진수로 출력하기

x = int(input('정수 : '))
n = int(input('시프트할 비트 수 : '))

print('x      = {:b}'.format(x))
print('x << n = {:b}'.format(x << n))
print('x >> n = {:b}'.format(x >> n))
```

실행 결과

```
정수 : 1193 Enter ↵
시프트할 비트 수 : 4 Enter ↵
x      = 10010101001
x << n = 100101010010000
x >> n = 1001010
```

▶ print 함수에 사용한 {: b}는 출력 서식을 2진수로 지정하며 Section 6-3에서 학습합니다.

이 예제를 통해 두 연산자의 기능을 알아보겠습니다.

연산자 <<에 의한 왼쪽 시프트

식 x << n은 x의 모든 비트를 n비트만큼 왼쪽으로 이동합니다. 그때 하위 측(오른쪽)에 새롭게 생성된 비트는 0으로 채웁니다(그림 5-9 a). 시프트 결과는 $x \times 2^n$ 입니다.

▶ 2진수는 각 자리의 수가 2의 거듭제곱 값이기 때문에, 1비트 왼쪽으로 이동하면 값은 두 배가 됩니다. 이것은 10진수의 수를 왼쪽으로 한 자리 이동하면 값이 10배가 되는 것과 마찬가지입니다. 예를 들어 196을 왼쪽으로 한 자리 이동하면 1960이 됩니다.

연산자 >>에 의한 오른쪽 시프트

x >> n은 x의 모든 비트를 n비트만큼 오른쪽으로 이동합니다. 하위 측의 n비트는 버려집니다. 시프트 결과는 x ÷ 2^n 입니다(그림 5-9 b).

▶ 2진 정수를 1비트 오른쪽으로 이동한 값은 2분의 1입니다. 이것은 10진 정수를 오른쪽으로 한 자리 이동하면 값이 10분의 1이 되는 것과 같습니다. 예를 들어 196을 오른쪽으로 한 자리 이동하면 19가 됩니다.

또한 변수의 값을 시프트한 값을 생성하는 것이 아니라 변수의 값 자체를 시프트하려면 누적 대입 연산자인 <<=와 >>=를 이용합니다.

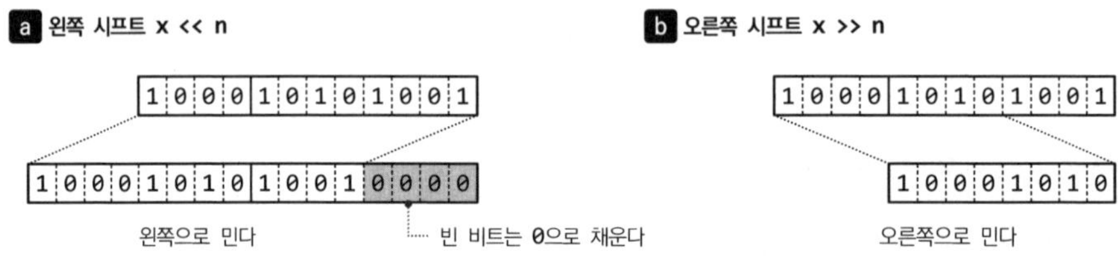

그림 5-9. 정수 값에 대한 비트 단위의 시프트 연산

좌우로 n비트 시프트한 결과는 2^n을 곱셈 혹은 나눗셈한 값과 동일합니다. List 5-10에서 확인합니다.

List 5-10

```
# 정수를 좌우로 시프트한 값을 10진수로 출력하기

x = int(input('정수 : '))
n = int(input('시프트할 비트 수 : '))

print('x << n = {:d}'.format(x << n))
print('x >> n = {:d}'.format(x >> n))
```

실행 결과

```
정수 : -12 Enter
시프트할 비트 수 : 3 Enter
x << n = -96
x >> n = -2
```

위 예제의 실행 결과에서는 음수의 시프트 결과를 보여줍니다. x가 양수인지 음수인지에 상관없이 연산이 이루어집니다.

Column 5-2. 보수와 비트 반전 연산자

C 언어 등 다양한 프로그래밍 언어에서는 일반적으로 정수를 16비트 또는 32비트 등의 유한 비트로 나타내며 그 안에서 부호를 포함합니다.

이러한 언어에서 음의 정수를 나타내는 대표적인 방법은 1의 보수(one's complement)와 2의 보수(two's complement)입니다.

그림 5C-1은 정수 5를 예시로 1의 보수와 2의 보수를 구하는 절차입니다.

1의 보수는 전체 비트를 반전하면 얻을 수 있습니다.

2의 보수는 1의 보수에 1을 더하면 얻을 수 있습니다.

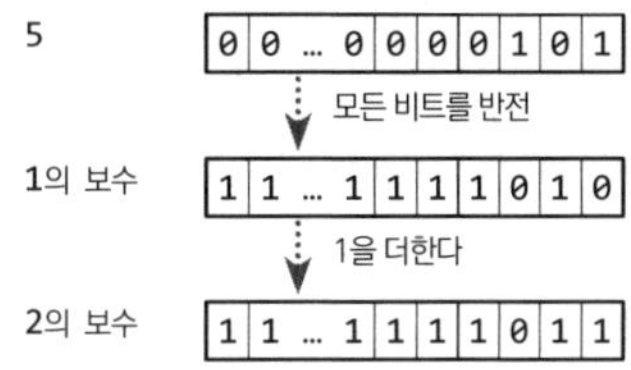

그림 5C-1. 보수를 구하는 절차

파이썬은 음의 정수를 내부에서 표현할 때 1의 보수나 2의 보수를 사용하지 않습니다. 사용할 필요가 없기 때문입니다.

비트 반전 연산자 ~는 사실 비트를 반전하지 않습니다. ~x의 연산 결과가 -(x+1)가 되는 것은 보수를 모방하기 때문입니다.

또한 ~ 연산자를 두 번 적용하면 원래 값으로 돌아가는데 예를 들어 x가 5라면 ~x는 -6이 되며 -6에 ~ 연산자를 적용하면 다시 5가 됩니다. 즉 ~~x는 x와 같습니다.

정리

- 파이썬에서는 변수, 함수, 클래스, 모듈 등 모든 것이 객체다.
- 메모리를 점유하는 객체는 아이덴티티(동일성), 타입, 값 등의 특성이 있으며 아이덴티티는 id 함수, 타입은 type 함수로 구할 수 있다.
- 변수는 객체를 참조하며 객체와 연결된 이름에 불과하다.
- 동일성 판정 연산자인 is 연산자와 is not 연산자는 객체의 동일성(아이덴티티의 등가성)을 판정한다.
- 파이썬의 타입은 값의 변경 가능 여부에 따라 두 종류로 분류된다.
  - 가변형 : 리스트, 딕셔너리, 집합 등 ※ 값 변경 가능
  - 불변형 : 숫자, 문자열, 튜플 등 ※ 값 변경 불가능

  불변 타입의 변수, 즉 변수가 참조하는 객체의 값을 변경하면 객체가 새로 만들어지고, 그 객체를 참조하도록 변수가 업데이트된다.
- 대입문은 값을 복사하는 것이 아니라 참조하는 것이다. 또한 대입하는 주체인 좌변의 변수의 이름이 처음으로 나온 것이라면 해당 이름의 새로운 변수가 생성되고, 우변의 객체에 연결된다.

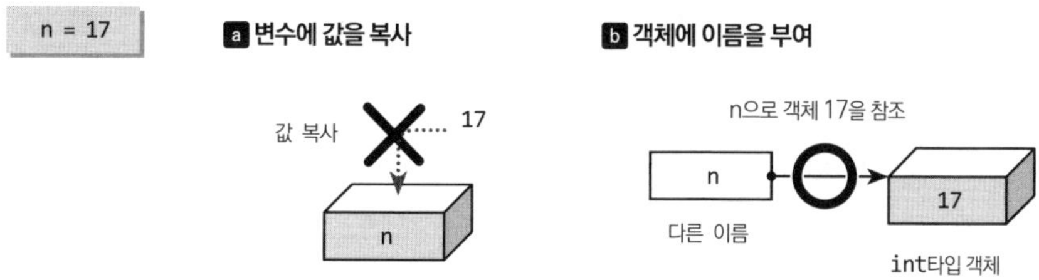

- 대입문과 대조적인 del문은 이름에 불과한 변수명을 삭제한다.
- None은 독립적인 NoneType타입의 특수한 값이다.
- 변수와 객체의 관리를 위해 다른 언어에서 사용하는 자동 메모리 관리 등은 파이썬에서 사용되지 않는다. 파이썬에서는 객체를 참조하는 변수의 수를 세는 참조 카운터를 이용한 관리가 이루어진다
- 빌트인 데이터 타입에는 숫자형(int/bool/float/complex 타입), 시퀀스형(str/list/tuple 타입 등), 집합형(set/frozenset 타입), 매핑형(dict 타입)이 있다.
- 실수형인 float타입으로 표현할 수 있는 값은 크기와 정밀도에 제한이 있으며 그 특성은 sys.float_info로 확인할 수 있다.
- 산술 연산을 할 때는 피연산자의 타입에 따라 산술 변환이 이루어진다
- 복소수형은 실수부와 허수부를 나타내는 두 실수의 조합으로 나타낸다. 그 일례가 3.2 + 5.7j이고, 5.7j는 허수 값이다.
- 컴퓨터 내부에서는 숫자를 비트 ON/OFF로 표현하기 때문에 2진수에 대응시키면 표현하기 쉽다.
- 비트 단위 논리 연산자로 곱을 구하는 & 연산자, 합을 구하는 | 연산자, 배타적 논리합을 구하는 ^ 연산자, 반전 값을 생성하는 ~ 연산자가 제공된다.

a 논리곱

x	y	x & y
0	0	0
0	1	0
1	0	0
1	1	1

모두 1이면 1

b 논리합

x	y	x | y
0	0	0
0	1	1
1	0	1
1	1	1

하나라도 1이면 1

c 배타적 논리합

x	y	x ^ y
0	0	0
0	1	1
1	0	1
1	1	0

하나만 1이어야 1

d 반전

x	~x
0	1
1	0

0이면 1
1이면 0

- 비트 시프트 연산자 《와 》는 오른쪽 피연산자로 지정된 비트 수만큼 왼쪽 피연산자의 비트를 시프트한 값을 생성한다.

chap05\gist.gy

```
# 5챕터 정리

a, b = 5, 7
c = b
print('a, b, c = {}, {}, {}'.format(a, b, c))
print('id(5) = {}'.format(id(5)))
print('id(7) = {}'.format(id(7)))
print('id(a) = {}'.format(id(a)))
print('id(b) = {}'.format(id(b)))
print('id(c) = {}'.format(id(c)))
print()

a, b = b, a
c += 1

print('a와 b를 교환하고, c를 1 증가')
print('a, b, c = {}, {}, {}'.format(a, b, c))
print('id(5) = {}'.format(id(5)))
print('id(7) = {}'.format(id(7)))
print('id(8) = {}'.format(id(8)))
print('id(a) = {}'.format(id(a)))
print('id(b) = {}'.format(id(b)))
print('id(c) = {}'.format(id(c)))
print('a is 5 = {}'.format(a is 5))
print('a is 7 = {}'.format(a is 7))
print('a is 8 = {}'.format(a is 8))
```

실행 결과

```
a, b, c = 5, 7, 7
id(5) = 10968928
id(7) = 10968992
id(a) = 10968928
id(b) = 10968992
id(c) = 10968992

a와 b를 교환하고, c를 1 증가
a, b, c = 7, 5, 8
id(5) = 10968928
id(7) = 10968992
id(8) = 10969024
id(a) = 10968992
id(b) = 10968928
id(c) = 10969024
a is 5 = False
a is 7 = True
a is 8 = False
```

※ 아이덴티티는 예시입니다.

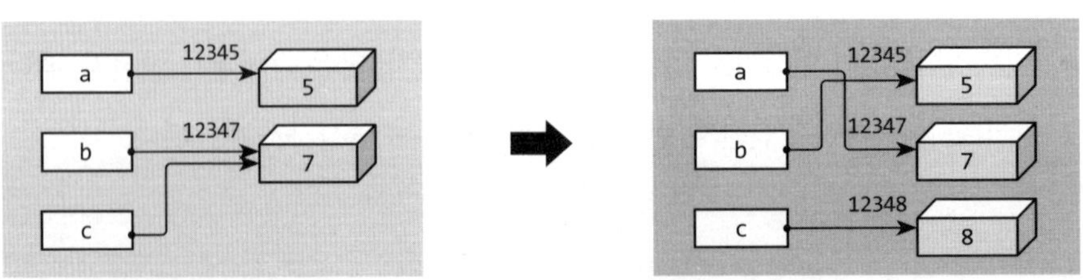

06

문자열

str타입인 문자열은 1챕터부터 사용해 보았습니다. 문자열을 더 잘 다룰 수 있도록 이번 챕터에서 자세히 학습합니다.

SECTION 6-1

문자열 기초

문자열과 문자열 리터럴은 1챕터부터 사용해왔습니다.

문자열을 더 잘 다룰 수 있도록 이번 챕터에서 자세히 학습합니다.

:: 문자열

지금까지 문자열(string)에 대해 다음 내용을 조금씩 배웠습니다.

- 문자열의 타입은 str타입이다.
- 문자열은 문자의 모음 즉, 문자열 리터럴이다.
- 덧셈 연산자 +를 사용한 연결과, 곱셈 연산자 *를 사용한 반복 방법
- 화면에 출력하는 방법과 키보드에서 입력받는 방법
- 정수나 실수로 변환하는 방법과 역으로 정수나 실수를 문자열로 변환하는 방법
- 정수나 실수를 서식화하여 문자열에 삽입하는 방법
- 문자가 하나도 없는 빈 문자열의 논리 값은 False다.
- 값을 변경할 수 없는 불변 객체다.

▶ 많은 프로그래밍 언어에서 단일 문자는 문자, 여러 문자의 시퀀스는 문자열로 구분합니다. 그러나 파이썬은 이와 같이 구분하지 않고 단일 문자도 문자열로 취급합니다. 즉, 단일 문자는 문자가 한 개로 이루어진 문자열로 취급합니다.

:: 요소와 인덱스

이제 문자열에 익숙해져 보겠습니다. 우선 문자열 'ABCDEFG'을 생각해 봅시다. 문자열은 '문자 시퀀스'이기 때문에 그림 6-1과 같이 일곱 개의 문자가 순서대로 정렬됩니다. 여기에서 각 문자는 요소(element)라고도 합니다. 문자열의 각 문자(요소)를 표시할 때는 그림 6-1에 숫자로 표시한 것과 같이 인덱스(index)를 이용하면 편리합니다. 인덱스에는 다음 두 종류가 있습니다.

0을 포함한 양수 인덱스

0부터 시작하여 순서대로 0, 1, 2, ...,(요소 개수 - 1)이 됩니다. 이 값은 첫 요소부터의 오프셋(offset), 즉 첫 요소로부터 얼마만큼 떨어져 있는지를 나타냅니다.

음수 인덱스

뒤에서부터 순서대로 -1, -2, -3, ...,(-요소 개수)입니다. 양수 인덱스에서 요소의 개수(이 예에서는 7)를 빼면 얻을 수 있는 값입니다. 또한 이 값은 뒤에서 몇 번째 요소라고도 말할 수 있습니다.

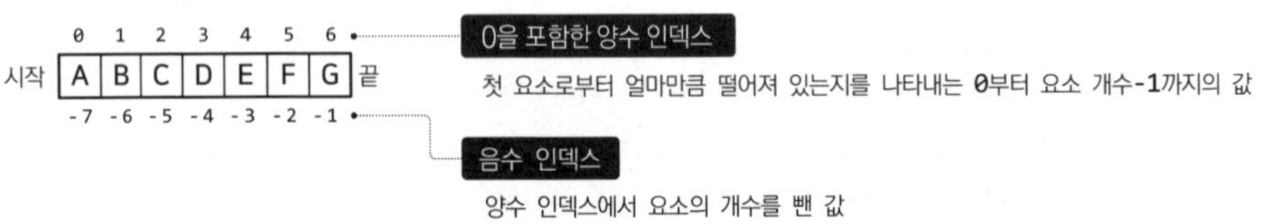

그림 6-1. 문자열과 인덱스

두 인덱스 값은 인덱스 연산자(index operator)인 대괄호[ ] 안에 넣어 표현합니다. 인덱스 연산자를 사용한 인덱스식(subscription)은 다음과 같은 모양입니다.

```
변수명[인덱스]
```

인덱스식

그림 6-2를 살펴보면 세 번째 문자 C는 s[2] 혹은 s[-5]와 같은 인덱스식으로 접근(읽기 및 쓰기)할 수 있습니다. 인덱스 연산자를 사용하여 문자열의 모든 문자를 출력해 보겠습니다.

- **List 6-1** ... 0을 포함한 양수 인덱스 0~6으로 문자열의 모든 문자를 표시
- **List 6-2** ... 음수 인덱스 -7~-1로 문자열의 모든 문자를 표시

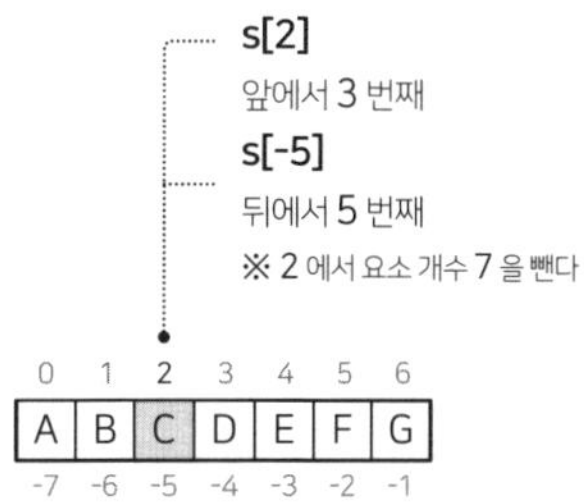

그림 6-2. 인덱스 연산자

두 예제를 잘 이해하면 인덱스 연산자 사용법을 쉽게 학습할 수 있습니다. 또한 인덱스에 잘못된 값(이 예제에서는 -8 이하 또는 7 이상의 값)을 지정하면 오류가 발생합니다.

List 6-1

```python
# 문자열의 모든 문자를 순서대로 출력하기 1

s = 'ABCDEFG'

print('s[0] = ', s[0])
print('s[1] = ', s[1])
print('s[2] = ', s[2])
print('s[3] = ', s[3])
print('s[4] = ', s[4])
print('s[5] = ', s[5])
print('s[6] = ', s[6])
```

양수 인덱스

실행 결과

```
s[0] = A
s[1] = B
s[2] = C
s[3] = D
s[4] = E
s[5] = F
s[6] = G
```

List 6-2

```python
# 문자열의 모든 문자를 순서대로 출력하기 2

s = 'ABCDEFG'

print('s[-7] = ', s[-7])
print('s[-6] = ', s[-6])
print('s[-5] = ', s[-5])
print('s[-4] = ', s[-4])
print('s[-3] = ', s[-3])
print('s[-2] = ', s[-2])
print('s[-1] = ', s[-1])
```

음수 인덱스

실행 결과

```
s[-7] = A
s[-6] = B
s[-5] = C
s[-4] = D
s[-3] = E
s[-2] = F
s[-1] = G
```

▶ 아래의 두 예제를 실행하면 오류가 발생합니다(IndexError 예외가 발생하여 프로그램의 실행을 중단합니다).

- chap06/list0601x.py ... List 6-1에 s[7]을 출력하는 코드를 추가
- chap06/list0602x.py ... List 6-2에 s[-8]을 출력하는 코드를 추가

:: 인덱스를 사용한 문자열 탐색

길이가 긴 문자열이나 정해지지 않은 길이의 문자열에서 요소를 표시할 때는 앞에서 살펴 본 예제와 같이 모든 요소에 인덱스를 지정하는 방법은 비효율적입니다.

List 6-3과 같이 for문을 사용하여 반복하는 방식으로 개선하여, 문자열을 입력받도록 변경합니다.

List 6-3

```
# 입력받은 문자열의 모든 문자를 for문으로 출력하기

s = input('문자열:')

for i in range(len(s)):
    print('s[{}] = {}'.format(i, s[i]))
```

실행 결과

```
문자열:ABCDEF Enter↵
s[0] = A
s[1] = B
s[2] = C
s[3] = D
s[4] = E
s[5] = F
```

회색으로 표시한 len(s)에 대해 알아보겠습니다. 내장 함수인 len 함수는 인수로 주어진 문자열의 길이를 리턴하는 함수입니다(그림 6-3). 이름 len은 길이라는 뜻의 length에서 유래합니다. 또한 이 함수는 문자열뿐만 아니라 앞으로 배울 리스트의 길이도 리턴합니다.

중요

len 함수를 이용하면 문자열(또는 리스트)의 길이를 알 수 있다.

실행 결과에서 len(s)는 6입니다. 따라서 for문에서는 i가 0부터 5까지 증가하면서, i의 값과 s[i]의 값을 출력합니다. 그림 6-3의 검은 동그라미 숫자는 0에서 5까지 증가하는 인덱스 i의 값입니다. 그리고 s[i]는 그 인덱스의 요소의 값, 즉 'A', 'B', …입니다.

▶ 즉, 현재 액세스한 문자는 s[i]이고, 그 인덱스는 i입니다.

화면에는 0과 A, 1과 B, ...가 순서대로 출력됩니다.

다양한 문자열을 입력해봅시다. 문자열의 길이를 len(s)로 알 수 있기 때문에 길이에 상관없이 처음부터 끝까지 모든 문자가 출력됩니다. 요소를 순서대로 따라가는 것을 탐색 혹은 순회(traverse)라고 합니다.

▶ 문자열을 탐색하고 출력하는 다양한 방법을 List 6-8 ~List 6-12에서 살펴보겠습니다.

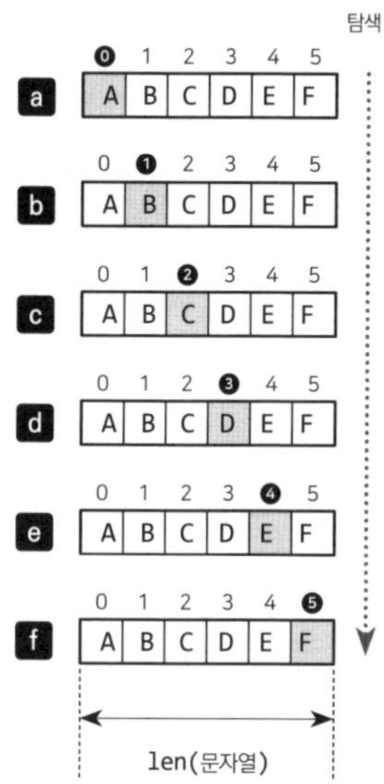

그림 6-3. 문자열의 탐색

:: 문자열 내의 문자 검색

문자열 탐색을 응용하여 문자열에 특정 문자가 포함되어 있는지 알아보고 포함되었다면 그 위치를 찾아보겠습니다.

List 6-4

```
# 입력받은 문자열에서 문자 찾기

s = input('문자열s : ')
c = input('찾을 문자c : ')
```

실행 결과

```
❶ 문자열s : ABCDEF Enter↵
   찾을 문자c : D Enter↵
   문자 D는 s[3]에 있습니다.
❷ 문자열s : ABCDEF Enter↵
   찾을 문자c : Z Enter↵
   문자 Z는 없습니다.
```

```
print('문자 {}는 '.format(c), end='')

for i in range(len(s)):
    if s[i] == c:
        print('s[{}]에 있습니다.'.format(i))
        break
else:
    print('없습니다.')
```

위의 실행 결과에는 이전과 마찬가지로 s에 'ABCDEF'를 입력했습니다. 따라서 len(s)가 6이 되고 앞선 예제와 동일하게 for문으로 i가 0에서 5까지 증가하면서 문자열을 탐색하는 것 역시 동일합니다.

검색 성공

문자열을 처음부터 순서대로 탐색하는 과정에서 현재 액세스한 문자 s[i]가 찾아야 할 문자 c와 같으면 검색 성공입니다.

실행 결과 ❶은 그림 6-3과 같이 a ⇒ b ⇒ c ⇒ d로 탐색하고, d에서는 s[i]가 변수 c로 'D'와 같습니다. 검색에 성공하여 이어지는 내용을 출력하고, break문으로 for문을 강제 종료합니다.

검색 실패

for문이 break문으로 강제 종료되지 않고 끝까지 반복될 때, 다시 말하면 f까지 탐색해도 c가 없는 경우에는 문자열 s가 찾으려는 문자 c를 포함하지 않는다는 의미입니다. 검색에 실패하고 else절로 이동해 이어지는 내용을 출력합니다(실행 결과 ❷).

▶ 마지막 else절은 if문이 아니라 for문에 속하는 점을 주의합니다.

List 6-4와 같이 나열된 요소를 대상으로 처음부터 순서대로 확인하며 탐색하는 알고리즘을 선형 탐색(linear search)이라고 합니다. 기본적인 용어이므로 꼭 기억해 두기 바랍니다.

▶ 여기에서는 탐색 방법을 배웠습니다. 실제 프로그래밍에서는 in 연산자와 find 메소드를 사용합니다.

:: 슬라이스

인덱스 다음으로 배울 것은 슬라이스(slice)입니다. 슬라이스는 문자열의 한 부분 혹은 일정한 간격의 문자로 이루어진 새로운 문자열을 추출하는 두 가지 형식이 있습니다.

```
s [i:j]     →  s[i]에서 s[j-1]까지의 문자열
s [i:j:k]   →  s[i]에서 s[j-1] 사이에서 k마다의 문자열
```

슬라이스식

슬라이스 연산자를 사용한 슬라이스식(slicing)은 [] 안에 한 개 또는 두 개의 콜론이 들어가는 형식입니다. 각 값은 아래와 같습니다.

```
시작 인덱스 i  →  검색 범위의 시작 인덱스
종료 인덱스 j  →  마지막 요소의 다음 인덱스
스텝 k        →  추출할 때의 규칙
```

슬라이스로 추출할 값의 범위는 s[j]까지가 아닌 s[j]의 직전 요소까지입니다(Column 6-1). 또한 k가 음수이면 뒤에서 앞으로 즉, 역방향으로 추출합니다.

알파벳 대문자 26개로 이루어진 문자열 s에서 추출하여 확인합니다. 오른쪽 그림과 비교하면서 이해해봅시다.

예 6-1. 문자열과 슬라이스식

```
>>> s = 'ABCDEFGHIJKLMNOPQRSTUVWXYZ' Enter
>>> s[0:6] Enter
'ABCDEF'
>>> s[0:10:2] Enter
'ACEGI'
>>> s[5:20:3] Enter
'FILOR'
>>> s[12:5:-1] Enter
'MLKJIHG'
```

```
01234567890123456789012345
ABCDEFGHIJKLMNOPQRSTUVWXYZ
ABCDEFGHIJKLMNOPQRSTUVWXYZ
ABCDEFGHIJKLMNOPQRSTUVWXYZ
ABCDEFGHIJKLMNOPQRSTUVWXYZ
       ←
```

i, j, k 지정에는 다음 규칙이 적용됩니다.

- i와 j가 len(s)보다 크면, len(s)라고 간주한다.
  인덱스와는 다르게 범위를 벗어나는 값을 지정해도 오류가 발생하지 않는다.
- i가 생략되거나 None이면 0이라고 간주한다.
- j가 생략되거나 None이면 len(s)라고 간주한다.

복잡하다고 느끼겠지만 이 규칙으로 식을 간결하게 만들 수 있습니다. 몇 가지 예를 살펴보겠습니다.

모든 요소

예 6-1에서 모든 요소를 추출하는 슬라이스는 i가 0이고, j가 len(s)으로 s[0:26]입니다. j를 생략해 s[0:]로 쓸 수도 있고, i까지 생략하여 s[:]로도 쓸 수 있습니다.

특정 요소부터 끝까지

인덱스 i의 요소부터 끝까지 추출하려면 j를 생략하고 s[i:]로 씁니다.

마지막 n 요소

마지막 요소 n개를 추출하려면 s[-n:]과 같이 쓸 수 있습니다. 다음은 i, j, k 중 한 개 이상을 생략하는 패턴에 대한 설명입니다.

s[:]	전부	s[:]	'ABCDEFGHIJKLMNOPQRSTUVWXYZ'
s[:n]	앞에서 부터 n까지	s[:5]	'ABCDE'
s[i:]	s[i]에서 부터 끝까지	s[5:]	'FGHIJKLMNOPQRSTUVWXYZ'
s[-n:]	뒤에서 n 개	s[-5]	'VWXYZ'
s[::k]	k-1개 건너뛰기	s[::3]	'ADGJMPSVY'
s[:-1]	전체를 반대로	s[:-1]	'ZYXWVUTSRQPONMLKJIHGFEDCBA'

▶ n이 전체 길이보다 크다면 요소 전체를 추출합니다.

인덱스식과 슬라이스식은 다음 챕터부터 학습하는 리스트나 튜플로도 이용합니다. 문자열은 불변 객체이기 때문에 값을 변경할 수 없습니다. 따라서 대입문 좌변에 인덱스식이나 슬라이스식을 놓으면 오류가 발생합니다.

예 6-2. 문자열 'ABCDEF ... XYZ'의 'F'를 'X'로 바꾼 문자열 생성

```
>>> s = 'ABCDEFGHIJKLMNOPQRSTUVWXYZ' Enter
오류 >>> s [5] = 'X' Enter
Traceback(most recent call last) :
File "<stdin>", line 1, in <module>
TypeError:'str'object does not support item assignment
>>> s = s[:5] + 'X' + s[6:] Enter
정상 >>> s Enter                       ← s는 새로 생성된 문자열을 참조
'ABCDEXGHIJKLMNOPQRSTUVWXYZ'
```

ABCDEXGHIJKLMNOPQRSTUVWXYZ

'F'를 'X'로 수정하기 위해 s[5]에 바로 'X'를 대입하면 오류가 발생합니다. 'A'~'E' 슬라이스와 'X', 그리고 'F'이후의 문자열을 연결하면 정상적으로 바뀐 문자열이 생성됩니다.

Column 6-1. range와 슬라이스식의 지정 값에 대해

4챕터에서 학습한 range(n)와 range(a,b)가 생성하는 수열의 최종 값은 n-1과 b-1이며, 실인수인 n이나 b 는 포함되지 않습니다. 지금 학습하고 있는 슬라이스식 s[: n]과 s[a:b]도 마찬가지입니다.

이렇게 하면 다음과 같은 이점이 있습니다.

- n 자체 혹은 b-a로 길이를 알 수 있다.
- range(a, b)와 range(b, c) 또는 s[:n]과 s[n:]를 사용해 끊임없이 요소를 중복되지 않도록 나열할 수 있다.

:: 비교 연산자를 사용한 대소 관계 및 등가성 판정

3챕터에서는 두 값의 대소 관계 및 등가성을 판정하는 비교 연산자를 알아보았습니다. 여섯 개의 비교 연산자 〈, 〈=, 〉, 〉=, ==, !=은 문자열에도 적용할 수 있습니다. List 6-5로 확인합니다.

List 6-5

```
# 문자열 s1과 s2의 대소 관계 및 등가성 판정하기

s1 = input('문자열 s1 : ')
s2 = input('문자열 s2 : ')

print('s1 <  s2 =', str(s1 <  s2))
print('s1 <= s2 =', str(s1 <= s2))
print('s1 >  s2 =', str(s1 >  s2))
print('s1 >= s2 =', str(s1 >= s2))
print('s1 == s2 =', str(s1 == s2))
print('s1 != s2 =', str(s1 != s2))
```

실행 결과

```
문자열 s1 : ABC Enter↵
문자열 s2 : XYZ Enter↵
s1 <  s2 = True
s1 <= s2 = True
s1 >  s2 = False
s1 >= s2 = False
s1 == s2 = False
s1 != s2 = True
```

문자열 대소 관계의 판정 기준은 문자열을 이루는 각 문자의 문자 코드입니다(Column 6-2). 또한, 비교 연산자는 연속해서 적용할 수 있기 때문에, 'AAA' 〈= s 〈= 'ZZZ' 혹은 s1 == s2 == 'ABC'처럼 연속된 판정도 가능합니다.

중요

문자열의 대소 관계와 등가성 판정에는 비교 연산자 <, <=, >, >=, ==, !=를 이용한다.

각각 만들어진 문자열은 각각 다른 객체입니다. 따라서 문자열의 모든 문자가 동일하더라도 is 연산자를 이용한 판정 결과는 거짓입니다. List 6-6으로 확인합니다.

List 6-6

```
# 문자열 s1과 s2 동일성 판정하기

s1 = input('문자열 s1 : ')
s2 = input('문자열 s2 : ')

print('s1 is     s2 =', str(s1 is s2))
print('s1 is not s2 =', str(s1 is not s2))
```

실행 결과

```
문자열 s1 : ABC Enter
문자열 s2 : ABC Enter
s1 is     s2 = False
s1 is not s2 = True
```

위의 실행 결과처럼 s1과 s2에 같은 문자열 'ABC'를 입력해도 동일하다고 판정되지 않습니다(Column 6-6).

중요

각각 따로 만들어진 문자열은 모든 문자가 동일하더라도 아이덴티티가 다른 객체다.

귀속 판정 연산자 in

문자열 안에 어떠한 문자열이 포함되어 있는지를 확인할 때는 표 6-1에 있는 귀속 판정 연산자(membership test operator), 즉 in 연산자와 not in 연산자를 사용할 수 있습니다.

표 6-1. 귀속 판정 연산자

x in y	x가 y의 요소이면 True, 그렇지 않으면 False를 생성
x not in y	x가 y의 요소가 아니면 True를, 그렇지 않으면 False를 생성

x가 빈 문자열이면, x in y는 항상 True입니다. 또한 x in y in z 같은 형식으로 연속해서 적용할 수 있습니다. 예를 들어, 'A' in 'AB' in 'ABC'는 True입니다. 이 연산자를 사용해 문자열이 포함되는지 List 6-7에서 판정합니다.

List 6-7

```
# 문자열 txt에 문자열 ptn이 있는지 확인하기

txt = input('문자열 txt : ')
ptn = input('문자열 ptn : ')

if ptn in txt:
    print('ptn은 txt에 포함되어 있습니다.')
else:
    print('ptn은 txt에 포함되어 있지 않습니다.')
```

실행 결과

```
❶ 문자열 txt : ABCDEFG Enter
  문자열 ptn : CDE Enter
  ptn은 txt에 포함되어 있습니다.
❷ 문자열 txt : ABCDEFG Enter
  문자열 ptn : XYZ Enter
  ptn은 txt에 포함되어 있지 않습니다.
```

in 연산자로 문자열 ptn이 문자열 txt에 포함되는지를 확인하고 있습니다. not in 연산자를 이용하면 반대로 판정할 수 있습니다(chap06/list0607a.py).

▶ 3챕터에서는 in 연산자를 집합에 적용하여 계절을 알아보는 예를 확인했습니다. in 연산자는 문자열, 리스트, 집합 등에 사용하는 중요한 연산자입니다.

```
if month in {3, 4, 5}:
    print('봄입니다.')
elif month in {6, 7, 8}:
    print('여름입니다.')
# 이하 생략 #
```

Column 6-2. 문자열의 대소 관계와 등가성 판정

문자열의 대소 관계 판정은 첫 번째 문자의 코드를 비교하고, 그 값이 동일하면 다음 문자를 차례대로 비교해 갑니다. 물론 한 쪽의 문자 코드가 크면, 그 문자열이 더 큰 것으로 판단합니다.

예를 들어, 'ABCD'와 'ABCE'의 네 번째 문자를 비교하는 단계에서 'ABCE' 쪽이 크다고 판단합니다. 또한, 'ABC'와 'ABCD'와 같이 앞의 세 문자가동일하고 하나의 문자만 차이가 있다면 길이가 긴 쪽의 문자열이 큰 것으로 판정합니다. == 연산자와 != 연산자를 이용한 등가성 판정은 모든 문자의 등가성 비교를 통해 판정합니다.

:: enumerate 함수를 이용한 문자열 탐색

나열된 요소들의 인덱스와 요소, 두 값 모두를 차례대로 탐색할 수 있는 방법이 있습니다. List 6-3에 이를 적용한 것이 List 6-8입니다.

List 6-8

```
# enumerate 함수로 문자열의 모든 문자 탐색하기

s = input('문자열 : ')

for i, ch in enumerate(s):
    print('s[{}] = {}'.format(i, ch))
```

실행 결과

```
문자열 : ABCDEFG Enter↵
s[0] = A
s[1] = B
# 이하 생략 #
```

처음으로 다루게 되는 enumerate 함수는 인덱스와 요소의 '쌍'을 취하는 내장 함수이며, 문자열뿐만 아니라 다음 챕터에서 다루는 리스트에도 적용할 수 있습니다. 위의 실행 결과는 for문의 반복으로 다음과 같은 값이 추출됩니다.

- 1회 → (0, 'A')의 쌍을 추출하고(i, ch)에 대입
- 2회 → (1, 'B')의 쌍을 추출하고(i, ch)에 대입
  ... 이하 생략 ...

이번에는 List 6-3에서 문자열의 길이를 알기 위해 사용한 len 함수는 필요하지 않습니다.

▶ 여기에서의 '쌍'은 8챕터에서 학습하는 튜플입니다. 파이썬에서는 다양한 상황에서 명시적으로 그리고 묵시적으로 튜플이 사용됩니다. 이 예제는 8챕터에서 다시 자세하게 다루겠습니다.

컴퓨터 내부에서 카운트는 0부터 시작하지만 사람은 일반적으로 1부터 카운트를 시작합니다. enumerate 함수의 두 번째 인수로 시작 값을 지정할 수 있으므로 이를 이용하여 List 6-9에서는 카운트를 1부터 시작합니다.

List 6-9

```
# enumerate 함수로 문자열의 모든 문자 탐색하기(1부터 카운트)

s = input('문자열 : ')

for i, ch in enumerate(s, 1):
    print('{} 번째 문자 : {}'.format(i, ch))
```

실행 결과

```
문자열 : ABCDEFG Enter
1 번째 문자 : A
2 번째 문자 : B
# 이하생략 #
```

위의 실행 결과에서는 순서대로(1, 'A'),(2, 'B') …과 같은 값이 나옵니다. List 6-10에서는 역순으로 탐색합니다.

List 6-10

```
# enumerate 함수로 문자열의 모든 문자를 역순으로 탐색하기

s = input('문자열 : ')

for i, ch in enumerate(reversed(s), 1):
    print('뒤에서 {} 번째 문자 : {}'.format(i, ch))
```

실행 결과

```
문자열 : ABCDEFG Enter
뒤에서 1 번째 문자 : G
뒤에서 2 번째 문자 : F
# 이하 생략 #
```

reversed 함수는 주어진 요소의 순서를 반대로 뒤집어서 리턴하는 내장 함수입니다. 문자열뿐만 아니라 다음 챕터에서 다루는 리스트에도 적용할 수 있습니다.

▶ reversed은 파이썬 2.4에서 도입되었으며 이전에는 reversed(s) 대신 s[::-1]을 사용했습니다(List 6-12).

:: 인덱스 값이 필요하지 않은 경우의 문자열 탐색

문자열을 탐색할 때 인덱스 값이 필요하지 않다면 더 간단히 프로그래밍할 수 있습니다. List 6-11과 List 6-12을 통해 살펴보겠습니다.

List 6-11

```
# 문자열의 모든 문자 탐색하기
s = input('문자열 : ')

for ch in s:
    print(ch, end='')
print()
```

실행 결과

```
문자열 : ABCDEFG Enter
ABCDEFG
```

List 6-12

```
# 문자열의 모든 문자를 역순으로 탐색하기
s = input('문자열 : ')

for ch in s[::-1]:
    print(ch, end='')
print()
```

실행 결과

```
문자열 : ABCDEFG Enter
GFEDCBA
```

4챕터에서는 for문에 대해 다음과 같이 배웠습니다.

> 'for 변수 in 정렬식 : 스위트'는 정렬식에 들어있는 값을 변수에 대입하여 스위트를 실행하는 작업을 모든 요소에 적용될 때까지 반복한다.

정렬식의 정확한 용어는 이터러블 객체(iterable object)입니다. 이터러블 객체는 순서대로 요소를 한 개씩 꺼낼 수 있는 객체입니다.

for문의 in 뒤에 문자열을 놓는 이유는 문자열이 이터러블 객체이기 때문입니다. 위의 실행 결과에서 문자열 'ABCDEFG'는 문자가 'A'부터 'G'까지 나열된 이터러블 객체입니다. 이 이터러블 객체에서 문자가 한 개씩 ch에 대입되면서 반복이 이루어집니다.

List 6-12에서는 전체 요소를 역순으로 꺼내는 슬라이스 식 s[::-1]이 탐색 대상입니다. 위의 실행 결과는 문자열 'GFEDCBA'에서 문자가 한 개씩 출력됩니다. 물론 List 6-10과 같이 reversed(s)로도 같은 결과를 얻을 수 있습니다(chap06/list0612a.py).

SECTION 6-2

문자열 조작

지금까지는 변수에 대입된 문자열만 사용했습니다.

이제 문자열을 쉽게 다룰 수 있도록 조작 방법을 학습합니다.

:: 검색

문자열에 다른 문자열이 부분적으로 포함되어 있는지를 조사하기 위한 방법은 다양합니다.

주의 다른 프로그래밍 언어를 다루어 본 경험이 없다면 일단 Section 6-2를 건너뛰고 7챕터 리스트, 8챕터 튜플, 9챕터 함수, 11챕터 클래스를 먼저 학습한 후에 다시 이 Section을 학습할 것을 추천합니다.

: 귀속 판정 연산자 in / not in

문자열의 하위 문자열로 다른 문자열을 포함하는지 판정하는 방법 중 하나가 in 연산자와 not in 연산자입니다.

: find 계열 메소드

in 연산자를 사용하면 포함 여부는 판정할 수 있지만, 포함된 위치는 알 수 없습니다. find, rfind, index, rindex 메소드는 포함된 위치를 알아내기 위해 제공되는 메소드입니다.

`str.find(sub[, start [, end]])` — 문자열 sub가 포함된 첫 위치를 조사

문자열 str의 [start:end]에 sub가 포함되어 있다면, 가장 작은 인덱스를 리턴하고, 그렇지 않으면 -1을 리턴합니다. 생략 가능한 인수 start와 end는 슬라이스 표기와 같은 형태로 지정합니다.

> 인수를 둘러싸고 있는 []는이 안에 있는 인수를 생략할 수 있다는 안내 표기입니다.
> 이 메소드의 경우 전달된 세 개의 인수 sub, start, end 중 세 번째 end만 생략하거나,
> 두 번째 start와 세 번째 end 모두 생략 할 수 있습니다(첫 번째 sub는 생략할 수 없습니다).

`str.rfind(sub[, start[, end]])` — 문자열 sub가 포함된 마지막 위치를 조사

문자열 str의 [start:end]에 sub가 포함되어 있으면 가장 큰 인덱스를 리턴하고, 그렇지 않으면 -1을 리턴합니다. 생략 가능한 인수 start와 end는 슬라이스 표기와 같은 형태로 지정합니다.

`str.index(sub[, start [, end]]` — 문자열 sub가 포함된 첫 위치를 조사

find()와 같지만 sub가 발견되지 않으면 ValueError 예외를 전달합니다.

`str.rindex(sub [, start [, end]])` — 문자열 sub가 포함된 마지막 위치를 조사

rfind()와 같지만 sub가 발견되지 않으면 ValueError 예외를 전달합니다.

▶ 문자열 sub가 여러 개 포함된 경우 r계열 메소드는 가장 뒤쪽의 위치를 리턴합니다.
index와 rindex에서 발생할 수 있는 예외는 12챕터에서 학습합니다.

메소드(method)는 특정 타입(클래스)에 속하는 함수로 다음과 같은 형식으로 호출합니다.

```
변수 이름.메소드 이름(실제 인수 배열)
```

여기에서 소괄호( )는 2챕터에서 배운 호출 연산자입니다.

예를 들어 문자열 s1에 'ABC'가 포함되어 있는지 확인하기 위해 find 메소드를 호출하는 식은 s1.find('ABC')입니다. 이 식은 다음 내용을 요청합니다(그림 6-4).

> 문자열 **s1** 안에 문자열 **'ABC'**가 포함되어 있습니까? 포함되어 있다면 첫 번째 위치를 알려주세요.

또한 객체에 요청하는 것을 객체에 '메시지를 보낸다'라고 합니다.

▶ 좀 더 자세히 설명합니다.

- 문자열(str 타입)인 객체 s1은 find 메소드를 가지고 있다.
- 그 s1에 대해 find 메소드를 실행하라는 메시지를 보낸다.
- 그때 보조 지시로 인수 'ABC'를 전달한다.

index 메소드를 이용해 탐색하는 예를 List 6-13에서 살펴보겠습니다.

List 6-13

```
# 문자열에 포함된 문자열 찾기

txt = input('문자열 txt : ')
ptn = input('문자열 ptn : ')

try:
    print('txt[{}]에 ptn이 포함되어 있습니다.'.format(txt.index(ptn)))
except ValueError:
    print('ptn은 txt에 포함되어 있지 않습니다.')
```

실행 결과

```
❶ 문자열 txt : XABCABD Enter↵
   문자열 ptn : ABC Enter↵
   txt[1]에 ptn이 포함되어 있습니다.
❷ 문자열 txt : XABCABD Enter↵
   문자열 ptn : XYZ Enter↵
   ptn는 txt에 포함되어 있지 않습니다.
```

▶ List 6-13에는 예외 처리를 하는 부분이 있으니 12챕터 학습을 마치고 다시 이 내용을 이해하도록 합시다.

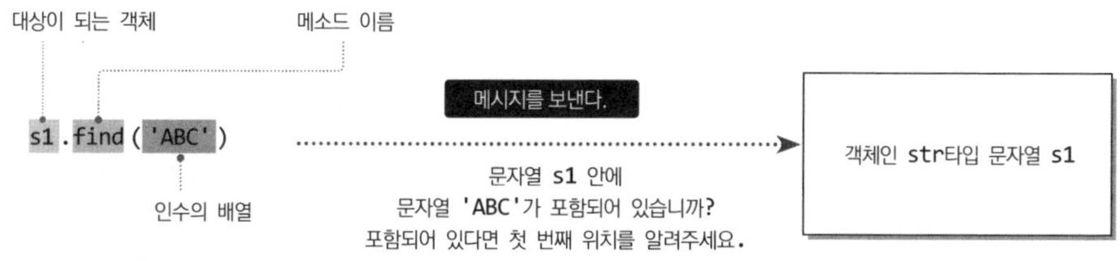

그림 6-4. 메소드 호출

:: 그 외 방법

find 계열의 메소드 외에도 아래의 세 가지 방법이 더 있습니다.

`str.count(sub[, start[, end]])` — 문자열 sub가 몇 번 포함되었는지 조사

문자열 str의 [start : end]에 sub가 포함된 횟수를 리턴합니다(생략 가능한 인수 start와 end는 슬라이스 표기와 같은 형태로 지정합니다).

`str.startswith(prefix[, start[, end]])` — 문자열 prefix로 시작하는지 조사

문자열이 prefix로 시작하면 True를, 그렇지 않으면 False를 리턴합니다. prefix는 찾아야 할 여러 개의 접두어로 이루어진 튜플이어도 상관없습니다. start가 지정되어 있으면 그 위치에서부터 판정을 시작하고 end가 지정되어 있으면 그 위치에서 비교를 중지합니다.

`str.endswith(suffix[, start[, end]])` — 문자열 suffix로 끝나는지 조사

문자열의 마지막이 suffix로 끝나면 True를, 그렇지 않으면 False를 리턴합니다. suffix는 찾아야 할 여러 개의 접미어로 이루어진 튜플이어도 상관없습니다. start가 지정되어 있으면 그 위치에서부터 판정을 시작하고 end가 지정되어 있으면 그 위치에서 비교를 중지합니다.

학습한 메소드 중 일부를 호출합니다.

List 6-14

```
# 문자열에 포함된 문자열 찾기

txt = input('문자열 txt : ')
ptn = input('문자열 ptn : ')

c = txt.count(ptn)

if c == 0:                                              # 포함되어 있지 않음
    print('ptn은 txt에 포함되어 있지 않습니다.')
elif c == 1:                                            # 1개 포함되어 있음
    print('ptn이 txt에 포함된 위치의 인덱스 :', txt.find(ptn))
else:                                                   # 2개 포함되어 있음
    print('ptn이 txt에 포함된 위치의 시작 인덱스 : ', txt.find(ptn))
    print('ptn이 txt에 포함된 위치의 마지막 인덱스 : ', txt.rfind(ptn))
```

실행 결과

```
❶ 문자열 txt : XABCYABCD Enter↵
  문자열 ptn : ABCY Enter↵
  ptn이 txt에 포함된 위치의 인덱스 : 1
❷ 문자열 txt : XABCYABCD Enter↵
  문자열 ptn : ABC Enter↵
  ptn이 txt에 포함된 위치의 시작 인덱스 : 1
  ptn이 txt에 포함된 위치의 마지막 인덱스 : 5
```

먼저 txt 중에 ptn이 포함된 개수를 확인하여 변수 c에 대입합니다. 이 개수에 따라 프로그램 처리가 다음과 같이 변경됩니다.

0개일 때

포함되어 있지 않다고 출력합니다.

1개일 때

find 메소드를 사용하여 ptn이 포함된 시작 위치를 출력합니다.

2개 이상인 경우

find 메소드와 rfind 메소드를 사용하여 ptn이 포함된 첫 위치와 마지막 위치를 찾고 각각의 인덱스를 표시합니다.

Column 6-3. string 모듈에서 제공되는 문자열

string 모듈에는 다음의 문자열이 정의되어 있습니다.

<table>
<tr><td>string.ascii_letters</td><td>ascii_lowercase와 ascii_uppercase를 합친 문자열</td></tr>
<tr><td>string.ascii_lowercase</td><td>소문자 알파벳 'abcdefghijklmnopqrstuvwxyz'</td></tr>
<tr><td>string.ascii_uppercase</td><td>대문자 알파벳 'ABCDEFGHIJKLMNOPQRSTUVWXYZ'.</td></tr>
<tr><td>string.digits</td><td>10진수 '0123456789'</td></tr>
<tr><td>string.hexdigits</td><td>16진수 '0123456789abcdefABCDEF'</td></tr>
<tr><td>string.octdigits</td><td>8진수 '01234567'</td></tr>
<tr><td>string.punctuation</td><td>ASCII 문자의 구두점 '! "# $ % & ₩'() * +, −. / :; ⟨=⟩? @
[₩₩] ^ _`{|} ~</td></tr>
<tr><td>string.printable</td><td>인쇄 가능한 ASCII 문자
※ digits, ascii_letters, punctuation, whitespace를 아우르는 문자열</td></tr>
<tr><td>string.whitespace</td><td>공백으로 간주되는 모든 ASCII 문자
※ 공백, 탭, 개행, 복귀, 페이지 나누기, 수직 탭</td></tr>
</table>

예를 들어, '0123456789'라는 문자열은 string.digits이라고 하는 변수명(string은 모듈명, digits은 변수명)을 가지고 있습니다.

이러한 문자열이 제공되는지 모르면 프로그래머는 비슷한 변수를 스스로 정의하게 됩니다. 물론 좋은 방법이 아닙니다.

List 6C-1은 string.ascii_lowercase와 string.ascii_uppercase를 이용한 예입니다. 단일 문자를 입력받아, 그 문자가 몇 번째 알파벳인지 검색합니다.

List 6C-1

```
# 입력받은 문자가 몇 번째 알파벳인지 알아보기

from string import *

c = input('알파벳 : ')

idx = ascii_lowercase.find(c)
```

실행 결과

```
❶ 알파벳 : f Enter↵
  소문자는 6 번 째입니다.
❷ 알파벳 : C Enter↵
  대문자는 3 번 째입니다.
❸ 알파벳 : 5 Enter↵
  해당하지 않는 문자입니다.
```

```
if idx != -1:
    print('소문자는 {} 번 째입니다.'.format(idx + 1))
else:
    idx = ascii_uppercase.find(c)
    if idx != -1:
        print('대문자는 {} 번 째입니다.'.format(idx + 1))
    else:
        print('해당하지 않는 문자입니다.')
```

string.ascii_lowercase와 string.ascii_uppercase가 ascii_lowercase와 ascii_upper case에 액세스할 수 있는 이유는 import 선언으로 *을 지정하고 있기 때문입니다(자세한 내용은 10챕터에서 학습합니다).

string.ascii_lowercase에 c가 들어 있으면, 그 위치를 출력하고, 들어 있지 않으면 string.ascii_upper case에 c가 들어 있는지 확인한 후, 들어 있으면 그 위치를 표시합니다.

문자열을 응용한 예는 13챕터 List 13-10에서도 학습합니다.

:: 문자열 결합

문자열을 결합·분할하는 방법은 다양합니다. 문자열은 불변 객체이기 때문에 어떤 방법을 사용하더라도 문자열 자체가 업데이트되는 것이 아니라 새로운 문자열이 생성됩니다. 그러므로 문자열을 결합하고 분할하는 다양한 방법의 장점과 단점 그리고 적합성을 고려하여 사용해야 합니다.

: 누적 대입에 의한 결합과 반복

덧셈 연산자 +를 통해 문자열을 연결하고 곱셈 연산자 *로 문자열을 반복하는 방법을 1챕터에서 학습했습니다. 누적 대입 연산자인 +=와 *=도 문자열에 적용할 수 있습니다.

예 6-3. 누적 대입에 의한 문자열 결합과 반복

```
>>> s1 = 'ABC' Enter↵
>>> s1 += 'DEF' Enter↵
>>> s1 Enter↵
'ABCDEF'
```

```
>>> s2 = 'ABC' Enter↵
>>> s2 *= 3 Enter↵
>>> s2 Enter↵
'ABCABCABC'
```

▶ 1챕터에서는 공백, 탭, 줄 바꿈 등의 공백 문자를 사이에 두고 나열된 문자열을 연결하는 방법을 배웠습니다(예를 들어 'ABC' 'DEF '는 'ABCDEF'가 됩니다). 문자열 사이에 있는 공백이 무시되어 문자열 하나로 연결되었을 뿐이며 실제 연산이 아니기 때문에 이 방법은 변수에 적용할 수 없습니다.

```
s1 = 'ABC'
s2 = 'XYZ'
s1 s2                # s1과 s2가 연결되지 않는다.
```

: join 메소드에 의한 결합

join 메소드는 이터러블 객체로 주어진 문자열의 집합을 차례대로 연결하여 문자열을 만듭니다.

str.join(iterable)

iterable에 포함된 문자열을 str로 구분하여 순서대로 결합된 문자열을 리턴합니다. 또한 iterable에 문자열이 아닌 값이 있으면 TypeError 예외를 전달합니다.

다음과 같은 형식으로 사용합니다.

```
구분문자열.join(연결할 문자열을 저장한 이터러블 객체)
```

예 6-4. join 메소드의 문자열의 결합 　튜플은 8챕터에서 학습합니다.

```
>>> s = ('spring', 'summer', 'autumn', 'winter') Enter
>>> ''.join(s) Enter                ← 구분하지 않음
'springsummerautumnwinter'
>>> ' '.join(s) Enter               ← 공백 ' '으로 구분
'spring summer autumn winter'
>>> ','. join(s) Enter              ← 쉼표 ','로 구분
'spring,summer,autumn,winter'
>>> ' -> '.join(s) Enter            ← 각 문자를 ' -> '로 구분
'spring -> summer -> autumn -> winter'
```

이 예제에서는 튜플을 연결했으며 리스트도 연결할 수 있습니다. 앞서 학습했듯이 문자열 자체도 이터러블 객체이므로 문자열도 join 메소드로 연결할 수 있습니다.

예 6-5. join 메소드에 의한 문자열 내 모든 문자의 결합

```
>>> s = 'ABC' Enter
>>> ''.join(s) Enter            ← 구분하지 않음
'ABC'
>>> ' '.join(s) Enter           ← 공백 ' '으로 구분
'A B C'
>>> ','. join(s) Enter          ← 쉼표 ','로 구분
'A,B,C'
>>> ' -> ' .join(s) Enter       ← 각 문자를 ' -> '로 구분
'A -> B -> C'
```

join 메소드는 문자열에서 각 문자를 하나씩 추출해 연결하며, 각 문자 사이에 다른 문자나 문자열을 삽입할 때 사용합니다. 일반적으로 + 연산자와 += 연산자를 사용한 결합보다 join 메소드를 사용한 결합이 더 빠릅니다.

숫자 값 등 문자열이 아닌 값을 연결하려면 Section 7-2에서 학습할 내포 표기 방법을 사용합니다.

예 6-6. 문자열이 아닌 값의 집합을 문자열로 결합하기

리스트는 7챕터에서 학습합니다.

```
>>> lst = [11, 22, 33, 44] Enter
>>> ''.join(str(_) for _ in lst) Enter          ← 구분하지 않음
'11223344'
>>> ' '.join(str(_) for _ in lst) Enter         ← 공백 ' '으로 구분
'11 22 33 44'
>>> ','. join(str(_) for _ in lst) Enter        ← 쉼표 ','로 구분
'11,22,33,44'
>>> ' -> '.join(str(_) for _ in lst) Enter      ← 각 문자를 ' -> '로 구분
'11 -> 22 -> 33 -> 44'
```

str 함수를 사용해 각 요소를 문자열로 변환한 후 연결합니다.

Column 6-4. f문자열을 사용해 문자열 연결하기

Section 6-3에서 학습하는 f문자열을 사용하면 문자열뿐만 아니라 숫자 등의 비문자열도 쉽게 연결하고 삽입할 수 있습니다.

List 6C-2

```
# f문자열로 문자열 연결하기

s1 = input('문자열 s1 : ')
s2 = input('문자열 s2 : ')
no = int(input('정수 no : '))

print(f'{s1}{s2}')          # 문자열 + 문자열
print(f'{s1}{no}{s2}')      # 문자열 + 정수 + 문자열
```

실행 결과

```
문자열 s1 : ABC Enter↵
문자열 s2 : XYZ Enter↵
정수 no : 64
ABCXYZ
ABC64XYZ
```

:: 문자열 분할

: split 메소드

join과는 반대로 split 메소드는 문자열을 분할해 리스트를 만듭니다.

str.split(sep=None, maxsplit=-1)

문자열을 구분 문자열 sep로 구분한 단어의 리스트를 리턴합니다. maxsplit이 주어지면 문자열을 최대 maxsplit회 분할합니다. maxsplit이 생략되었거나 -1이면, 분할 횟수에는 제한이 없습니다.

sep는 여러 개의 문자도 가능합니다. 또한, 대상 문자열에 구분 문자가 연속하여 포함된 경우에는 그 부분은 빈 문자열로 구분됩니다. 또한 빈 문자열을 분할하면 ['']를 리턴합니다.

sep가 전달되지 않았거나 None이면 공백 문자로 구분하며 문자열의 시작이나 끝에 빈 문자열이 있더라도 리턴하는 리스트의 시작과 끝에는 빈 문자열이 포함되지 않습니다. 따라서 빈 문자열과 공백인 문자열을 None으로 분할하면 []를 리턴합니다.

예 6-7. split 메소드의 문자열 분할

```
>>> 'ABC,XX,DEFG'.split(',') Enter↵                    ← 쉼표 ','로 분할
['ABC', 'XX', 'DEFG']
>>> 'ABC,XX,DEFG'.split(',', maxsplit=1) Enter↵        ← 분할은 최대 1회
['ABC', 'XX,DEFG']
>>> 'ABC,XX,,DEFG'.split(',') Enter↵                   ← 연속하는 쉼표를 분할
['ABC', 'XX', '', 'DEFG']
>>> 'ABC    XX  DEFG'.split() Enter↵                   ← 공백으로 분할
['ABC', 'XX', 'DEFG']
>>> '    ABC   XX DEFG'.split() Enter↵                 ← 앞의 공백이 제거된다
['ABC', 'XX', 'DEFG']
```

List 6-15는 split 메소드를 응용한 예입니다. 두 문자열을 쉼표로 구분하여 키보드로 입력받습니다.

List 6-15

```
# 두 문자열을 한 번에 입력받기(쉼표로 구분)

a, b = input('문자열 a,b:').split(',')

print('a =', a)
print('b =', b)
```

실행 결과

```
문자열 a,b:Seoul,Busan Enter↵
a = Seoul
b = Busan
```

위 예에서 입력받은(input 함수가 리턴한) 문자열 'Seoul,Busan'을 쉼표 ','로 구분한 결과 ['Seoul', 'Busan']이라는 두 요소를 가진 리스트를 얻을 수 있습니다.

이 두 요소 'Seoul'과 'Busan'을 차례대로 a와 b에 대입합니다.

▶ 이 밖에도 다음의 분할 메소드가 있습니다.
partition 메소드 … 문자열을 분할 문자 이전, 분할 문자, 그 이후의 세 부분으로 분할
splitlines 메소드 … 문자열을 개행 문자로 분할

:: 문자열 치환

replace 메소드는 문자열에 포함된 특정 문자열을 다른 문자열로 대체합니다.

str.replace(old, new[, count])

문자열을 복사하고 부분 문자열 old를 전부 new로 치환하여 리턴합니다. count가 전달된 경우에는 앞에서부터 count개의 old만 치환합니다.

그럼 치환하는 예를 살펴보겠습니다.

예 6-8. replace 메소드의 문자열 치환

```
>>> '---ABC---ABC---ABC---'.replace('ABC', 'XYZ') Enter↵        ← 전부 치환
'---XYZ---XYZ---XYZ---'
>>> '---ABC---ABC---ABC---'.replace('ABC', 'XYZ', 2) Enter↵     ← 최대 2회 치환
'---XYZ---XYZ---ABC---'
```

:: 문자열 제거

strip 메소드는 파일에서 읽어들인 문자열의 끝에 포함된 개행 문자를 제거할 때 사용합니다.

str.strip([chars])

문자열의 시작과 끝에서 chars로 지정된 문자를 제거한 문자열을 리턴합니다. chars가 생략되거나 None이면 공백이 제거됩니다.

이 메소드를 사용하여 문자열을 제거합니다.

예 6-9. 문자열의 시작 · 끝에서 특정 문자 제거하기

```
>>> ' ABC DEF '.strip() Enter↵                 ← 공백 제거
'ABC DEF'
>>> 'acbABC DEFcba'.strip('abc') Enter↵        ← 'a','b','c'를 제거
'ABC DEF'
```

▶ 이 외에도 lstrip 메소드, rstrip 메소드 등이 있습니다.

Column 6-5. 디버깅과 주석

프로그램의 결함이나 오류를 버그(bug)라고 하며, 버그를 찾아 내고 그 원인을 파악하여 고치는 작업을 디버깅(debugging)이라고 합니다.

디버깅할 때는 "이 부분이 잘못되었을지도 모른다. 만약 이 부분이 없다면 동작은 어떻게 바뀔 것인가."와 같이 다양하게 시험하며 프로그램을 수정할 수 있습니다. 이때 프로그램에서 해당 부분을 삭제해버리면 다시 되돌리기 어렵습니다.

그래서 일반적으로 사용하는 것이 주석 처리입니다. 주석을 작성하는 것이 아니라 프로그램 코드 앞에 #을 붙여 주석 처리하는 것입니다.

그러나 주석 처리하는 이유가 그 부분이 필요하지 않기 때문인지, 어떠한 테스트를 목적으로 하는 것인지 등을 모르기 때문에 코드를 읽는 사람은 오해할 가능성이 있습니다.

주석은 어디까지나 임시 방편이기 때문에 잘 구분하여 사용합시다.

:: 그 외 메소드

지금까지 다룬 것 이외에도 다양한 메소드가 있습니다. 몇 가지 예를 살펴보겠습니다.

대소 문자 변환

문자열의 대문자와 소문자 변환

```
str.capitalize()
```

첫 글자가 대문자이고 나머지는 소문자인 문자열의 복사본을 리턴합니다.

```
str.lower()
```

대소 문자로 구분할 수 있는 모든 문자를 소문자로 변환한 문자열의 복사본을 리턴합니다.

```
str.swapcase()
```

대문자를 소문자로, 소문자를 대문자로 변환한 문자열의 복사본을 리턴합니다.

```
str.title()
```

타이틀 케이스(단어의 첫 글자를 대문자로 나머지 문자 중 대소 문자로 구분할 수 있는 모든 문자를 소문자로 변환한 문자열)를 리턴합니다.

```
str.upper()
```

대소 문자로 구분할 수 있는 모든 문자를 대문자로 변환한 문자열의 복사본을 리턴합니다.

이러한 방법을 사용하여 대소 문자를 변환해봅시다.

예 6-10. 문자열의 대소 문자 변환

```
>>> s = 'This is a PEN.' Enter
>>> s Enter
'This is a PEN'
>>> s.capitalize() Enter
'This is a pen'
>>> s.lower() Enter
'this is a pen'
>>> s.swapcase() Enter
'tHIS IS A pen'
>>> s.title() Enter
'This Is A Pen'
>>> s.upper() Enter
'THIS IS A PEN'
```

문자 유형의 판정

표 6-2는 문자열의 모든 문자가 특정 카테고리에 속하면 True를, 그렇지 않으면 False를 리턴하는 메소드 목록입니다.

예 6-11 문자열의 문자 유형의 판정

```
>>> 'AB123'.isalnum() Enter
True
>>> 'AB123'.isalpha() Enter
False
>>> 'AB123#$'. isascii() Enter
True
>>> 'ABxyz'.isascii() Enter
True
>>> '_xyz'.isidentifier() Enter
True
>>> '123'.isdigit() Enter
True
>>> '123'.isnumeric() Enter
True
>>> 'ABC123'.isprintable() Enter
True
>>> 'ABC'.islower() Enter
False
>>> 'ABC'.isupper() Enter
True
>>> 'This is a pen'.istitle() Enter
False
>>> 'This Is A Pen'.istitle() Enter
True
```

표 6-2. 문자 유형 판정 메소드

str.isalnum()	isalpha, isdecimal, isdigit, isnumeric 중 하나인가
str.isalpha()	영문자인가
str.isascii()	ASCII 문자인가
str.isdecimal()	10진수인가
str.isdigit()	숫자인가
str.isidentifier()	식별자로서 유효한가
str.islower()	소문자인가
str.isnumeric()	숫자인가
str.isprintable()	인쇄 가능한가
str.isspace()	공백 문자인가
str.istitle()	타이틀 케이스인가
str.isupper()	대문자인가

문자열의 정렬

지정된 너비에서 문자열을 왼쪽/가운데/오른쪽 정렬한 문자열을 생성합니다.

```
str.center(width[, fillchar])
```

fillchar(디폴트는 공백)로 채운 width 길이의 문자열을 가운데 정렬하여 리턴합니다. width가 len(s) 이하면 원래 문자열이 리턴됩니다.

```
str.ljust(width[, fillchar])
```

fillchar(디폴트는 공백)로 채운 width 길이의 문자열을 왼쪽 정렬하여 리턴합니다. width가 len(s) 이하면 원래 문자열이 리턴됩니다.

```
str.rjust(width[, fillchar])
```

fillchar(디폴트는 공백)로 채운 width 길이의 문자열을 오른쪽 정렬하여 리턴합니다. width가 len(s) 이하면 원래 문자열이 리턴됩니다.

이 세 가지 메소드의 동작을 확인합니다.

예 6-12. 문자열의 정렬

```
>>> 'ABC'.center(20) Enter
'        ABC         '
>>> 'ABC'.ljust(20) Enter
'ABC                 '
>>> 'ABC'.rjust(20) Enter
'                 ABC'
```

```
>>> 'ABC'.center(20, '-') Enter
'--------ABC---------'
>>> 'ABC'.ljust(20, '-') Enter
'ABC-----------------'
>>> 'ABC'.rjust(20, '-') Enter
'-----------------ABC'
```

모든 'ABC'는 20자리의 문자열에 포함됩니다.

▶ 파이썬은 문자와 문자 코드를 변환하는 내장 함수를 제공합니다(메소드는 없습니다).

- chr 함수
  - chr(i)는 정수 i에 해당하는 유니코드 문자열을 리턴합니다. 예를 들어 chr(97)은 문자열 'a'를 리턴합니다.
- ord 함수
  - 단일 문자의 유니코드에 해당하는 정수를 리턴합니다. 예를 들어, ord('a')은 정수 97을 리턴합니다.

SECTION 6-3

서식화

숫자나 문자열을 화면이나 파일에 출력할 때는 기수와 자릿수 등을 지정하는 서식 작업이 필수입니다. 지금부터 서식 방법을 학습합니다.

:: 서식 연산자 %를 사용한 서식화

서식화는 기존 문자열에 다른 문자열이나 숫자 등을(필요에 따라 기수와 자릿수 등을 지정하여) 삽입한 문자열을 새로 생성하는 것이 원칙입니다.

최초로 서식 연산자(formatting operator)라는 % 연산자를 사용한 방법이 도입되었지만 기능이 적고 사용 범위가 한정적이기 때문에 현재는 사용을 권장하지 않습니다. 하지만 이 방법을 사용한 프로그램이 많이 남아 있으므로 읽고 이해할 수 있어야 합니다.

이 방식을 사용해 서식을 적용한 문자열을 List 6-16에서 생성하고 출력합니다.

List 6-16

```
# 서식 연산자 %를 사용한 서식화
a, b, n = 12, 35, 163
f1, f2 = 3.14, 1.23456789
s1, s2 = 'ABC', 'XYZ'

print('n의 10진 표기=%d.' % n)
print('n의 16진 표기=%o.' % n)
print('%d는 8진 표기로 %o이고, 16진 표기로 %x.' % (n, n, n))

print('n은 %5d이고, f1은 %9.5f, f2는 %9.5f입니다.' % (n, f1, f2))

print('"%s"+"%s"는 "%s"입니다.' % (s1, s2, s1 + s2))

print('%d와 %d의 합은 %d입니다.' % (a, b, a + b))  ― 1

print('%(no1)d+%(no2)d과 %(no2)d+%(no1)d은 모두 %(sum)d입니다.' %  ― 2
          {'no1': a, 'no2': b, 'sum': a + b})
```

실행 결과

```
n의 10진 표기=163
n의 16진 표기=243
163은 8진 표기로 243이고, 16진 표기로 a3.
n은 163이고, f1은 3.14000, f2는 1.23457입니다.
"ABC"+"XYZ"는 "ABCXYZ"입니다.
12와 35의 합은 47입니다.
12+35와 35+12는 모두 47입니다.
```

▶ chap06/list0616a.py에서는 각 변수의 값을 키보드로 입력할 수 있습니다.

이 방식은 아래와 같은 식으로 문자열을 생성합니다.

```
문자열 % 값        ※ 문자열에 서식이 포함됩니다.
```

▶ % 연산자는 왼쪽 피연산자가 문자열인 경우 나눗셈이 아니라 서식 연산자 역할을 합니다. 타입(클래스)에 따라 연산자의 동작이 정의됩니다.

왼쪽 피연산자의 문자열에는 문자 % 직후 표 6-3에 있는 변환 지정(conversion specification)을 함께 사용합니다.

오른쪽 피연산자에는 변환 지정 개수만큼 값을 두는 것이 기본입니다. 값이 여러 개인 경우에는 쉼표로 구분하고 소괄호()로 묶습니다.

표 6-3. 주요 변환 지정(서식 연산자)

'#'	8 진수/16 진수 정수로 변환 할 때 0/0x(또는 0X)를 앞에 붙인다
'0'	삽입하는 문자를 0으로한다
'-'	변환 된 값을 왼쪽 정렬한다('0'을 동시에 전달한 준 경우에는 '0'을 덮어 쓴다)
' '	부호 변환으로 양수의 경우 앞에 공백 하나를 둔다
'+'	변환의 선두에 부호 문자('+' 또는 '-')을 지정(공백 플래그를 덮어 쓴다)
'i' 'd'	10진수 정수(decimal)
'o'	8진수 정수(octal)
'x' 'X'	16진수 정수(hexadecimal)
'e' 'E'	지수 표기의 실수
'f' 'F'	10진수 실수(floating point)
'g' 'G'	실수. 지수가 -4 이상 또는 정밀도 이하의 경우에는 소문자 지수 표기, 그 이외에는 10 진수
'c'	문자(정수 또는 한 개의 문자로만 구성된 문자열)
'%'	% 문자(인수를 변환하지 않는다)

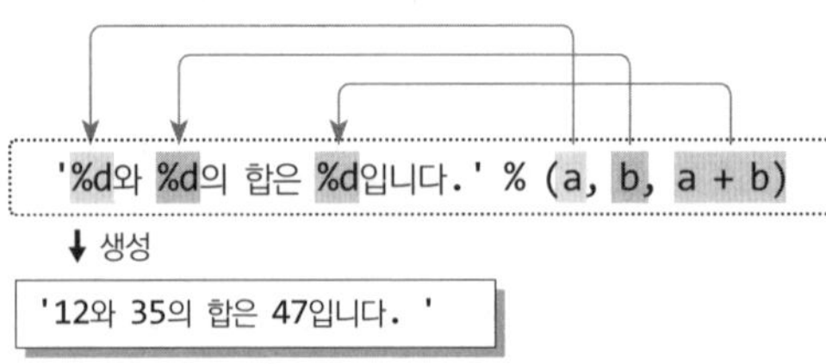

그림 6-5. 서식 연산자 %를 사용한 서식화

그림 6-5에서 **1**의 변환 수행을 나타냅니다. a, b, a + b의 값이 %d로 10 진수 정수로 변환된 것을 삽입한 결과 새로운 문자열 '12와 35의 합은 47입니다. '가 생성됩니다.

또한 **2**는 변환 지정과 값의 대응을 명시적으로 지정하는 예입니다. 값은 다음과 같은 형태로 주어집니다.

```
{'이름 1':값1, '이름 2':값2, ...}
```

변환 지정은 이름을 소괄호()로 감싸고 % 바로 뒤에 (이름)을 둡니다.

▶ 값의 배열을 ()로 둘러싼 것이 튜플이고 {}로 묶은 것은 딕셔너리입니다. 모두 8챕터에서 학습합니다.

변환 지정은 아래의 항목을 순서대로 정렬합니다(%와 변환 타입 이외에는 선택 사항입니다).

```
%    (이름)    플래그    최소    필드    폭    정밀도    변환타입
```

필드의 폭은 적어도 몇 자리로 변환할지를 나타내는 값입니다. 지정된 자릿수를 넘는 값이나 문자열을 변환한 경우에는 모든 자릿수의 수나 문자가 출력됩니다. 정밀도는 실수의 소수점 이하의 자릿수(디폴트는 6)를 나타내는 값입니다.

아래의 예를 통해 확인합니다(chap06/printf.py).

```
print('%3d' % 12345)
print('%5d' % 12345)
print('%7d' % 12345)
print()
print('%d / %d = %d' %  (5, 3, 5 / 3))
print('%d %% %d = %d' % (5, 3, 5 % 3))
print()
print('%d %o %x' % (12345, 12345, 12345))
print('%e %f %g' % (1.234, 1.234, 1.234))
```

```
12345
12345
  12345

5 / 3 = 1
5 % 3 = 2

12345 30071 3039
1.234000e+00 1.234000 1.234
```

:: format 메소드를 사용한 서식화

파이썬 2.6부터 도입된 서식화 방법은 str타입의 format 메소드를 이용하는 방법입니다. 기초 사용법은 List 2-14에서 배웠습니다. 이 방법은 {...} 형식의 서식 지정을 포함한 문자열에 대해 format 메소드를 호출합니다.

아래는 변환할 값이 여러 개인 경우에 지정하는 예입니다.

```
{} {} {}                   각 값이 순서대로 변환된다.
{1} {2} {0}                값의 위치(처음부터 순서대로 0, 1, ...)를 지정한다.
{kwd1} {kwd2} {kwd0}       값의 키워드(이름)를 지정한다.
```

각각 다음과 같이 사용합니다(chap06/format01.py).

```
a, b, c = 1, 2, 3
print('a = {}, b = {}, c = {}'.format(a, b, c))
print('b = {1}, c = {2}, a = {0}'.format(a, b, c))
print('b = {kb}, c = {kc}, a = {ka}'.format(ka=a, kb=b, kc=c))
```

```
a = 1, b = 2, c = 3
b = 2, c = 3, a = 1
b = 2, c = 3, a = 1
```

▶ 이 외에도 []를 사용한 위치 지정과 .를 사용한 귀속 지정이 가능합니다.

표 6-4는 format 메소드의 주요 서식입니다. 기본형은 {:서식}이지만, 위치와 키워드를 함께 쓰는 경우에는 {위치:서식} 또는 {키워드:서식}이 됩니다.

: 여백 문자와 정렬

format 메소드를 사용해 정렬(align)을 할 수도 있습니다. format 메소드를 사용한 정렬은 지정한 길이로 문자열을 정렬한 나머지 공간을 여백 문자(fill character)로 채웁니다. 만약, 여백 문자의 지정을 생략하면 공백 문자로 채워집니다. 아래는 자릿수가 12인 경우의 예입니다(chap06/format02.py).

```
print('{:<12}'.format(77))        # 왼쪽 정렬
print('{:>12}'.format(77))        # 오른쪽 정렬
print('{:^12}'.format(77))        # 가운데 정렬
print('{:=12}'.format(-77))       # 부호 여백 문자 숫자
print('{:*<12}'.format(77))       # 이 이후 여백 문자는 '*'
print('{:*>12}'.format(77))
print('{:*^12}'.format(77))
print('{:*=12}'.format(-77))
```

```
77
          77
     77
-         77
77**********
**********77
*****77*****
-*********77
```

: 부호의 지정

다음은 부호(sign) 지정에 대한 예입니다(chap06/format03.py).

```
print('{:+} {:-} {: }'.format(77, 77, 77))
print('{:+} {:-} {: }'.format(-77, -77, -77))
```

```
+77 77 77
-77 -77 -77
```

: 대체 형식 / 자릿수 / 쉼표 / 정밀 지정

대체 형식(2/8/16진수 앞에 0을 추가하고, 실수에 소수부가 없더라도 소수점을 출력)은 #으로 지정합니다. 자릿수와 정밀도를 지정하는 방법은 % 연산자와 기본적으로 같으며 자릿수 구분을 위해 쉼표를 지정하면 세 자리마다 구분 기호가 삽입됩니다.

표 6-4. 주요 서식 지정(format 메소드)

'<'	왼쪽으로 정렬한다	정렬
'>'	오른쪽으로 정렬한다	
'='	부호가 있는 경우, 부호의 뒤를 여백 문자로 채운다	
'^'	가운데로 정렬한다	
'+'	처음에 부호 문자('+'또는 '-')를 붙인다	부호 지정
'-'	음수에만 음수 부호 '-'를 붙인다	
' '	양수 앞에 공백 ' '을 삽입하고, 음수 앞에는 부호 '- '를 붙인다	
'b'	2진 정수(binary)	변환 형식 지정
'c'	문자. 숫자에 대응하는 Unicode 문자로 변환한다	
'd'	10진 정수(decimal)	
'o'	8진 정수(octal)	
'x' 'X'	16진수 정수(hexadecimal). 소문자 'a'~ 'f'/ 대문자 'A'~ 'F'사용한다	
'e' 'E'	지수 표기(기본 정밀도는 6)	
'f' 'F'	고정 소수점 표기(기본 정밀도는 6)	
'g' 'G'	지정된 정밀도로 변환 가능하면 고정 소수점 표기, 그렇지 않으면 지수 표기	
's'	문자열	
'%'	고정 소수점 형식으로 값에 100을 곱한 백분율 값에 기호 %를 붙인다	

: 변환 형식 지정

정수의 기수와 실수의 출력 형식 등을 지정할 수 있습니다. 아래는 그 예입니다(chap06/format04.py).

```
print('{:5d}'.format(1234567))
print('{:7d}'.format(1234567))
print('{:9d}'.format(1234567))
print('{:,}'.format(1234567))
print()
print('{:b}'.format(1234567))
print('{0:o} {0:#o}'.format(1234567))
print('{0:x} {0:#X}'.format(1234567))
print()
print('{:%}'.format(35 / 100))
print()
print('{:e}'.format(3.14))
print('{:f}'.format(3.14))
print('{:g}'.format(3.14))
print()
print('{:.7f}'.format(3.14))
print('{:12f}'.format(3.14))
print('{:12.7f}'.format(3.14))
print()
print('{:.0f}'.format(3.0))
print('{:#.0f}'.format(3.0))
```

```
1234567
1234567
  1234567
1,234,567

100101101011010000111
4553207 0o4553207
12d687 0X12D687

35.000000%

3.140000e+00
3.140000
3.14

3.1400000
    3.140000
   3.1400000

3
3.
```

서식 연산자 %, format 메소드, f문자열 각각을 자세히 설명하면 양이 상당하기 때문에 중요하고 기본적인 내용만 학습하고 있습니다. 각각의 방법과 사양 등 자세한 내용은 파이썬 공식 문서를 참조하세요.

:: f문자열을 사용한 서식화

format 메소드는 서식 문자열 %보다 기능이 많은 반면, 지정해야 하는 항목이 많아 길어지는 단점이 있습니다. 따라서 파이썬 3.6에는 f문자열(formatted string literal, f-string)이 도입되었습니다. 이 방식은 문자열의 앞에 f나 F를 붙여 f'…' 또는 F'…' 형식으로 사용합니다.

이 방식의 가장 큰 장점은 f문자열 안에 식을 직접 삽입하는 것입니다. 식은 각 {} 안에 삽입하면 됩니다. f문자열에 서식화할 식을 {expression} 형식으로 직접 작성하면 됩니다. 아래는 f문자열의 예입니다(chap06/fstring01.py).

```
a, b, c = 1, 2, 3
print(f'a = {a}, b = {b}, c = {c}')
print(f'{a} + {b} + {c} = {a + b + c}')
```

```
a = 1, b = 2, c = 3
1 + 2 + 3 = 6
```

매우 간결하고 직관적으로 작성할 수 있습니다.

▶ 중괄호 문자 {와 }는 각각 {{및 }}으로 입력하면 됩니다.

또한 {}안의 식 뒤에 콜론과 서식을 추가할 수 있으며 서식은 format 메소드와 기본적으로 동일합니다. List 6-17에서 f문자열로 각종 서식을 적용한 문자열을 생성하고 출력합니다.

: 어떤 방법을 사용해야 하는가

지금까지 세 종류의 서식화 방법을 배웠습니다. 하지만 프로그램을 작성할 때 이전 버전과의 호환성을 고려할 필요가 없다면, f문자열을 사용해야 합니다.

▶ 이 책에서는 다양한 방법에 익숙해지기 위해 세 가지 방법을 사용하고 있습니다.

Column 6-6. 문자열 인턴

같은 철자의 문자열도 개별 생성하면 서로 다른 실체로 만들어지는 것을 배웠습니다. 동일한 문자를 가진 문자열을 인턴하는, 즉 하나로 묶는 함수는 sys.intern입니다.

문자열의 동일성을 판정하는 코드인 List 6-6 문자열 인턴을 추가하면 같은 문자로 이루어진 두 문자열은 동일성을 갖게 됩니다(chap06/intern.py).

List 6-17

```
# f문자열을 사용한 서식화(생성한 문자열을 출력)

a = int(input('정수 a:'))
b = int(input('정수 b:'))
c = int(input('정수 c:'))
n = int(input('정수 n:'))
f1 = float(input('실수 f1:'))
f2 = float(input('실수 f2:'))
s = input('문자열 s:')
print()
print(f'a / b = {a / b}')
print(f'a % b = {a % b}')
print(f'a // b = {a // b}')
print(f'b는 a의 {a / b:%}')          # 백분율
print()
print(f'    a    b    c')            # 양수 음수
print(f'[+]{a:+5}{b:+5}{c:+5}')      # '+' '-'
print(f'[-]{a:-5}{b:-5}{c:-5}')      #     '-'
print(f'[ ]{a: 5}{b: 5}{c: 5}')      # ' ' '-'
print()
print(f'{c:<12}')      # 왼쪽 정렬
print(f'{c:>12}')      # 오른쪽 정렬
print(f'{c:^12}')      # 가운데 정렬
print(f'{c:=12}')      # 부호 뒤에 여백 문자
print()
print(f'n = {n:4}')    # 최소 4자리
print(f'n = {n:6}')    # 최소 6자리
print(f'n = {n:8}')       # 최소 8자리
print(f'n = {n:,}')       # 3자리마다 쉼표로 구분
print()
print(f'n = ({n:b})2')    # 2진수
print(f'n = ({n:o})8')    # 8진수
print(f'n = ({n})10')     # 10진수
print(f'n = ({n:x})16')   # 16진수(소문자)
```

실행 결과

```
정수 a:3 Enter
정수 b:5 Enter
정수 c:-6 Enter
정수 n:123456 Enter
실수 f1:3.14 Enter
실수 f2:7.0 Enter
문자열 s:ABC Enter

a / b = 0.6
a % b = 3
a // b = 0
b는 a의 60.000000%

    a    b    c
[+]   +3   +5   -6
[-]    3    5   -6
[ ]    3    5   -6

-6
          -6
     -6
-          6

n = 123456
n = 123456
n =   123456
n = 123,456

n = (11110001001000000)2
n = (361100)8
n = (123456)10
n = (1e240)16
```

```
print(f'n = ({n:X})16')   # 16진수(대문자)
print()
print(f'f1 = {f1:e}')     # 지수 형식
print(f'f1 = {f1:f}')     # 고정 소수점 형식
print(f'f1 = {f1:g}')     # 형식을 자동 판별
print()
print(f'f1 = {f1:.7f}')   # 정밀도는 7
print(f'f1 = {f1:12f}')   # 전체 12자리
print(f'f1 = {f1:12.7f}') # 전체 12자리 + 정밀도는 7
print()
print(f'f2 = {f2:.0f}')   # 소수부가 없으면 생략
print(f'f2 = {f2:#.0f}')  # 소수부가 없어도 소수점
print()
print(f'{s:*<12}')        # 왼쪽 정렬
print(f'{s:*>12}')        # 오른쪽 정렬
print(f'{s:*^12}')        # 가운데 정렬
print()

for i in range(65, 91):   # 65~90의 문자
   print(f'{i:c}', end='')
print()
```

```
n = (1E240)16

f1 = 3.140000e+00
f1 = 3.140000
f1 = 3.14

f1 = 3.1400000
f1 =     3.140000
f1 =    3.1400000

f2 = 7
f2 = 7.

ABC*********
*********ABC
****ABC*****

ABCDEFGHIJKLMNOPQRSTUVWXYZ
```

정리

- 문자열은 str타입 객체이며 개별 문자는 요소다.
- 문자열의 각 요소는 인덱스 연산자 []를 이용한 인덱스 식으로 접근할 수 있다. [] 안에는 아래 그림에 있는 인덱스 값을 지정한다.

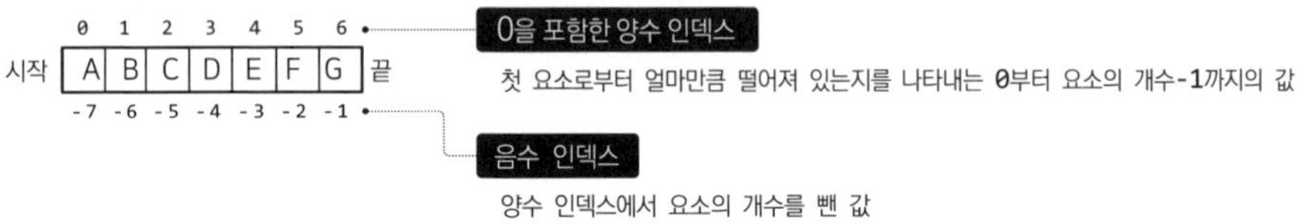

- 슬라이스 연산자 [:]를 이용한 슬라이스식으로 문자열의 일부분을 연속 혹은 일정 간격의 새로운 문자열로 추출할 수 있다.

chap06/slice.py

```
# 슬라이스식의 예시

s = 'ABCDEFGHIJKLMNOPQRSTUVWZYZ'
print('s[:]    = {}'.format(s[:]))
print('s[:7]   = {}'.format(s[:7]))
print('s[5:]   = {}'.format(s[5:]))
print('s[5:11] = {}'.format(s[5:11]))
print('s[-5:]  = {}'.format(s[-5:]))
print('s[::3]  = {}'.format(s[::3]))
print('s[::-1] = {}'.format(s[::-1]))
```

실행 결과

```
s[:]    = ABCDEFGHIJKLMNOPQRSTUVWZYZ
s[:7]   = ABCDEFG
s[5:]   = FGHIJKLMNOPQRSTUVWZYZ
s[5:11] = FGHIJK
s[-5:]  = VWZYZ
s[::3]  = ADGJMPSVY
s[::-1] = ZYZWVUTSRQPONMLKJIHGFEDCBA
```

- 문자열 요소 개수(길이)는 len 함수로 알 수 있다.

- 문자열의 대소 관계 및 등가성은 비교 연산자로 판정할 수 있다. 판정 기준은 문자열의 문자 코드다(아이덴티티가 아님).
- 선형 탐색은 문자열을 탐색하여 요소를 처음부터 순서대로 차례대로 확인하고 원하는 값을 찾는 알고리즘이다.
- 귀속 판정 연산자 in과 not in으로 문자열에 다른 문자열이 포함되어 있는지 알 수 있다.
- enumerate 함수를 사용하면 인덱스와 요소를 얻으면서 문자열을 탐색할 수 있다.
- 문자열은 이터러블 객체이므로 for문에서 in의 탐색 대상이 될 수 있다.
- 메소드는 특정 타입(클래스)에 소속되어 있는 함수이며, 변수명. 메소드명(...) 형식으로 호출한다. 메소드를 호출하는 것을 객체에 '메시지 보내기'라고도 한다.
- 문자열에 다른 문자열이 포함되어 있는지는 find 계열의 메소드(find, rfind, index, rindex)로 확인할 수 있다.
- 문자열은 +=연산자와 join 메소드 등으로 연결할 수 있다.
- 문자열은 split 메소드로 분할할 수 있다.
- 문자열의 한 부분을 다른 문자열로 치환하려면 replace 메소드를 이용한다.
- 문자열에서 다른 문자열에 포함된 문자를 제거하려면 strip 메소드를 이용한다.
- string 모듈에는 숫자나 알파벳 등의 각종 문자열이 정의되어 있다.

■ 서식 연산자 %, format 메소드, f문자열 등 각종 서식화 방법이 있다. 이는 문자열 자체를 서식화하는 것이 아니라 문자열을 서식화한 새로운 문자열을 생성한다.

■ 프로그램의 일부를 주석 처리하면 디버깅할 때 사용할 수 있다.

chap06/gist.py

```
# 6챕터 정리

s1 = input('문자열 s1:')
s2 = input('문자열 s2:')

idx = s1.find(s2)
if idx == -1:
    print('s1에 s2는 포함되어 있지 않습니다.')
else:
    print(s1)
    # 공백 idx개 뒤에 s2를 출력
    print(' ' * idx, end='')
    print(s2)

    # s1에 포함된 s2 전체를 반전
    s1 = s1.replace(s2, s2[::-1])
    print()
    print('해당 부분을 반전하였습니다.')
    print(s1)

    # s1에 포함된 s2[::-1] 전체를 제거
    s1 = s1.replace(s2[::-1], '')
    print()
    print('해당 부분을 삭제했습니다.')
    print(s1)
print()

# format 메소드의 용례
x = float(input('실수 값:'))
w = int(input('전체 자릿수:'))
p = int(input('소수부 자릿수:'))

print('{{:{}.{}f}}'.format(w, p).format(x))
```

실행 결과

```
문자열 s1:ABCDEFGHIJKEFGXYZ Enter↵
문자열 s2:EFG Enter↵
ABCDEFGHIJKEFGXYZ
    EFG

해당 부분을 반전하였습니다.
ABCDGFEHIJKGFEXYZ

해당 부분을 삭제했습니다.
ABCDHIJKXYZ

실수 값:1234567890.123456 Enter↵
전체 자릿수:18 Enter↵
소수부 자릿수:3 Enter↵
    1234567890.123
```

\07

리스트

데이터 집합을 나타내는 데이터 구조인 리스트는 파이썬에서 빼놓을 수 없습니다.

- 리스트
- 요소와 구성 요소
- 리스트 표기 연산자 []
- list 함수
- 리스트 언팩
- 인덱스 연산자 []와 인덱스식
- 슬라이스 연산자 [:]와 슬라이스식
- 리스트 대입
- 리스트 복사
- 얕은 복사와 깊은 복사
- 리스트 검색
- 리스트 확장/요소의 삽입과 삭제
- 리스트 탐색
- 리스트 반전
- 리스트를 사용한 행렬
- 리스트 내포 표기
- 균일 시퀀스와 컨테이너 시퀀스
- 배열 array
- 바이트 bytes

SECTION 7-1

리스트

수많은 변수를 각각 따로 사용하는 것보다 서로 관련된 변수를 하나의 덩어리로 관리하면 쉽게 다룰 수 있습니다. 리스트의 기본적인 내용을 학습합니다.

:: 리스트의 필요성

학생들의 시험 점수로 통계를 내보겠습니다. List 7-1에서 학생 5명의 점수를 입력해 그 합계와 평균을 구합니다.

List 7-1

```
# 다섯 명의 점수를 입력받아 총점과 평균을 출력하기

print('다섯 명 점수의 총점과 평균을 구하겠습니다.')

score1 = int(input('1번의 점수 :'))
score2 = int(input('2번의 점수 :'))
score3 = int(input('3번의 점수 :'))
score4 = int(input('4번의 점수 :'))
score5 = int(input('5번의 점수 :'))

total = 0
total += score1
total += score2
total += score3
```

실행 결과

```
다섯 명 점수의 총점과 평균을
구하겠습니다.
1번의 점수 :32 Enter↵
2번의 점수 :68 Enter↵
3번의 점수 :72 Enter↵
4번의 점수 :54 Enter↵
5번의 점수 :92 Enter↵
총점은 318점입니다.
평균은 63.6점입니다.
```

```
total += score4
total += score5

print('총점은 {}점입니다.'.format(total))
print('평균은 {}점입니다.'.format(total / 5))
```

List 7-1은 그림 7-1의 **a**와 같이 각 학생의 점수가 각각의 변수에 한 개씩 저장되었습니다. 따라서 회색으로 표시한 두 부분에서 거의 동일한 코드가 5줄씩 반복됩니다.

이 프로그램을 다음 내용으로 업데이트합니다.

1 인원수를 바꿀 수 있게 한다.

List 7-1은 학생 수가 5명으로 고정되어 있습니다. 프로그램을 실행할 때 학생 수를 입력받아 합계 및 평균을 구하도록 합니다.

2 특정 학생의 점수를 확인하고 수정한다.

3번 학생 또는 4번 학생의 점수를 확인하거나 수정하는 기능을 추가합니다.

3 최저점과 최고점을 구한다.

최저점과 최고점을 구하는 기능을 추가합니다(물론 **1** 과 같은 학생 수 변경도 적용합니다).

4 점수를 정렬한다.

점수를 오름차순이나 내림차순으로 정렬합니다.

사실 조금 수정하는 정도로 이러한 변경 사항을 모두 구현하기는 어렵습니다. 따라서 처음부터 다시 구현하는 것이 좋습니다.

먼저 각 학생의 점수를 개별 변수로 다루기보다 하나의 덩어리로 다룰 필요가 있습니다. 이를 위해 그림 7-1 **b**의 리스트(list)라는 데이터 구조를 사용할 수 있습니다.

리스트는 객체의 저장소입니다. 그리고 저장된 개별 변수는 요소(element)라고 합니다. 각 요소에 순서대로 0, 1, 2, ...의 인덱스(index)가 주어지는 점이 앞 챕터에서 학습한 문자열과 동일합니다.

▶ 리스트는 이후 학습할 음수 인덱스의 사용이나 슬라이스식으로 값을 추출할 수 있는 점이 문자열과 동일합니다.

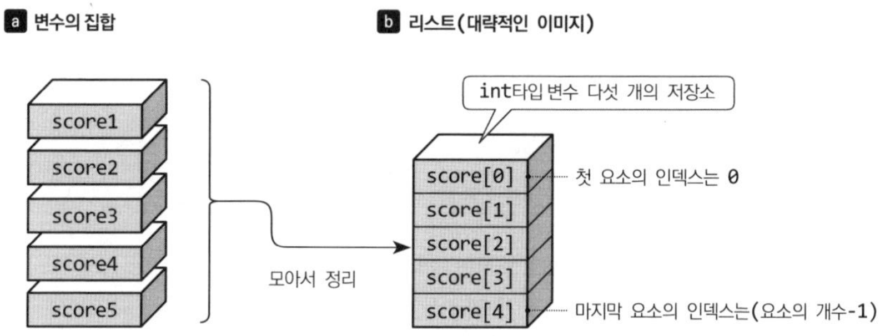

그림 7-1. 변수 vs 리스트

리스트는 생성할 때 요소의 개수를 자유롭게 정할 수 있으므로 ❶은 쉽게 해결할 수 있습니다. 또한 이미 생성된 리스트의 요소 수를 나중에 늘리거나 줄이기 쉽습니다.

세 번째 요소는 score[2], 네 번째 요소는 score[3]으로 인덱스 연산자를 사용한 인덱스식으로 액세스(읽기 및 쓰기)할 수 있어 ❷도 쉽게 구현할 수 있습니다.

이와 같이 인덱스식으로 개별 요소에 자유롭게 액세스할 수 있기 때문에 ❸과 ❹도 쉽게 처리할 수 있습니다.

데이터 집합을 다룰 때는 리스트가 필수적입니다. 리스트 요소의 타입은 int타입이나 float타입 무엇이든 가능합니다. 그뿐만 아니라 서로 다른 타입의 요소도 담을 수 있고, 리스트 자체가 리스트의 요소가 될 수 있습니다. 또한 다음 챕터에서 다룰 튜플이나 딕셔너리를 요소로 담을 수도 있습니다. 편리한 반면 중요한 내용이 많으니 조금씩 학습하겠습니다.

:: 리스트 이해하기

리스트를 사용하기 전에 리스트의 개념을 명확히 학습합니다. 리스트는 다른 프로그래밍 언어에서 사용되는 변수의 모임인 배열을 강화한, 강력한 데이터 저장소입니다. 리스트의 특징은 다음과 같습니다.

① 강력한 데이터 저장소인 리스트는 가변 list타입 객체다.

② 저장되는 요소는 객체를 참조하기 때문에 요소(가 참조하는 객체)의 형태는 선택적이다. 즉, 모든 요소의 타입이 동일하지 않아도 되고 요소 자체가 리스트일 수 있다.

③ 요소에는 순서가 있다.

④ 인덱스식으로 각 요소에 액세스하여 값을 읽고 쓸 수 있다.

⑤ 슬라이스식으로 특정 범위의 요소를 연속 또는 일정 간격으로 추출할 수 있다.

⑥ 요소들을 쉽게 탐색할 수 있다.

⑦ 요소의 개수는 유동적이다. 일단 만든 후에 자유롭게 확장하거나 축소할 수 있다.

⑧ 아무런 요소를 갖지 않아도 되며 이를 빈 리스트라고 한다. 빈 리스트의 논리 값은 False이다.

⑨ 정렬이나 반전 등 편리한 기능이 많이 제공된다.

리스트 x와 리스트 y를 그림으로 표현하면 다음과 같습니다.

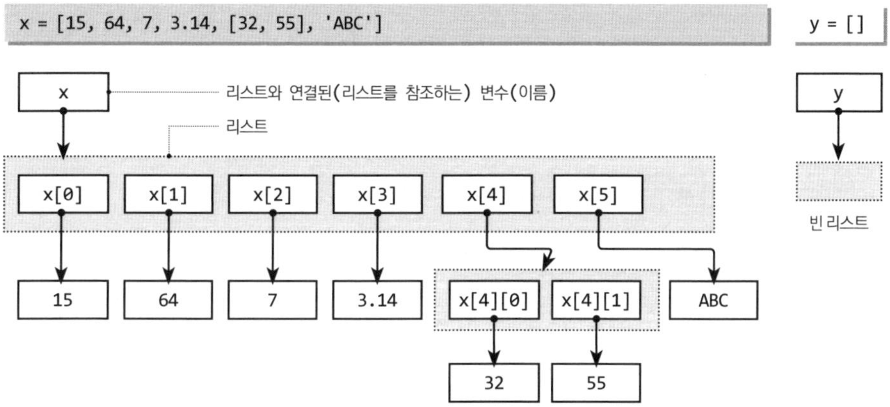

그림 7-2. 리스트 내부 이미지

① 점선으로 둘러싸인 부분이 리스트(list타입의 객체)입니다. x와 y는 각각의 리스트와 연결된(리스트를 참조하는) 변수(이름)입니다.

② x의 요소(가 참조하는 객체) 타입은 왼쪽부터 int타입, int타입, int타입, float타입, list타입, 문자열입니다.

③ 요소에는 순서가 있습니다. 그림 7-2에서는 왼쪽에서 시작합니다.

④ x의 각 요소는 순서대로 인덱스식 x[0], x[1], x[2], x[3], x[4], x[5]로 액세스할 수 있습니다.

⑤ x[1]~x[3]의 일련의 요소는 슬라이스식 x[1:4]를 사용하여 새로운 리스트 객체로 생성할 수 있습니다.

⑥ 왼쪽에서 오른쪽으로 요소를 앞에서부터 하나씩 쉽게 탐색할 수 있습니다.

⑦ 요소 개수는 다양한 연산자나 메소드로 늘리거나 줄일 수 있습니다. 마지막에 추가하거나 특정 위치에 삽입하거나 제거하는 등의 다양한 작업을 쉽게 할 수 있습니다.

⑧ y는 빈 리스트입니다. 요소가 없어도 하나의 리스트가 될 수 있습니다. 빈 문자열이 문자열로 취급되는 것과 같은 개념입니다.

⑨ 요소의 개수를 알 수 있는 유용한 기능이 있습니다. 문자열처럼, len(x)와 len(y)로 요소의 개수를 알 수 있습니다(각각 6과 0입니다). 그 외에도, 정렬, 검색, 반전 등 다양한 기능을 사용할 수 있습니다.

학습한 내용을 확인합니다. 지금은 전부 이해하지 않아도 괜찮습니다.

예 7-1. 그림 7-2의 리스트 확인

```
>>> x = [15, 64, 7, 3.14, [32, 55], 'ABC'] Enter↵      ← 리스트
>>> y = [] Enter↵                                       ← 리스트(빈 리스트)
>>> x Enter↵                                            ← x 출력
[15, 64, 7, 3.14, [32, 55], 'ABC']
>>> len(x)  Enter↵          ← x의 요소 개수
6
>>> type(x)  Enter↵         ← 리스트의 타입은 list타입
<class 'list'>
>>> x[3] Enter↵             ← 첫 요소보다 세 개 뒤의 요소 x[3]는 float타입의 단일 값
3.14
>>> x[4] Enter↵             ← 첫 요소보다 네 개 뒤의 요소 x[4]는 list타입의 리스트
[32, 55]
>>> x[4][0] Enter↵          ← 리스트 x[4]의 첫 번째 요소(이중 인덱스 연산자)
32
>>> x[4][1] Enter↵          ← 리스트 x[4]의 두 번째 요소(이중 인덱스 연산자)
55
>>> y Enter↵                ← y를 표시
[]
>>> len(y) Enter↵           ← y의 요소 개수
0
>>> type(y) Enter↵          ← 리스트의 타입은 list타입
<class 'list'>
```

:: 리스트 생성

리스트를 사용하려면 먼저 리스트를 생성해야 합니다.

[] 연산자로 리스트 생성하기

리스트 연산자인 [ ] 안에 쉼표로 구분된 요소를 나열하면 그 요소를 가지는 리스트가 생성됩니다. 또한 아무 요소 없이 [ ]만 쓰면 빈 리스트가 생성됩니다.

```
list01 = []                    # []
list02 = [1, 2, 3]             # [1, 2, 3]
list03 = ['A', 'B', 'C']       # ['A', 'B', 'C']
```

▶ 오른쪽의 주석은 생성된 리스트의 내용입니다. list01에서 list13까지 리스트를 생성하고 출력하는 프로그램은 chap07/list_construct.py 입니다.

```
# 사계절 리스트
list04 = [
    'spring',
    'summer',
    'autumn',
    'winter',
]
```

list04처럼 마지막 요소 다음에 쉼표를 입력하면 다음과 같은 이점이 있습니다.

- 수직으로 나열된 요소가 외관상으로 정렬된다.
- 수직으로 나열된 요소의 추가 및 삭제가 쉽다.

▶ list04는 ( ), [ ], { } 안에서 자유롭게 개행할 수 있는 점을 활용합니다.

list 함수로 리스트 생성하기

내장 함수인 list 함수를 사용하여 문자열이나 튜플 등 다양한 형태의 객체를 바탕으로 리스트를 생성할 수 있습니다. 또한, 인수 없이 list()로 호출하면 빈 리스트를 생성합니다.

```
list05 = list()               # []                빈 리스트
list06 = list('ABC')          # ['A', 'B', 'C']   문자열의 각 문자로 생성
list07 = list([1, 2, 3])      # [1, 2, 3]         리스트로부터 생성
list08 = list((1, 2, 3))      # [1, 2, 3]         튜플로부터 생성
list09 = list({1, 2, 3})      # [1, 2, 3]         집합으로부터 생성
```

행 루프

특정 범위의 정수 값으로 구성된 리스트는 range 함수가 생성하는 수열(이터러블 객체)을 list 함수로 변환하여 생성할 수 있습니다.

```
list10 = list(range(7))         # [0, 1, 2, 3, 4, 5, 6]
list11 = list(range(3, 8))      # [3, 4, 5, 6, 7]
list12 = list(range(3, 13, 2))  # [3, 5, 7, 9, 11]
```

요소 개수를 지정하여 생성하기

요소의 개수는 정해져 있지만 요소의 값이 정해지지 않았을 때, 리스트를 생성하는 경우도 많습니다.

유일한 요소인 None을 가지는 리스트 [None]을 n번 반복하면 요소 개수가 n이고 모든 요소의 값이 None인 리스트를 생성합니다. 요소 개수가 5라면 다음과 같이 생성됩니다.

```
# 요소 개수가 5이고 모든 요소가 빈 리스트 생성하기
list13 = [None] * 5            # [None, None, None, None, None]
```

곱셈 연산자 *로 반복할 수 있는 점은 문자열과 동일합니다.

▶ 이 외에도 str.split 메소드로 문자열을 분할하여 리스트를 생성하는 방법을 앞 챕터에서 살펴보았습니다.

: 각각 생성된 리스트의 동일성

각각 생성된 리스트는 모든 요소가 같은 값을 가지고 있더라도 다른 아이덴티티를 가집니다(그림 7-3).

예 7-2. 각각 생성된 리스트는 같지 않음을 확인하기

```
>>> lst1 = [1, 2, 3, 4, 5] Enter↵
>>> lst2 = [1, 2, 3, 4, 5] Enter↵
>>> lst1 is lst2 Enter↵
False
```

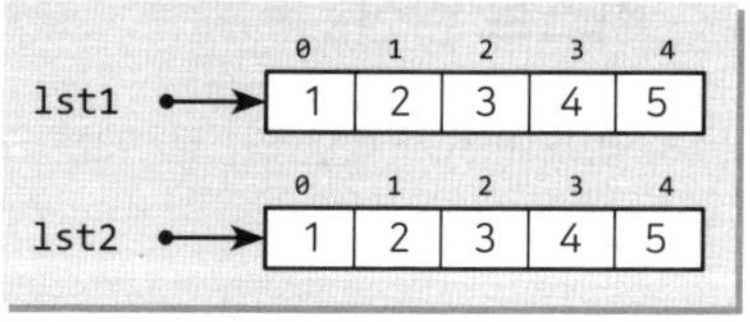

그림 7-3. 각각 생성된 리스트

예 7-2에서는 lst1과 lst2의 아이덴티티가 동일한지를 is 연산자로 판정합니다. 물론 그 결과는 False입니다.

▶ [1, 2, 3, 4, 5]는 [ ] 연산자를 사용해 새로운 리스트를 생성하는 식입니다. 또한 리스트의 요소는 객체를 참조하지만 예시의 그림에서는 참조된 값을 요소로 나타냈습니다. 앞으로도 이렇게 단순화한 그림으로 설명합니다.

: 리스트 대입

리스트(를 참조하는 변수)를 대입해도 요소의 배열은 복사되지 않습니다. 5챕터에서 배운 것처럼, 대입을 하면 값이 아닌 참조되는 대상을 복사하기 때문입니다.

예 7-3. 리스트(참조)의 대입(다른 변수를 동일한 리스트와 연결)

```
>>> lst1 = [1, 2, 3, 4, 5] Enter↵
>>> lst2 = lst1 Enter↵
>>> lst1 is lst2 Enter↵
True
>>> lst1[2] = 9 Enter↵
>>> lst1 Enter↵
[1, 2, 9, 4, 5]
>>> lst2 Enter↵
[1, 2, 9, 4, 5]
```

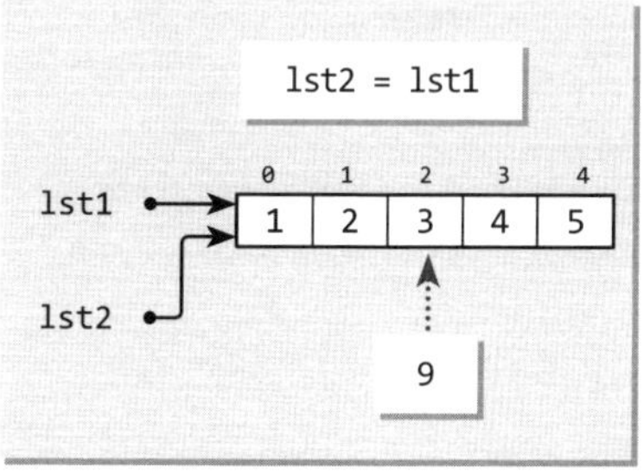

그림 7-4. 리스트의 대입

대입 후 lst2는 lst1가 참조하는 리스트를 참조하게 됩니다. 즉, lst2와 lst1은 동일한 객체(리스트)를 참조합니다. 따라서 lst1을 통해 인덱스나 슬라이스식에서 요소의 값을 수정하면 lst2에서 접근할 때도 요소의 값이 변경되어 있습니다.

:: 리스트 연산

문자열과 마찬가지로 리스트에도 몇 가지 연산자를 사용할 수 있습니다.

: 덧셈 연산자 +를 사용한 결합과 곱셈 연산자 *를 사용한 반복

덧셈 연산자 +로 리스트를 결합할 수 있습니다. 왼쪽 피연산자의 리스트 다음에 오른쪽 피연산자의 리스트가 결합된 새로운 리스트가 생성됩니다.

예 7-4. 덧셈 연산자 +로 리스트 결합하기

```
>>> x = [1, 2, 3] + [4, 5] Enter↵
>>> x Enter↵
[1, 2, 3, 4, 5]
```

곱셈 연산자 *로 리스트를 반복할 수 있습니다(앞에서도 사용했습니다).

예 7-5. 곱셈 연산자 *로 리스트 반복하기

```
>>> x = [1, 2, 3] * 2 Enter↵
>>> x Enter↵
[1, 2, 3, 1, 2, 3]
```

: 비교 연산자에 의한 비교

비교 연산자로 리스트 간의 대소 관계와 등가성 판정을 할 수 있습니다. 다음은 모두 참인 판정의 예입니다.

```
[1, 2, 3]     == [1, 2, 3]
[1, 2, 3]     <  [1, 2, 4]
[1, 2, 3, 4]  <= [1, 2, 3, 4]
[1, 2, 3]     <  [1, 2, 3, 5]
[1, 2, 3]     <  [1, 2, 3, 5]  <  [1, 2, 3, 5, 6]     # and 결합
```

▶ 왼쪽 요소부터 비교하고 요소 값이 같으면 다음 요소를 비교합니다. 한 쪽의 요소가 더 크면 그 리스트가 더 큰 것입니다. 또한 마지막 두 예와 같이 [1,2,3]이 같고 한쪽의 요소가 더 많은 경우에는 요소 개수가 많은 쪽이 크다고 판정합니다.

비교 연산자 ==와 !=는 모든 요소의 등가성으로 판정하기 때문에 앞에서 사용한 is 연산자와는 다릅니다. List 7-2로 확인합니다.

List 7-2

```
# 두 리스트의 등가성과 동일성 판정하기

lst1 = [1, 2, 3]    # 아이덴티티가 다르다
lst2 = [1, 2, 3]

print('lst1 :', lst1)    # 리스트의 내용이 표시된다
print('lst2 :', lst2)
print('lst1 == lst2 :', lst1 == lst2)
print('lst1 is lst2 :', lst1 is lst2)
```

실행 결과

```
lst1 : [1, 2, 3]
lst2 : [1, 2, 3]
lst1 == lst2 : True
lst1 is lst2 : False
```

print 함수로 리스트를 출력하면 쉼표로 구분된 모든 요소가 []에 둘러싸여 나옵니다.

:: len 함수로 요소 개수 확인하기

리스트의 요소 개수(길이)는 len 함수로 알 수 있습니다. 이 점도 문자열과 동일합니다.

예 7-6. 리스트의 요소 개수(길이) 확인

```
>>> x = [15, 64, 7, 3.14, [32, 55], 'ABC'] Enter
>>> len(x) Enter
6
```

요소 자체가 리스트 또는 튜플이나 집합인 경우 그 요소는 한 개로 계산됩니다. 요소에 포함된 요소는 세지 않습니다. 그러므로 예 7-6에서 x의 [32, 55]는 하나의 요소로 간주됩니다.

:: min 함수와 max 함수를 사용하여 최솟값과 최댓값 확인

3챕터에서 학습한 빌트인 함수인 min 함수와 max 함수도 리스트에 적용할 수 있기 때문에 리스트 요소의 최솟값과 최댓값을 쉽게 알 수 있습니다.

▶ List 7-14에서 확인합니다.

:: 빈 리스트 판정

요소가 없는 빈 리스트는 거짓입니다. x가 빈 리스트인지 아닌지에 따라 다른 작업을 수행하게 하려면 다음과 같이 실행합니다.

```
if x:
    # x가 빈 리스트가 아닐 때 수행할 스위트
else:
    # x가 빈 리스트일 때 수행할 스위트
```

물론 not x로 판정식을 실행할 수도 있습니다.

▶ 이 경우 두 스위트의 순서가 반대로 됩니다.

:: 리스트 언팩

대입문의 왼쪽에 여러 변수를 놓고 오른쪽에 리스트를 두면 우변의 요소를 일괄적으로 꺼내 각각의 변수에 할당할 수 있습니다.

예 7-7. 리스트에서 요소를 한 번에 추출하기

```
>>> x = [1, 2, 3] Enter↵
>>> a, b, c = x Enter↵      ← 리스트 언팩
>>> a, b, c Enter↵
(1, 2, 3)
```

이 예제에서는 리스트 x의 요소가 a와 b와 c에 각각 대입됩니다. 이와 같이 한 리스트나 튜플을 쪼개어 여러 요소의 값을 꺼내는 것을 언팩(unpack)이라고 합니다.

▶ 언팩은 다음 챕터에서 자세하게 학습합니다.

:: 인덱스식으로 액세스하기

인덱스(index)는 리스트에 있는 각 요소에 액세스할 수 있는 키입니다. 기본 지정 방법은 그림 7-5에서 볼 수 있듯 문자열과 동일합니다.

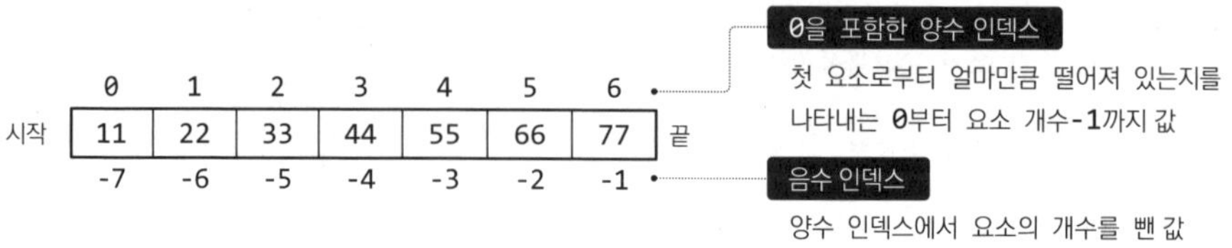

그림 7-5. 리스트와 인덱스

: 인덱스식

인덱스 연산자인 대괄호[ ]에 정수 인덱스를 지정하는 방법은 문자열과 같습니다. 그림 7-5의 리스트로 확인합니다.

예 7-8. 리스트와 인덱스식

```
>>> x = [11, 22, 33, 44, 55, 66, 77] Enter
>>> x[2]
33
>>> x[-3]
55
>>> x[-4] = 3.14                          요소 치환
>>> x
[11, 22, 33, 3.14, 55, 66, 77]
>>> x[7]                                  존재하지 않는 인덱스의 값은 찾을 수 없다.
Traceback(most recent call last):
File "<stdin>", line 1, in <module>
IndexError: list index out of range
>>> x[7] = 3.14                           존재하지 않는 인덱스에 대입하여 요소를 추가할 수 없다.
Traceback(most recent call last):
File "<stdin>", line 1, in <module>
IndexError: list assignment out of range
```

x[2]와 x[-3]의 값을 확인한 첫 부분은 이해하기 쉽습니다. 이어서 x[-4]에 대입하는 부분을 살펴보겠습니다. 문자열과는 달리 리스트의 인덱스식은 대입문의 좌변에 둘 수 있습니다. 이 대입으로 int타입이 들어 있는 x[-4]가 float타입으로 변환됩니다.

즉, 정수 44가 실수 3.14로 변경됩니다. 물론 대입으로는 값이 아닌 참조 대상을 복사합니다. 즉, x[-4]의 참조가 int타입 객체에서 float타입 객체 3.14로 바뀌었을 뿐입니다.

다음 x[7]에서 인덱스 7은 존재하지 않으므로 오류가 발생합니다. 또한, x[7]에 대입해도 오류가 발생합니다. 존재하지 않는 인덱스식에 대입하더라도 요소가 새롭게 추가되지 않습니다.

:: 슬라이스식으로 액세스하기

리스트의 일정 부분을 연속 또는 일정 간격으로 새로운 리스트를 추출하는 것이 앞 챕터에서 문자열을 대상으로 배운 슬라이스(slice)입니다.

: 슬라이스식으로 값 추출하기

슬라이스식의 형식은 문자열과 동일합니다.

```
s[i:j]    → s[i]에서 s[j-1]까지
s[i:j:k] → s[i]에서 s[j-1]까지 k번째마다
```

우선 문자열에서 배운 내용을 복습하면서 기본적인 사용법을 확인합니다.

예 7-9. 리스트와 슬라이스식

```
>>> x = [11, 22, 33, 44, 55, 66, 77] Enter
>>> x[0:6] Enter
[11, 22, 33, 44, 55, 66]
>>> x[0:7] Enter
[11, 22, 33, 44, 55, 66, 77]
>>> x[0:7:2] Enter
[11, 33, 55, 77]
>>> x[-4:-2] Enter
[44, 55]
>>> x[3:1] Enter
[]
```

i, j, k의 지정 규칙도 문자열과 동일합니다.

- i와 j가 len(s)보다 크면, len(s)라고 간주된다.
  인덱스와는 달리 범위를 벗어나는 값을 지정해도 오류는 발생하지 않는다.
- i가 생략되거나 None이면 0이라고 간주된다.
- j가 생략되거나 None이면 len(s)라고 간주된다.

i, j, k를 생략했을 때의 동작도 문자열과 동일합니다. 이를 정리하면 다음과 같습니다.

s[:]	모든 요소	s[:]	[11, 22, 33, 44, 55, 66, 77]
s[:n]	처음 n개	s[3]	[11, 22, 33]
s[i:]	s[i]부터 끝까지	s[3:]	[44, 55, 66, 77]
s[-n:]	마지막 n개	s[-3:]	[55, 66, 77]
s[::k]	k-1개마다	s[::2]	[11, 33, 55, 77]
s[::-1]	전체를 역순으로	s[:- 1]	[77, 66, 55, 44, 33, 22, 11]

▶ n이 요소 전체 개수보다 큰 경우에는 전체 요소를 출력합니다.

: 슬라이스식에 대입하여 요소 치환하기

슬라이스식을 문자열에서 사용하는 방식으로 리스트에서도 사용할 수 있다고 배웠습니다. 그러나 리스트의 슬라이스식은 대입할 때 좌변에 둘 수 있다는 점이 문자열과는 다릅니다.

이 방법을 이용하면 리스트의 일부를 치환하기 쉽습니다. 예 7-10에서 확인합니다.

예 7-10. 슬라이스 치환(바꾸기 전후의 요소 개수가 동일)

```
>>> x = [11, 22, 33, 44, 55, 66, 77] Enter↵
>>> x[1:3] = [99, 99] Enter↵
>>> x
[11, 99, 99, 44, 55, 66, 77]
```

```
[11, 22, 33, 44, 55, 66, 77]
↓
[11, 99, 99, 44, 55, 66, 77]
```

또한, 치환할 요소의 개수가 다른 경우에는 리스트의 요소 개수가 바뀝니다.

예 7-11. 슬라이스 치환(바꾸기 전후의 요소 개수가 다름)

```
>>> x = [11, 22, 33, 44, 55, 66, 77] Enter↵
>>> x[1:3] = [99, 99, 99] Enter↵
>>> x
[11, 99, 99, 99, 44, 55, 66, 77]
```

```
[11, 22, 33, 44, 55, 66, 77]
↓
[11, 99, 99, 99, 44, 55, 66, 77]
```

리스트 x의 요소 개수가 7개에서 8개로 늘어났습니다.

:: 리스트 검색

리스트에서 검색하는 방법에는 여러 가지가 있습니다.

: 귀속 판정 연산자 in과 not in을 사용한 판정

앞 챕터에서 문자열에 다른 문자열이 포함되어 있는지를 판별하는 귀속 판정 연산자(membership test operator)인 in 연산자와 not in 연산자를 살펴보았습니다(표 6-1).

이 두 연산자는 리스트에도 적용할 수 있으며, 비교 연산자(표 3-5)의 일종이기 때문에 두 개 이상 연속해서 사용할 수도 있습니다.

예 7-12. 리스트와 귀속 판정 연산자

```
>>> a = 1 Enter↵
>>> b = [1, 2] Enter↵
>>> c = [[1, 2], [3, 4]] Enter↵
>>> d = [[1, 2, 3], [4, 5]] Enter↵
>>> a in b in c              ← 1 in [1, 2] in [[1, 2], [3, 4]]
True
>>> a in b in d              ← 1 in [1, 2] in [[1, 2, 3], [4, 5]]
False
```

귀속 판정식 a in b in c는 a in b and b in c로 해석됩니다.

▶ [1, 2]는 c의 요소이지만 d의 요소는 아닙니다. 왜냐하면 d의 첫 요소는 [1, 2, 3]이며 [1, 2]와는 다른 값이기 때문입니다.

이 연산자는 리스트뿐만 아니라 다음 챕터에서 다루는 튜플에서도 사용할 수 있습니다.

: index 메소드 판정

index 메소드를 이용한 판정 방법도 문자열과 동일합니다.

`list.index(x[, i[, j]])`	x가 포함된 첫 위치를 확인

리스트 list[i:j]에 x가 포함되면 그 위치의 첫 인덱스를 리턴합니다.

i와 j는 슬라이스 표기와 동일하게 해석됩니다. 그러나 list.index(x, i, j)는 list[i:j].index(x)와 다르게 데이터가 복사되지 않고 슬라이스가 아닌 시퀀스의 상대 인덱스가 리턴됩니다. 또한, list에서 x가 발견되지 않으면 ValueError 예외가 발생합니다.

: count 메소드의 발생 빈도 카운트

count 메소드도 문자열과 동일하게 사용할 수 있습니다.

`list.count(x)`	x는 몇 번 포함되었는가

리스트 list에 있는 x의 개수를 리턴합니다.

두 메소드의 동작을 확인합니다.

예 7-13. 리스트로 귀속성 판정 연산자

```
>>> x = [11, 22, 33, 44, 33, 33, 22]  Enter
>>> x.count(33)         ← 33이 포함된 개수
3
>>> x.index(33)         ← 33의 첫 인덱스
2
>>> x.index(33, 3)      ← x[3] 이후 33의 첫 인덱스
4
>>> x.index(33, 5, 7)  ← x[5]~x[6]에서 33의 첫 인덱스
5
```

Column 7-1. 리스트의 내부

프로그래밍 언어에 따라서는 포인터/참조에서 여러 요소를 연결한 연결 리스트(linked list)가 제공됩니다. 그림 7C-1에서 이를 그림으로 나타내고 있습니다. 연결 리스트는 한 곳에 요소를 쉽게 삽입하거나 제거할 수 있는 장점이 있습니다. 그러나 모든 요소를 연속된 메모리에 저장하는 배열에 비해 메모리 및 속도 면에서 뒤떨어집니다.

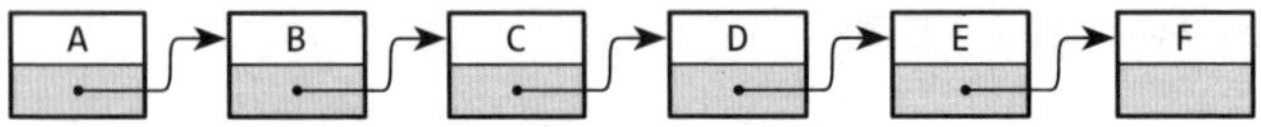

그림 7C-1. 연결 리스트(파이썬의 리스트와 다르다)

파이썬의 리스트는 연결 리스트가 아니라 내부적으로 모든 요소를 연속된 메모리에 저장하는 배열로써 동작하므로 속도가 떨어지지 않습니다. 또한, 실제 필요한 최소 메모리보다 충분한 메모리를 미리 확보합니다. 따라서 요소를 한 개씩 삽입할 때마다 메모리를 확보하는 작업이 수행되지 않습니다.

:: 리스트 확장

리스트는 요소의 개수를 늘리거나 줄이기 쉽습니다. 이번에는 리스트를 확장하는 방법을 학습합니다.

: 요소 추가하기(append 메소드)

x.append(v)는 리스트 x의 마지막에 v를 추가하여 요소를 한 개 늘립니다(그림 7-6).

예 7-14. append로 요소 추가하기

```
>>> x = [11, 22, 33, 44, 55, 66, 77] Enter
>>> x.append(99) Enter
>>> x Enter
[11, 22, 33, 44, 55, 66, 77, 99]
```

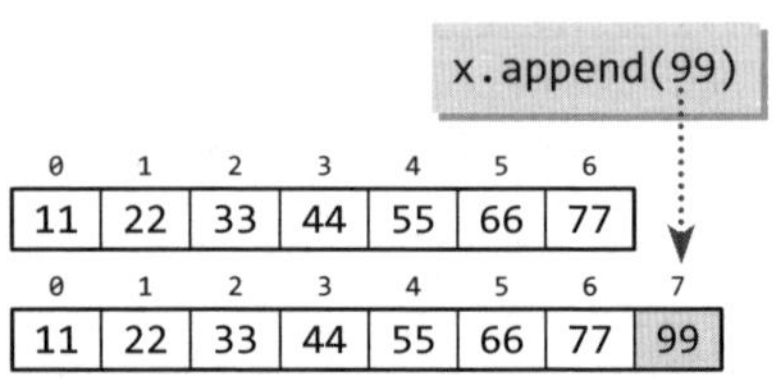

그림 7-6. 요소 추가

또한, v에 리스트을 지정하면 그 리스트가 단일 요소로 추가됩니다. 예 7-15와 extend 메소드의 차이를 주의 깊게 보기 바랍니다.

예 7-15. append로 리스트를 단일 요소로 추가하기

```
>>> x = [11, 22, 33, 44, 55] Enter
>>> x.append([64, 76, 38]) Enter          ← [64, 76, 38]을 단일 요소로 추가
>>> x Enter
[11, 22, 33, 44, 55, [64, 76, 38]]
```

리스트 x 뒤에 리스트 y를 추가하려면 누적 대입 x += y나 x.extend(y)를 사용할 수 있습니다(그림 7-7). 누적 대입은 예 7-16처럼 간결하게 활용할 수 있습니다.

예 7-16. 누적 대입 +=로 리스트에 추가하기

```
>>> x = [11, 22, 33, 44, 55] Enter
>>> y = [64, 76, 38] Enter
>>> x += y Enter
>>> x Enter
[11, 22, 33, 44, 55, 64, 76, 38]
```

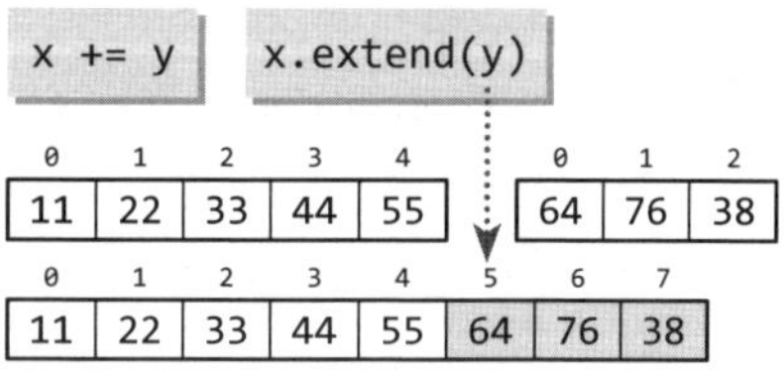

그림 7-7. 리스트 추가

: 리스트 반복(곱셈 연산자 *와 누적 대입 *=)

문자열과 정수를 함께 곱하는 식 '파이썬' * 3이 '파이썬파이썬파이썬'이 되는 것을 학습했습니다. 마찬가지로 리스트와 정수를 곱하면 리스트가 반복됩니다(그림 7-8). 누적 대입 *=를 사용하면 좌변의 리스트가 곱셈으로 반복된 리스트로 변경됩니다.

예 7-17. 리스트 반복

```
>>> x = [11, 22, 33]  * 3 Enter
>>> x Enter
[11, 22, 33, 11, 22, 33, 11, 22, 33]
>>> y = [11, 22, 33] Enter
>>> y *= 3 Enter
>>> y Enter
[11, 22, 33, 11, 22, 33, 11, 22, 33]
```

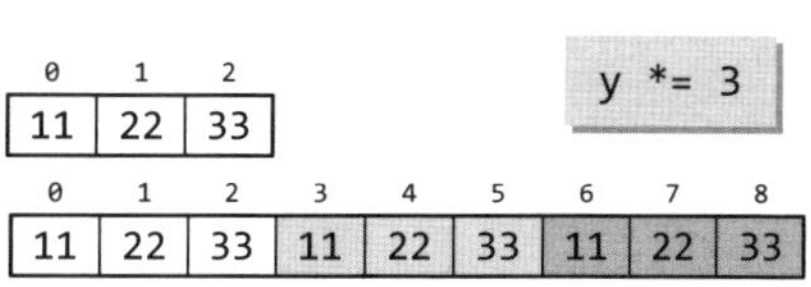

그림 7-8. 리스트 반복과 누적

: 대입과 누적 대입의 차이

누적 대입 +=은 자신의 리스트 뒤에 리스트를 추가하고, *=는 자신의 리스트를 여러 번 반복한 리스트로 변경합니다. 일반적으로 대입 x = x ★ y와 누적 대입 x ★= y는 좌변 x의 평가 횟수가 각각 2회, 1회라는 점이 다릅니다. 이 내용은 4챕터에서 배웠습니다.

또한, 누적 대입에서는 될 수 있는 한 제자리 연산(in-place operation)이 이루어진다는 차이점이 있습니다. 따라서 대입을 할 때 새로운 객체가 생성된 후에 대입되는 것이 아니라 대입 대상인 객체 자신의 내용이 변경됩니다.

연산자와 대입의 조합과 누적 대입의 차이를 확인합니다(그림 7-9).

예 7-18. 리스트에 추가하기(대입과 누적 대입 동작 차이를 확인)

```
>>> x = [1, 2, 3] Enter↵
>>> id(x)
2529583325768
>>> x = x + [4, 5] Enter↵
>>> x Enter↵
[1, 2, 3, 4, 5]
>>> id(x)
2529583819528 ← 아이덴티티가 변경됨
```

```
>>> x = [1, 2, 3] Enter↵
>>> id(x)
2635437335112
>>> x += [4, 5] Enter↵
>>> x Enter↵
[1, 2, 3, 4, 5]
>>> id(x)
2635437335112 ← 아이덴티티는 바뀌지 않는다
```

같은 덧셈(추가)처럼 보이지만 다르다.

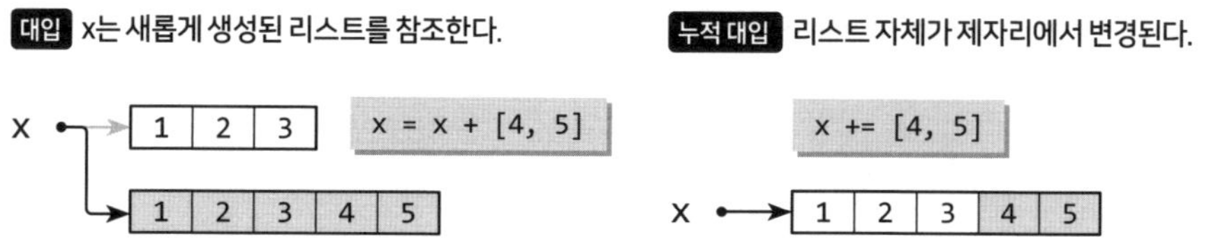

그림 7-9. 리스트의 대입과 누적 대입의 차이

대입으로는 새로운 리스트가 생성되기 때문에 대입 전후로 x의 아이덴티티가 바뀝니다. 한편 제자리 연산이 이루어지는 누적 대입은 리스트 자체가 업데이트되기 때문에 대입 전후로 x의 아이덴티티가 바뀌지 않습니다.

중요

리스트 x와 리스트 y의 제자리 연산을 통한 결합은 x = x + y가 아닌, x.extend(y) 또는 x += y로 할 수 있다.

▶ 이렇게 자세하게 배우는 이유는 가변 객체의 본질을 이해하기 위해서입니다.

:: 요소의 삽입과 삭제

리스트에 요소를 삽입하거나 삭제하는 방법을 학습합니다.

▶ 삭제는 리스트에 있는 요소의 등록을 해제하는 것과 같습니다.

: 요소의 삽입(insert 메소드와 슬라이스)

x.insert(i, v)는 x[i]에 v를 대입하고, 그 이후의 요소는 뒤로 밉니다(그림 7-10). 또한, i가 x의 범위가 아니라면 x의 끝에 삽입됩니다.

예 7-19. 요소 삽입

```
>>> x = [11, 22, 33, 44, 55, 66, 77] Enter↵
>>> x.insert(4, 99) Enter↵
>>> x Enter↵
[11, 22, 33, 44, 99, 55, 66, 77]
```

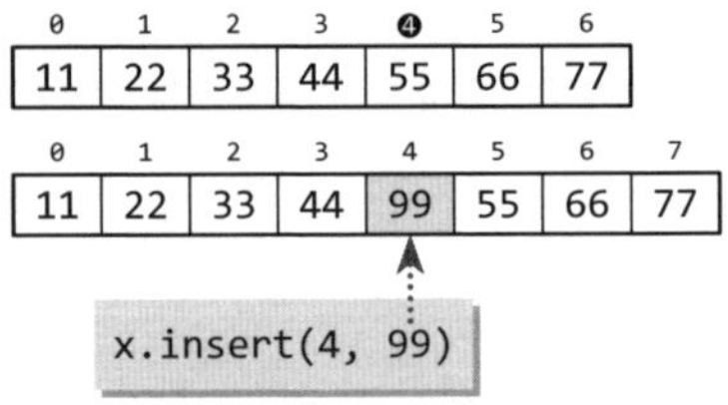

그림 7-10. 요소 삽입

삽입은 슬라이스로도 구현할 수 있습니다.

▶ v가 이터러블 객체이면 x[i:i] = [v]로도 삽입할 수 있습니다.

: 임의의 값을 가지는 요소의 제거(remove 메소드)

x.remove(v)는 리스트 x에서 v값(여러 개가 있으면 가장 첫 번째) 요소를 제거하고 이후 모든 요소를 앞으로 당깁니다(그림 7-11).

예 7-20. 임의의 값을 가지는 요소의 제거

```
>>> x = [11, 22, 33, 44, 33, 66, 77] Enter↵
>>> x.remove(33) Enter↵
>>> x Enter↵
[11, 22, 44, 33, 66, 77]
```

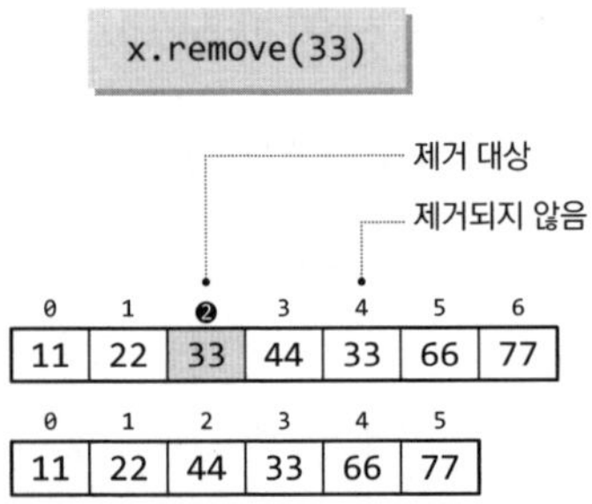

그림 7-11. 특정 값의 요소 삭제

삭제 대상이 리스트에 없을 때는 ValueError 예외가 발생합니다. 오류를 해결하려면 다음과 같은 조치가 필요합니다.

- 미리 in 연산자로 리스트에 있는지 확인한다.
- 예외 처리를 수행한다(12챕터).

: 지정 요소의 삭제(pop 메소드)

x.pop(i)는 요소 x[i]를 제거하고, 그 요소의 값을 리턴합니다(그림 7-12).

예 7-21. 지정 요소 삭제

```
>>> x = [11, 22, 33, 44, 33, 66, 77] Enter
>>> v = x.pop(2) Enter
>>> x Enter
[11, 22, 44, 33, 66, 77]
>>> v Enter
33
```

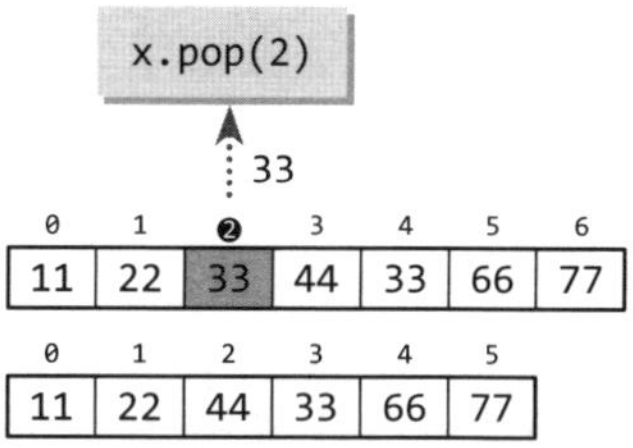

그림 7-12. 지정 요소의 삭제

또한, pop 함수에 인수를 지정하지 않으면 기본값은 -1로 처리됩니다. 그 결과 리스트 x의 마지막 요소인 x[-1]이 삭제됩니다(그림 7-13). 삭제하는 요소의 값이 필요하지 않은 경우 pop 메소드 대신 이후 학습할 del문을 사용합니다.

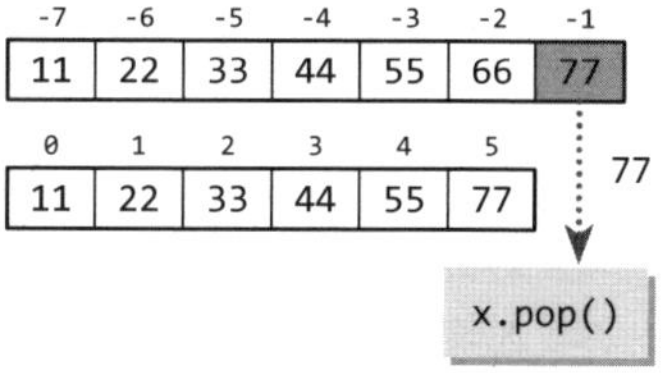

그림 7-13. 마지막 요소를 삭제

: del문으로 요소 삭제

5챕터에서는 대입과는 대조적인 del문을 학습했습니다. del문을 사용하면 특정 요소나 슬라이스를 리스트에서 삭제할 수 있습니다.

예 7-22. del문으로 삭제

```
>>> x = [11, 22, 33, 44, 55, 66, 77] Enter↵
>>> del x[2]
>>> x Enter↵
[11, 22, 44, 55, 66, 77]
>>> del x[2:4]
>>> x Enter↵
[11, 22, 66, 77]
>>> del x[:]
>>> x Enter↵
[]
```

```
[11, 22, 33, 44, 55, 66, 77]
↓
[11, 22, 44, 55, 66, 77]
↓
[11, 22, 66, 77]
↓
[]
```

첫 번째 del문은 인덱스식 x[2]로 요소 하나를 제거하고 두 번째 del문에서는 슬라이스식 x[2:4]으로 요소 두 개를 제거합니다. 마지막 del문은 슬라이스식 x[:]으로 모든 요소를 제거합니다.

: 모든 요소의 제거(clear 메소드)

x.clear()는 모든 요소를 제거하여 x를 빈 리스트로 만듭니다.

예 7-23. 모든 요소 제거하기

```
>>> x = [11, 22, 33, 44, 55, 66, 77] Enter↵
>>> x.clear() Enter↵
>>> x Enter↵
[]
```

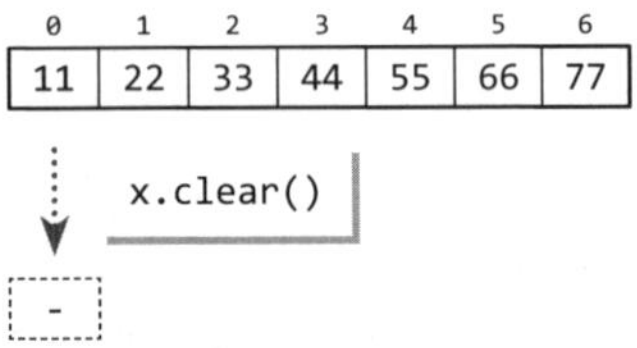

그림 7-14. 모든 요소 제거하기

앞에서 확인했듯 del x[:]로도 리스트를 비울 수 있습니다. 또한, 빈 리스트를 할당하는 x = []로도 리스트 x를 비울 수 있습니다. x = []는 참조 대상을 빈 리스트로 변경합니다.

: 리스트 삭제

지금까지 리스트에서 요소를 삽입하고 제거하는 방법을 학습했습니다. 리스트 x 자체를 삭제할 때는 del x를 실행합니다.

:: 리스트 탐색과 이터러블

리스트의 탐색 방법도 문자열과 동일합니다. 리스트를 탐색하는 예제를 살펴보겠습니다.

- List 7-3 → 요소 개수를 len 함수로 미리 확인하고 0부터 (요소 개수-1)까지 반복합니다.
- List 7-4 → 인덱스와 요소의 짝을 enumerate 함수로 반복하여 추출합니다.
- List 7-5 → List 7-4와 동일하지만 카운트를 1부터 시작합니다.
- List 7-6 → 인덱스의 값이 필요하지 않은 경우에는 in으로 처음부터 추출합니다.

차례대로 문자열을 탐색하는 List 6-3, List 6-8, List 6-9, List 6-11과 동작이 동일합니다.

List 7-3

```
# 리스트의 모든 요소 탐색하기(요소 개수를 미리 확인)

x = ['John', 'George', 'Paul', 'Ringo']

for i in range(len(x)):
    print('x[{}] = {}'.format(i, x[i]))
```

실행 결과

```
x[0] = John
x[1] = George
x[2] = Paul
x[3] = Ringo
```

List 7-4

```
# 리스트의 모든 요소를 enumerate 함수로 탐색하기

x = ['John', 'George', 'Paul', 'Ringo']

for i, name in enumerate(x):
    print('x[{}] = {}'.format(i, name))
```

실행 결과

```
x[0] = John
x[1] = George
x[2] = Paul
x[3] = Ringo
```

List 7-5

```
# 리스트의 모든 요소를 enumerate 함수로 탐색하기(카운트를 1부터 시작)

x = ['John', 'George', 'Paul', 'Ringo']

for i, name in enumerate(x, 1):
    print('{}번째 = {}'.format(i, name))
```

실행 결과

```
1번째 = John
2번째 = George
3번째 = Paul
4번째 = Ringo
```

List 7-6

```
# 리스트의 모든 요소 탐색하기(인덱스를 사용하지 않음)

x = ['John', 'George', 'Paul', 'Ringo']

for i in x:
    print(i)
```

실행 결과

```
John
George
Paul
Ringo
```

List 7-6은 리스트 x의 요소를 한 개씩 i에 추출합니다. 리스트가 이터러블 객체(iterable object)이기 때문에 이렇게 실행할 수 있습니다. 이터러블이란 순서대로 처음부터 끝까지 한 개씩 짚어 가며 확인하는 방법을 제공하는 구조입니다.

▶ range 함수가 생성하는 수열도 이터러블 객체입니다.

: 역순 탐색

앞 챕터에서 학습한 것처럼 끝에서부터 시작하여 역순으로 탐색할 때는 reversed(x) 혹은 x[::-1]을 사용합니다.

: 튜플과 집합 탐색

이전 페이지 예제에서 x 대입 부분을 아래와 같이 수정하면 튜플을 탐색합니다.

```
x = ('John', 'George', 'Paul', 'Ringo')
```

다음 챕터에서 학습합니다.

▶ 이와 같이 수정한 예제는 chap07/tuple01.py, chap07/tuple02.py, chap07/tuple03.py, chap07/tuple04.py입니다.
또한 List 7-6의 x 대입 부분을 아래와 같은 모양으로 수정하면 집합을 탐색합니다(chap07/set01.py).
x = {'John', 'George', 'Paul', 'Ringo'}

:: 리스트 반전

reverse 메소드는 리스트의 요소 순서를 반전시킵니다.

예 7-24. reverse 메소드로 요소 순서 반전

```
>>> x = [11, 22, 33, 44, 55, 66, 77] Enter
>>> x.reverse()              ← x 자체의 요소를 역순으로 정렬
>>> x Enter
[77, 66, 55, 44, 33, 22, 11]
```

반전 리스트 생성

앞 챕터에서 배운 reversed(x)는 x의 요소를 역순으로 정렬한 이터러블 객체를 생성합니다. 자세히 설명하면 다음과 같습니다.

- 리스트 x 자체를 변경하는 것이 아니라 새로운 객체를 생성한다.
- 생성된 객체는 리스트가 아니라 이터러블 객체다.

한 리스트의 요소를 역순으로 정렬한 리스트가 필요하다면, reversed 함수가 생성하는 이터러블 객체를 list 함수에 전달하여 새 리스트를 생성해야 합니다.

예 7-25. 요소를 역순으로 정렬한 리스트 생성

```
>>> x = [11, 22, 33, 44, 55, 66, 77] Enter↵
>>> y = list(reversed(x))          ← x의 요소를 역순으로 정렬한 새로운 리스트
>>> y Enter↵
[77, 66, 55, 44, 33, 22, 11]
```

:: 리스트를 사용한 성적 처리

이번 챕터를 시작하면서 List 7-1에서 단일 변수로 각 학생의 점수를 다룰 때의 한계와 리스트의 필요성을 배웠습니다.

List 7-7에서는 리스트를 사용하여 이 한계를 개선하고 고정되었던 학생 수 대신 학생 수를 직접 입력할 수 있도록 확장했습니다.

List 7-7

```
# 점수를 입력받아 총점과 평균 구하기 1

print('총점과 평균을 구해봅시다.')
number = int(input('학생 수:'))

score = [None] * number                                    ─1

for i in range(number):
    score[i] = int(input('{}번 학생의 점수:                  ─2
'.format(i + 1)))

total = 0
for i in range(number):                                    ─3
    total += score[i]

print('총점은 {}점입니다.'.format(total))
print('평균은 {}점입니다.'.format(total / number))
```

실행 결과

```
총점과 평균을 구해봅시다.
학생 수:5
1번 학생의 점수:32 Enter↵
2번 학생의 점수:68 Enter↵
3번 학생의 점수:72 Enter↵
4번 학생의 점수:54 Enter↵
5번 학생의 점수:92 Enter↵
총점은 318점입니다.
평균은 63.6점입니다.
```

먼저 학생 수를 변수 number에 입력합니다.

1에서는 요소 개수가 number개이고, 모든 요소가 None인 리스트를 생성합니다.

2에서는 카운터용 변수 i의 값이 0부터 number - 1까지 증가하면서 score[i]에 점수를 입력합니다.

▶ 입력을 받을 때는 i가 0일 때 '1번 점수 :'와 같이 보이게 하려고 i 대신 i + 1의 값을 출력합니다.

3에서는 총점을 구합니다. 우선 total에 0을 대입합니다. 그 후 카운터용 변수 i의 값이 0부터 number - 1까지 증가하면서 score[i]의 값을 total에 추가합니다.

학생 수를 변경할 수 있고 인덱스로 학생의 점수에 접근할 수 있게 되었습니다. 따라서 유연성이 크게 향상되었으며 List 7-1에 비해 코드 길이도 짧아졌습니다.

List 7-8에서는 List 7-7에서 점수를 입력받는 ❷의 for문 대신 enumerate 함수를 사용하였습니다. List 7-8을 실행하면 수정한 ❷가 아니라 ❸을 수행할 때 오류가 발생합니다.

List 7-8

```
# 점수를 입력받아 총점과 평균 구하기 2(오류)

print('총점과 평균을 구해봅시다.')
number = int(input('학생 수:'))

score = [None] * number

for i, point in enumerate(score):
    point = int(input('{}번 학생의 점수:'.format(i + 1)))

total = 0
for i in range(number):
    total += score[i]

print('총점은 {}점입니다.'.format(total))
print('평균은 {}점입니다.'.format(total / number))
```

오류가 발생하는 이유는 i와 point에 추출되는 (i, point)가 리스트로부터 새롭게 만들어진 쌍이기 때문입니다. point는 score[0]과 score[1]의 복사본이므로 point에 값을 입력해도 score[0]과 score[1]은 None인 채로 남아있습니다.

그리고 이어지는 ❸에서는 score[0]에서 추출된 None을 정수 total에 더하려고 하는데 이것이 오류가 발생하는 원인입니다.

▶ 이 부분이 잘 이해되지 않는다면 다음 챕터를 학습한 후에 다시 학습합니다.

한편, 총점을 구하는 ❸에서는 리스트의 요소의 값을 읽기만 할 뿐 쓰지는 않습니다. 즉, 좌변에 두지 않는다는 의미입니다. 따라서 이 for문은 enumerate 함수를 사용하여 구현할 수 있습니다. List 7-9에서 확인합니다.

List 7-9

```
# 점수를 입력받아 총점과 평균 구하기 3(enumerate로 총점 구하기)

print('총점과 평균을 구해봅시다.')
number = int(input('학생 수:'))

score = [None] * number

for i in range(number):
    score[i] = int(input('{}번 학생의 점수:'.format(i + 1)))

total = 0
for i, point in enumerate(score):
    total += point                        # i의 값은 불필요

print('총점은 {}점입니다.'.format(total))
print('평균은 {}점입니다.'.format(total / number))
```

그러나 인덱스 값이 없어도 모든 요소의 합계를 구할 수 있기 때문에, enumerate 함수 대신에 in을 쓸 수 있습니다. List 7-10에서는 enumerate 함수 대신에 in을 사용합니다.

List 7-10

```
# 점수를 입력받아 총점과 평균 구하기 4(in으로 총점 구하기)

print('총점과 평균을 구해봅시다.')
number = int(input('학생 수:'))

score = [None] * number

for i in range(number):
    score[i] = int(input('{}번 학생의 점수:'.format(i + 1)))

total = 0
for point in score:
    total += point

print('총점은 {}점입니다.'.format(total))
print('평균은 {}점입니다.'.format(total / number))
```

이제 코드가 정리되었지만 아직 개선할 수 있는 부분이 있습니다. 내장 함수인 sum 함수에 리스트(또는 튜플 등)를 전달하면 모든 요소 값의 합을 구할 수 있습니다. List 7-11에서 확인합니다.

List 7-11

```
# 점수를 입력받아 총점과 평균 구하기 5(sum 함수로 총점 구하기)

print('총점과 평균을 구해봅시다.')
number = int(input('학생 수:'))

score = [None] * number

for i in range(number):
    score[i] = int(input('{}번 학생의 점수:'.format(i + 1)))

total = sum(score)

print('총점은 {}점입니다.'.format(total))
print('평균은 {}점입니다.'.format(total / number))
```

▶ 리스트를 포함한 각종 이터러블 객체를 인수로 받은 sum 함수는 그 총합을 구합니다. List 4-3에서 while문으로 구한 1부터 n까지의 합은 아래와 같이 sum 함수로도 구할 수 있습니다.

```
sum(range(1, n + 1))          # 1부터 n까지의 합을 구한다.
```

: : 키보드로 입력받은 요소 추가

앞서 살펴본 예제는 학생 수이자 리스트의 요소 개수를 키보드로 입력받기 때문에 점수를 입력하기 전 그 수를 알 수 없으면 사용할 수 없습니다.

키보드로 점수를 입력하다가, 종료 명령이 입력되면(정확히는 'End'가 입력되면) 점수 입력이 끝내고 그 시점에 인원이 확정되도록 List 7-12와 같이 수정합니다.

List 7-12

```
# 학생 수 없이 점수만 입력받아 총점과 평균 구하기

print('총점과 평균을 구해봅시다.')
print('"End"를 입력하면 종료됩니다.')

number = 0
score = []                      # 빈 리스트

while True:
    s = input('{}번 학생의 점수:'.format(number + 1))
    if s == 'End':
        break
    score.append(int(s))        # 마지막에 추가
    number += 1

total = sum(score)

print('총점은 {}점입니다.'.format(total))
print('평균은 {}점입니다.'.format(total / number))
```

실행 결과

```
총점과 평균을 구해봅시다.
"End"를 입력하면 종료됩니다.
1번 학생의 점수:32 Enter
2번 학생의 점수:69 Enter
3번 학생의 점수:73 Enter
4번 학생의 점수:End Enter
총점은 174점입니다.
평균은 58.0점입니다.
```

먼저 score라는 빈 리스트를 생성합니다. while문은 무한 루프이며 차례대로 문자열을 입력받습니다. 입력받은 문자열 s가 'End'면 break문으로 while문이 종료됩니다. 문자열 s가 'End'가 아니면 int 함수로 s를 정수로 변환하여 리스트 score 마지막에 추가합니다.

▶ 변수 number는 0으로 초기화된 후 정수 값이 입력될 때마다 증가하기 때문에 입력된 점수의 개수(리스트 score의 요소 개수와 일치)를 구할 수 있습니다.

:: 리스트 요소의 최댓값과 최솟값

다음으로 최저점과 최고점을 구해보겠습니다. 리스트 요소의 최댓값과 최솟값을 구하는 순서를 갑자기 떠올리기는 어려우므로 우선 변수 a, b, c, ...로 최댓값을 구해보겠습니다.

다음과 같이 구할 수 있습니다.

```
maximum = a                        # 임시 최댓값은 a
if b > maximum:maximum = b         # 현재 최댓값보다 b가 더 크면 임시 최댓값은 b
if c > maximum:maximum = c         # 현재 최댓값보다 c가 크면 임시 최댓값은 c
if d > maximum:maximum = d         # 현재 최댓값보다 d가 크면 임시 최댓값은 d
# --- 이하 동일 --- #
```

먼저 변수 maximum에 a의 값을 대입합니다. 그 이후 다른 변수가 maximum보다 크면 그 값을 maximum에 대입하는 것을 반복합니다. 이 방식으로 변수를 a, b, c, ... 대신 score[0], score[1] score[2], ...로 바꾸면 다음과 같습니다.

```
maximum = score[0]
if score[1] > maximum:maximum = score[1]
if score[2] > maximum:maximum = score[2]
if score[3] > maximum:maximum = score[3]
# --- 이하 동일 --- #
```

규칙이 보이기 시작합니다. 요소 개수가 n이면 if문을 수행하는 횟수는 n-1입니다. 따라서 요소 개수가 number인 리스트 score의 최댓값은 아래와 같이 구할 수 있습니다.

```
maximum = score[0]
for i in range(1, number) :
    if score[i] > maximum: maximum = score[i]
```

또한, 비교 연산자>를 <로 바꾸면 최솟값을 구할 수 있습니다. List 7-13은 List 7-12에서 최저점과 최고점을 구하도록 확장한 예제입니다.

List 7-13

```
# 학생 수 없이 점수만 입력받아 최고점과 최저점 구하기

print('최고점과 최저점을 구해봅시다.')
print('"End"를 입력하면 종료됩니다.')

number = 0
score = []                  # 빈 리스트

while True:
    s = input('{}번 학생의 점수:'.format(number + 1))
    if s == 'End':
        break
    score.append(int(s))    # 마지막에 추가
    number += 1

minimum = maximum = score[0]
for i in range(1, number):
    if score[i] < minimum: minimum = score[i]
    if score[i] > maximum: maximum = score[i]

print('최고점은 {}점입니다.'.format(maximum))
print('최저점은 {}점입니다.'.format(minimum))
```

실행 결과

```
최고점과 최저점을 구해봅시다.
"End"를 입력하면 종료됩니다.
1번 학생의 점수:32 Enter ↵
2번 학생의 점수:69 Enter ↵
3번 학생의 점수:73 Enter ↵
4번 학생의 점수:End Enter ↵
최고점은 73점입니다.
최저점은 32점입니다.
```

리스트를 잘 활용하기 위해서는 최솟값과 최댓값을 구하는 코드를 잘 익혀둘 필요가 있습니다. 다만 실제 프로그래밍에서는 내장 함수인 min 함수와 max 함수로 구하는 것이 정석입니다. List 7-14에서는 min 함수와 max 함수를 사용하여 최댓값과 최솟값을 구합니다.

List 7-14

```
# 학생 수 없이 점수만 입력받아 최고점과 최저점 구하기 2(내장 함수 사용하기)

print('최고점과 최저점을 구해봅시다.')
print('"End"를 입력하면 종료됩니다.')

number = 0
score = []                  # 빈 리스트
```

```
while True:
    s = input('{}번 학생의 점수:'.format(number + 1))
    if s == 'End':
        break
    score.append(int(s))    # 마지막에 추가
    number += 1

minimum = min(score)
maximum = max(score)

print('최고점은 {}점입니다.'.format(maximum))
print('최저점은 {}점입니다.'.format(minimum))
```

:: 리스트로 행렬 구현하기

리스트가 리스트의 요소가 될 수 있다는 것을 앞에서 배웠습니다. 이를 활용하여 행과 열로 구성된 표를 만들 수 있습니다.

▶ 많은 프로그래밍 언어에서는 이러한 구조를 2차원 배열이라고 부릅니다.

이제 2행 3열로 이루어진 2차원 리스트를 살펴보겠습니다. 리스트는 아래와 같이 생성할 수 있습니다.

```
x = [[1, 2, 3], [4, 5, 6]]          # 2행 3열의 2차원 리스트
```

생성하기 쉽지만 이 구조를 제대로 이해하기는 어렵습니다. 5챕터에서 배웠듯이 변수는 객체와 연결되어 객체를 참조하는 이름에 지나지 않습니다. 이 리스트의 내부는 그림 7-15와 같은 모양으로 되어 있습니다.

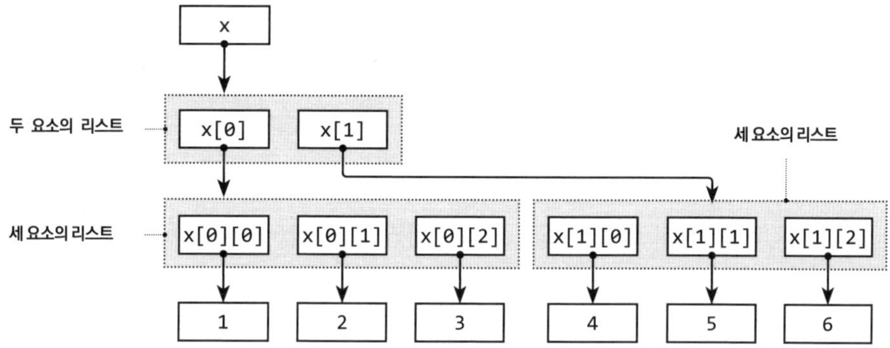

그림 7-15. 2행 3열로 이루어진 2차원 리스트의 내부

▶ 각 변수와 인덱스 수식은 다음과 같습니다.

- x는 x[0] x[1]의 두 요소로 구성된 리스트를 참조
- x[0]는 x[0][0], x[0][1], x[0][2] 세 요소로 구성된 리스트를 참조
  - x[0][0]은 단일 int타입 객체 1을 참조
  - x[0][1]은 단일 int타입 객체 2를 참조
  - x[0][2]는 단일 int타입 객체 3을 참조
- x[1]는 x[1][0], x[1][1], x[1][2] 세 요소로 구성된 리스트를 참조
  - x[1][0]은 단일 int타입 객체 4를 참조
  - x[1][1]은 단일 int타입 객체 5를 참조
  - x[1][2]는 단일 int타입 객체 6을 참조

또한 그림에서 x, x[0], x[0][0]로 나타낸 각 요소의 실제 값은 참조하는 대상의 주소입니다. 리스트 x의 두 요소는 그림과 같이 인덱스식 x[0], x[1]으로 접근할 수 있습니다. 이 두 요소가 참조하고 있는 리스트에 있는 요소는 각각 1, 2, 3과 4, 5, 6입니다.

이들은 요소가 아니라 '요소의 요소'입니다. 혼동을 피하기 위해 '요소의 요소'를 편의상 **구성 요소**라고 부르겠습니다. 구성 요소를 나타내는 인덱스식은 인덱스 연산자 []를 두 번 사용하는 형식입니다. 순서대로 인덱스식과 그 인덱스가 참조하는 값은

다음과 같습니다.

```
x[0][0]    x[0][1]    x[0][2]    x[1][0]    x[1][1]    x[1][2]
   1          2          3          4          5          6
```

두 인덱스 값과 구성 요소의 값을 표로 나타내면 그림 7-16과 같습니다. 이 그림은 2행 3열로 이루어진 리스트의 이미지입니다. '2행 3열인 표'라는 말로 쉽게 떠올릴 수 있는 모양입니다.

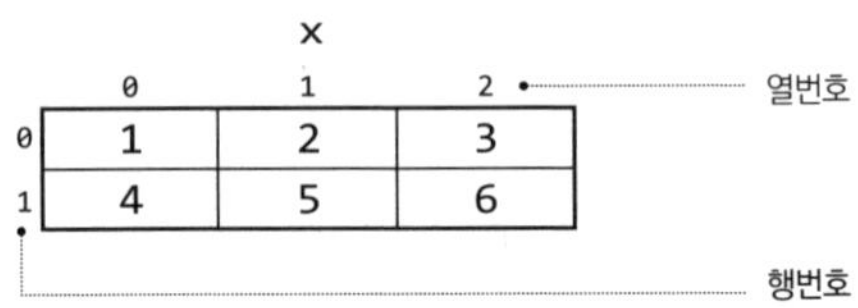

그림 7-16. 2행 3열인 2차원 리스트의 논리적 이미지

두 개로 이루어진 인덱스는 각각 다음을 의미합니다.

- 첫 번째 인덱스 → 행 번호(0과 1)를 나타내는 값
- 두 번째 인덱스 → 열 번호(0, 1, 2)를 나타내는 값

▶ 이번에 알아본 리스트는 모든 열의 수가 동일합니다. 또한, 다음과 같이 행마다 열의 수가 다른 2차원 리스트도 가능합니다.

```
x = [[1, 2, 3], [4, 5], [6, 7, 8]]
```

구성 요소의 값이 정해진 경우의 2차원 리스트를 생성해보았습니다.

리스트를 생성할 때 요소 개수가 정해져 있으나, 구체적인 값이 정해지지 않았을 때는 다음과 같이 생성할 수 있습니다. 앞서 배운 리스트 생성 방법의 응용입니다.

```
# 모든 요소가 None인 2행 3열 리스트 생성하기
x = [None] * 2
for i in range (2) :
    x[i] = [None] * 3
```

List 7-15에서는 지금까지 배운 내용을 응용하여 행과 열 개수를 입력받아 두 행렬의 합을 구하는 코드를 작성합니다.

List 7-15

```
# 행렬의 합 구하기(행수/열수/값 입력받기)

print('행렬의 합을 구해봅시다.')
height = int(input('행수:'))
width  = int(input('열수:'))

a = [None] * height                                    행렬 a 입력 1
for i in range(height):
    a[i] = [None] * width
    for j in range(width):
        a[i][j] = int(input('a[{}][{}] : '.format(i, j)))

b = [None] * height                                    행렬 b 입력 2
for i in range(height):
    b[i] = [None] * width
    for j in range(width):
        b[i][j] = int(input('b[{}][{}] : '.format(i, j)))

c = [None] * height                         행렬 a와 b의 합을 c에 대입 3
for i in range(height):
    c[i] = [None] * width
    for j in range(width):
        c[i][j] = a[i][j] + b[i][j]

for i in range(height):
    for j in range(width):
        print('c[{}][{}] = {}'.format(i, j, c[i][j]))
```

실행 결과

```
행렬의 합을 구해봅시다.
행수:2 Enter ↵
열수:3 Enter ↵
a[0][0] : 1 Enter ↵
a[0][1] : 2 Enter ↵
a[0][2] : 3 Enter ↵
a[1][0] : 4 Enter ↵
a[1][1] : 5 Enter ↵
a[1][2] : 6 Enter ↵
b[0][0] : 6 Enter ↵
b[0][1] : 3 Enter ↵
b[0][2] : 4 Enter ↵
b[1][0] : 5 Enter ↵
b[1][1] : 1 Enter ↵
b[1][2] : 2 Enter ↵
c[0][0] = 7
c[0][1] = 5
c[0][2] = 7
c[1][0] = 9
c[1][1] = 6
c[1][2] = 8
```

a, b, c는 모두 height행 width열인 행렬입니다. 그림 7-17은 각 행렬에서 구성 요소의 값을 나타냅니다. 1과 2에서는 행렬 a와 b를 생성하고 구성 요소의 값을 입력받습니다. 3에서는 행렬 c를 생성하고 행렬 a와 b의 합을 구합니다. a[i][j]와 b[i][j]를 더한 값을 c[i][j]에 대입하는 처리 즉, 인덱스가 동일한 a의 구성 요소와 b의 구성 요소 합을 c의 동일한 인덱스 구성 요소로 대입하는 과정을 반복합니다.

▶ 그림에서 회색으로 표시한 칸인 a[1][1]와 b[1][1]의 합을 c[1][1]에 대입하는 모습입니다. 이와 같은 덧셈을 모든 구성 요소에 수행합니다.

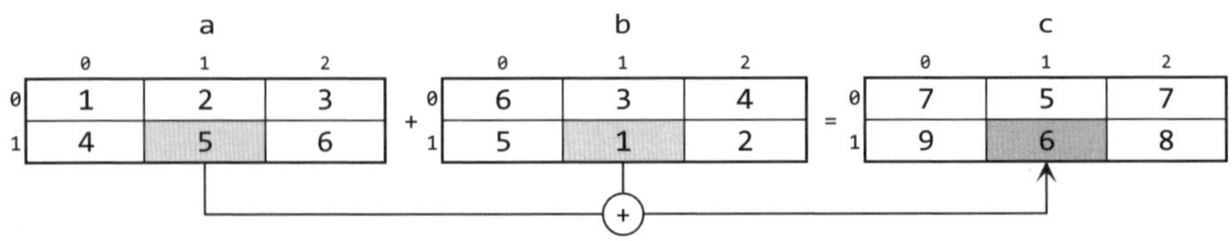

그림 7-17. 2행 3열 행렬의 덧셈

:: 리스트 복사

=를 이용해 리스트끼리 대입할 때 우변의 참조 대상이 좌변에 복사된다는 것(우변의 리스트에 좌변 리스트를 연결)을 예 7-3에서 배웠습니다(그림 7-18 a). 이번에는 참조 대상을 대입하는 것이 아니라 리스트 자체를 복사하는 방법을 알아보겠습니다(그림 7-18 b).

: copy 메소드

copy 메소드는 리스트의 복사본을 새로 생성하고 리턴합니다. 아래의 식으로 lst1을 lst2에 복사할 수 있습니다.

예 7-26. copy 메소드

```
>>> lst1 = [1, 2, 3, 4, 5] Enter↵
>>> lst2 = lst1.copy() Enter↵
>>> lst1[2] = 9 Enter↵
>>> lst1 Enter↵
[1, 2, 9, 4, 5]
>>> lst2 Enter↵
[1, 2, 3, 4, 5]
```

```
lst2 = lst1.copy()
```

: list 함수

앞서 배운 list 함수는 주어진 인수를 변환하여 새 리스트를 리턴합니다. 이 함수에 리스트를 전달하면 복사하여 리턴됩니다. 따라서 아래의 식으로 리스트를 복사할 수 있습니다.

예 7-27. list 함수

```
>>> lst1 = [1, 2, 3, 4, 5] Enter↵
>>> lst2 = list(lst1) Enter↵
>>> lst1[2] = 9 Enter↵
>>> lst1 Enter↵
[1, 2, 9, 4, 5]
>>> lst2 Enter↵
[1, 2, 3, 4, 5]
```

```
lst2 = list(lst1)
```

: 슬라이스식

슬라이스식[:]을 사용하면 모든 요소를 추출하여 리스트가 새로 생성됩니다. 따라서 아래와 같이 복사할 수 있습니다.

예 7-28. 슬라이스식

```
>>> lst1 = [1, 2, 3, 4, 5] Enter↵
>>> lst2 = lst1[:] Enter↵
>>> lst1[2] = 9 Enter↵
>>> lst1 Enter↵
[1, 2, 9, 4, 5]
>>> lst2 Enter↵
[1, 2, 3, 4, 5]
```

```
lst2 = lst1[:]
```

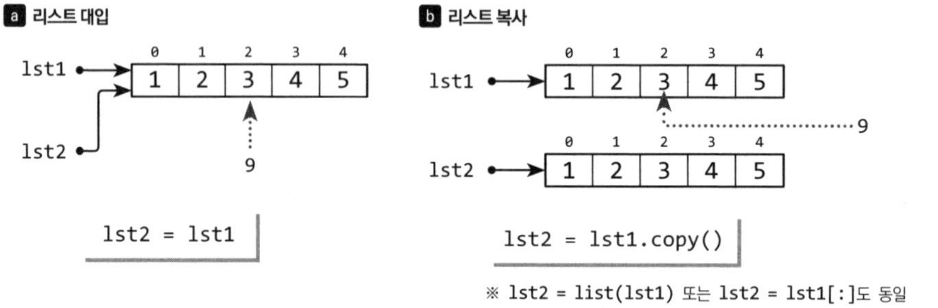

그림 7-18. 리스트의 대입과 복사

: : 얕은 복사와 깊은 복사

앞에서 배운 리스트를 복사하는 방법은 리스트를 요소로 가지는 리스트를 복사할 때 문제가 발생합니다. 다음 예에서 확인합니다.

예 7-29. 2차원 리스트의 얕은 복사

```
>>> x = [[1, 2, 3], [4, 5, 6]] Enter↵
>>> y = x.copy() Enter↵               ← x를 y에 얕은 복사
>>> x[0][1] = 9 Enter↵
>>> x Enter↵
[[1, 9, 3], [4, 5, 6]]
>>> y Enter↵
[[1, 9, 3], [4, 5, 6]]
```

복사한 후 x[0][1]의 값을 9로 수정하면 y[0][1]의 값도 9가 됩니다. 이와 같은 결과는 얕은 복사(shallow copy)로 리스트가 복사되었기 때문에 발생합니다. 얕은 복사는 그림 7-19의 **a**와 같이 리스트의 모든 요소가 똑같이 복사되며 이때 x[0]와 x[1] 두 개의 요소가 복사됩니다. 그림과 같이 x[0]의 참조 대상과 y[0]의 참조 대상이 같으므로 x[0][1]와 y[0][1]의 참조 대상도 같습니다.

이러한 문제를 피하려면 구성 요소 수준에서 복사를 수행해야 합니다. 이를 깊은 복사(deep copy)라고 합니다. 깊은 복사에는 copy 모듈의 deepcopy 함수를 사용합니다.

예 7-30. 2차원 리스트의 깊은 복사

```
>>> import copy Enter↵
>>> x = [[1, 2, 3], [4, 5, 6]] Enter↵
>>> y = copy.deepcopy(x) Enter↵            ← x를 y에 깊은 복사
>>> x[0][1] = 9 Enter↵
>>> x Enter↵
[[1, 9, 3], [4, 5, 6]]
>>> y Enter↵
[[1, 2, 3], [4, 5, 6]]
```

그림 7-19 **b**와 같이 리스트의 요소뿐만 아니라 구성 요소도 복사됩니다. 따라서 x[0][1]에 9를 대입하면 x[0][1]의 참조 대상이 2에서 9로 변경되고 y[0][1]의 값과 y[0][1]의 참조 대상까지 변경되지 않습니다.

중요

다중 리스트를 요소 수준이 아닌 구성 요소 수준에서 복사할 때 깊은 복사를 수행하는 copy.deepcopy 함수로 복사할 수 있다.

▶ 지금까지 2차원 리스트를 통해 학습했습니다. deepcopy 함수는 3차원 이상의 리스트에도 사용할 수 있습니다.

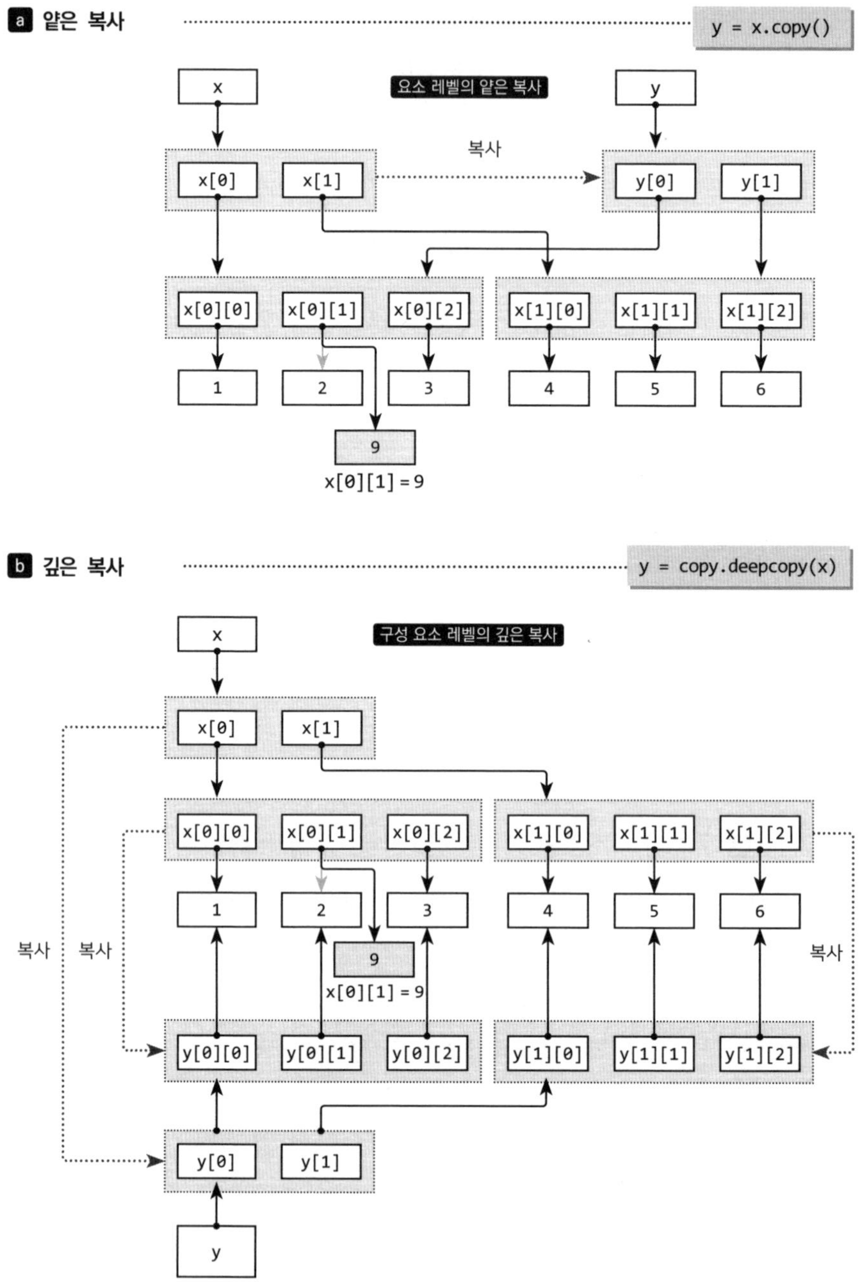

그림 7-19. 리스트의 얕은 복사와 깊은 복사

SECTION 7-2

리스트 내포 표기

Section 7-2에서는 간결한 코드로 빠르게 리스트를 생성하는
리스트 내포 표기를 학습합니다.

:: 리스트 내포 표기

먼저 리스트 [1, 2, 3, 4, 5, 6, 7]을 생성하는 방법을 생각해 보겠습니다. 아래 그림과 같이 세 가지 방법으로 생성할 수 있습니다.

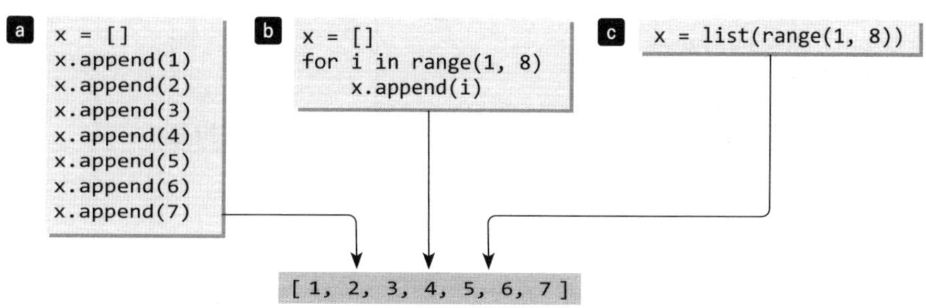

그림 7-20. 1에서 7까지 값으로 이루어진 리스트 생성

모두 Section 7-1에서 학습한 방법입니다.

a : 빈 리스트를 생성하고 append 메소드로 요소를 한 개씩 추가한다.
b : 같은 방법을 for문으로 수행한다.
c : range 함수가 리턴하는 수열(이터러블 객체)을 리스트로 변환한다.

이러한 방법은 실제 프로그래밍에서는 자주 사용하지 않습니다. 왜냐하면 간결한 데다가 고성능인 리스트 내포 표기(list comprehension)가 있기 때문입니다. 내포 표기 방식의 리스트는 다음과 같은 형식으로 생성할 수 있습니다.

```
[식 for 요소 in 이터러블]                    # 리스트 내포 표기(형식 1)
```

그림 7-20을 리스트 내포 표기로 나타내면 [n for n in range (1, 8)]가 됩니다.

예 7-31. 리스트 내포 표기로 리스트 생성하기(1~7)

```
>>> x = [n for n in range(1, 8)] Enter
>>> x Enter
[1, 2, 3, 4, 5, 6, 7]
```

그림 7-21은 내포 표기로 리스트를 생성하는 방법을 설명한 그림입니다.

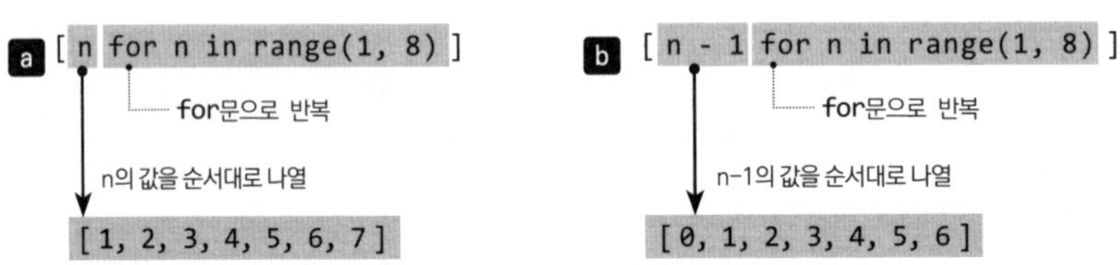

그림 7-21. 리스트 내포 표기로 리스트 생성하기

그림 a는 [1, 2, 3, 4, 5, 6, 7]을, 그림 b는 [0, 1, 2, 3, 4, 5, 6]을 생성하는 모습입니다. 모두 for문으로 반복을 수행하고 각 반복에서 표시한 식(n 또는 n-1)의 값을 순서대로 나열하여 리스트를 생성합니다.

이번에는 예 7-31을 응용한 예제를 살펴보겠습니다. 우선 1~7의 각 값을 제곱한 값으로 이루어진 리스트를 생성합니다.

예 7-32. 리스트 내포 표기로 리스트 생성하기(1~7의 제곱)

```
>>> x = [n * n for n in range(1, 8)] Enter↵
>>> x Enter↵
[1, 4, 9, 16, 25, 36, 49]
```

다음은 1+, 2-, 3+, 4-, ...와 같이 홀수에는 +를 짝수에는 -를 붙인 문자열 리스트를 생성합니다. f 문자열을 사용하여 아래와 같이 생성할 수 있습니다.

예 7-33. 리스트 내포 표기로 리스트 생성하기(1~7의 수에 홀수에는 '+', 짝수에는 '-' 붙이기)

```
>>> x = [f'{n}{"+" if n % 2 == 1 else "-"}' for n in range(1, 8)] Enter↵
>>> x Enter↵
['1+', '2-', '3+', '4-', '5+', '6-', '7+']
```

Column 7-2. 내포 표기

수학에서 집합은 외연과 내포 두 종류로 표기합니다. 예를 들어, 1, 2, 3, 4, 5, 6, 7의 집합은 다음과 같이 나타냅니다.

- 외연 표기 : {1, 2, 3, 4, 5, 6, 7}
- 내포 표기 : {x | x는 8 이하의 양의 정수}

파이썬의 내포 표기는 이번 챕터에서 학습한 리스트 내포 표기 외에도 다음 챕터에서 다룰 딕셔너리 내포 표기와 집합 내포 표기가 있습니다.

리스트 내포 표기에는 좀 더 복잡한 형식이 있습니다. 다음 형식으로 리스트를 생성합니다.

```
[식 for 요소 in 이터러블 if 판정식]            # 리스트 내포 표기(형식 2)
```

이 형식은 for문을 반복하며 판정식이 성립된 경우에만 리스트의 요소로 식이 추출됩니다. 1에서 7까지의 수에서 짝수인 리스트는 아래와 같이 생성할 수 있습니다(그림 7-22).

예 7-34. 리스트 내포 표기로 리스트 생성하기(1~7 사이의 짝수)

```
>>> x = [n for n in range(1, 8) if n % 2 == 0] Enter
>>> x Enter
[2, 4, 6]
```

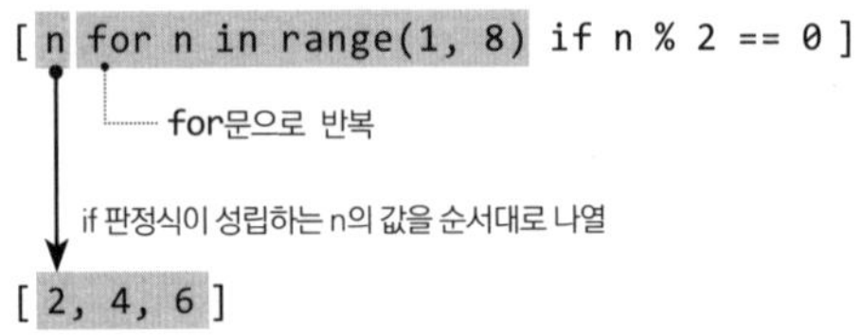

그림 7-22. 리스트 내포 표기로 리스트 생성하기(if문 사용)

:: 중첩 내포 표기

for문을 중첩할 수 있는 것처럼 내포 표기의 for문도 중첩할 수 있습니다. 다음의 예를 살펴보겠습니다.

예 7-35. 리스트 내포 표기로 리스트 생성하기(for문 중첩)

```
>>> x = [i * 10 + j for i in range(1, 3) for j in range(1, 4)] Enter
>>> x Enter
[11, 12, 13, 21, 22, 23]
```

그림 7-23 a 에서 예 7-35의 리스트 생성을 설명합니다. 외부(첫 번째)의 for문에서는 변수 i의 값이 1에서 2로 증가합니다. 그리고 내부(두 번째)의 for문은 변수 j의 값이 1에서 2, 3으로 증가합니다. 그 과정에서 i * 10 + j의 값을 나열하여 리스트를 생성합니다.

이 예제는 단순한 이중 루프입니다. 다음은 리스트에 리스트가 포함되는 2차원 리스트를 예와 함께 살펴보겠습니다.

예 7-36. 중첩 리스트 내포 표기로 2차원 리스트 생성하기

```
>>> table = [[i * 10 + j for i in range(1, 3)] for j in range(1, 4)] Enter
>>> table Enter
[[11, 21], [12, 22], [13, 23]]
```

내포 표기 안에 내포 표기가 포함되는 2중 내포 표기 구조입니다.

▶ 그림 7-23 a 에서는 단일 내포 표기 안에서 이중 for문이 사용되었습니다.

코드를 잘 읽어보면 내부에 있는 대괄호[ ]를 뒤쪽에 있는 for j in range(1, 4)가 제어하는 구조임을 알 수 있습니다. 그림 7-23 b 는 그 리스트를 생성하는 모습입니다.

내부의 [i * 10 + j for i in range (1, 3)]로 리스트를 생성하고 외부의 for문에서 변수 j의 값이 1에서 2, 3으로 증가하면서 반복되는 구조입니다. 즉, 내부에서 i * 10 + j for i in range (1, 3)로 생성된 리스트를 요소로 갖는 리스트를 외부 for문에서 생성하므로 이중 리스트가 생성됩니다.

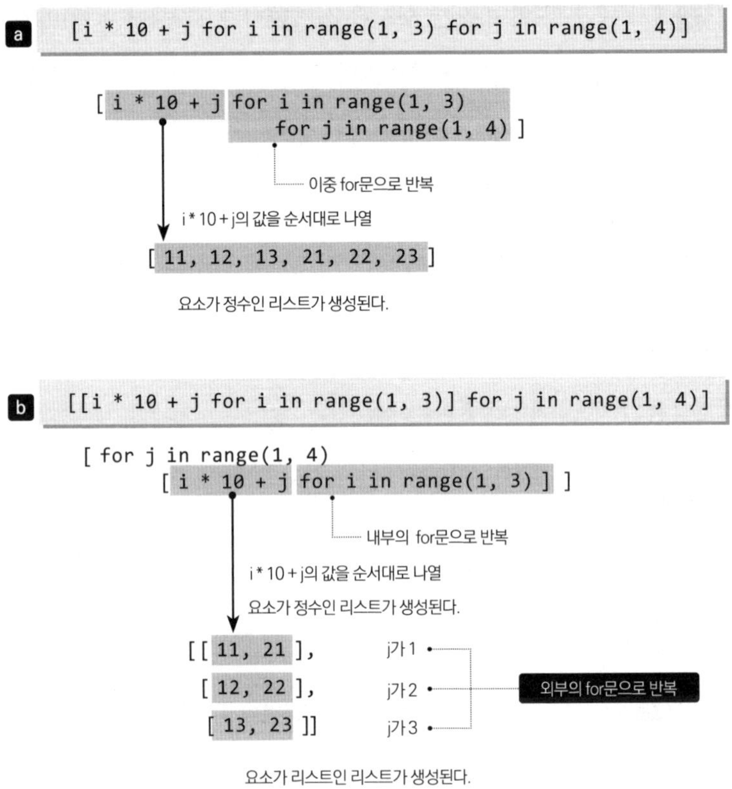

그림 7-23. 리스트 내포 표기로 리스트 생성하기(중첩)

여기까지 학습했으니 이제 n행 n열인 단위 행렬도 생성할 수 있습니다. 행 번호와 열 번호가 같은 구성 요소의 값은 1, 그 이외의 요소의 값은 0인 행렬을 생성합니다.

예 7-37. 리스트 내포 표기에 의한 단위 행렬의 생성

```
>>> n = 4 Enter↵
>>> im = [[1 if i == j else 0 for i in range(n)] for j in range (n)] Enter↵
>>> im Enter↵
[[1, 0, 0, 0], [0, 1, 0, 0], [0, 0, 1, 0], [0, 0, 0, 1]]
```

여기에서는 4행 4열인 단위 행렬을 생성했습니다.

SECTION 7-3

균일 시퀀스

문자열이나 리스트 같은 데이터는 균일 시퀀스와 컨테이너 시퀀스로 분류됩니다.
Section 7-3에서는 균일 시퀀스를 학습합니다.

:: 균일 시퀀스와 컨테이너 시퀀스

앞 챕터에서 배운 문자열과 이번 챕터에서 학습한 리스트에는 유사점과 차이점이 있습니다. 결정적인 차이점은 요소가 객체 그 자체인가입니다. 이러한 관점으로 요소를 나열한 시퀀스형(표 5-2)을 분류하면 다음과 같습니다.

균일 시퀀스(flat sequence)

동일한 타입의 요소를 그대로 나열한 구조입니다. 예를 들어, 문자열(str타입)의 요소는 문자이고 그림 7-24 a 와 같이 요소가 저장소에 연속적으로 나열됩니다.

예 문자열(str타입), 바이트형(bytes타입), 바이트 배열형(bytearray타입), memoryview 타입, array.array타입.

컨테이너 시퀀스(container sequence)

객체에 대한 참조를 나열한 구조입니다. 따라서 요소(참조 대상) 객체의 타입이 같을 필요가 없습니다. 그림 7-24 **b**는 리스트 타입의 예로 각 객체의 참조 대상인 요소가 저장소에 연속해서 나열됩니다.

▶ 이 그림에는 1, 2, 3, 'abc', 5.7, 6이라는 참조된 객체도 함께 나열된 것처럼 보입니다. 그러나 실제로는 각각 다른 위치에 저장되어 있습니다.

예 리스트형(list타입), 튜플형(tuple타입), collections.deque타입.

간단한 구조의 균일 시퀀스는 점유 메모리가 적고, 빠르게 처리할 수 있습니다. Section 7-3에서는 균일 시퀀스를 약간만 다루겠습니다.

▶ 지금은 Section 7-3의 나머지 내용을 넘어가도 괜찮습니다. 그러나 13챕터 파일 처리에서 이 내용을 알아야 하므로 그때 다시 학습하기 바랍니다.

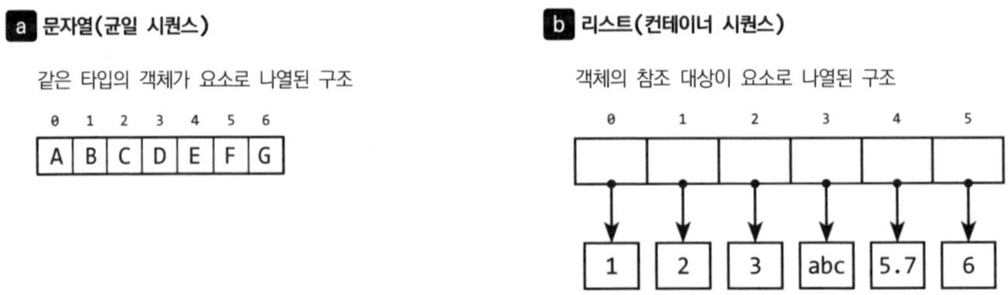

그림 7-24. 균일 시퀀스와 컨테이너 시퀀스

:: 배열형(array타입)

array 모듈에서 제공하는 배열 array는 모든 요소가 같은 타입의 숫자 값으로 구성되는 가변적인 균일 시퀀스입니다. 요소의 형태는 표 7-1에 표시된 형태 코드로 지정합니다.

표 7-1. 배열 array의 타입 코드

타입 코드	C언어 타입	파이썬 타입	최소 바이트 수
'b'	signed char	int	1
'B'	unsigned char	int	1
'u'	Py_UNICODE	Unicode 문자(unicode타입)	2
'h'	signed short	int	2
'H'	unsigned short	int	2
'i'	signed int	int	2
'I'	unsigned int	int	2
'l'	signed long	int	4
'L'	unsigned long	int	4
'q'	signed long long	int	8
'Q'	unsigned long long	int	8
'f'	float	실수	4
'd'	double	실수	8

이러한 요소의 타입은 C언어를 포함한 많은 프로그래밍 언어의 데이터와 호환되는 형태입니다. 정수형을 수식하는 signed는 부호 있음이고 unsigned는 부호 없음입니다. 예를 들어 점유 바이트가 2바이트인 경우 각 타입으로 표현할 수 있는 값은 다음과 같습니다.

```
부호 있는 정수(signed int)      : -32,768 ~ 32,767
부호 없는 정수(unsigned int)    : 0 ~ 65,535
```

이와 같이 표현 범위가 한정되지만 메모리 점유 소모가 적고 빠른 연산을 할 수 있습니다. 또한 다른 언어와 호환성을 유지할 수 있는 등의 장점이 있습니다.

요소 객체의 타입에 제한이 있는 것을 제외하면 배열형은 대체로 리스트형과 유사한 방법으로 이용할 수 있습니다. 요소의 타입이 signed int인 배열로 확인합니다.

예 7-38. array를 사용하는 예

```
>>> import array Enter↵
>>> ary = array.array('i', [1, 3, -5, 7]) Enter↵        ← 부호가 있는 정수
>>> ary Enter↵
array('i', [1, 3, -5, 7])
>>> len(ary) Enter↵
4
>>> ary.index(3) Enter↵
1
```

▶ 기술 계산 프로그램은 여기에서 소개한 array 대신 NumPy라는 라이브러리를 추천합니다.

:: 바이트형(bytes타입)

컴퓨터의 데이터는 0과 1로 표현됩니다. 이른바 문자라고 해석하는 텍스트 데이터가 아닌 데이터는 일반적으로 바이너리 데이터라고 합니다.

이러한 바이너리 데이터를 8비트씩 구분하여 나타내는 것이 바이트(bytes)입니다. 바이트열 객체의 타입은 bytes타입이며, 각 요소가 1바이트인(10진수로 0~255) 불변 균일 시퀀스입니다.

: 바이트열 리터럴

문자열을 리터럴로 표기할 수 있듯 바이트도 리터럴로 표기할 수 있습니다.

바이트열 리터럴(bytes literal)은 일련의 문자를 작은따옴표(')나 큰따옴표(")로 묶고 그 앞에 b 또는 B를 다음과 같이 표기할 수 있습니다.

```
b'ABC'          # 바이트열 리터럴
b"XYZ"          # 바이트열 리터럴
```

각 요소가 1바이트기 때문에 ASCII를 포함한 0~255개의 문자 코드를 가진 문자만 유효합니다(Column 7-3). 따라서 한글은 사용할 수 없습니다.

▶ 문자열 리터럴과 마찬가지로 '''또는 """로 쓸 수 있습니다. 또한, 앞에 붙이는 b 대신 br을 쓰면 raw 바이트(raw bytes)입니다. raw 문자열과 마찬가지로 이스케이프 시퀀스가 입력된 그대로 해석됩니다.

: 바이트열 조작

문자열과 유사한 메소드가 바이트에도 제공됩니다. 예를 들면 아래와 같이 y에는 b'AXC'가 대입됩니다.

```
x = b'ABC'
y = x.replace(b'B', b'X')     # x에 포함된 'B'를 'X'로 대체한 바이트를 생성
```

또한, 인덱스 및 슬라이스식을 적용할 수 있는 점도 문자열과 동일합니다.

: 바이트열과 문자열 교환

바이트열을 명시적으로 생성할 때 사용하는 것이 bytes 함수입니다.

bytes([source[, encoding[, errors]]])

객체 source를 기반으로 바이트를 생성합니다. source가 생략되면 빈 바이트가 생성됩니다. 생략할 수 있는 인수인 encoding에는 인코딩을 지정할 수 있으며, 생략하면 'utf-8'로 간주됩니다. 또한 생략 가능한 인수 errors에는 변환할 수 없는 문자가 포함되었을 때의 처리 방법을 지정합니다.

▶ 인코딩과 'utf-8'은 Column 13-1에서 학습합니다.

같은 문자열이라도 그 내부 표현, 즉 저장소의 값은 인코딩에 따라 달라집니다.

다음은 문자열 '한글'을 바이트로 변환하는 예입니다.

```
x = bytes('한글', 'utf-8') # 문자열에서 바이트열을 생성
```

변환된 바이트를 확인합니다. 각 바이트가 16진수 이스케이프로 표시됩니다.

예 7-39. 문자열을 바이트로 변환

```
>>> x = bytes('한글', 'utf-8') Enter↵
>>> x Enter↵
b'\xed\x95\x9c\xea\xb8\x80'
```

반대로 바이트에서 문자열로 변환할 때는 decode 메소드를 이용합니다. 아래와 같이 쓰면 바이트를 문자열로 생성할 수 있습니다.

```
y = x.decode('utf-8')      # 바이트에서 문자열을 생성
```

이제 y는 문자열 '한글'을 참조합니다.

: 바이트 배열형(bytearray타입)

바이트의 가변형이라고 할 수 있는 것이 bytearray타입인 바이트 배열입니다. 변경할 수 있다는 것을 제외하면 바이트와 동일하게 다룹니다.

Column 7-3. 문자 코드와 ASCII

인간은 문자를 모양과 발음 등으로 식별하지만 컴퓨터는 개별 문자에 주어진 문자 코드로 식별합니다.

문자에 코드를 부여하는 방법은 여러 가지가 있습니다.

각종 문자 코드 중 가장 기본은 1963년에 규정된 ASCII(American Standard Code for Information Interchange)이며 표 7C-1에서 확인할 수 있습니다.

빈칸은 해당하는 문자가 없는 코드이며 표에서 회색으로 표시된 0~F는 16진수의 각 자릿값입니다.

예를 들면 다음과 같습니다.

- 문자 'R'의 코드는 16진수 52
- 문자 'g'의 코드는 16진수 67

표 7C-1. ASCII 코드 표

	0	1	2	3	4	5	6	7
0				0	@	P	'	p
1			!	1	A	Q	a	q
2			"	2	B	R	b	r
3			#	3	C	S	c	s
4			$	4	D	T	d	t
5			%	5	E	U	e	u
6			&	6	F	V	f	v
7	\a		'	7	G	W	g	x
8	\b		(	8	H	X	h	x
9	\t		)	9	I	Y	i	y
A	\n		*	:	J	Z	j	z
B	\v		+	;	K	[	k	{
C	\f		,	<	L	₩	l	|
D	\r		-	=	M	]	m	}
E			.	>	N	^	n	^
F			/	?	O	_	o	

즉, 이 표의 문자 코드는 2자리의 16진수로 00~7F입니다(10진수로는 0~127입니다).

숫자 1의 문자 코드는 16진수의 31, 즉 10진수로는 49이며 1이 아닙니다. 숫자와 숫자의 코드 값을 혼동하지 않도록 주의합시다. 문자의 수가 적은 ASCII로는 한글 등을 표현할 수 없기 때문에 UTF-8 등의 문자 코드를 사용합니다(Column 13-1).

정리

- 객체에 대한 참조를 요소로 나열한 것을 컨테이너 시퀀스라고 한다. 컨테이너 시퀀스에는 리스트형과 튜플형 등의 타입이 있다.
- 리스트는 객체를 참조하는 요소가 일직선으로 나열된 구조인 가변 list타입으로 이터러블 객체다.
- 요소가 하나도 없는 빈 리스트는 거짓으로 판정된다. 그렇지 않은 리스트는 참으로 간주된다.
- 리스트는 리스트 표기 연산자 []와 list 함수로 생성한다.
- 리스트의 각 요소는 인덱스 연산자 []를 이용한 인덱스식으로 접근할 수 있다.
- 리스트의 요소 수(길이)는 len 함수로 구할 수 있다.
- 슬라이스 연산자 [:]를 이용한 슬라이스식을 사용하여 리스트의 일부분을 연속 혹은 일정 주기의 새로운 리스트로 추출할 수 있다.
- 리스트는 비교 연산자로 요솟값의 대소 관계와 등가성을 판정할 수 있다.
- 요소 수가 n이고 값이 정해지지 않은 리스트는 [None] * n으로 생성하여, 각 요소의 값을 나중에 설정(요소의 참조를 결정)할 수 있다.
- 리스트에서 검색할 때는 귀속 판정 연산자(in 연산자와 not in 연산자), index 메소드, count 메소드 등을 사용한다.

- 리스트에 단일 요소를 추가할 때는 append 메소드를 사용하고 리스트를 추가할 때는 += 연산자와 extend 메소드를 사용한다. 또한, * 연산자를 사용하여 반복할 수 있다.

- 리스트 누적 대입은 제자리 연산으로 수행된다.

```
x = [15, 64, 7, 3.14, [32, 55], 'ABC']
```

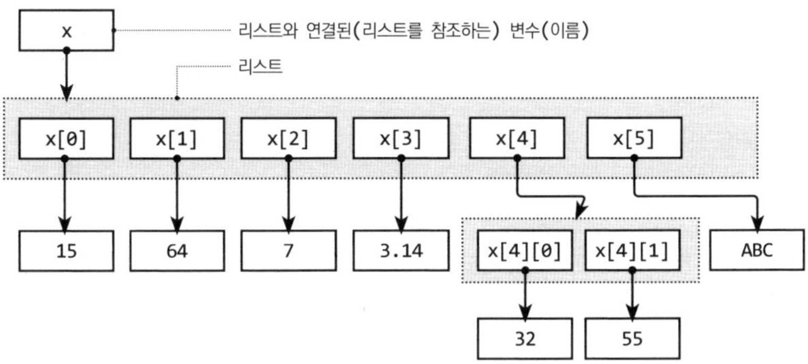

- 리스트에 요소를 삽입할 때는 insert 메소드를 사용한다. 제거할 때는 remove 메소드와 pop 메소드로 수행한다. 모든 요소를 제거할 때는 clear 메소드를 사용한다.

- 리스트 요소의 순서를 제자리에서 반전할 때는 reverse 메소드를 사용한다.

- 2차원 배열은 모든 요소가 리스트인 리스트로 구현할 수 있다.

- 리스트의 얕은 복사는 copy 메소드, list 함수, 슬라이스식[:] 등으로 수행한다.

- 다중 리스트 요소의 참조 대상까지 복사할 때는 copy.deepcopy 함수를 사용하여 깊은 복사를 수행한다.

- 반복(과 조건 판정의 조합)으로 리스트를 생성할 때는 내포 표기법으로 간결하고 효율적으로 생성할 수 있다. 리스트 내포 표기는 중첩할 수 있다.

- 객체에 대한 참조가 아닌 객체 자체를 요소로 나열하는 것은 균일 시퀀스다. 균일 시퀀스에는 문자열(str타입), 배열형(array.array타입), 바이트형(bytes타입), 바이트 배열형(bytearray타입) 등이 있다.
- 바이트열 리터럴은 b'...' 형식으로 표기한다.

chap07/gist.py

```python
# 7챕터 정리

import random

MAX = 10
print('0~{} 사이의 난수를 생성합니다.'.format(MAX))
number = int(input('난수 개수 : '))

# 요소 개수가 number이고 모든 요소가 None인 리스트 생성하기
v = [None] * number

# 모든 요소에 0~MAX의 난수 대입하기
for i in range(number):
    v[i] = random.randint(0, MAX)

# 리스트로 출력하기
print(v)

# '*'으로 수직 막대그래프 출력하기
for i in range(MAX, 0, -1):
    for j in range(0, number):
        if v[j] >= i:
            print('*', end='')
        else:
            print(' ', end='')
    print()

print('-' * number)
for i in range(number):
    print(i % 10, end='')
```

실행 결과

```
0~10 사이의 난수를 생성합니다.
난수 개수 : 13 Enter↵
[2, 6, 1, 3, 4, 10, 6, 5, 4, 5, 7, 5, 1]
     *
     *
     *
     *    *
 *   **   *
 *   *** ***
 *  ********
 * *********
** *********
*************
-------------
0123456789012
```

08

튜플 / 딕셔너리 / 집합

리스트에 이어 이번 챕터에서는 데이터 모음인
튜플, 딕셔너리, 집합을 학습합니다.

- 튜플(쌍)과 tuple타입
- 식 결합 연산자 ()
- tuple 함수
- 팩과 언팩
- enumerate 함수 탐색과 튜플
- 튜플의 리스트
- zip 함수를 사용한 결합
- 딕셔너리와 dict타입
- 딕셔너리의 키와 값
- 딕셔너리 표기 연산자 {}
- dict 함수
- 시퀀스형과 매핑형
- get 메소드/setdefault 메소드/update 메소드
- 딕셔너리와 뷰
- 딕셔너리 내포 표기
- 집합과 set타입
- 집합 표기 연산자 {}
- set 함수
- 집합 내포 표기

SECTION 8-1

튜플

이번 챕터에서 배울 튜플, 딕셔너리, 집합은 리스트와 마찬가지로 객체의 모음입니다. 먼저 튜플을 학습합니다.

:: 튜플이란

튜플(tuple)은 요소를 순서대로 결합한 것으로 요소의 쌍이라고도 합니다. 튜플의 타입은 tuple타입입니다. 튜플은 요소의 개수가 몇 개라도 상관없으며, 요소의 타입을 통일할 필요 없이 자유롭게 조합할 수 있습니다. 하지만 요소의 순서에는 의미가 있습니다.

여기까지 살펴본 바로 리스트와 유사해 보이지만 요솟값을 바꿀 수 없는 불변 객체인 점이 리스트와 크게 다릅니다. 또한 리스트는 대괄호[ ]를 사용하는 대신 튜플은 소괄호( )를 사용합니다. 아래는 튜플의 예입니다.

```
(2012, '김서준')          # 튜플 : 생년(int타입)과 이름(str타입)의 조합
```

그림 8-1과 같이 튜플은 여러 개의 데이터를 단순 나열한 것일 뿐만 아니라 단일 데이터로 취급할 수 있도록 여러 개의 데이터를 결합한 것입니다.

▶ 이는 단순화한 그림이며 리스트와 마찬가지로 각 요소의 값은 객체에 대한 참조입니다.

파이썬에서 튜플은 명시적으로 또 묵시적으로 많이 사용합니다. 예를 들어 1챕터에서 배운 변수에 일괄적으로 대입하는 방법에서 튜플을 사용했습니다. 또한 6챕터와 7챕터에서 학습한 enumerate 함수로 문자열과 리스트를 탐색할 때도 튜플을 사용했습니다.

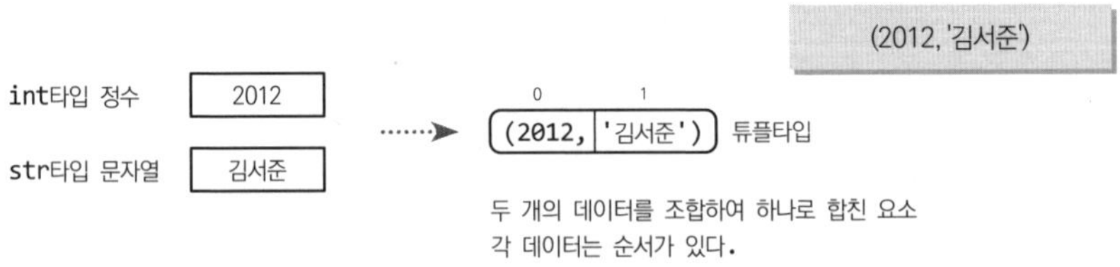

그림 8-1. 튜플의 이미지

튜플은 불변 객체이기 때문에 다음과 같은 특징이 있습니다.

- 리스트보다 메모리를 덜 차지하며 높은 성능을 기대할 수 있다.
- 요소의 값을 실수로 변경하는 것을 피할 수 있다.
- 딕셔너리의 키로 사용할 수 있다(Section 8-2에서 학습합니다).

앞 챕터에서 리스트를 자세하게 배웠으므로 튜플과 리스트의 공통점과 차이점을 잘 이해하면 튜플을 쉽게 배울 수 있습니다. 표 8-1은 리스트와 튜플의 비교입니다.

표 8-1. 리스트와 튜플의 비교

특성/기능	리스트	튜플
가변(변경 가능)	○	X 불변 객체 (변경 불가)
딕셔너리의 키로 사용할 수 있음	X	○
이터러블이다.	○	○
귀속 판정 연산자 in/not in 사용	○	○
덧셈 연산자 +로 연결	○	○
곱셈 연산자 *로 반복	○	○
누적 연산자 +=로 연결	○	△ 제자리 연산을 수행하지 않음
누적 연산자 *=로 반복	○	△ 제자리 연산을 수행하지 않음
인덱스식	○	△ 좌변에 둘 수 없다
슬라이스식	○	△ 좌변에 둘 수 없다
len 함수로 요소 개수 취득	○	○
min함수/max 함수를 사용한 최솟값/최댓값	○	○
sum 함수로 합계 구하기	○	○
index 메소드로 검색	○	○
count 메소드로 포함 횟수 세기	○	○
del문으로 요소 제거	○	X
append 메소드로 요소 추가	○	X
clear 메소드로 전체 요소 제거	○	X
copy 메소드로 복사	○	X
extend 메소드로 확장	○	X
insert 메소드로 요소 삽입	○	X
pop 메소드로 요소 추출	○	X
remove 메소드로 지정 값 삭제	○	X
reverse 메소드로 반전 제자리 연산	○	X
내포 표기로 생성	○	X

리스트는 동일하거나 유사한 성격의 요소를 나열하는 용도로 많이 사용합니다. 그러나 튜플은 서로 다른 성격의 요소를 결합하는 용도로 많이 사용합니다.

▶ 이는 경향일 뿐 반드시 그런 것은 아니므로 적재적소에 사용하기 바랍니다.

:: 튜플 생성

튜플의 생성 방법은 리스트와 비슷하지만 세부적인 면에서 다른 점이 있습니다. 지금부터 그 공통점과 차이점을 알아보겠습니다.

결합 연산자()로 튜플 생성하기

튜플은 요소를 나열하고 쉼표로 구분한 후 결합 연산자 ()로 묶은 식으로 생성합니다. 리스트와 마찬가지로 마지막 요소 뒤에 쉼표(,)를 둘 수 있습니다. 그러나 문맥상 모호하지 않다면 소괄호( )를 생략할 수 있다는 점에서 리스트와 큰 차이가 있습니다. 또한 아무것도 없는 ( )는 빈 튜플을 생성합니다.

아래의 예를 살펴보겠습니다.

```
tuple01 = ()                # ()
tuple02 = 1,                # (1,)
tuple03 = (1,)              # (1,)
tuple04 = 1, 2, 3           # (1, 2, 3)
tuple05 = 1, 2, 3,          # (1, 2, 3)
tuple06 = (1, 2, 3)         # (1, 2, 3)
tuple07 = (1, 2, 3, )       # (1, 2, 3)
tuple08 = 'A', 'B', 'C',    # ('A', 'B', 'C')
```

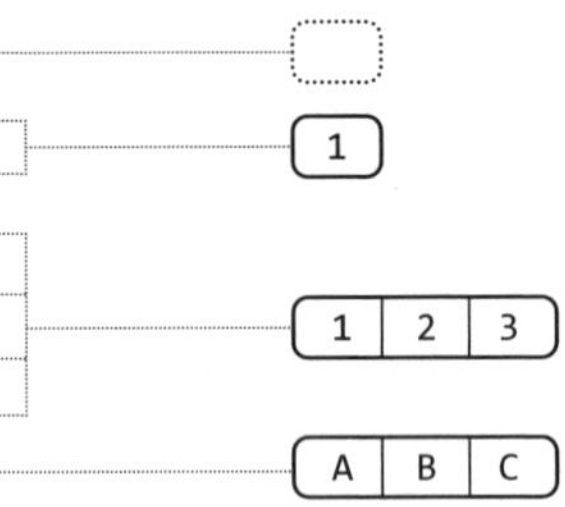

▶ 오른쪽의 주석은 생성되는 튜플의 내용입니다. tuple01에서 tuple16까지의 튜플을 생성하고 출력하는 프로그램은 chap08/tuple_construct.py입니다.

tuple02와 tuple03과 같이 요소가 한 개뿐이면 요소 뒤에 쉼표를 입력해야 합니다. 쉼표가 없으면 단일 값으로 간주되기 때문입니다.

```
# 다음은 단일 값 변수로 튜플이 아니다
v01 = 1          # 1 ※ 단일 int타입으로 튜플이 아니다
v02 = (1)        # 1 ※ 단일 int타입으로 튜플이 아니다
```

예를 들어 덧셈식을 괄호로 묶은 (5 + 2)가 하나의 정수 값인 (7)과 같듯이 쉼표가 없는 단일 int타입과 구별하기 위함입니다.

tuple 함수로 리스트 생성하기

내장 함수인 tuple 함수는 문자열과 리스트 등 다양한 타입의 객체로 튜플을 생성하는 함수입니다. 또한 인수 없이 tuple()로 호출하면 빈 튜플을 리턴합니다.

```
tuple09 = tuple()             # ()                빈 튜플
tuple10 = tuple('ABC')        # ('A', 'B', 'C')   문자열의 개별 문자에서 생성
tuple11 = tuple([1, 2, 3])    # (1, 2, 3)         리스트에서 생성
tuple12 = tuple({1, 2, 3})    # (1, 2, 3)         집합에서 생성
```

▶ 리스트를 생성하는 list 함수와 튜플을 생성하는 tuple 함수에는 큰 차이가 있습니다. 자세한 내용은 Column 8-1에서 학습합니다.

range 함수가 생성하는 수열(이터러블 객체)을 tuple 함수로 변환하면 특정 범위의 값을 요소로 가지는 튜플을 쉽게 생성할 수 있습니다.

```
tuple13 = tuple(range(7))         # (0, 1, 2, 3, 4, 5, 6)
tuple14 = tuple(range(3, 8))      # (3, 4, 5, 6, 7)
tuple15 = tuple(range(3, 13, 2))  # (3, 5, 7, 9, 11)
```

divmod 함수로 튜플 생성하기

내장 함수인 divmod 함수는 첫 번째 인수를 두 번째 인수로 나눈 몫과 나머지를 튜플로 생성하여 리턴합니다(표 5-3).

```
tuple16 = divmod(13, 3)       # (4, 1)       몫 4 나머지 1
```

▶ 앞 챕터에서 학습한 언팩을 이용하면 몫과 나머지를 서로 다른 변수로 추출할 수 있습니다.
`div, mod = divmod(13, 3)   # div에 4가 대입되고, mod에 1이 대입된다.`

:: 리스트와 튜플의 공통점

리스트와 튜플은 순서를 가지는 요소의 모음이기 때문에 많은 공통점이 있습니다.

요소가 없으면 거짓이다.

요소가 한 개도 없는 빈 리스트가 거짓이듯 요소가 한 개도 없는 빈 튜플은 거짓입니다.

귀속 판정 연산자 in/not in, 덧셈 연산자 +, 곱셈 연산자 *을 적용할 수 있다.

귀속 판정 연산자 in과 not in, 덧셈 연산자 +, 곱셈 연산자 *는 리스트와 동일하게 적용할 수 있습니다.

내장 함수 len/max/min/sum으로 요소 개수(길이)/최댓값/최솟값/총합을 구할 수 있다.

내장 함수인 len 함수, max 함수, min 함수, sum 함수를 사용할 수 있습니다. 이러한 연산자와 함수는 인수로 주어진 튜플을 변경하지 않기 때문입니다.

메소드 count/index로 탐색할 수 있다.

메소드 count와 index도 튜플에 사용할 수 있습니다.

다양한 방법으로 모든 요소를 탐색할 수 있다.

리스트의 모든 요소를 탐색하는 여러 방법을 튜플에서도 그대로 사용할 수 있음을 배웠습니다. 이후 자세하게 학습합니다.

:: 리스트와 튜플의 차이점

리스트는 가변형(변경 가능)이고 튜플은 불변형(변경 불가능)인 것이 중요한 차이점입니다.

: 인덱스식과 슬라이스식

문자열과 리스트로 배운 인덱스식과 슬라이스식은 튜플에서도 사용할 수 있습니다. 기본적인 지정 방법은 문자열 및 리스트와 동일합니다.

그러나 튜플은 불변 객체이기 때문에, 인덱스식이나 슬라이스식으로 대입할 수 없습니다. 이 점은 문자열과는 같고, 리스트와는 다릅니다.

예 8-1. 인덱스식의 동작 차이(리스트 vs 튜플)

리스트에는 대입할 수 있다.

```
>>> lst = [1, 2, 3, 4, 5] Enter
>>> lst[2] = 99 Enter
>>> lst Enter
[1, 2, 99, 4, 5]
```

튜플에는 대입할 수 없다.

```
>>> tpl = (1, 2, 3, 4, 5) Enter
>>> tpl[2] = 99 Enter
Traceback (most recent call last):
File "<stdin>", line 1, in <module>
TypeError: 'tuple'object does not
support item assignment
```

: 누적 대입 연산자 +=와 *=

튜플은 불변 객체이므로 누적 대입 +=와 *=을 적용할 수 없을 것 같지만 사용할 수 있습니다. 그러나 리스트와는 달리 제자리 연산이 수행되지 않습니다. 예 8-2에서 확인합니다.

예 8-2. 누적 대입의 동작 차이(리스트 vs 튜플)

```
>>> lst = [1, 2, 3] Enter
>>> id(lst)
2529583325768
>>> lst += [4, 5] Enter
>>> lst Enter
[1, 2, 3, 4, 5]
>>> id(lst)
2529583325768 ← 아이덴티티가 변하지 않는다.
```

```
>>> tpl = (1, 2, 3) Enter
>>> id(tpl)
2635437335112
>>> tpl += (4, 5) Enter
>>> tpl Enter
(1, 2, 3, 4, 5)
>>> id(tpl)
2635437335164 ← 아이덴티티가 변경된다.
```

누적 대입 후 제자리 연산이 이루어지는 리스트는 아이덴티티가 바뀌지 않습니다. 하지만 튜플은 아이덴티티가 바뀌며 누적 대입으로 새로운 튜플이 생성된다는 사실을 알 수 있습니다.

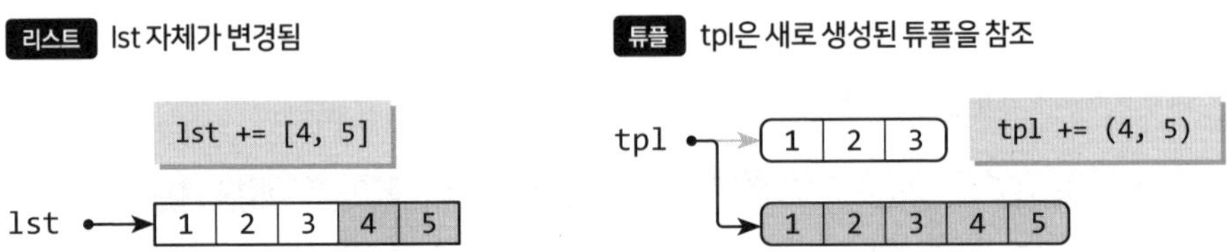

그림 8-2. 리스트와 튜플의 누적 대입 동작 차이

: 요소의 추가와 삭제

튜플은 불변 객체이므로 요소를 추가하거나 삭제할 수 없습니다. 따라서 표 8-1과 같이 insert나 append 등의 다양한 메소드는 튜플에 제공되지 않습니다. 당연히 내포 표기로도 생성할 수 없습니다.

: 정렬

튜플은 불변 객체이므로 정렬할 수 없습니다. 따라서 튜플을 정렬할 때는 다음과 같이 두 단계로 실시합니다.

> **1** sorted 함수로 정렬한 것을 리스트로 생성한다.
> **2** 생성된 리스트를 튜플로 변환한다.

예 8-3으로 확인합니다.

예 8-3. 튜플의 정렬

```
>>> x = (1, 3, 2) Enter↵                    ← 튜플
>>> x = tuple(sorted(x)) Enter↵             ← 정렬된 리스트를 튜플로 변환
>>> x Enter↵
(1, 2, 3)
```

▶ sorted 함수는 어떠한 이터러블 객체라도 인수로 받을 수 있지만 리스트를 리턴합니다.

Column 8-1. list 함수와 tuple 함수의 차이점

리스트를 생성하는 list 함수와 튜플을 생성하는 tuple 함수는 같은 타입의 인수를 받았을 때의 동작에 결정적인 차이가 있습니다.

- 리스트를 받은 list 함수는 동일한 요소를 가지는 리스트를 새로 생성하여 리턴한다.

다음 코드를 예시로 살펴보겠습니다.

```
lst1 = [1, 2, 3, 4, 5]

lst2 = list(lst1)
```

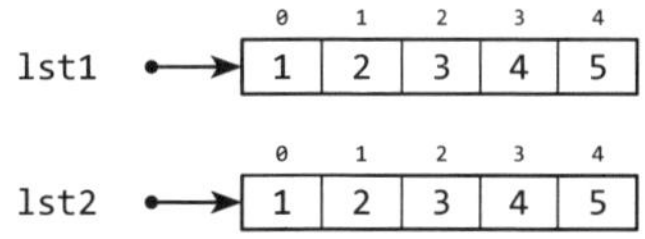

이렇게 리스트를 생성하면 두 변수는 각각의 실체를 참조합니다. 리스트는 가변 객체이므로 요소를 업데이트할 수 있습니다. 두 리스트가 다른 실체를 가지고 있기 때문에 만약 lst1[3]에 9를 대입했을 때 실수로 lst2[3]이 9로 변경되는 일을 피할 수 있습니다.

▪ 튜플을 받은 tuple 함수는 튜플을 그대로 리턴한다.

아래의 코드로 살펴보겠습니다.

```
tpl1 = (1, 2, 3, 4, 5)

tpl2 = tuple(tpl1)
```

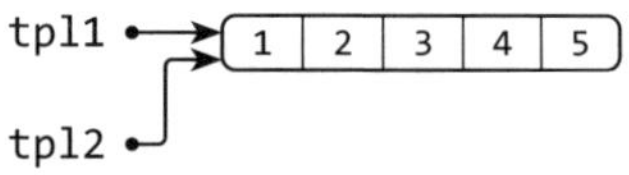

이러한 튜플을 생성하는 경우 두 변수는 동일한 실체를 함께 참조합니다. 튜플은 불변 객체로써 요소를 업데이트할 수 없습니다. 그렇기 때문에 같은 실체를 함께 참조하더라도 문제가 발생하지 않습니다.

:: 팩과 언팩

아래와 같이 생성하는 튜플을 살펴보겠습니다.

```
tuple4 = 1, 2, 3, 4        # (1, 2, 3, 4)
```

int타입 1, 2, 3, 4로 튜플 (1, 2, 3, 4)를 생성합니다. 이 경우와 같이 4개의 값을 조합하여 하나의 튜플을 만드는 것을 팩(pack)이라고 합니다(그림 8-3).

이와 반대로 하나의 튜플에서 그 안에 들어 있는 여러 값을 꺼내는 것을 언팩(unpack)이라고 합니다. tuple4의 언팩은 아래와 같이 사용합니다.

```
a, b, c, d = tuple4        # a, b, c, d에 1, 2, 3, 4를 추출
```

tuple4의 요소 개수가 네 개이므로 좌변에 변수 네 개가 필요합니다. 만약 첫 번째와 세 번째 등 특정 값만 필요하다면 그 외의 변수명은 _로 합니다.

```
a, _, c, _ = tuple4            # a, c에 1, 3을 추출
```

▶ 변수 _에는 우선 2가 할당되고 또 4가 할당되므로 최종 값은 4입니다. 변수명을 _로 하면 추출한 값을 사용하지 않음을 나타냅니다.

또한 언팩 대상인 tuple4가 튜플이 아닌 리스트여도 언팩할 수 있습니다.

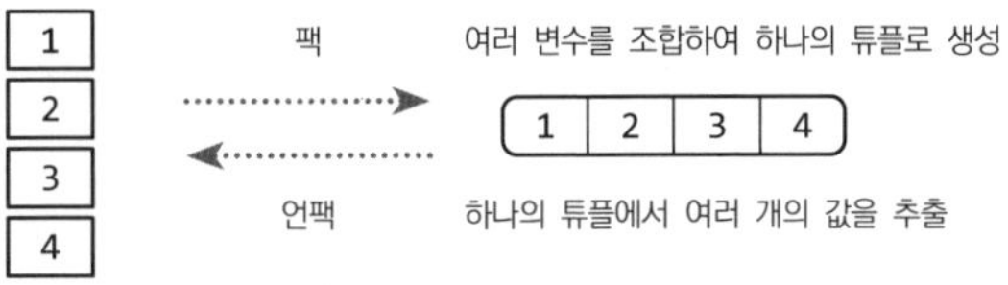

그림 8-3. 팩과 언팩

필요에 따라 암묵적으로 수행되는 팩과 언팩은 1챕터부터 이용했습니다. 1챕터에서 배운 일괄 대입을 예로 들어 살펴보겠습니다.

```
x, y, z = 1, 2, 3        # x에 1, y에 2, z에 3을 대입
```

이 대입에서는 다음의 작업이 수행됩니다.

- 우변의 1, 2, 3을 팩한 튜플(1, 2, 3)이 생성된다.
- 튜플(1, 2, 3)을 언팩한 1, 2, 3이 좌변 x, y, z에 대입된다.

우변의 식이 튜플로 팩되고, 대입할 때는 언팩됩니다. 3챕터에서 배운 두 값의 교환에서도 튜플이 사용되었습니다.

```
a, b = b, a              # a와 b의 값을 교환
```

식 b와 a를 차례대로 평가하고 그 평가에서 얻어진 값을 갖는 튜플이 만들어집니다. 이후 만들어진 튜플에서 언팩되어 차례로 a와 b에 대입되는 구조입니다.

: 언팩의 리스트화

개별 변수 외에 리스트도 언팩하여 변수로 대입될 수 있습니다. 계속해서 앞의 튜플을 예로 살펴보겠습니다.

```
tuple4 = 1, 2, 3, 4         # (1, 2, 3, 4)
```

예를 들어 앞의 두 값을 단일 값으로 추출하고 나머지를 리스트로 추출한다면 아래와 같이 쓰면 됩니다.

```
a, b, *c = tuple4           # a에 1, b에 2, c에 [3, 4]를 대입
```

이와 같이 리스트로 추출하는 변수명 앞에 *를 사용해 리스트로 추출하며, 최대 한 개까지 적용할 수 있습니다. 또한 리스트로 추출하는 요소가 없는 리스트는 빈 리스트입니다.

아래의 예를 살펴보겠습니다.

```
a, *b, c = tuple4           # a에 1, b에 [2, 3], c에 4를 대입
*a, b, c = tuple4           # a에 [1, 2], b에 3, c에 4를 대입
a, b, c, d, *e = tuple4     # a에 1, b에 2, c에 3, d에 4, e에 []를 대입
a, b, c, *d, e = tuple4     # a에 1, b에 2, c에 3, d에 [], e에 4를 대입
```

: 중첩된 튜플에서 언팩

튜플이 중첩된 경우 안에 있는 튜플은 하나의 튜플로 추출됩니다.

```
tuple5 = (1, 2, (3, 4))
a, b, c = tuple5            # a에 1, b에 2, c에 (3, 4)를 대입
```

또한 중첩된 리스트에서 언팩도 마찬가지로 동작합니다. 안에 들어있는 리스트는 단일 리스트로 추출됩니다.

```
list5 = [1, 2, [3, 4]]
a, b, c = list5             # a에 1, b에 2, c에 [3, 4]를 대입
```

:: enumerate 함수로 탐색하기

6챕터에서는 문자열 탐색을, 7챕터에서는 리스트 탐색을 학습했습니다. 여기에서는 List 6-8과 List 7-4를 다시 한번 살펴보겠습니다.

▶ 7챕터의 List 7-3~List 7-6을 튜플 탐색에도 응용할 수 있는 것을 앞서 학습했습니다.

List 6-8

```
# enumerate 함수로 문자열의 모든 문자 탐색하기

s = input('문자열 : ')

for i, ch in enumerate(s):
    print('s[{}] = {}'.format(i, ch))
```

실행 결과

```
문자열 : ABCDEFG Enter↵
s[0] = A
s[1] = B
# 이하 생략 #
```

List 7-4

```
# 리스트의 모든 요소를 enumerate 함수로 탐색하기

x = ['John', 'George', 'Paul', 'Ringo']

for i, name in enumerate(x):
    print('x[{}] = {}'.format(i, name))
```

실행 결과

```
x[0] = John
x[1] = George
x[2] = Paul
x[3] = Ringo
```

그림 8-4와 같이 enumerate 함수를 사용하면 문자열과 리스트 등의 이터러블 객체에서 인덱스와 요소의 쌍으로 팩한 튜플을 추출할 수 있습니다. 추출된 튜플은 암묵적으로 언팩되어 두 변수에 대입됩니다.

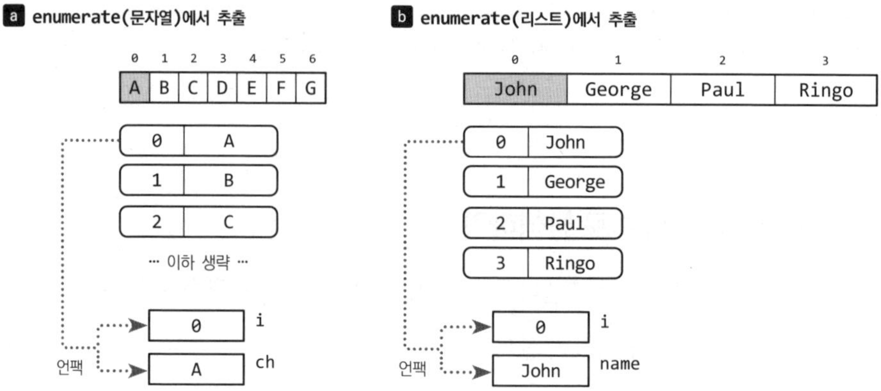

그림 8-4. enumerate 함수를 사용한 탐색과 튜플 언팩

▶ 이 그림은 for문 반복의 가장 첫 추출을 나타냅니다. 7챕터의 List 7-8에서는 추출한 값이 요소 자체가 아닌 요소의 복사본에 불과하다는 점과 이는 오류로 이어질 수 있다는 점을 학습했습니다. 추출한 값이 요소의 복사본임을 이 그림에서도 명확하게 알 수 있습니다.

:: 튜플의 리스트

지금까지 튜플과 리스트의 공통점과 차이점을 학습했습니다. 이번 챕터의 시작에서 살펴본 튜플은 아래와 같습니다.

```
(2012, '김서준')          # 튜플 : 출생 년도(int타입)와 이름(str타입)의 조합
```

이 튜플은 출생 년도와 이름의 쌍입니다. 이 쌍이 모이면 튜플 리스트, 즉 모든 요소가 튜플인 리스트입니다. List 8-1은 튜플 리스트의 예입니다.

List 8-1

```
# 튜플 리스트(모든 요소가 튜플인 리스트)

students = [
    (2012, '김서준'),
    (2013, '이서아'),
    (2011, '최하준'),
]

print('students =', students)
print('students[0]    =', students[0])
print('students[1]    =', students[1])
print('students[2]    =', students[2])
print('students[0][0] =', students[0][0])
print('students[0][1] =', students[0][1])
print('students[1][0] =', students[1][0])
print('students[1][1] =', students[1][1])
print('students[2][0] =', students[2][0])
print('students[2][1] =', students[2][1])
```

실행 결과

```
students = [(2012, '김서준'), (2013, '이서아'), (2011, '최하준')]
students[0]    = (2012, '김서준')
students[1]    = (2013, '이서아')
students[2]    = (2011, '최하준')
students[0][0] = 2012
students[0][1] = 김서준
students[1][0] = 2013
students[1][1] = 이서아
students[2][0] = 2011
students[2][1] = 최하준
```

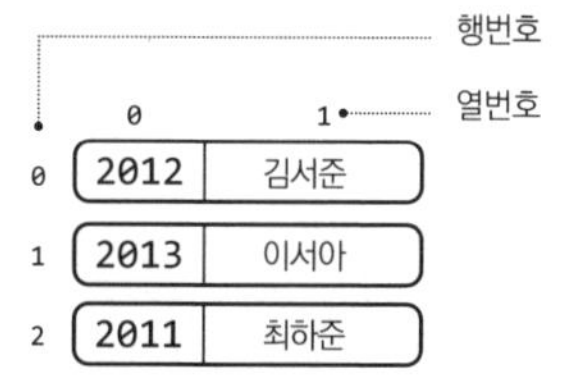

그림 8-5. 튜플의 리스트

변수 students는 요소가 세 개인 리스트입니다. 개별 요소가 튜플이기 때문에 students[0], students[1], students[2]는 모두 출생 년도와 이름이 한 쌍인 튜플입니다. int타입인 출생 년도와 str타입인 이름이 그 안의 요소입니다. 각 요소를 액세스하려면 앞 챕터에서 배운 2차원 리스트와 동일하게 인덱스 연산자 []를 두 번 적용한 인덱스식을 사용합니다.

튜플 리스트뿐만 아니라 튜플의 튜플도 마찬가지입니다. students를 다음과 같이 변경합니다(chap08/list0801a.py).

```
students = ((2012, '김서준'), (2013, '이서아'), (2011, '최하준'))
```

이 외의 부분은 변경하지 않아도 동일한 결과를 얻을 수 있습니다.

:: zip 함수의 결합

다음으로 배울 것은 여러 리스트나 튜플에 걸쳐 저장된 데이터를 하나의 객체로 정리하는 방법입니다. 동일한 인덱스를 가진 요소로 만든 튜플을 요소로 하는 zip타입의 zip 객체를 생성합니다. 이 작업을 zip화한다고 표현하며 내장 함수인 zip 함수로 수행합니다.

설명만으로 이해하기 어려우므로 다음 예제와 그림 8-6을 통해 학습합니다.

예 8-4. zip 함수로 리스트 결합하기

```
>>> p1 = [75, 56, 89] Enter↵                                  ← 영어 점수 리스트
>>> p2 = [42, 85, 77] Enter↵                                  ← 수학 점수 리스트
>>> name = ['김서준', '이서아', '최하준'] Enter↵                 ← 이름 리스트
>>> pl = list(zip(p1, p2)) Enter↵                             ← (영어, 수학) 리스트
>>> pl Enter↵
[(75, 42), (56, 85), (89, 77)]
>>> pt = tuple(zip(p1, p2, name)) Enter↵                      ← (영어, 수학, 이름)의 튜플
>>> pt Enter↵
((75, 42, '김서준'), (56, 85, '이서아'), (89, 77, '최하준'))
```

처음에 생성된 p1, p2, name은 각각 세 명의 영어 점수, 수학 점수, 이름을 요소로 갖는 요소가 3개인 리스트입니다.

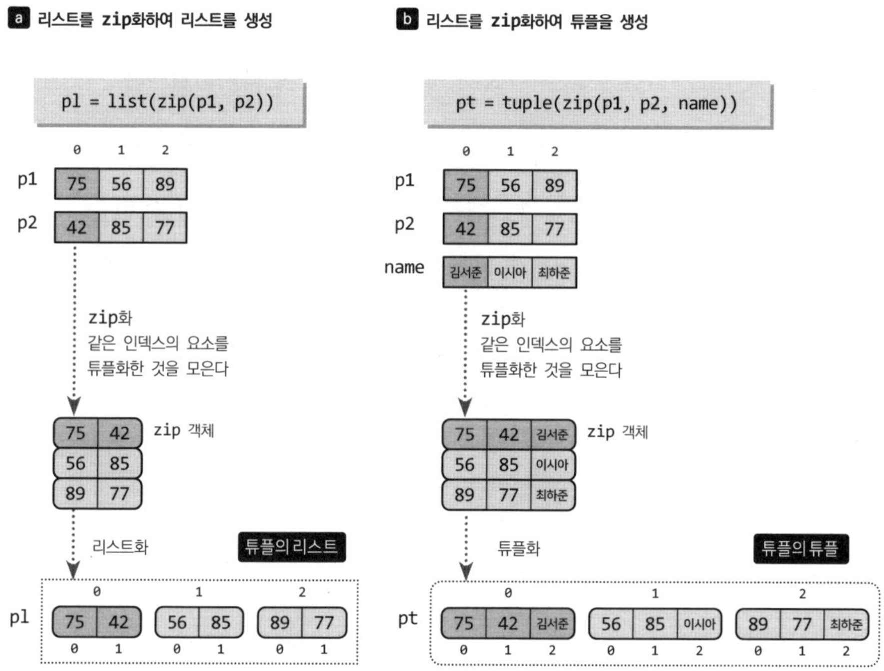

그림 8-6. zip 함수로 리스트 결합하기

그림 a는 p1과 p2를 zip화한 리스트를 생성합니다. 다시 말해 영어 점수와 수학 점수의 튜플을 정리한 리스트를 생성합니다. 그리고 그림 b는 p1과 p2, name을 zip화한 영어 점수, 수학 점수와 이름의 튜플을 정리한 튜플을 생성합니다.

▶ 생성 후 리스트 및 튜플의 요소 개수는 모두 3개입니다.

두 예 모두 인덱스가 0인 요소, 1인 요소, 2인 요소를 추출하여 튜플화하는 작업을 수행합니다. 예를 들어 생성된 zip 객체의 (75, 42) 또는 (75, 42, '김서준')은 인덱스 0의 요소를 튜플화했습니다.

별도의 리스트에 저장되어 있던 점수와 이름이 학생별로 구성되고, 김서준의 데이터 튜플, 이서아의 데이터 튜플, 최하준의 데이터 튜플이 만들어졌습니다.

튜플화한 요소를 정리하여 zip 객체로 만드는 작업을 zip화라고 합니다. zip화된 객체의 타입은 zip 객체형이기에 객체 그대로 리스트나 튜플로 사용할 수 없습니다. 따라서 list 함수나 tuple 함수를 이용해 리스트나 튜플로 변경하여 사용합니다.

a → zip 객체를 리스트화하여 모든 요소가 튜플인 리스트를 생성.

b → zip 객체를 튜플화하여 모든 요소가 튜플인 튜플을 생성.

리스트 pl과 튜플 pt의 요소와 구성 요소의 값과 타입을 살펴보겠습니다.

예 8-5. zip 함수로 결합된 리스트와 튜플의 요소와 구성 요소(예 8-4에서 계속)

```
>>> pl[0] Enter↵
(75, 42)
>>> type(pl[0]) Enter↵
<class 'tuple'>
>>> pl[0][1] Enter↵
42
>>> type(pl[0][1]) Enter↵
<class 'int'>
```

```
>>> pt[1] Enter↵
(56, 85 '이서아')
>>> type(pt[1]) Enter↵
<class 'tuple'>
>>> pt[1][2] Enter↵
'이서아'
>>> type(pt[1][2]) Enter↵
<class 'str'>
```

리스트 pl의 요소(예: pl[0])와 튜플 pt의 요소(예: pt[1])는 모두 튜플형(tuple 타입)입니다. 또한 리스트 pl과 튜플 pt도 그 요소가 튜플이므로 구성 요소에 액세스하는 인덱스 수식은 []를 두 번 씁니다. 그림 8-6에서 볼 수 있듯이, 앞 인덱스가 0, 1, 2이고 뒤 인덱스는 리스트 pl에서는 0, 1, 튜플 pt에서는 0, 1, 2입니다.

지금까지는 zip화하기 전 리스트의 모든 요소 개수가 일치하는 예를 이용해 학습했습니다. 만약 요소 개수가 다르면 가장 짧은 요소 개수만큼만 앞에서부터 추출되고 zip화됩니다.

▶ 예를 들어 요소 개수가 다섯 개, 두 개, 세 개인 리스트를 정리하면 앞의 요소 두 개만 zip화됩니다. 또한 itertools 모듈의 zip_longest 함수를 사용하면 가장 큰 요소 개수에 맞추어 zip화할 수 있습니다. 이 중 부족한 부분은 기본적으로 None으로 채워지며 fillvalue에 값을 지정할 수 있습니다.

SECTION 8-2

딕셔너리

이제 딕셔너리를 학습합니다.

딕셔너리는 요소의 키와 값이 쌍이라는 점에서 리스트나 튜플과는 다릅니다.

:: 딕셔너리

딕셔너리(dictionary)는 임의의 개수의 요소를 가질 수 있는 dict타입입니다. 그리고 모든 요소가 키(key)와 값(value)의 쌍인 것이 가장 큰 특징입니다. 갑자기 키와 값이라는 용어가 나와 이해하기 어려울 수 있으므로 리스트와 비교해 설명하겠습니다. List 8-2가 딕셔너리이고 List 8-3이 리스트입니다.

List 8-2 딕셔너리

```
# 계절을 표시하는 딕셔너리
# 키는 한국어/값은 영어

season = {
    '봄': 'spring',
    '여름': 'summer',
    '가을': 'autumn',
    '겨울': 'winter',
}
print("season['봄'] = ", season['봄'])
print("season['여름'] = ", season['여름'])
print("season['가을'] = ", season['가을'])
print("season['겨울'] = ", season['겨울'])
```

인덱스는 문자열(키)

실행 결과

```
season['봄'] =  spring
season['여름'] =  summer
season['가을'] =  autumn
season['겨울'] =  winter
```

List 8-3

리스트

```
# 계절을 표시하는 리스트
# 요소는 영어

season = [
    'spring',
    'summer',
    'autumn',
    'winter',
]

print('season[0] = ', season[0])
print('season[1] = ', season[1])
print('season[2] = ', season[2])
print('season[3] = ', season[3])
```

인덱스는 정수 값

실행 결과

```
season[0] =  spring
season[1] =  summer
season[2] =  autumn
season[3] =  winter
```

먼저 List 8-3의 리스트를 살펴보겠습니다. season은 계절을 나타내는 네 개의 영어 문자열 'spring', 'summer', 'autumn', 'winter'를 요소로 하는 리스트입니다. 그림 8-7 **b** 와 같이 각 요소는 인덱스식 season[i]으로 액세스할 수 있습니다. 인덱스 i는 0~3의 정수입니다. 물론 음수 인덱스도 사용할 수 있습니다.

다음은 List 8-2의 딕셔너리입니다. 딕셔너리 표기 연산자 { }의 안은 키와 값을 :로 구분한 형식의 요소로 구성됩니다. 일반적으로 다음과 같은 형식입니다.

```
{키1:값1, 키2:값2, ...}
```

그림 8-7. 딕셔너리와 리스트

그림 8-7 ⓐ와 같이 한국어 문자열이 키(인덱스)이고 영어 문자열이 값입니다. 즉, 딕셔너리 season은 아래와 같은 쌍의 모음으로 단어가 네 개인 한영 딕셔너리입니다.

```
키가 '봄', 값이 'spring'          키가 '여름', 값이 'summer'
키가 '가을', 값이 'autumn'        키가 '겨울', 값이 'winter'
```

따라서 print 함수에 인덱스식 season['여름']을 전달하면 그 값인 'summer'가 출력됩니다. 딕셔너리에서는 인덱스의 타입과 값이 자유로우며 인덱스로 키를 지정하면 해당 값이 따라오는 구조입니다. 딕셔너리에서 키를 찾는 처리는 내부적으로 수행되지만 탐색이 빠릅니다.

▶ 딕셔너리는 다른 프로그래밍 언어에서 제공되는 연관 배열(associative array)에 해당합니다. 또한 딕셔너리는 해시 테이블을 이용해 구현했기 때문에 키 탐색이 빠릅니다.

정수도 키가 될 수 있으며 그 예가 List 8-4입니다. 딕셔너리 retired_number는 프로야구 선수의 영구 결번의 일부로 키가 등번호이고 값은 이름입니다.

List 8-4

```
# 프로 야구 선수의 영구 결번 딕셔너리(키가 정수이고 값이 문자열)

retired_number = {
    18: '선동열',
    36: '이승엽',
    21: '박철순',
}

print('retired_number[18] = ', retired_number[18])
print('retired_number[36] = ', retired_number[36])
print('retired_number[21] = ', retired_number[21])
print('retired_number[99] = ', retired_number[99])
```

실행 결과

```
retired_number[18] = 선동열
retired_number[36] = 이승엽
retired_number[21] = 박철순
```

존재하지 않는 키로 액세스

```
Traceback (most recent call last):
File "MeikaiPython\chap~8\list~8~4.py", line 12, in <module>
print("retired_number[99] = ", retired_number[99])
KeyError: 99
```

딕셔너리는 가변 객체입니다. 그러나 키의 타입은 불변이며 그 값은 고유해야 합니다. 따라서 같은 키가 여러 개 존재하는 것은 허용되지 않습니다.

▶ 키에 문자열을 사용하는 경우가 많고 불, 정수, 실수, 튜플 문자열 등의 불변 객체 타입이라면 무엇이든 사용할 수 있습니다. 그러나 가변형인 리스트는 사용할 수 없습니다.

따라서 이 딕셔너리에 한화 이글스의 송진우를 추가할 수 없습니다. 왜냐하면 박철순과 같은 21번이기 때문입니다. 또한 등록되지 않은 키를 참조하면 KeyError 예외가 발생합니다. 그러므로 인덱스로 99를 지정한 곳에서 프로그램의 실행이 중단됩니다.

:: 딕셔너리 생성

리스트나 튜플처럼 딕셔너리 생성 방법도 다양합니다.

딕셔너리 연산자{ }로 딕셔너리 생성하기

계절 프로그램을 이용해 배운 형식처럼 키, 값 형식의 요소를 쉼표로 구분하여 나열합니다. 또한 연산자 {}안에 아무것도 없으면 빈 딕셔너리를 생성합니다.

```
dict01 = {}     # {} 빈 딕셔너리
dict02 = {'Korea': 410, 'China': 156, 'Japan': 392, 'Taiwan': 158}
```

▶ chap08/dict_construct.py에서는 dict01에서 dict05까지 딕셔너리를 생성하고 출력합니다. dict02는 ISO 3166-1에 규정되어 있는 숫자 국가 코드입니다.

dict 함수로 딕셔너리 생성하기

내장 함수인 dict 함수를 사용하면 다양한 타입의 객체를 바탕으로 집합을 생성할 수 있습니다. 인수 없이 dict()로 호출하면 빈 딕셔너리가 생성됩니다.

```
dict03 = dict()         # {} 빈 딕셔너리
```

아래는 튜플 리스트로 딕셔너리를 생성하는 예입니다. 튜플의 제1요소는 키, 튜플의 제2요소는 값으로 해석됩니다 (그림 8-8 a).

```
lst = [('Korea', 410), ('China', 156), ('Japan', 392), ('Taiwan', 158)]
dict04 = dict(lst)
```

다음은 두 개의 리스트에서 딕셔너리를 생성하는 예를 살펴봅니다. 그림 8-8 b와 같이 키를 나열한 리스트와 해당 값을 정렬한 리스트를 zip 함수로 정리하고 이를 딕셔너리로 변환합니다.

```
key = ['Korea', 'China', 'Japan', 'Taiwan']
value = [410, 156, 392, 158]
dict05 = dict(zip(key, value))
```

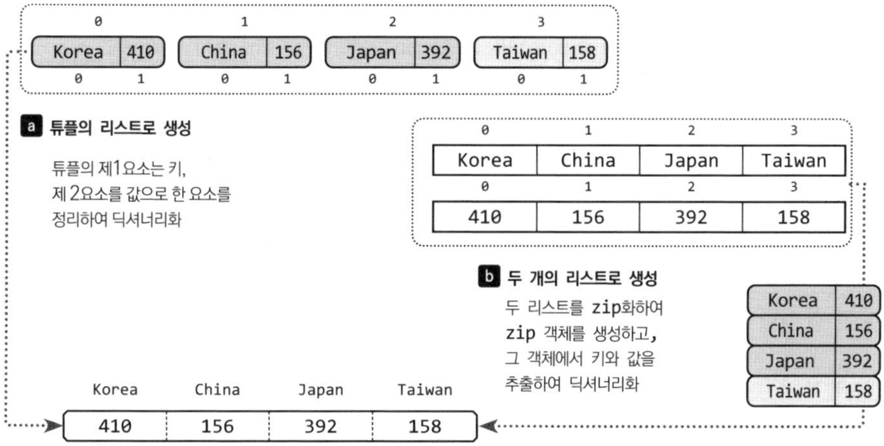

그림 8-8. dict 함수로 딕셔너리 생성하기

:: 요소의 순서와 등가 판정(시퀀스형과 매핑형)

시퀀스형인 문자열/리스트/튜플은 요소에 순서가 있습니다. 따라서 연속된 정수 값을 인덱스로 요소에 액세스할 수 있습니다.

반면 딕셔너리는 키와 값의 대응을 나타내는 요소의 집합으로, 요소의 순서에 의미가 없기 때문에 매핑형이라고 합니다.

시퀀스형인지 매핑형인지에 따라 비교 연산자 ==와 !=로 동등성을 판정하는 데 큰 차이가 있습니다. 아래 예에서 확인합니다(그림 8-9).

예 8-6. 리스트의 등가성 vs 딕셔너리의 등가성

```
>>> list1 = ['Korea', 'China', 'Japan'] Enter↵
>>> list2 = ['Korea', 'Japan', 'China'] Enter↵
>>> list1 == list2 Enter↵
False
```

```
>>> dict1 = {'KOR': 'Korea', 'CHN': 'China', 'JPN': 'Japan'} Enter
>>> dict2 = {'KOR': 'Korea', 'JPN': 'Japan', 'CHN': 'China'} Enter
>>> dict1 == dict2 Enter
True
```

리스트나 튜플에서는 요소의 값이 같아도 순서가 다르면 등가가 성립하지 않습니다. 그러나 딕셔너리에서는 요소(키와 값의 쌍)가 동일하다면 순서가 달라도 동일하다고 판정합니다. 또한 요소에 순서가 없기 때문에 슬라이스식은 딕셔너리에 적용할 수 없습니다.

이어서 두 개의 딕셔너리 dict1과 dict2를 출력합니다.

예 8-7. 딕셔너리 출력하기(예 8-6에서 계속)

```
>>> dict1 Enter
{'KOR': 'Korea', 'CHN': 'China', 'JPN': 'Japan'}
>>> dict2 Enter
{'KOR': 'Korea', 'JPN': 'Japan', 'CHN': 'China'}
```

두 딕셔너리 모두 생성했을 때의 요소 순서가 유지되고 있습니다.

▶ 파이썬 3.7부터는 언어 레벨에서 딕셔너리에 삽입한 요소의 순서가 유지됩니다.

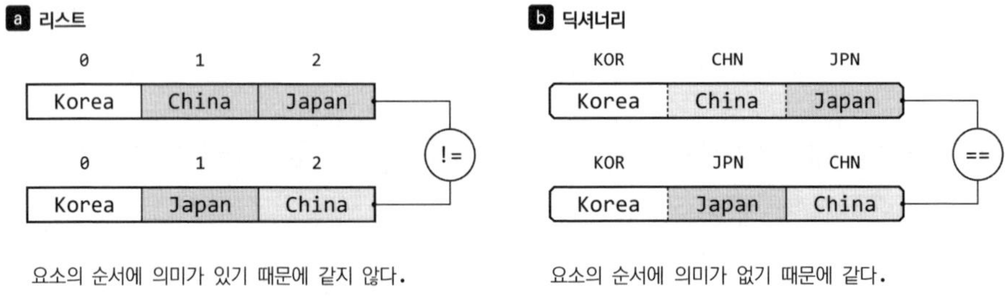

그림 8-9. 요소의 순서와 등가성(딕셔너리와 리스트)

:: 인덱스식과 get 메소드

인덱스[키] 형식의 인덱스식으로 키에 해당하는 값을 검색할 수 있습니다. 또한 딕셔너리에 존재하지 않는 키를 지정하면 오류가 발생하는 것을 List 8-2와 List 8-4로 확인했습니다.

다음 딕셔너리를 예로 인덱스와 요소의 관계를 더욱 자세하게 학습합니다.

```
color = {'red': '빨강', 'green': '초록', 'blue': '파랑'} ←1
```

먼저 값을 추출합니다.

: 인덱스식으로 값 추출하기

인덱스[키] 형식의 인덱스식을 평가하면 키에 해당하는 값을 얻을 수 있습니다. 만약 지정된 키가 딕셔너리에 존재하지 않으면 KeyError 예외가 발생합니다.

▶ in 연산자로 키의 존재를 확인한 후 인덱스식을 사용하면 오류를 막을 수 있습니다.

: get 메소드로 값 추출하기

딕셔너리에서 get 메소드를 호출하면 KeyError 예외의 발생을 막고 값을 추출할 수 있습니다.

```
dict.get(key [, default=None])
```

key가 존재하면 key에 대응하는 값을, 그렇지 않으면 KeyError를 발생시키지 않고 default를 리턴합니다. default가 주어지지 않으면 None을 리턴합니다.

두 방법의 동작을 확인합니다.

예 8-8. 딕셔너리에서 값 추출하기(❶의 color가 주어진 상황)

```
인덱스식에 오류 발생
>>> color['red'] Enter
'빨강'
>>> color['pink'] Enter
Traceback (most recent call last):
File "<stdin>", line 1, in <module>
KeyError: 'pink'
```

```
get 메소드에서는 오류가 발생하지 않음
>>> color.get('red') Enter
'빨강'
>>> print(color.get('pink')) Enter
None  ↑
      None을 표시하기 위해
      print 함수 호출
```

:: 인덱스식과 setdefault 메소드

다음은 값을 쓰는 방법입니다. 추출과 달리 조금 복잡합니다.

: 인덱스식을 좌변에 두었을 때의 동작

먼저 인덱스식을 대입문의 좌변에 두었을 때의 동작을 확인합니다. 키가 존재하는지에 따라 동작이 달라집니다.

좌변에 놓인 인덱스식 [] 안의 키가 존재할 때

➜ 해당하는 값이 우변의 값으로 업데이트됩니다.

아래 예제는 키 'red'에 해당하는 값인 '빨강'을 '레드'로 업데이트합니다.

```
color['red'] = '레드'          # color['red']의 값 '빨강'을 '레드'로 업데이트
```

좌변에 놓인 인덱스식 [] 안의 키가 존재하지 않을 때

➜ 지정된 키와 값이 새로운 요소로 딕셔너리에 삽입됩니다.

아래 예제는 키가 'yellow'이고 값이 '옐로우'인 요소를 삽입합니다(그림 8-10).

```
color['yellow'] = '노랑'       # 키가 'yellow', 값이 '노랑'인 요소를 삽입
```

즉, 존재하지 않는 키에 접근하는 것만으로 요소가 한 개 늘어납니다.

: setdefault 메소드로 탐색하기(값의 추출 또는 삽입)

좌변에 놓인 인덱스식의 복잡한 동작은 딕셔너리를 편리하고 쉽게 사용할 수 있게 합니다. 그러나 실수로 값을 변경하거나 요소를 추가할 수 있는 가능성을 내포하고 있습니다. 때문에 setdefault 메소드가 제공됩니다.

dict.setdefault(key[, value])

key가 딕셔너리에 존재하면 그 값을 리턴합니다. 그렇지 않으면 값이 value인 key를 삽입한 다음 value를 리턴합니다. value를 생략하면 값은 None입니다.

즉, 다음과 같이 작동합니다.

- **딕셔너리에 key가 있으면** : 키가 key인 요소의 값을 추출.
- **딕셔너리에 key가 없으면** : 키가 key, 값이 value인 요소를 삽입.

예 8-9. setdefault 메소드(1 의 color가 주어진 상황)

```
>>> v1 = color.setdefault('red', '레드') Enter ↵        값을 입력(변경하지 않음)
>>> v1 Enter ↵
'빨강'
>>> color Enter ↵
{'red': '빨강', 'green': '초록', 'blue': '파랑'}
>>> v2 = color.setdefault('yellow', '노랑') Enter ↵     요소를 삽입
>>> v2 Enter ↵
'노랑'
>>> color Enter ↵
{'red': '빨강', 'green': '초록', 'blue': '파랑', 'yellow': '노랑'}
```

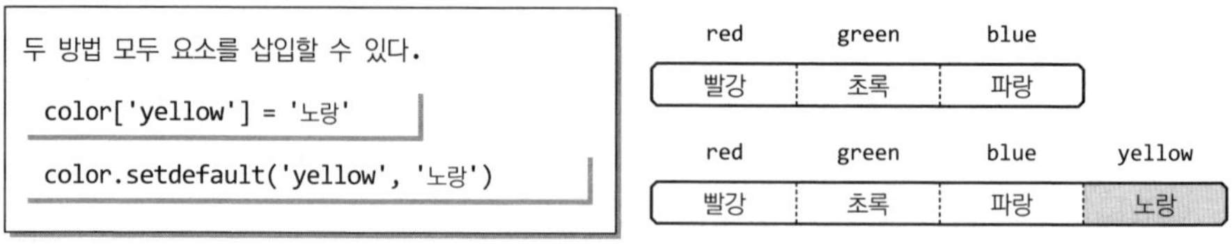

그림 8-10. 딕셔너리에 요소 삽입하기

:: update 메소드로 딕셔너리 수정하기

다음은 다양한 기능을 수행하는 update 메소드입니다.

dict.update([other])

딕셔너리의 내용을 other 키와 값으로 수정합니다. 그때 기존의 키는 덮어쓰고 리턴 값은 None입니다. other에는 다른 딕셔너리 객체뿐만 아니라 키와 값의 쌍으로 이루어진 이터러블(튜플이나 요소 개수가 두 개인 이터러블)도 입력할 수 있습니다. 키워드 인수가 지정된 경우 그 키와 값의 쌍으로 딕셔너리를 수정합니다.

: 딕셔너리의 결합

a.update(b)는 딕셔너리 a에 딕셔너리 b를 결합합니다. List 8-5에서는 딕셔너리 rgb에 딕셔너리 cmy가 그대로 추가됩니다.

List 8-5

```
# update 메소드로 딕셔너리 결합하기(중복 없음)

rgb = {'red': '빨강', 'green': '초록', 'blue': '파랑'}
cmy = {'cyan': '하늘', 'magenta': '자주', 'yellow': '노랑'}

# 딕셔너리 rgb에 딕셔너리 cmy를 결합
rgb.update(cmy)
print(rgb)
```

실행 결과

```
{'red': '빨강',
'green': '초록',
'blue': '파랑',
'cyan': '하늘',
'magenta': '자주',
'yellow': '노랑'}
```

만약 결합하는 딕셔너리에 동일한 키를 가진 요소가 존재할 때는 a보다 b의 값이 우선됩니다. 다시 말해 딕셔너리 a에 새로운 딕셔너리 b를 결합할 때 동일한 키에 해당하는 값이 다르면 새로운 b의 값을 채용하여 딕셔너리 a가 수정됩니다.

List 8-6에서는 키 'red'의 값이 '빨강'에서 '레드'로 수정됩니다.

List 8-6

```
# update 메소드로 딕셔너리 결합하기(중복 있음)

rgb = {'red': '빨강', 'green': '초록', 'blue': '파랑'}
cmy = {'cyan': '하늘', 'red': '레드', 'yellow': '노랑'}

# 딕셔너리 rgb에 딕셔너리 cmy를 결합
rgb.update(cmy)
print(rgb)
```

실행 결과

```
{'red': '레드',
'green': '초록',
'blue': '파랑',
'cyan': '하늘',
'yellow': '노랑'}
```

▶ 딕셔너리 rgb에 존재하지 않는 cyan과 yellow는 그대로 삽입됩니다.

: 딕셔너리의 요소 수정

지금까지 update 메소드의 인수로 딕셔너리를 전달하는 방법을 학습했습니다. 인수에 튜플 또는 요소 개수가 두 개인 이터러블 객체를 전달하는 방법도 있습니다. 이때 "키 = 값"의 형식을 갖습니다. 여러 개를 전달하려면 일반적으로 다음과 같은 형식으로 사용합니다.

```
d.update(키=값)
d.update(키1=값1, 키2=값2, ... 이하 생략 ...)
```

이때, 지정된 키가 딕셔너리 d에 존재하는지에 따라 동작이 바뀝니다.

키가 딕셔너리에 존재 → 정의(키에 해당하는 값)가 수정된다.

키가 딕셔너리에 존재하지 않음 → 정의(키와 해당하는 값)가 삽입된다.

이미 배운 것처럼 인덱스식, get 메소드, setdefault 메소드 등의 방법으로 요소를 삽입하거나 수정할 수 있습니다. update 메소드는 여러 요소를 일괄적으로 삽입하거나 또는 수정하는 용도로 적합합니다. List 8-7에서 확인합니다.

List 8-7

```
# update 메소드로 딕셔너리 수정

rgb = {'red': '빨강', 'green': '초록', 'blue': '파랑'}

rgb.update(red='레드', blue='블루', yellow='옐로우')
print(rgb)
```

실행 결과

```
{'red': '레드',
'green': '초록',
'blue': '블루',
'yellow': '옐로우'}
```

List 8-7은 'red'와 'blue'의 값을 수정하고 키가 'yellow'이고 값이 '옐로우'인 요소를 삽입합니다.

▶ 전달하는 인수의 키는 ' '로 묶지 않았습니다. 즉 전달하는 것은 'red'가 아니라 red입니다. 그 이유는 다음 챕터에서 학습합니다.

: 딕셔너리와 연산자

리스트나 튜플과 달리 딕셔너리에는 +, *, +=, *=를 적용할 수 없습니다.

Column 8-2. 순서를 가지는 딕셔너리

본문에서 학습한 대로 딕셔너리의 요소 순서에는 의미가 없습니다. 만약 키를 순서대로 저장해야 한다면 collections.OrderedDict타입의 딕셔너리를 사용합니다.

:: 요소 제거

지금까지 요소 값의 추출, 수정과 삽입을 학습했습니다. 다음은 제거하는 방법을 학습합니다.

▶ 예 8-9에서 딕셔너리 color에 삽입한 color['yellow']를 제거하는 방법을 살펴보겠습니다.

: pop 메소드로 제거하기

인수로 키를 전달하고 pop 메소드를 호출하면 그 키를 가진 요소가 제거됩니다. pop 메소드는 리스트와 같이 삭제한 값을 리턴합니다.

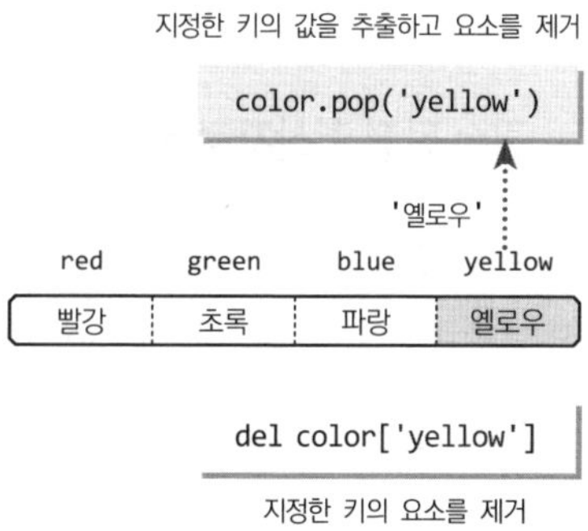

그림 8-11. 딕셔너리에서 요소 제거하기

: del문으로 제거하기

제거하는 값이 필요하지 않은 경우에는 del문을 사용합니다. 인덱스식을 지정하면 해당 키를 가진 요소가 제거됩니다. pop 메소드와 del문 모두 존재하지 않는 키를 지정하면 KeyError 예외가 발생합니다.

: clear 메소드로 전체 요소 제거하기

리스트와 마찬가지로 clear 메소드로 딕셔너리의 모든 요소를 제거할 수 있습니다. 즉 기존의 딕셔너리를 빈 딕셔너리로 만듭니다.

```
color.clear()                # 딕셔너리 color의 모든 요소를 제거
```

▶ 리스트와 마찬가지로 color = {} 대입(변수 color로 빈 딕셔너리를 참조한다)으로도 딕셔너리를 비울 수 있습니다. 또한 요소가 아닌 딕셔너리 자체를 삭제할 때는 del color로 삭제합니다.

:: 딕셔너리의 기본 조작

지금부터 딕셔너리의 기본 조작 방법을 학습합니다. 리스트나 튜플에서 배운 내용의 응용입니다.

: 귀속 판정 연산자로 키 포함 여부 판정

귀속 판정 연산자인 in 연산자와 not in 연산자를 이용하면 지정된 키가 존재하는지를 확인할 수 있습니다. 요소에 액세스하기 전에 판정하면 KeyError 예외를 방지할 수 있습니다.

```
if 'purple' in color:          # 딕셔너리 color에 'purple'이 있으면
    color['purple'] = '보라'    # 그 값을 업데이트한다.
```

문자열, 리스트, 튜플에서 귀속 판정 연산자의 판정 대상이 값이지만, 딕셔너리는 키임에 주의하기 바랍니다. 이는 딕셔너리가 키 중심이라는 것을 보여줍니다.

: len 함수로 요수 개수 확인하기

문자열, 리스트와 마찬가지로 내장 함수인 len 함수로 요소 개수를 얻을 수 있습니다.

: copy 메소드로 복사하기

딕셔너리에서 제공되는 copy 메소드로 딕셔너리를 복사할 수 있습니다. b = a.copy()는 딕셔너리 a를 딕셔너리 b에 복사합니다.

:: 딕셔너리 탐색

다음은 딕셔너리의 모든 요소를 탐색합니다. 우선 List 8-8, List 8-9, List 8-10을 실행합니다.

List 8-8

```
# 딕셔너리의 모든 키를 enumerate 함수로 탐색하기

rgb = {'red': '빨강', 'green': '초록', 'blue': '파랑'}

for i, key in enumerate(rgb):
    print('{} {}'.format(i, key))
```

실행 결과

```
0 red
1 green
2 blue
```

List 8-9

```
# 딕셔너리의 모든 키를 enumerate 함수로 탐색하기(카운트를 1부터 시작)

rgb = {'red': '빨강', 'green': '초록', 'blue': '파랑'}

for i, key in enumerate(rgb, 1):
    print('{} {}'.format(i, key))
```

실행 결과

```
1 red
2 green
3 blue
```

List 8-10

```
# 딕셔너리의 모든 키를 enumerate 함수로 탐색하기(인덱스 값을 사용하지 않음)

rgb = {'red': '빨강', 'green': '초록', 'blue': '파랑'}

for key in rgb:
    print('{}'.format(key))
```

실행 결과

```
red
green
blue
```

각각 리스트 탐색의 예인 List 7-4, List 7-5, List 7-6에 해당합니다. 실행 결과를 비교하면 다음을 알 수 있습니다.

> 리스트와 같은 탐색을 하면 모든 요소의 키가 추출된다(값은 추출되지 않는다).

이것으로도 딕셔너리가 키 중심인 것을 알 수 있습니다. 또한 다음 특징도 알 수 있습니다.

> List 7-3은 딕셔너리에 적용할 수 없다. 즉 미리 요소 개수를 구해 인덱스 0, 1, 2, ...에 해당하는 요소를 제거할 수 없다.

:: 딕셔너리와 뷰

딕셔너리는 편리하지만 다루기는 어렵다는 점을 조금씩 학습하고 있습니다.

예를 들어 프로 야구 영구 결번 딕셔너리의 키는 18, 36, 21로 제각각입니다. 따라서 딕셔너리에 어떤 키가 있는지 조사할 필요가 있습니다. 이를 위해 다음의 세 가지 방법을 사용할 수 있습니다.

```
keys()      모든 키의 dict_keys타입 뷰를 리턴한다.
values()    모든 값의 dict_values타입 뷰를 리턴한다.
items()     모든 요소(키와 값의 튜플)의 dict_items타입 뷰를 리턴한다.
```

여기에서 뷰(view)는 딕셔너리의 내용을 순서대로 보기 위한 가상 테이블이며 순서를 가진 요소의 모임인 이터러블 객체입니다. 만약 딕셔너리가 변경되면 가상 테이블인 뷰도 자동으로 업데이트됩니다.

List 8-11에서는 앞에서 다룬 딕셔너리 rgb에 세 가지 방법을 적용했습니다.

List 8-11

```
# 딕셔너리의 모든 키와 값, 요소를 리스트로 추출하기

rgb = {'red': '빨강', 'green': '초록', 'blue': '파랑'}

print('키 : ', list(rgb.keys()))        # 키의 뷰를 리스트로 변환
print('값 : ', list(rgb.values()))      # 값의 뷰를 리스트로 변환
print('요소 : ', list(rgb.items()))     # (키, 값)의 뷰를 리스트로 변환
```

실행 결과

```
키 :  ['red', 'green', 'blue']
값 :  ['빨강', '초록', '파랑']
요소 : [('red', '빨강'), ('green', '초록'), ('blue', '파랑')]
```

List 8-11은 각 메소드에서 얻은 세 가지 뷰를 리스트로 변환하여 출력합니다. keys와 values 메소드는 전체 키와 값이 뷰로 추출되고, items 메소드는 키와 값의 튜플이 뷰로 추출됩니다.

그림 8-12에서 알 수 있듯 List 8-11에서는 가상 테이블인 뷰를 리스트로 변환합니다.

▶ 물론 tuple 함수를 사용하여 튜플로 변환할 수도 있습니다(chap08/list0811a.py).

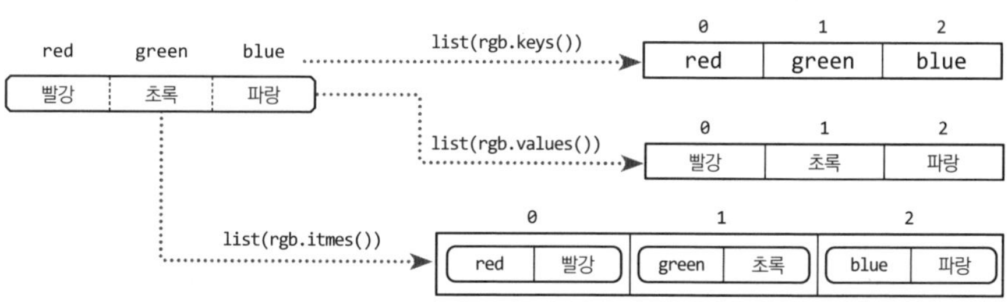

그림 8-12. 딕셔너리에서 뷰의 추출과 리스트로 변환하기

추출된 뷰에서 변환된 리스트(또는 튜플)의 요소는 인덱스식으로 액세스할 수 있습니다. List 8-12에서 확인합니다.

List 8-12

```
# 딕셔너리에서 추출된 뷰를 정수형 인덱스로 액세스

item = list({'red': '빨강', 'green': '초록', 'blue': '파랑'}.items())

print('item[0]    = ', item[0])
print('item[1]    = ', item[1])
print('item[2]    = ', item[2])

print('item[0][0] = ', item[0][0])
print('item[0][1] = ', item[0][1])
print('item[1][0] = ', item[1][0])
print('item[1][1] = ', item[1][1])
print('item[2][0] = ', item[2][0])
print('item[2][1] = ', item[2][1])
```

실행 결과

```
item[0]    = ('red', '빨강')
item[1]    = ('green', '초록')
item[2]    = ('blue', '파랑')
item[0][0] = red
item[0][1] = 빨강
item[1][0] = green
item[1][1] = 초록
item[2][0] = blue
item[2][1] = 파랑
```

List 8-12는 items 메소드로 추출한 뷰에서, 변환된 리스트 item의 인덱스식의 값을 표시합니다. item은 튜플을 요소로 하는 리스트이기 때문에, 요소는 튜플이고 구성 요소는 문자열입니다.

▶ 뷰에는 Section 8-3에서 학습할 각종 집합 연산을 적용할 수 있습니다.

뷰는 이터러블 객체이므로 리스트나 튜플로 변환하지 않아도 for문의 탐색 대상이 될 수 있습니다. List 8-13에서 확인합니다.

List 8-13

```
# 딕셔너리에서 추출한 뷰 탐색

rgb = {'red': '빨강', 'green': '초록', 'blue': '파랑'}

# keys()로 추출한 뷰 탐색
for key in rgb.keys():
    print(key)

# values()로 추출한 뷰 탐색
for value in rgb.values():
    print(value)
```

실행 결과

```
red
green
blue
빨강
초록
파랑
('red', '빨강')
('green', '초록')
('blue', '파랑')
```

```
# itmes()로 추출한 뷰 탐색
for item in rgb.items():
    print(item)
```

세 개의 for문에서 각각 키, 값, 요소(키와 값의 튜플)가 나옵니다. 또한 마지막 회색 for문을 List 8-14과 같이 변경하면 키와 값을 언팩하여 추출할 수 있습니다.

List 8-14

```
# 딕셔너리에서 추출한 뷰 탐색(items()로 키와 값을 각각 추출하기)

# items()로 추출한 뷰 탐색
for key, value in rgb.items():
    print(key, value)
```

```
red 빨강
green 초록
blue 파랑
```

:: 딕셔너리의 활용

이제 딕셔너리를 활용하는 프로그램을 작성합니다. List 8-15는 키보드에서 문자열을 입력받아 각 문자의 출현 분포를 출력하는 프로그램입니다.

List 8-15

```
# 문자열에 포함된 문자의 출현 횟수를 딕셔너리에 저장하기1

txt = input('문자열 : ')
count = {}                          ❶
for ch in txt:
    if ch not in count:
        count[ch] = 1   # 딕셔너리에 삽입       ❷
    else:
        count[ch] += 1  # 요소의 값을 업데이트    ❸

print('분포=', count)
```

실행 결과

```
문자열:ABAXB Enter↵
분포= {'A': 2, 'B': 2, 'X': 1}
```

❶에서는 count를 빈 딕셔너리로 생성합니다. 이 딕셔너리에는 문자가 키이고 그 문자의 출현 횟수를 값으로 하는 요소를 담습니다. for문에서는 키보드로 입력받은 문자열 txt를 처음부터 끝까지 탐색하고 그 과정에서 아래의 사항을 수행합니다.

문자 ch가 (아직) 딕셔너리에 없으면

그 문자에 해당하는 값(출현 횟수)을 1로 설정합니다(❷). 즉, 값이 1인 count[ch]를 딕셔너리 count에 신규 요소로 삽입합니다.

문자 ch가 (이미) 딕셔너리에 있으면

그 문자의 카운터를 증가시킵니다(❸). 즉, 딕셔너리 count의 요소 count[ch]의 값을 증가시킵니다.

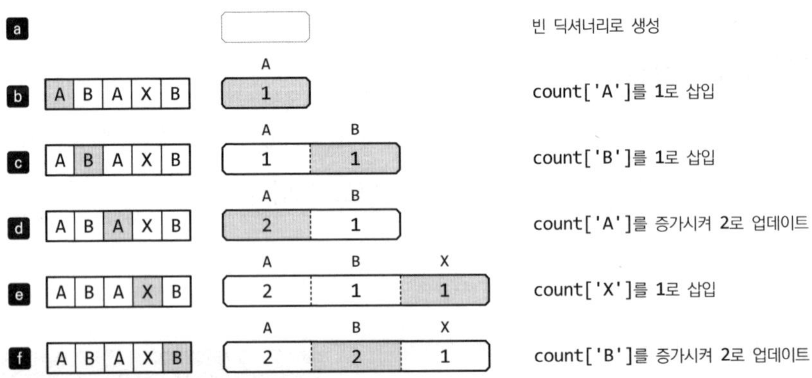

그림 8-13. 문자열에 포함된 문자의 개수

:: 딕셔너리 내포 표기

앞 챕터에서 배운 리스트 내포 표기의 기본 형식은 다음과 같습니다.

```
[식 for 요소 in 이터러블]            # 리스트 내포 표기
```

이러한 내포 표기는 딕셔너리에서도 사용할 수 있습니다. 그러나 딕셔너리 내포 표기(dictionary comprehension)는 다음과 같이 식의 부분이 "키 : 값"입니다.

```
{식 : 식 for 요소 in 이터러블}        # 딕셔너리 내포 표기
```

(첫 번째 식 → 키, 두 번째 식 → 값)

List 8-15에 딕셔너리 내포 표기를 적용한 것이 List 8-16입니다.

List 8-16

```
# 문자열에 포함된 문자의 출현 횟수를 딕셔너리에 저장하기2(딕셔너리 내포 표기)
txt = input('문자열 : ')

count = {ch: txt.count(ch) for ch in txt}

print('분포=', count)
```

실행 결과

```
문자열 : ABAXB Enter
분포= {'A': 2, 'B': 2, 'X': 1}
```

for문에서 문자열 txt를 처음부터 끝까지 탐색해 다음과 같이 키와 값을 설정합니다.

```
키 ch : 카운트 대상
값 txt.count(ch) : txt에 포함된 문자 ch의 출현 횟수(count는 문자열형의 메소드)
```

▶ 여기에서 학습한 방법은 비효율적입니다. 왜냐하면 다음과 같이 문자열 txt 내에 동일한 문자가 포함되었을 때 count 메소드로 매번 발생 횟수를 다시 카운트하기 때문입니다.

▶ ① ch가 'A' → 딕셔너리에 'A': 2를 삽입.
② ch가 'B' → 딕셔너리에 'B': 2를 삽입.
③ ch가 'A' → 딕셔너리의 키 'A'의 값을 2로 업데이트(같은 값으로 덮어쓰기).
④ ch가 'X' → 딕셔너리에 'X': 1을 삽입.
⑤ ch가 'B' → 딕셔너리의 키 'B'의 값을 2로 업데이트(같은 값으로 덮어쓰기).

중복 (① – ③)
중복 (② – ⑤)

이 예제에서는 ①에서 'A'의 출현 횟수를 count 메소드로 조사해 2가 됩니다. 또한 ③에서도 'A'의 출현 횟수를 count 메소드로 조사하여 2를 얻습니다. 만약 동일한 문자가 100개 있다면 count 메소드를 100번 호출하여 그때마다 100을 얻습니다. 이러한 중복을 피하기 위해 탐색 대상인 문자열을 앞으로 배울 **집합**으로 변환하여 카운트합니다(chap08/list0816a.py).

```
count = {ch : txt.count (ch) for ch in set (txt)}
```

문자열 'ABAXB'를 집합으로 변환하면 {'A', 'B', 'X'}입니다. 집합에서는 요소의 순서에 의미가 없으므로 요소의 순서가 바뀝니다.

기존의 리스트나 튜플에서 요소가 값이고, 0, 1, 2, ...가 키인 딕셔너리를 생성하는 것도 쉽습니다. 그 예를 살펴보겠습니다(chap08/dict_comp.py).

```
s = ['봄', '여름', '가을', '겨울']
season = {k: v for k, v in enumerate(s)}  # {0:'봄', 1:'여름', 2:'가을', 3:'겨울'}
```

SECTION 8-3

집합

이 챕터에서 마지막으로 학습하는 집합입니다.

집합은 동일한 값의 요소를 중복하여 가질 수 없는 등의 특징이 있습니다.

:: 집합

이번 챕터의 마지막으로 set타입인 집합(set)을 학습합니다. 집합은 리스트나 튜플처럼 객체의 모임인 것은 같지만 다음과 같은 차이가 있습니다.

> 집합에는 순서가 없다(요소의 순서에 의미가 없다).

예를 들어, {1, 2, 3}과 {3, 1, 2}는 구별할 수 없습니다. 집합은 수학 표기법과 마찬가지로 집합은 {}를 사용하여 나타냅니다.

▶ 수학의 집합에서도 요소의 순서는 의미가 없습니다.

:: 집합의 생성과 집합의 성질

먼저 집합 생성 방법을 배워 봅시다.

{ }로 집합 생성하기

요소를 쉼표로 구분하고 집합 표기 연산자 {}로 묶는 형식입니다.

```
set01 = {1}              # {1}
set02 = {1, 2, 3}        # {1, 2, 3}
set03 = {1, 2, 3,}       # {1, 2, 3}
set04 = {'A', 'B', 'C'}  # {'A', 'B', 'C'}
```

▶ 오른쪽 주석이 생성되는 집합의 내용입니다. chap08/set_construct.py는 set01에서 set09까지의 집합을 생성하고 출력합니다. 출력할 때 집합 요소의 순서는 알 수 없습니다.

{}는 빈 딕셔너리를 생성하는 식이므로 {}로 빈 집합을 생성할 수 없습니다.

set 함수로 집합 생성하기

내장 함수인 set 함수는 문자열과 리스트 등 다양한 타입의 객체로부터 집합을 생성하는 함수입니다. 또한 인수가 전달되지 않으면 set()는 빈 집합을 생성합니다.

```
set05 = set()              # set()             빈 집합
set06 = set('ABC')         # {'A', 'B', 'C'}   문자열의 개별 문자에서 생성
set07 = set([1, 2, 3])     # {1, 2, 3}         리스트에서 생성
set08 = set([1, 2, 3, 2])  # {1, 2, 3}         리스트에서 생성
set09 = set((1, 2, 3))     # {1, 2, 3}         튜플에서 생성
```

set08은 2가 여러 개 있는 리스트에서 집합을 생성합니다. 집합은 같은 요소를 갖지 않기 때문에 리스트에서 두 개였던 2는 하나로 정리됩니다.

이를 응용하면 리스트나 튜플에서 중복되는 요소를 쉽게 제거할 수 있습니다. 예를 들어 리스트에서 중복되는 요소를 제거한다면 '리스트 → 집합 → 리스트'로 변환하여 쉽게 제거할 수 있습니다.

```
lst1 = [1, 2, 3, 2]
lst2 = list(set(lst1))        # [1, 2, 3] lst1에서 중복 요소를 제거
```

집합의 요소에는 순서가 없기 때문에 인덱스식이나 슬라이스식을 사용할 수 없습니다. 또한, 집합의 요소를 정렬해야 할 때는 sorted 함수를 사용하여 리스트로 변환합니다.

: 가변 객체다

집합은 가변 객체이므로 요소를 추가하거나 제거할 수 있습니다. 그러나 딕셔너리의 키로는 사용할 수 없습니다.

▶ 불변 집합형으로는 **동결 집합형(frozenset타입)**이 제공됩니다. 불변 객체이므로 딕셔너리의 키나 다른 집합의 요소로 사용할 수 있습니다.

: 요소가 없으면 거짓이다

요소가 한 개도 없는 빈 집합은 거짓으로 간주됩니다.

: 내장 함수 copy/len/max/min/sum을 사용할 수 있다.

내장 함수인 copy, len, max, min, sum 함수를 사용할 수 있습니다. 왜냐하면 연산자나 함수는 집합을 변경하지 않기 때문입니다.

: 등가성 판정

등가성을 판정하는 비교 연산자 ==와 !=는 집합에도 적용할 수 있습니다. 집합에는 같은 요소가 존재하지 않고 요소의 순서에 의미가 없으므로 아래 식은 True입니다.

```
{1, 2, 1} == {1, 1, 2} == {1, 2}        # True로 평가된다
```

: 귀속 판정 연산자 in/not in

3챕터의 계절을 알아보는 예제에서 집합에 귀속 판정 연산자인 in 연산자를 적용할 수 있다는 것을 학습했습니다.

```
x in S        x가 집합 S의 요소이면 True입니다.          x ∈ S
x not in S    x가 집합 S의 요소가 아니면 True입니다.     x ∉ S
```

in과 not in 모두 x가 요소로 포함되어 있는지를 확인하기 위해 내부에서 탐색이 이루어집니다. 리스트보다 빠르게 실행됩니다.

▶ 이 기호는 수학에서 사용되는 기호입니다. 이후에도 이와 같은 표현을 사용합니다.

:: 집합 기본 조작 방법

앞에서는 비교 연산자 ==와 != 그리고 귀속 판정 연산자를 살펴보았습니다. 표 8-2에는 이 연산자들을 포함하여 집합에 적용할 수 있는 기본적인 연산자와 방법이 정리되어 있습니다.

표 8-2. 집합에 사용할 수 있는 연산자와 메소드

<table>
<tr><th>연산자</th><th>메소드</th><th>개요</th></tr>
<tr><td>x in s</td><td></td><td>x는 집합 s에 포함되는가?</td></tr>
<tr><td>x not in s</td><td></td><td>x는 집합 s에 포함되지 않는가?</td></tr>
<tr><td>s1 == s2</td><td></td><td>s1과 s2가 동일한가?</td></tr>
<tr><td>s1 != s2</td><td></td><td>s1과 s2는 같지 않은가?</td></tr>
<tr><td></td><td>s1.isdisjoint(s2)</td><td>s1과 s2는 서로소인가(공통 요소를 갖지 않는가)?</td></tr>
<tr><td>s1 〈= s2</td><td>s1.issubset(s2)</td><td>s1은 s2의 부분 집합인가(s1의 모든 요소가 s2에 포함되는가)?</td></tr>
<tr><td>s1 〈 s2</td><td></td><td>s1은 s2의 진부분집합인가(s1 〈= s2 and s1 != s2)?</td></tr>
<tr><td>s1 〉= s2</td><td>s1.issuperset(s2)</td><td>s1은 s2의 초집합인가(s2의 모든 요소가 s1에 포함되는가)?</td></tr>
<tr><td>s1 〉 s2</td><td></td><td>s1은 s2의 진초집합인가(s1〉 = s2 and s1 != s2)?</td></tr>
<tr><td>s1 | s2</td><td>s1.union(s2)</td><td>s1과 s2의 합집합을 구한다.</td></tr>
<tr><td>s1 & s2</td><td>s1.intersection(s2)</td><td>s1과 s2의 교집합을 구한다.</td></tr>
<tr><td>s1 – s2</td><td>s1.difference(s2)</td><td>s1과 s2의 차집합을 구한다.</td></tr>
<tr><td>s1 ^ s2</td><td>s1.symmetric_difference(s2)</td><td>s1과 s2의 대칭 차를 구한다.</td></tr>
<tr><td></td><td>s.add(e)</td><td>s에 요소 e를 추가한다.</td></tr>
<tr><td></td><td>s.discard(e)</td><td>s에서 요소 e를 제거한다.</td></tr>
<tr><td></td><td>s.remove(e)</td><td>s에서 요소 e를 제거한다. e가 없으면 KeyError를 발생시킨다.</td></tr>
<tr><td></td><td>s.pop()</td><td>s에서 요소를 삭제하고 그 값을 리턴한다(삭제 요소의 지정은 불가).</td></tr>
<tr><td></td><td>s.clear()</td><td>s에서 모든 요소를 제거한다.</td></tr>
<tr><td>s1 |= s2</td><td>s1.union_update(s2)</td><td>s1에 s2를 추가한다.</td></tr>
<tr><td>s1 &= s2</td><td>s1.intersection_update(s2)</td><td>s2에 포함되지 않는 요소를 s1에서 제거한다.</td></tr>
<tr><td>s1 –= s2</td><td>s1.difference_update(s2)</td><td>s2에 포함되어 있는 요소를 s1에서 제거한다.</td></tr>
<tr><td>s1 ^= s2</td><td>s1.symmetric_difference_update(s2)</td><td>s2에 포함되어 있는 요소를 s1에서 제거한다.</td></tr>
</table>

▶ 연산의 피연산자인 s2는 집합이어야 합니다. 한편 메소드의 인수 s2는 이터러블 객체여도 됩니다.

앞 쪽의 회색으로 표시한 연산자와 메소드는 연산의 대상이 되는 집합을 업데이트하지 않습니다. 따라서 set타입 집합과 frozenset타입 모두에 적용할 수 있습니다(frozenset은 불변 객체인 점과 일부 메소드를 사용할 수 없는 점을 제외하면 set와 거의 같은 집합형입니다).
박스로 표시한 연산자와 메소드는 연산의 대상이 되는 집합 s나 s1을 업데이트합니다. 따라서 set타입 집합에만 적용할 수 있습니다.

연산자와 메소드 중 하나만 사용할 수 있거나 둘 다 사용할 수도 있습니다. 이에 대해 알아봅니다.

: 요소 추가하기(add 메소드)

s.add(e)는 집합 s에 e를 추가하여 요소를 한 개 늘립니다.

예 8-10. add 의한 요소의 추가

```
>>> s = {1, 2, 3, 4, 5, 6} Enter
>>> s.add(9)  Enter
>>> s Enter
{1, 2, 3, 4, 5, 6, 9}
```

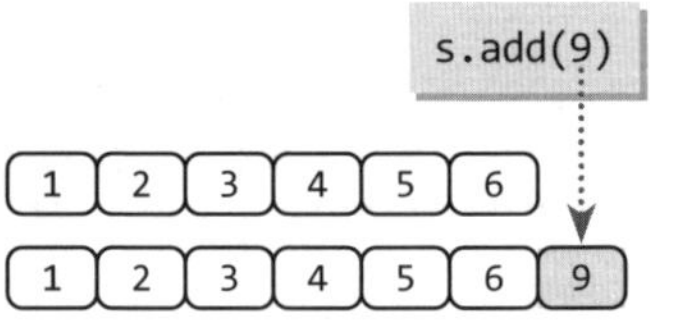

그림 8-14. 요소 추가하기

그러나 요소 e가 이미 포함되어 있으면 추가하지 않습니다.

: 요소 제거하기(discard/remove 메소드)

s.discard(e)와 s.remove(e)는 집합 s에서 요소 e를 제거합니다. 두 메소드는 포함되지 않은 요소를 제거할 때 차이가 있는데, discard 메소드를 사용하면 집합 s에 요소 e가 포함되지 않았을 때 아무것도 수행하지 않습니다. 그러나 remove 메소드를 사용하면 KeyError 예외가 발생합니다.

예 8-11. 요소 제거하기(discard 메소드와 remove 메소드)

```
>>> s = {1, 2, 3, 4, 5, 6} Enter
>>> s.discard(3) Enter
>>> s Enter
{1, 2, 4, 5, 6}
>>> s.discard(7) Enter
>>> s Enter
{1, 2, 4, 5, 6}
```

```
>>> s = {1, 2, 3, 4, 5, 6} Enter
>>> s.remove(3) Enter
>>> s Enter
{1, 2, 4, 5, 6}
>>> s.remove(7) Enter
Traceback (most recent call last):
File "<stdin>", line 1, in <module>
KeyError: 7
```

: 임의의 요소 삭제하기(pop 메소드)

s.pop( )은 집합 s에서 요소를 삭제하고 삭제한 값을 리턴합니다. 삭제되는 요소는 지정할 수 없으며 무작위로 선택된 요소가 제거됩니다.

예 8-12. pop으로 임의의 요소 삭제하기

```
>>> s = {1, 2, 3, 4, 5, 6} Enter
>>> e = s.pop() Enter
>>> e Enter
1        ← 삭제된 값(무작위로 삭제된 값으로 항상 1인 것은 아니다)
>>> s Enter
{2, 3, 4, 5, 6}
```

: 모든 요소 삭제하기(clear 메소드)

s.clear()는 집합 s의 모든 요소를 삭제합니다.

예 8-13. clear에 의한 모든 요소 삭제

```
>>> s = {1, 2, 3, 4, 5, 6} Enter
>>> s.clear() Enter
>>> s Enter
set()        ← 빈 집합이 된다
```

: 서로소(isdisjoint 메소드)

s1.isdisjoint()는 집합 s1과 s2가 서로소이면, 즉 공통의 요소가 없으면 True를 리턴합니다. 공통의 요소가 있으면 False를 리턴합니다.

: 부분집합(연산자 <=와 issubset 메소드)

집합 s1이 집합 s2의 **부분집합**인지(s1의 모든 요소가 s2에 포함되는지)를 판정할 때는 비교 연산자 <=와 issubset을 사용할 수 있습니다.

```
s1 <= s2
s1.issubset(s2)
```

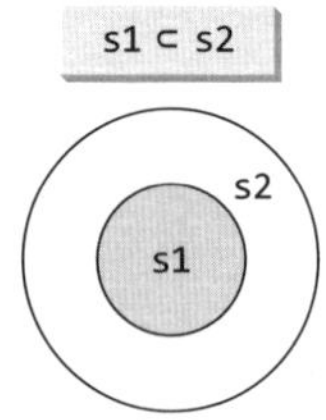

그림 8-15. 부분집합

부분집합은 **하위집합**이라고도 합니다.

: 진부분집합(연산자 <)

집합 s1이 집합 s2의 **진부분집합**인지(s1의 모든 요소가 s2에 포함되나, s1과 s2는 같지 않음)를 판정할 때는 비교 연산자 <를 사용합니다.

```
s1 < s2         # s1 <= s2 and s1 != s2와 같음
```

▶ 부분집합과 진부분집합을 혼동하지 않도록 주의하기 바랍니다.
{1, 2, 3}은 {1, 2, 3}의 부분집합이지만 진부분집합은 아닙니다.
{1, 2, 3}은 {1, 2, 3, 4}의 부분집합이며, 또한 진부분집합입니다.

: 초집합(연산자 >=와 issuperset 메소드)

집합 s1이 집합 s2의 **초집합**인지(s2의 모든 요소가 s1에 포함되는지)는 비교연산자

〉=와 issuperset 메소드로 알 수 있습니다.

```
s1 >= s2
s1.issuperset(s2)
```

▶ 초집합은 **상위집합**이라고도 합니다. 또한, s1 == s2가 성립할 때 s1 〈= s2와 s1 〉= s2가 모두 성립합니다.

: 진초집합(연산자 >)

집합 s1이 집합 s2의 **진초집합**인지(s2의 모든 요소가 s1에 포함되나, s1과 s2는 같지 않음)는 비교 연산자 〉로 알 수 있습니다.

```
s1> s2      # s1 >= s2 and s1! = s2와 동일
```

: 합집합(연산자 |와 union 메소드)

집합 s1과 집합 s2의 **합집합**(두 집합 중 어느 한 집합에라도 포함된 모든 요소의 집합)은 | 연산자와 union 메소드로 구할 수 있습니다.

```
s1 | s2                합집합을 생성
s1.union(s2)
```

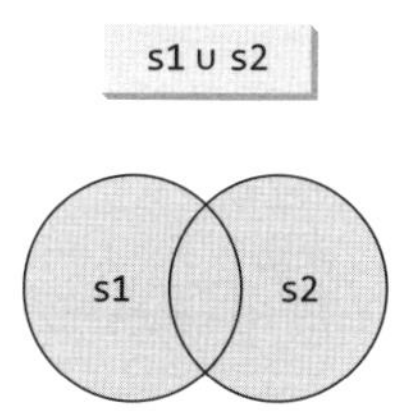

s1과 s2 중
어느 한쪽에라도 포함된다.

그림 8-16. 합집합

또한, |= 연산자와 union_update 메소드를 사용하면 s1을 s1과 s2의 합집합으로 업데이트할 수 있습니다.

```
s1 | = s2                  합집합으로 업데이트
s1.union_update (s2)
```

: 교집합(연산자 &과 intersection 메소드)

집합 s1과 집합 s2의 **교집합**(두 집합의 공통 요소 집합)은 연산자 &와 intersection 메소드로 구할 수 있습니다.

```
s1 & s2
s1.intersection(s2)
```

교집합을 생성

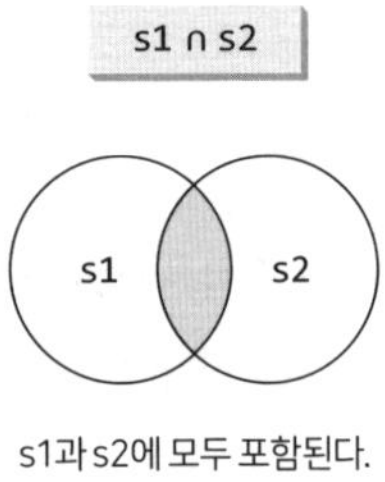

그림 8-17. 교집합

또한 &= 연산자와 intersection_update 메소드를 사용하면 s1을 s1과 s2의 교집합으로 업데이트할 수 있습니다.

```
s1 &= s2
s1.intersection_update(s2)
```

교집합으로 업데이트

: 차집합(연산자 -와 difference 메소드)

집합 s1과 집합 s2의 **차집합**(s1에는 포함되어 있고, s2에는 포함되지 않은 요소의 집합)은 - 연산자와 difference 메소드로 구할 수 있습니다.

```
s1 - s2
s1.difference(s2)
```

차집합을 생성

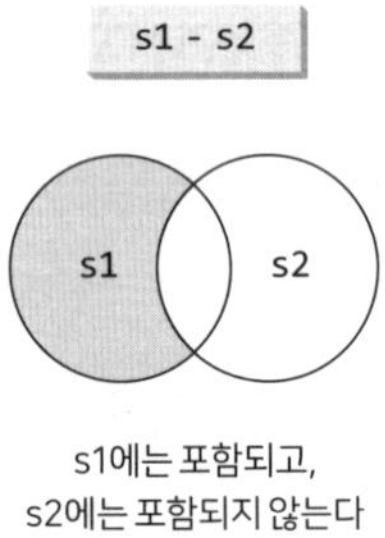

그림 8-18. 차집합

또한 -= 연산자와 difference_update 메소드를 사용하면 s1을 s1과 s2의 차집합으로 업데이트할 수 있습니다.

```
s1 -= s2
s1.difference_uadate(s2)
```

차집합으로 업데이트

: 대칭 차집합 (연산자 ^와 symmetric_difference 메소드)

집합 s1과 집합 s2의 **대칭 차집합**(s1과 s2의 한쪽에만 포함된 요소의 집합)은 ^ 연산자와 symmetric_difference 메소드로 구할 수 있습니다.

```
s1 ^ s2
s1.symmetric_difference(s2)        대칭 차집합을 생성
```

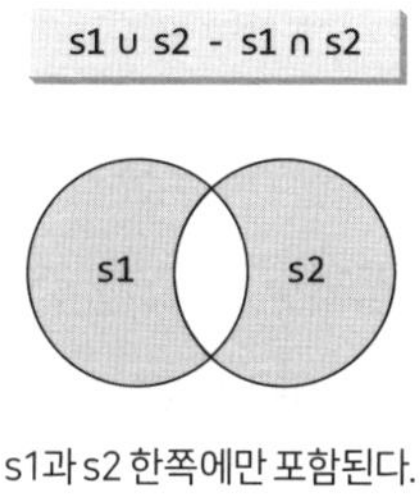

그림 8-19. 대칭 차집합

또한 ^= 연산자와 symmetric_difference_update 메소드를 사용하면 s1을 s1과 s2의 대칭 차집합으로 업데이트할 수 있습니다.

```
s1 ^ = s2
s1.symmetric_difference_update(s2)        대칭 차집합으로 업데이트
```

▶ 표 8-2에서 설명한 것처럼 연산자의 피연산자 s2는 집합이어야 합니다. 그러나 메소드의 인수 s2는 이터러블 객체여도 됩니다. 여기에서는 편의상 s2를 집합으로 설정했습니다.

: : 집합 내포 표기

리스트와 딕셔너리에서 학습한 내포 표기는 집합에서도 사용할 수 있습니다. 집합 내포 표기(set comprehension)의 기본 형식은 다음과 같습니다.

```
{식 for 요소 in 이터러블}        # 집합 내포 표기
```

예를 들어 식 {n for n in range(1, 8)}는 {1, 2, 3, 4, 5, 6, 7}을 생성합니다.

예 8-14. 집합 내포 표기로 집합 생성하기

```
>>> x = {n for n in range(1, 8)} Enter
>>> x Enter
{1, 2, 3, 4, 5, 6, 7}
```

생성되는 요소가 중복되지 않는 점(중복되더라도 무시된다)을 제외하면 리스트 내포 표기와 같습니다.

:: 집합 사용하기

List 8-17은 집합을 이용하는 예제입니다.

List 8-17

```
# 두 문자열을 집합으로 변환하여 집합 연산하기

set1 = set(input('문자열 s1 : '))
set2 = set(input('문자열 s2 : '))

print('set1 : ', set1)
print('set2 : ', set2)
print()
print('set1 == set2 : ', set1 == set2)
print('set1 != set2 : ', set1 != set2)
print('set1 <  set2 : ', set1 <  set2)
print('set1 <= set2 : ', set1 <= set2)
print('set1 >  set2 : ', set1 >  set2)
print('set1 >= set2 : ', set1 >= set2)
print()
print('set1 | set2 : ', set1 | set2)
print('set1 & set2 : ', set1 & set2)
print('set1 - set2 : ', set1 - set2)
print('set1 ^ set2 : ', set1 ^ set2)
```

실행 결과

```
문자열 s1 : ABC Enter
문자열 s2 : ABD Enter
set1 :  {'B', 'A', 'C'}
set2 :  {'B', 'D', 'A'}

set1 == set2 : False
set1 != set2 : True
set1 <  set2 : False
set1 <= set2 : False
set1 >  set2 : False
set1 >= set2 : False

set1 | set2 : {'B', 'A', 'D', 'C'}
set1 & set2 : {'B', 'A'}
set1 - set2 : {'C'}
set1 ^ set2 : {'D', 'C'}
```

List 8-17은 입력받은 두 문자열을 set1과 set2 집합으로 변경한 다음 다양한 연산자를 적용하고 그 결과를 출력합니다.

▶ for~in으로 리스트를 탐색하는 방법 그대로 집합 탐색에도 적용할 수 있음을 7챕터에서 학습했습니다.

:: 이터러블 객체와 이터레이터

6챕터 문자열과 7챕터의 리스트, 8챕터의 튜플과 집합, 딕셔너리는 모두 "이터러블(iterable)=반복"이라는 공통점이 있습니다. 이러한 이터러블 객체는 요소를 하나씩 꺼낼 수 있는 구조의 객체입니다.

▶ 4챕터에서 배운 것과 같이 range 함수는 이터러블 객체를 리턴합니다. 또한 13챕터에서 학습할 파일 객체도 이터러블 객체입니다.

이터러블 객체를 내장 함수인 iter 함수에 인수로 전달하면 그 객체에 대한 이터레이터(iterator, 반복자)가 리턴됩니다.

이터레이터는 데이터의 나열을 나타내는 객체입니다. 이터레이터의 __next__ 메소드를 호출하거나 내장 함수인 next 함수에 이터레이터를 전달하면 데이터의 요소가 순차적으로 추출됩니다. 또한 추출할 요소가 끝났을 때는 StopIteration 예외가 전달됩니다.

▶ next 함수의 첫 호출에서는 첫 요소를 추출하고 두 번째 호출에서는 두 번째 요소를 추출합니다. 이러한 방식으로 호출할 때마다 다음 요소가 추출됩니다.

: for문과 이터러블 객체

다음은 4챕터와 7챕터에서 배운 for문입니다.

```
# List 4-8
n = int(input('몇 번 인사할까요? : '))
for i in range(n):
   print('No', i, ': 안녕하세요.')

# List 7-6
x = ['John', 'George', 'Paul', 'Ringo']
for i in x:
   print(i)
```

for문의 실행은 in과 : 사이의 식(회색)이 반복을 시작하기 바로 전에 한 번만 계산됩니다(평가에서 얻은 것이 이터러블 객체가 아니면 오류가 발생합니다). 평가가 완료되면 아래의 작업이 수행됩니다.

```
이터러블 객체에서 iter 함수로 이터레이터를 추출한다.
```

▶ 예를 들어 range(5)의 경우 0, 1, 2, 3, 4로 나열된 형식의 range타입 객체가 생성되고 객체에서 range_iterator타입의 이터레이터가 추출됩니다.

그 이후 다음 작업이 반복됩니다.

```
이터레이터에서 다음 요소를 next 함수로 한 개 꺼낸다.
루프 본체의 스위트를 실행한다.
```

모든 요소를 추출하면 for문이 종료됩니다.

정리

- 쌍이라고도 불리는 튜플은 객체에 대한 참조를 늘어놓은 컨테이너 시퀀스다. 또한 불변 객체인 tuple타입 이터러블 객체다.

- 튜플은 결합 연산자 ()로 생성한다. ()에는 요소를 쉼표로 구분하여 전달한다. 요소가 한 개인 경우 끝에 쉼표가 필요하다. 문맥상 모호하지 않으면 ()를 생략할 수 있다. 또한 tuple 함수로도 튜플을 생성할 수 있다

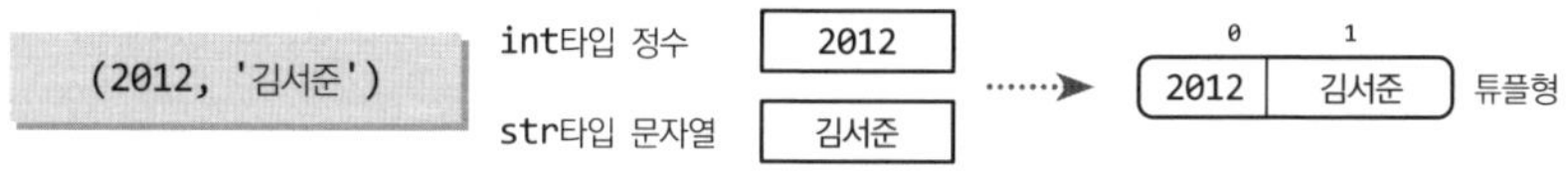

- 불변 객체인 튜플의 내용을 업데이트하는 메소드는 없다. 내용을 업데이트하지 않는 연산자나 메소드는 리스트와 동일하게 사용한다.

- 튜플에서는 인덱스식이나 슬라이스식을 왼쪽에 둘 수 없다

- 한 개 이상의 값을 받아 튜플(또는 리스트)로 변환하는 것이 팩, 반대의 변환을 실시하는 것이 언팩이다. 튜플에서 언팩은 필요에 따라 묵시적으로 수행된다.

- 여러 리스트나 튜플에 걸쳐 저장되어 있는 데이터를 zip화(동일한 인덱스의 데이터 수집)할 때는 zip 함수를 이용한다.

- 딕셔너리는 키와 값의 쌍으로 이루어진 요소를 늘어놓은, 변경 가능한 dict타입 이터러블 객체다. 매핑형의 일종이며 요소의 순서에는 의미가 없다.

■ 딕셔너리는 딕셔너리 표기 연산자 {}로 생성할 수 있다. {}에는 "키:값"의 데이터들을 쉼표로 구분하여 전달한다. 또한 dict 함수로도 딕셔너리를 생성할 수 있다.

■ 딕셔너리의 키는 불변 객체이며 고유해야 한다.

```
{'봄': 'spring', '여름': 'summer', '가을': 'autumn', '겨울': 'winter'}
```

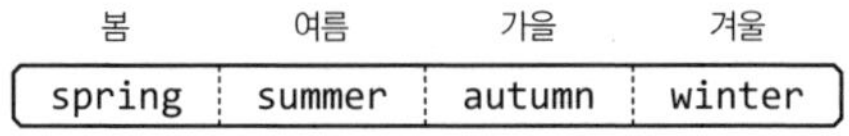

■ 딕셔너리의 인덱스식에는 키를 인덱스로 사용한다.

■ 딕셔너리의 인덱스식에 대입하면 키 값이 존재하면 값이 변경된다. 키 값이 존재하지 않으면 키와 값의 쌍이 요소로 추가된다.

■ 딕셔너리는 get 메소드로 값을 추출하고, setdefault 메소드로 값을 추출하거나 삽입할 수 있다. update 메소드로는 업데이트할 수 있다.

■ 딕셔너리의 keys 메소드, values 메소드, items 메소드를 적용하면 딕셔너리의 요소를 살펴볼 수 있는 가상 테이블인 뷰를 얻을 수 있다.

■ 딕셔너리는 딕셔너리 내포 표기법으로 간결하고 효율적으로 생성할 수 있다.

■ 집합은 컨테이너 시퀀스이며 가변형인 set타입 이터러블 객체다. 다른 시퀀스 타입과 달리 동일한 요소가 여러 개 있을 수 없다. 또한 요소의 순서에는 의미가 없다.

■ 집합은 집합 표기 연산자 {}로 생성한다. {}에는 요소를 쉼표로 구분하여 전달한다. 또한 set 함수로도 집합을 생성할 수 있다. 빈 집합은 set()로 생성한다.

```
{1, 2, 3, 4, 5, 6}
```

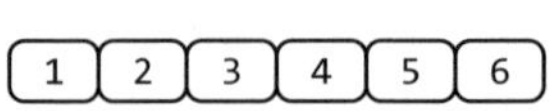

- 불변형 집합은 동결 집합형(frozenset타입)으로 사용할 수 있다.
- 집합에는 다양한 연산자, 누적 대입 연산자, 메소드를 사용할 수 있다.
- 집합은 집합 내포 표기법으로 간결하고 효율적으로 생성할 수 있다.
- 이터러블 객체(반복 가능 객체)는 요소를 한 개씩 꺼낼 수 있는 구조의 객체다. iter 함수에 이터러블 객체를 전달하면 데이터의 나열을 의미하는 이터레이터가 리턴된다.

chap08/gist.py

```
# 8챕터 정리

p1 = [75, 56, 89]  # 영어 점수 리스트
p2 = [42, 85, 77]  # 수학 점수 리스트

# 키가 성이고 이름이 값인 딕셔너리
name = {
    '김': '서준',
    '이': '서아',
    '최': '하준',
}

# zip화하여 집합 리턴하기(집합의 요소는 튜플형)
plist = set(zip(name.items(), p1, p2))

# 집합의 모든 요소 출력하기
for m in plist:
    print(m)
```

실행 결과

```
(('김', '서준'), 75, 42)
(('이', '서아'), 56, 85)
(('최', '하준'), 89, 77)
```

09

함수

이번 챕터에서는 프로그램의 부품이 되는 함수를 만드는 방법과 사용 방법을 자세히 학습합니다.

- 함수와 내부 함수
- 내장 함수와 사용자 정의 함수
- 함수 정의와 함수 호출
- 인수와 매개 변수
- return문과 리턴 값
- 재귀 호출
- 인수의 기본값
- 위치 인수와 키워드 인수
- 가변 인수(위치 인수의 튜플화)
- 이터러블형 인수 언팩
- 딕셔너리화된 키워드 인수의 전달
- 매핑형 인수 언팩
- 키워드 인수의 강제
- 문서화 문자열과 help 함수
- 어노테이션
- 네임스페이스와 범위
- global문과 nonlocal문
- 고차 함수
- 람다식

SECTION 9-1

함수의 기초

지금까지 print 함수와 randint 함수 등 다양한 함수를 부품으로 유용하게 사용했습니다. 이러한 부품을 사용할 뿐만 아니라 만들 수 있도록 함수를 학습합니다.

:: 함수란

먼저 List 9-1과 List 9-2를 살펴보겠습니다. 각각 직각 이등변 삼각형과 사각형을 출력하는 예제입니다.

List 9-1

```
# 직각 이등변 삼각형

print('직각 이등변 삼각형')

n = int(input('짧은 변의 길이 : '))

for i in range(1, n + 1):
    for _ in range(i):
        print('*', end='')
    print()
```

실행 결과

```
직각 이등변 삼각형
짧은 변의 길이 : 5 Enter↵
*
**
***
****
*****
```

List 9-2

```
# 사각형

print('사각형')
w = int(input('가로 : '))
h = int(input('세로 : '))

for i in range(1, h + 1):
    for _ in range(w):
        print('*', end='')
    print()
```

실행 결과

```
사각형
가로 : 7 Enter ↵
세로 : 5 Enter ↵
*******
*******
*******
*******
*******
```

이 둘의 공통점은 회색으로 표시한 부분입니다. 이 부분에서는 공백이나 개행 없이 *을 연속으로 출력합니다. 비슷한 코드를 매번 작성하는 것은 비효율적이므로 프로그래밍에서는 다음의 정책이 중요합니다.

> 한 단위의 처리는 하나의 부품으로 처리한다.

부품 역할을 하는 것이 바로 함수(function)입니다. 그림 9-1에서는 일반적인 함수의 이미지를 전자 회로로 나타냈습니다. 함수는 인수에 보조적인 지시를 받아 원하는 처리를 수행합니다. 그리고 처리 결과를 리턴합니다. 또한 인수 전달이나 리턴 값은 생략할 수 있습니다.

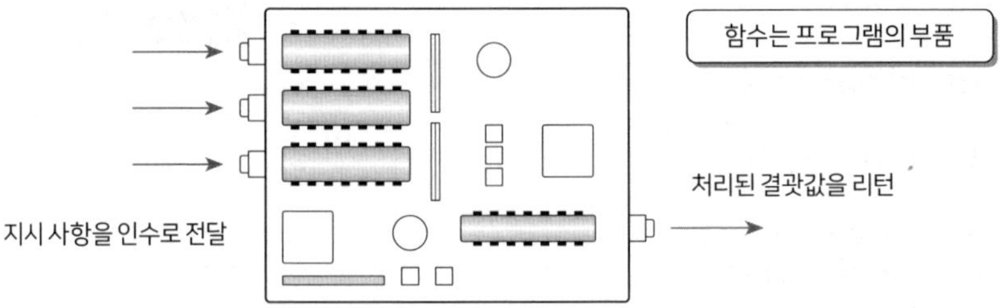

그림 9-1. 함수의 이미지

이를 위해서는 다음의 역할을 수행하는 함수가 필요합니다.

> 출력할 *의 개수를 받아 연속으로 출력(리턴하는 값은 없음)

지금까지 학습한 내장 함수 print와 randint처럼, 잘 만든 함수는 어떻게 구성되어 있는지 알지 못해도 사용 방법만 알면 쉽게 활용할 수 있습니다. 이러한 함수를 잘 다룰 수 있도록 다음의 내용을 학습합니다.

> - 함수를 만드는 방법 → 함수 정의
> - 함수 사용 → 함수 호출

또한 프로그래머가 직접 만드는 함수는 사용자 정의 함수(user-defined function)라고 합니다.

▶ 함수라는 명칭은 수학의 함수(function)에서 유래합니다. function에는 기능, 작용, 동작, 일, 효용, 역할 등의 의미가 있습니다.

:: 함수 정의

함수 put_star의 함수 정의(function definition)를 그림 9-1에서 확인할 수 있습니다. 함수 정의는 일종의 복합문이기 때문에 if문이나 while문과 구조가 비슷합니다.

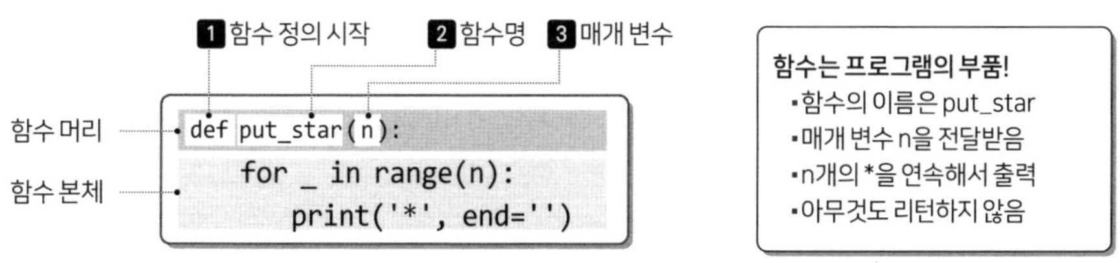

그림 9-2. 함수 정의

세 부분으로 구성된 함수의 첫 번째 행은 함수임을 알리는 함수의 머리입니다.

1 시작 부분의 키워드 def는 함수 정의가 시작됨을 나타냅니다.

▶ def는 '정의'라는 뜻의 definition에서 유래합니다.

2 함수의 이름입니다.

3 ()로 둘러싸인 부분은 보조적인 지시를 받는 매개 변수(parameter)의 선언입니다.

매개 변수를 여러 개 선언할 때는 쉼표로 구분하고 한 개도 받지 않는 경우에는 비워 둡니다. 함수 put_star는 출력할 문자의 개수를 유일한 매개 변수인 n으로 전달받습니다. 또한 매개 변수는 그 함수 안에서만 통용되는 변수입니다.

함수 본체는 수행할 작업이 작성된 스위트입니다. 함수가 호출될 때마다 실행되며 호출되지 않으면 실행되지 않습니다. 이 함수의 본체에서는 n개의 *을 연속으로 출력합니다.

▶ 함수 머리에 이어 들여쓰기 된 부분이 함수 본체입니다. 또한 if문과 마찬가지로 스위트가 단순문이면 함수 머리와 같은 행에 본체를 입력할 수 있습니다.

:: 함수 호출

이어서 함수 put_star를 정의하고 호출하는 List 9-3을 학습합니다.

List 9-3

```
# 직각 이등변 삼각형과 사각형

def put_star(n):
    """n개의 '*'을 연속해서 출력"""
    for _ in range(n):
        print('*', end='')

print('직각 이등변 삼각형')
n = int(input('짧은 변의 길이 : '))

for i in range(1, n + 1):
    put_star(i)
    print()

print('사각형')
w = int(input('가로 : '))
h = int(input('세로 : '))

for i in range(1, h + 1):
    put_star(w)
    print()
```

함수 정의

호출되면 실행된다.

함수 정의가 아닌 부분이 실행된다.

함수 호출

함수 호출

실행 결과

```
직각 이등변 삼각형
짧은 변의 길이 : 5 Enter ↵
*
**
***
****
*****
사각형
가로 : 5 Enter ↵
세로 : 7 Enter ↵
*****
*****
*****
*****
*****
*****
*****
```

회색으로 표시한 부분이 앞서 작성한 함수의 정의입니다. 함수를 호출하기 전에 정의합니다.

중요

함수는 그 함수가 호출되기 전에 정의되어야 한다.

▶ chap09/list0903x.py에서는 끝부분에 함수를 정의하였습니다. 실행하면 오류가 발생하는지 확인합니다.

함수 머리 다음 줄에 있는 """n개의 '*'을 연속해서 출력"""은 함수의 기능을 설명하는 주석입니다. """ 형식의 문자열 리터럴으로 설명하는 주석을 문서화 문자열(docstring)이라고 합니다.

▶ 문서화 문자열을 작성하는 방법 등 자세한 내용은 Section 9-2에서 학습합니다. 그 전까지는 한 줄로 간략하게 작성합니다.

: 프로그램의 실행과 함수 호출

지금까지 다룬 코드는 첫 줄부터 순서대로 실행되었습니다. 코드 내에 함수가 정의되었을 때는 함수 정의를 제외한 부분부터 프로그램이 실행됩니다.

함수를 사용하는 것을 함수 호출이라고 합니다. List 9-3에서는 박스로 표시한 두 부분에서 함수 put_star를 호출하여 다음을 요청합니다(그림 9-3).

전달한 숫자만큼 *를 연속으로 출력

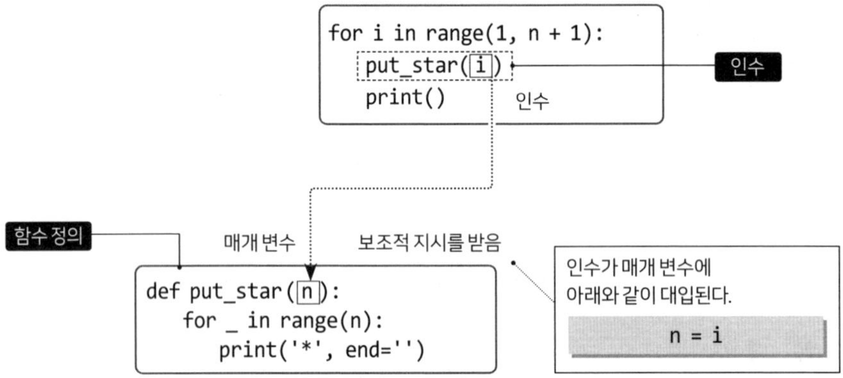

그림 9-3. 함수 호출

다음 내용도 2챕터에서 배웠습니다.

- 함수는 함수 이름 뒤에 호출 연산자 ()를 붙여서 호출한다.
- 호출 연산자 ()에 함수에 대한 보조적 지시인 인수(argument)를 전달한다. 인수가 두 개 이상인 경우에는 쉼표로 구분한다.

또한 ○○ 연산자를 이용한 식을 ○○식이라고 부르므로 호출 연산자를 이용한 수식은 호출식(call expression)입니다. 호출식이 평가되면 그 함수를 호출하고 프로그램의 흐름은 그 함수로 이동됩니다. 그때 인수가 매개 변수로 대입됩니다. 그림의 예에서는 인수 i가 매개 변수 n에 대입됩니다.

중요

함수가 호출되면 프로그램의 흐름은 그 함수로 옮겨진다. 이때 전달된 인수가 매개 변수에 대입된다.

매개 변수 대입이 완료되면 함수 본체가 실행됩니다. 이 함수의 경우 n개의 *이 연속하여 출력됩니다. 함수 본체의 실행이 완료되면 프로그램의 흐름은 제자리로 돌아갑니다.

직각 이등변 삼각형과 사각형을 출력하는 코드는 함수 put_star를 사용하여 다음과 같이 수정되었습니다.

- 프로그램이 짧고 간결하게 정리되었다.
- 이중 루프가 하나의 for문으로 정리되었다.

▶ 함수 put_star를 어디서나 이용할 수 있는 형태로 만들면 여러 프로그램에서 자유롭게 호출할 수 있습니다. 그 방법은 다음 챕터에서 학습합니다.

함수의 값 리턴

다음으로 값을 리턴하는 함수를 작성합니다. List 9-4에서는 세 개의 값을 받아 그 중 최댓값을 리턴하는 함수 max3를 만듭니다.

List 9-4

```
# 세 수의 최댓값 구하기

def max3(a, b, c):
    """a, b, c 중 최댓값을 리턴"""
    max = a
    if b > max: max = b
    if c > max: max = c
    return max

n1 = int(input('정수 n1 : '))
n2 = int(input('정수 n2 : '))
n3 = int(input('정수 n3 : '))

print('최댓값은', max3(n1, n2, n3), '입니다.')

x1 = float(input('실수 x1 : '))
x2 = float(input('실수 x2 : '))
x3 = float(input('실수 x3 : '))

print('최댓값은', max3(x1, x2, x3), '입니다.')

print('n1, n2, x1의 최댓값은', max3(n1, n2, x1), '입니다.')
```

리턴 값

int 8

float 7.4

int 8

실행 결과

```
정수 n1 : 3 Enter↵
정수 n2 : 8 Enter↵
정수 n3 : 5 Enter↵
최댓값은 8 입니다.
실수 x1 : 3.2 Enter↵
실수 x2 : 7.4 Enter↵
실수 x3 : 6.9 Enter↵
최댓값은 7.4 입니다.
n1, n2, x1의 최댓값은 8 입니다.
```

함수 max3는 매개 변수 a, b, c에 전달받은 값 중 최댓값을 구합니다. 결괏값은 리턴 형태로 함수가 호출되었던 부분으로 돌아옵니다. 호출 지점으로 돌아가도록 하는 함수는 return문(return statement)입니다. return문이 실행되면 프로그램 흐름은 실행 중인 함수에서 호출 지점으로 돌아갑니다. 돌아갈 때 return 뒤에 놓인 식을 함께 가져가며 그 값이 바로 리턴 값입니다. 실행 결과의 첫 호출에서는 max 값인 8이 리턴 값입니다.

중요

return문은 함수 실행을 종료하고 호출 지점으로 돌아가 값을 리턴한다.

함수의 리턴 값은 호출식을 평가하여 얻을 수 있습니다. 위의 실행 결과에서는 호출식 max3(n1, n2, n3)를 평가한 값인 int타입의 8이 리턴됩니다.

중요

호출식을 평가하면 함수의 리턴 값을 얻을 수 있다.

다른 두 호출도 마찬가지로 x1, x2, x3의 최댓값과 n1, n2, x1의 최댓값을 구할 수 있습니다.

다음으로 List 9-5에서는 세 값이 아닌 두 값의 최댓값을 구하는 함수를 작성합니다.

List 9-5

```
# 두 수의 최댓값 구하기

def max2(a, b):
    """a와 b의 최댓값을 리턴"""
    if a > b:
        return a
    return b

n1 = int(input('정수 n1 : '))
n2 = int(input('정수 n2 : '))

print('최댓값은', max2(n1, n2), '입니다.')
```

return문은 여러 개 있어도 된다

실행 결과

```
정수 n1 : 3 Enter↵
정수 n2 : 7 Enter↵
최댓값은 7 입니다.
```

함수 max2에 있는 두 return문은 아래와 같이 실행됩니다.

→ a가 b보다 크면 : 첫 번째 return문이 실행되고 호출 지점으로 돌아간다.
→ 그렇지 않으면 : 두 번째 return문이 실행되고 호출 지점으로 돌아간다.

이 두 return문이 모두 실행되는 경우는 없습니다. 또한 조건 연산자를 사용하면, 함수 본체를 한 줄로 정리할 수 있습니다(chap09/list0905a.py).

```
return a if a> b else b          # 조건 연산자 if else를 사용
```

문법상으로는 함수 한 개에 여러 return문을 쓸 수 있습니다. 하지만 가급적이면 한 개 혹은 최소한으로 해야 합니다. 출구가 여러 개 있으면 구조를 파악하기 어려워지기 때문입니다.

: 여러 개의 값을 리턴하기

값을 여러 개 리턴하려면 튜플을 사용합니다. List 9-6의 함수 min_max2는 최솟값과 최댓값을 모두 구하여 튜플로 리턴합니다.

List 9-6

```
# 두 값의 최솟값과 최댓값 구하기

def min_max2(a, b):
    """a와 b의 최솟값과 최댓값을 구하여 리턴"""
    return (a, b) if a < b else (b, a)    ❶

n1 = int(input('정수 n1 : '))
n2 = int(input('정수 n2 : '))

minimum, maximum = min_max2(n1, n2)    ❷
print('최솟값은', minimum, '이고 최댓값은', maximum, '입니다.')
```

실행 결과

```
정수 n1 : 3 Enter
정수 n2 : 7 Enter
최솟값은 3 이고 최댓값은 7 입니다.
```

최솟값과 최댓값을 튜플로 구하는 조건식 ❶은 List 3-27과 동일합니다. return문에서는 튜플을 리턴합니다. ❷에서 함수 min_max2를 호출하여 리턴된 튜플이 암묵적으로 언팩되고, 최솟값과 최댓값이 각각 minimum와 maximum에 대입됩니다.

: return문과 값의 리턴

값을 리턴하지 않는 함수에서 return문은 return식 대신 그냥 return만 씁니다. return문은 식의 형태와 상관없이 프로그램의 흐름을 호출 지점으로 되돌립니다.

그런데 이번 챕터에서 처음으로 만든 함수 put_star에는 return문이 없습니다. return문을 실행하지 않는 함수가 종료되었을 때나 값을 리턴하지 않는 단순한 return문이 실행된 경우, 함수는 아무것도 리턴하지 않는 것이 아니라 None을 리턴합니다.

중요

함수는 어떠한 값을 리턴하며, 명시적으로 지정되지 않았을 때는 None을 리턴한다.

: 아무것도 하지 않는 함수

인수를 받지도 않고 처리도 하지 않는 함수는 다음과 같이 정의할 수 있습니다.

```
def func() :
    """아무 값도 받지 않고 아무것도 하지 않는 함수" ""
    pass
```

이 함수 또한 return문으로 값을 리턴하지 않으므로 None이 리턴됩니다.

: 리턴 값의 취급

List 9-3에서는 함수 put_star가 암묵적으로 리턴한 None을 사용하지 않습니다. List 9-4~5에서는 리턴 값을 사용하고 있지만, 사용하지 않아도 상관없습니다. 함수에서 리턴된 값은 자유롭게 사용할 수 있습니다.

그럼 List 9-7을 실행하여 2챕터부터 써 온 print 함수의 리턴 값을 표시합니다.

List 9-7

```
# print 함수의 리턴 값

print(print('ABC'))
```

실행 결과

```
ABC
None
```

회색으로 표시한 부분에서 내부에 있는 print 함수를 호출하여 'ABC'를 출력합니다. 출력을 종료한 print 함수는 None을 리턴합니다. 따라서 그 값이 외부에 있는 print 함수의 인수로 주어진 결과 'None'이 출력됩니다.

▶ List 9-7은 외부 print 함수의 리턴 값을 출력하지 않습니다. 다음과 같이 작성하면 외부 print 함수의 리턴 값도 확인할 수 있습니다(chap09/list0907a.py).

```
x = print(print('ABC'))  # 외부 print 함수의 리턴 값을 x에 대입
print(x)                 # x의 값을 출력
```

```
ABC
None
None
```

:: 인수를 받지 않는 함수

이어서 암산을 연습하는 프로그램을 작성합니다. List 9-8을 실행하면 세 자리의 정수 세 개를 더하는 문제가 나옵니다. 틀린 답을 입력하면 다음 문제로 넘어가지 않기 때문에 반드시 정답을 입력해야 합니다. 먼저 List 9-8을 실행합니다.

List 9-8

```
# 암산 연습(세 자리 정수 세 개 더하기)

import random

def confirm_retry():
    """한 번 더 시도할지 확인"""
    while True:
        n = int(input('한 번 더?<Yes…1/No…0> : '))
        if n == 0 or n == 1:
            return n
```

인수를 받지 않음

```
print('암산 연습 시작')

while True:
    x = random.randint(100, 999)
    y = random.randint(100, 999)
    z = random.randint(100, 999)

    while True:
        print(x, '+', y, '+', z, '= ', end='')
        k = int(input())
        if k == x + y + z:
            break
        print('틀렸습니다.')

    if not confirm_retry():
        break
```

인수를 전달하지 않음

실행 결과

```
암산 연습 시작
185 + 128 + 859 = 1677 Enter
틀렸습니다.
185 + 128 + 859 = 1172 Enter
한 번 더?<Yes...1/No...0>:1 Enter
245 + 679 + 781 = 1705 Enter
한 번 더?<Yes...1/No...0>:0 Enter
```

▶ List 9-8은 100~999사이의 난수 x, y, z를 생성하고 그 합을 구하는 문제를 냅니다. 키보드로부터 입력받은 k 값이 x + y + z의 값이면 정답이므로 break문으로 while문을 종료합니다. 그러나 오답이면 while문은 끝없이 반복됩니다.

confirm_retry 함수는 다른 문제를 더 풀 것인지 묻고 0이나 1이 입력되면 각각에 해당하는 결과를 리턴합니다. 함수 confirm_retry처럼 전달받는 인자가 없는 함수의 괄호에는 아무것도 쓰지 않은 채로 ()만 씁니다.

중요

매개 변수를 전달받지 않는 함수를 정의할 때는 괄호 안에 아무것도 입력하지 않는다.

호출도 마찬가지입니다. 회색으로 표시한 부분을 보면 함수 confirm_retry를 호출하는 호출 연산자의 괄호 안은 비어 있습니다.

▶ if문의 판정식은 함수 confirm_retry의 리턴 값에 not 연산자를 적용한 식입니다. 0 이외의 숫자는 참이며 0은 거짓입니다.

:: 재귀 호출

함수는 어떠한 처리를 할 때 종종 자기 자신을 처리 과정에 포함하거나 또는 자기 자신을 이용해 정의하기도 합니다. 이렇게 스스로를 이용하는 방식을 재귀(recursive)라고 합니다.

양의 정수 n의 팩토리얼(계승 값, factorial)은 다음과 같이 재귀적으로 정의할 수 있습니다.

```
n!의 정의(n은 양의 정수)
a 0! = 1
b n > 0면 n! = n × (n - 1)!
```

▶ 예를 들어 10!은 10 × 9!로 구하고 9!은 구할 수 있습니다.

이를 그대로 반영해 List 9-9와 같이 작성합니다.

List 9-9

```
# 양의 정수의 계승 값 구하기

def factorial(n):
    """n!(n은 양의 정수)의 값을 재귀적으로 구하기"""
    if n > 0:
        return n * factorial(n - 1)
    else:
        return 1

n = int(input('양의 정수를 입력해주세요. : '))
print(n,'!의 값은 ', factorial(n), '입니다.', sep='')
```

실행 결과

```
양의 정수를 입력해주세요. : 3 Enter↵
3!의 값은 6입니다.
```

함수 factorial로 계승 값을 구하는 과정을 그림 9-4로 확인할 수 있습니다. 그림에서 설명하는 '3!의 값 구하기'로 이해해 보겠습니다.

a factorial(3)으로 함수 factorial이 호출됩니다. 이 함수는 매개 변수 n에 3을 받아서 다음 값을 리턴합니다.

```
3 * factorial(2)
```

이 값을 구하기 위해서는 factorial(2)의 값을 구해야 합니다. 따라서 인수로 정수 2를 전달하여 함수 factorial을 다시 호출합니다.

b 호출된 함수 factorial은 매개 변수 n에 2를 받습니다.

```
2 * factorial(1)
```

위를 구하기 위해 factorial(1)를 호출합니다.

c 호출된 함수 factorial은 매개 변수 n에 1을 받습니다.

```
1 * factorial(0)
```

위를 구하기 위해 factorial(0)를 호출합니다.

d 호출된 함수 factorial은 매개 변수 n으로 전달받은 값이 0이므로 1을 리턴합니다. 이 시점에 처음으로 return문이 실행됩니다.

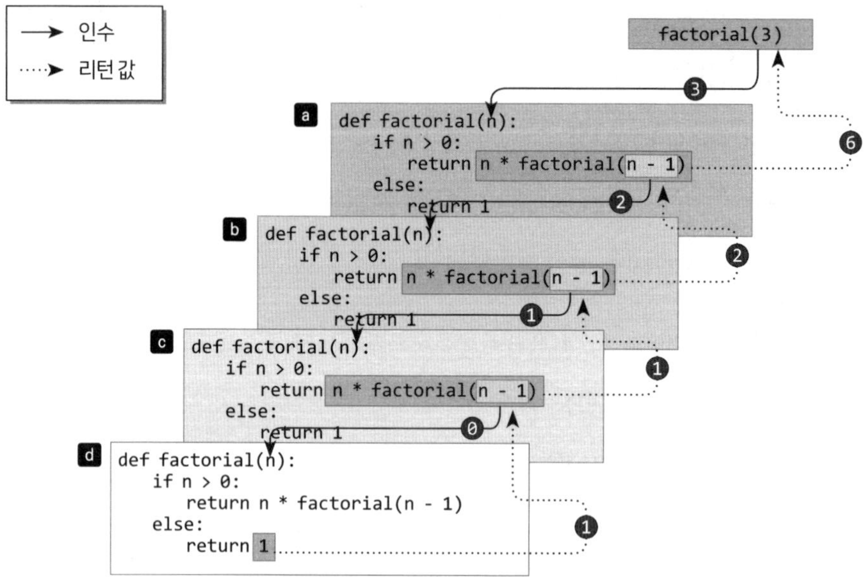

그림 9-4. 팩토리얼의 값을 재귀적으로 구하기

c 리턴된 값 1을 받은 함수 factorial은 1 * factorial (0) 즉 1 * 1을 리턴합니다.

b 리턴된 값 1을 받은 함수 factorial은 2 * factorial (1) 즉 2 * 1을 리턴합니다.

a 리턴된 값 2를 받은 함수 factorial은 3 * factorial (2) 즉 3 * 2를 리턴합니다.

이제 3!의 값인 6을 구합니다.

함수 factorial은 (n - 1)!의 값을 구하기 위해 함수 factorial을 호출합니다. 이러한 함수 호출을 재귀 호출(recursive call)이라고 합니다.

▶ 재귀 호출은 "함수 자기 자신의 호출"이라고 이해하기보다 "자신과 같은 함수의 호출"이라고 이해하면 자연스럽습니다. 만약 정말로 자기 자신을 호출한다면 끝없이 스스로를 호출하기 때문입니다.

재귀 알고리즘은 풀어야 할 문제나 계산해야 할 함수 또는 처리해야 할 데이터 구조가 재귀적으로 정의되었을 때 사용하기 적합합니다. 따라서 재귀적으로 팩토리얼의 값을 구하는 것은 재귀의 원리를 이해하기 위한 하나의 예에 불과합니다.

:: 인수 교환 메커니즘

List 9-10을 통해 함수가 받는 매개 변수와 호출식에서 전달하는 인수에 대해 자세히 학습합니다. List 9-10에는 1부터 n까지의 합을 구해 리턴하는 sum_1ton 함수가 정의되었습니다.

List 9-10

```
# 1부터 n까지의 합 구하기

def sum_1ton(n):
    """1부터 n까지의 합 구하기"""
    s = 0
    while n > 0:
        s += n
        n -= 1
    return s

x = int(input('x의 값 : '))
total = sum_1ton(x)
print('1부터 ', x, '까지의 합은 ', total, '입니다.', sep='')
```

실행 결과

```
x의 값 : 5 Enter ↵
1부터 5까지의 합은 15입니다.
```

실행 결과를 보면 함수 sum_1ton의 실행 과정에서 매개 변수 n의 값이 5 → 4 → ... → 1로 감소합니다. 따라서 함수 종료 시 n의 값은 0입니다.

sum_1ton 함수가 호출될 때 전달되는 인수는 x입니다. 위의 실행 결과에서는 함수가 처리된 후 '1부터 5까지의 합은 15입니다.'라고 출력됩니다. 따라서 변수 x의 값이 5인 점, 즉 함수가 호출된 당시의 값이 그대로 남아 있는 것을 확인할 수 있습니다.

하지만 이 결과를 아래처럼 착각해서는 안 됩니다.

> ✕ 매개 변수 n에 인수 x의 값이 복사되었다.

앞서 배운 바와 같이 매개 변수에는 인수가 대입됩니다. 대입으로 복사되는 것은 값 자체가 아닌 참조 대상입니다. 따라서 n의 참조 대상은 x의 참조 대상과 동일합니다 (그림 9-5 a).

매개 변수 n의 값이 함수 sum_1ton에서 바뀌더라도 인수 x의 값은 변경되지 않습니다. 이것은 정수가 변경 불가한 불변 객체이기 때문입니다.

변수 n의 값이 수정되면 다른 객체를 참조합니다(그림 9-5 b).

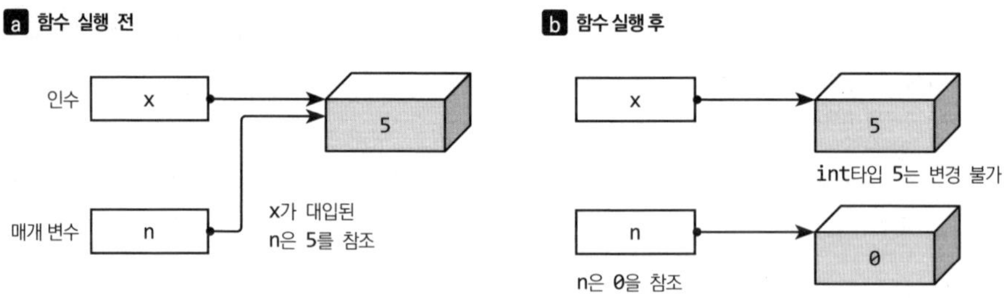

그림 9-5. 불변 타입의 인수와 매개 변수

이것은 List 9-11에서도 확인할 수 있습니다.

List 9-11

```
# 전달된 시점의 매개 변수가 인수 그 자체인 점을 확인하기

def func(n):
    """매개 변수의 값과 아이덴티티 출력"""
    print('n:', n, id(n))      # 2
    n = 0
    print('n:', n, id(n))      # 3

x = 5
print('x:', x, id(x))          # 1
func(x)
print('x:', x, id(x))          # 4
```

실행 결과

```
1 x: 5 10968928
2 n: 5 10968928
3 n: 0 10968768
4 x: 5 10968928
```

이 값만 다른 객체

함수 func는 매개 변수 n을 받아 대입 전후의 아이덴티티를 각각 출력합니다. 인수와 매개 변수는 List 9-10과 동일하게 활용됩니다.

▶ 즉 2에서는 그림 a의 상태이고, 값을 대입한 후인 3은 그림 b의 상태입니다.

파이썬에서 인수의 상호 작용은 인수인 객체의 참조 대상이 값으로 전달되고, 그 참조 대상이 매개 변수에 대입되는 개념입니다.

▶ 다른 많은 프로그래밍 언어에서는 인수의 값이 매개 변수에 복사되는 '값에 의한 호출(call by value)'과, 인수의 참조 대상이 매개 변수에 복사되어 매개 변수가 인수와 실질적으로 동일해지는 '참조에 의한 호출(call by reference)' 중 하나 또는 두 호출 방식 모두를 채용합니다.

파이썬은 이 두 호출의 중간이라 할 수 있는 참조 값에 의한 호출을 사용합니다. 파이썬 공식 문서에는 '객체 참조에 의한 호출(call by object reference)'로 설명되어 있습니다.

함수 간의 인수 전달을 정리하면 다음과 같습니다.

함수가 실행되는 시점에 매개 변수는 인수와 같은 객체를 참조한다. 함수에서 매개 변수의 값을 변경하면 인수의 타입에 따라 동작이 아래와 같이 달라진다.

❶ 인수가 변경할 수 없는 불변 객체일 때, 함수에서 매개 변수의 값을 변경하면 다른 객체가 생성되고 참조 대상이 그 객체로 변경된다. 따라서 매개 변수의 값을 변경해도 함수를 호출한 곳의 인수에는 영향을 주지 않는다.

❷ 인수가 변경할 수 있는 가변 객체일 때, 함수에서 매개 변수의 값을 변경하면 그 객체 자체가 변경된다. 따라서 매개 변수의 값을 변경하면 함수를 호출한 곳의 인수 값도 변경된다.

List 9-10과 List 9-11은 모두 ❶에 해당합니다. 이어서 ❷의 경우를 알아보겠습니다.

:: 리스트를 인수로 받는 함수

이어서 함수 간의 인수 교환에 대해 학습합니다. 위 상자의 ❷에 해당하며 인수의 타입이 가변형(변경 가능)인 경우입니다.

여기에서는 가변 객체의 대표라고도 할 수 있는 리스트를 이용해 살펴봅니다. List 9-12를 실행합니다.

List 9-12

```
# 리스트의 요소 값 변경하기

def change(lst, idx, val):
    """lst[idx]의 값을 val로 변경"""
    lst[idx] = val

x = [11, 22, 33, 44, 55]
print('x =', x)

index = int(input('변경할 값의 인덱스 : '))
value = int(input('새로운 값 : '))

change(x, index, value)
print('x =', x)
```

실행 결과

```
x = [11, 22, 33, 44, 55]
변경할 값의 인덱스 : 2 Enter↵
새로운 값 : 99 Enter↵
x = [11, 22, 99, 44, 55]
```

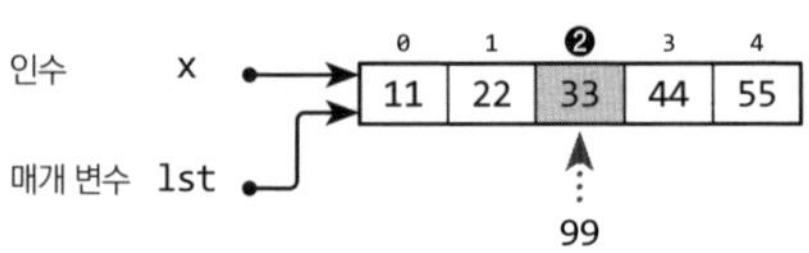

그림 9-6. 리스트의 변경

함수 change는 리스트 lst의 인덱스가 idx인 요소, 즉 lst[idx]에 val을 대입하는 간단한 함수입니다. List 9-12의 실행 결과를 보면 함수에서 리턴한 후 x[2]는 33에서 99로 바뀌었습니다(그림 9-6). 인수가 가변 객체인 경우에는 함수 내에서 변경된 값이 함수를 호출한 곳의 인수에까지 전해지는 것을 알 수 있습니다.

: : 리스트의 요소를 역순으로 정렬하는 함수

리스트의 요소를 역순으로 정렬하고 출력합니다. 우선 알고리즘을 하나씩 짚어 보겠습니다. 그림 9-7과 같이 7개의 요소로 이루어진 lst의 순서를 반전해야 합니다.

먼저 가장 첫 요소인 lst[0]과 마지막 요소인 lst[6]의 값을 그림 **a** 처럼 교환합니다. 다음으로는 그림 **b**, 그림 **c** 와 같이 각각의 요소를 교환하는 작업을 반복합니다.

일반적으로 요소의 개수가 n이면 교환 횟수는 n//2회입니다. 나머지를 버리는 이유는 요소가 홀수 개일 때 가운데에 있는 요소는 교환할 필요가 없기 때문입니다.

▶ "정수//정수" 연산은 나머지를 버리고 몫만 알 수 있어 적합합니다. 요소가 7개인 경우 교환 횟수는 7//2로 3회입니다.

그림 **a** → 그림 **b** → ... 의 처리를 변수 i의 값이 0부터 증가하는 것으로 나타내면, 값을 교환할 두 요소의 인덱스는 다음과 같습니다.

```
▪ 왼쪽 요소의 인덱스(그림에서 ●의 값) ... i              0 → 1 → 2
▪ 오른쪽 요소의 인덱스(그림에서 ○의 값) ... n - i - 1    6 → 5 → 4
```

따라서 요소가 n개인 리스트 lst의 요소를 역순으로 정렬하는 코드를 생각해보면 다음과 같습니다.

```
for i in range (n // 2) :
      lst[i]의 값과 lst[n - i - 1]의 값을 교환
```

List 9-13는 이 알고리즘을 그대로 반영한 코드입니다.

List 9-13

```
# 리스트 요소의 순서를 반전하기

def reverse_list(lst):
    """lst의 요소 순서를 반전"""
    n = len(lst)
    for i in range(n // 2):
        lst[i], lst[n - i - 1] = lst[n - i - 1], lst[i]

x = [22, 57, 11, 32, 91, 68, 77]
print('x =', x)

reverse_list(x)
print('x =', x)
```

실행 결과

```
x = [22, 57, 11, 32, 91, 68, 77]
x = [77, 68, 91, 32, 11, 57, 22]
```

함수 reverse_list는 배열의 요소를 역순으로 정렬합니다. 회색으로 표시한 부분에서 for문은 n // 2회 반복됩니다. 루프 본체에서는 lst[i]와 lst[n - i - 1]의 값을 교환합니다.

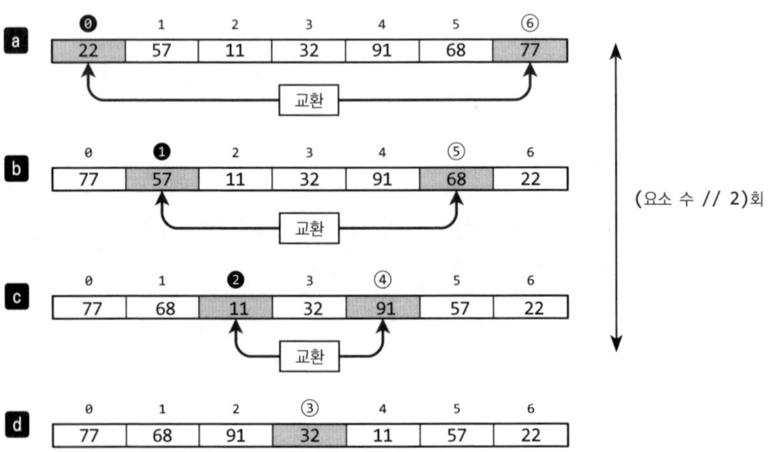

그림 9-7. 리스트 요소의 순서 반전

:: 인수의 기본값

함수를 호출할 때 호출 연산자 ()에 주어지는 인수는 생략할 수 있습니다. 다만 인수를 생략하기 위해서는 함수의 정의에 기본값(default value)이 설정되어 있어야 합니다. 설정하는 값은 인수가 생략되었을 때 매개 변수에 주어지는 값입니다.

List 9-14에서는 인수의 기본값을 사용하고 있습니다. 함께 살펴보겠습니다.

List 9-14

```
# 이름에 호칭을 붙여 인사하는 함수(인수의 기본값 사용하기)
def hello(name, honorific = '씨'):
    """호칭을 붙여서 인사하기"""
    print('안녕하세요, {}{}.'.format(name, honorific))

hello('박시은')              ❶
hello('김지연', '선생님')     ❷
hello('이서현', '님')         ❸
```

실행 결과

```
안녕하세요, 박시은씨.
안녕하세요, 김지연선생님.
안녕하세요, 이서현님.
```

함수 hello는 이름 name과 호칭 honorific을 인수로 받아 이름에 호칭을 붙여 인사하는 함수입니다. 매개 변수 honorific의 기본값은 회색으로 표시했듯 '씨'로 지정되어 있습니다. 매개 변수에 기본값이 지정되어 있을 때, 인수를 생략하고 함수를 호출하면 매개 변수에는 기본값이 대입됩니다. 따라서 각 함수 호출은 다음과 같이 이루어집니다.

❶ 두 번째 인수 없이 함수를 호출하므로 매개 변수 honorific에는 기본값 '씨'가 대입됩니다. hello('박시은')은 hello('박시은', '씨')로 처리되기 때문에 '안녕하세요, 박시은씨.'가 출력됩니다.

❷❸ 모두 두 번째 인수를 생략하지 않고 함수를 호출합니다. 각각 '안녕하세요, 김지연선생님.', '안녕하세요, 이서현님.'이 출력됩니다.

▶ 매개 변수 honorific에는 인수로 주어진 '선생님'과 '님'이 대입되기 때문에 기본값인 '씨'가 대입되지 않습니다.

Column 9-1. 기본(default)의 의미

default는 명사로 불이행, 태만, 채무 불이행, 결석, 결장 등의 의미를, 동사로 '의무를 게을리하다', '채무를 이행하지 않다'는 의미를 갖습니다.

그러나 프로그래밍에서는 '초기 상태에 설정되어 있는 값', '별도 지정하지 않은 경우 사용되는 값'으로 기본의 의미로 사용됩니다. 일부러 전달하지 않아도 값이 설정되므로 이 용어를 많이 사용합니다.

기본값은 뒤쪽의 인수부터 순서대로, 중간의 인수를 건너뛰지 않고 연속해서 설정할 수 있습니다. 몇 가지 예를 보겠습니다.

```
def func1(a = 1, b = 2):       // OK
def func2(a = 1, b):           // 오류

def func3(a, b, c = 3):        // OK
def func4(a, b = 2, c = 3):    // OK
def func5(a = 1, b, c = 3):    // 오류
```

중요

매개 변수 선언에서 기본값을 설정해 두면 함수를 호출할 때 인수를 생략할 수 있다. 인수를 생략한 경우 매개 변수에는 기본값이 대입된다.

▶ 기본값의 평가는 단 한 번 이루어집니다. 따라서 기본값이 리스트나 딕셔너리 같은 가변 타입이라면 함수가 호출될 때마다 변경될 수 있습니다. 아래는 그 예입니다(chap09/list_apnd.py).

```
def list_apnd(a, lst=[]):
    """ 호출될 때마다 리스트를 연결하고 출력하기"""
    lst += a
    print(lst)

list_apnd([1])      # []에 [1]을 추가. lst의 기본값은 [1]이 된다.
list_apnd([2])      # [1]에 [2]을 추가. lst의 기본값은 [1, 2]가 된다.
list_apnd([3, 4])  # [1, 2]에 [3, 4]를 추가. lst의 기본값은 [1, 2, 3, 4]가 된다.
```

```
[1]
[1, 2]
[1, 2, 3, 4]
```

함수 list_apnd의 두 번째 인수에 기본값이 지정되어 있습니다. 이 인수 lst에 []가 대입되는 것은 처음으로 호출될 때 뿐이며 두 번째부터는 초기화되지 않습니다. 따라서 변수 lst에는 전달받은 값이 계속해서 추가된 것입니다. 이와 같이 요소가 추가되는 이유는 리스트의 누적 대입인 +=가 제자리 연산으로 수행되기 때문입니다.

Column 9-2. 인수와 매개 변수의 표기

함수 정의와 함수를 호출할 때 쉼표 추가하기

리스트와 튜플은 [1, 2, 3,]와 (1, 2, 3,)처럼 마지막에 쉼표를 추가할 수 있습니다. 이와 마찬가지로 함수의 정의와 호출에도 매개 변수와 인수의 끝에 쉼표를 추가할 수 있습니다.

함수 정의와 함수 호출할 때 () 안에서 개행하기

3챕터에서 배웠던 () 안에서는 자유롭게 개행할 수 있다는 규칙은 함수의 정의와 호출에도 똑같이 적용됩니다.

이 두 특성은 인수의 식이 길거나 자세한 주석 또는 9챕터에서 배울 어노테이션을 작성할 때 유용합니다.

```
def func(para1, # 매개 변수 para1에 대한 상세한 주석
         para2, # 매개 변수 para2에 대한 상세한 주석
         para3, # 매개 변수 para3에 대한 상세한 주석
         ) :
x = func(long_long_name_argument1 # 인수에 대한 자세한 주석
         long_long_name_argument2 # 인수에 대한 자세한 주석
         long_long_name_argument3 # 인수에 대한 자세한 주석
         )
```

:: 위치 인수와 키워드 인수

이번 챕터에서 처음으로 만든 함수 put_star에서는 별표 기호 *만 출력합니다. 임의의 문자열을 임의의 개수만큼 연속해서 출력하는 함수를 List 9-15에서 작성합니다.

List 9-15

```
# 직각 이등변 삼격형과 사각형 출력하기 1(위치 인수)

def puts(n, s):
    """n개의 s를 연속해서 출력"""
    for _ in range(n):
        print(s, end='')

print('직각 이등변 삼각형')
n = int(input('짧은 변의 길이 : '))

for i in range(1, n + 1):
    puts(i, '*')
    print()

print('사각형')
w = int(input('가로 : '))
h = int(input('세로 : '))

for i in range(1, h + 1):
    puts(w, '+')
    print()
```

실행 결과

```
직각 이등변 삼각형
짧은 변의 길이 : 5 Enter↵
*
**
***
****
*****
사각형
가로 : 7 Enter↵
세로 : 5 Enter↵
+++++++
+++++++
+++++++
+++++++
+++++++
```

함수 puts의 첫 번째 인수는 출력할 문자의 개수이고, 두 번째 인수는 출력할 문자열입니다. 두 곳에서 호출될 때는 각각의 매개 변수에 알맞은 인수가 전달되었습니다.

List 9-15와 같이 호출 연산자 ()에 있는 인수가 동일한 위치(첫 번째, 두 번째, ...)의 매개 변수에 전달되는 것이 위치 인수(position argument)입니다. 그림 9-8과 같이 매개 변수의 슬롯(slot)이 준비되어 있고, 전달된 인수는 동일한 위치의 슬롯에 대입됩니다.

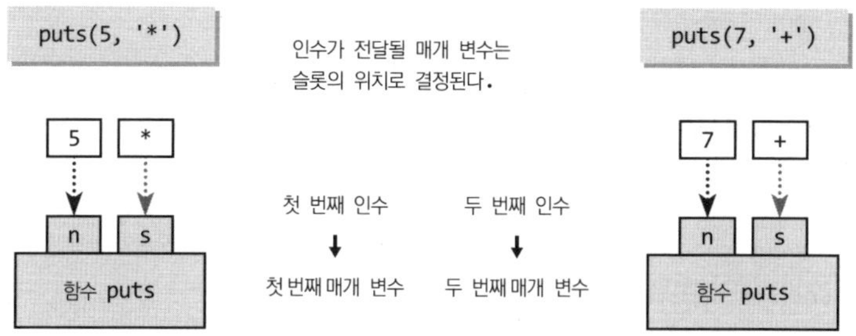

그림 9-8. 위치 인수의 전달

그런데 인수의 개수가 많아지면 인수 순서 관리와 활용이 어려워집니다. 인수가 두 개뿐인 함수 puts조차 첫 번째와 두 번째 인수 중 어떤 것이 개수이고 어떤 것이 문자열인지 혼동될 때도 있습니다.

이런 경우에 유용하게 사용되는 것이 키워드 인수(keyword argument)입니다. 키워드 인수는 호출할 때 인수를 '매개 변수 이름=값'으로 합니다. 키워드 인수를 사용해 List 9-15를 List 9-16과 같이 수정합니다.

List 9-16

```
# 직각 이등변 삼각형과 사각형 출력하기 2(키워드 인수)

# n개의 s를 연속해서 출력
def puts(n, s):
    for i in range(n):
        print(s, end='')

print('직각 이등변 삼각형')
n = int(input('짧은 변의 길이 : '))

for i in range(1, n + 1):
    puts(n = i, s = '*')    1
    print()

print('사각형')
w = int(input('가로 : '))
```

```
h = int(input('세로 : '))

for i in range(1, h + 1):
    puts(s = '+', n = w)    ❷
    print()
```

인수는 다음과 같이 전달됩니다(그림 9-9).

> ❶ 이름이 n인 매개 변수에 i를 전달하고, 이름이 s인 매개 변수에 '*'를 전달.
> ❷ 이름이 s인 매개 변수에 '+'를 전달하고, 이름이 n인 매개 변수에 w를 전달.

▶ 그림은 변수 i의 값이 5이고 변수 w의 값이 7인 경우입니다.

위치 인수와 키워드 인수는 함께 쓸 수 있습니다. 다만, 함께 쓸 때에는 키워드 인수를 뒤쪽에 둡니다.

```
○ puts(5, s = '+')
× puts(s = '+', 5)
```

중요

함수를 호출할 때 인수는 인수와 같은 슬롯에 위치하는 매개 변수에 위치 인수로 전달할 수 있다. 또는 매개 변수의 이름을 지정하는 키워드 인수로 전달할 수 있다.

▶ print 함수에 쓰는 sep = ''와 end = '' 등이 키워드 인수의 지정이라는 것을 알 수 있습니다.

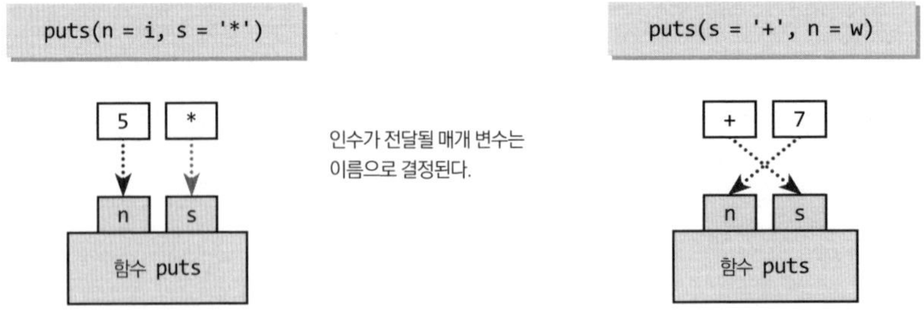

그림 9-9. 키워드 인수의 전달

:: 위치 인수를 튜플로 만들어 가변 인수 전달하기

앞서 두 값의 최댓값을 구하는 함수인 max2와 세 값의 최댓값을 구하는 함수 max3를 만들었습니다. List 9-17의 max2more는 두 개 이상의 값 중 최댓값을 구하는 함수입니다.

List 9-17

```
# 두 개 이상의 값 중 최댓값 구하기

def max2more(a, b, *num):
    """두 개 이상의 값 중 최댓값 구하기"""
    max = a if a > b else b
    for n in num:
        if n > max:
            max = n
    return max

print('max2more(1, 2)          = ', max2more(1, 2))
print('max2more(1, 2, 3)       = ', max2more(1, 2, 3))
print('max2more(1, 2, 3, 4, 5) = ', max2more(1, 2, 3, 4, 5))
print('max2more(1)             = ', max2more(1))
```

0개 이상의 인수를 튜플로 받는다.

실행 결과

```
max2more(1, 2)          = 2
max2more(1, 2, 3)       = 3
max2more(1, 2, 3, 4, 5) = 5
```

b에 해당하는 인수 누락

```
Traceback (most recent call last):
File "rubypaper\chap09\lit0917.py", line 14, in <module>
print('max2more(1) = ', max2more(1))
TypeError: max2more() missing 1 required positional argument: 'b'
```

List 9-17의 실행 결과를 비교해 보겠습니다. 별표 *가 있는 매개 변수 num은 0 이상의 임의의 정수를 받습니다(그림 9-10). 세 번째 인수를 포함하여 그 이후의 모든 인수가 튜플로 팩됩니다. 그 튜플이 전달되어 매개 변수 num에 대입되는 구조입니다.

▶ 그림 9-10 ⓐ에서는 빈 튜플이 만들어지고 함수 max2more의 num에 전달됩니다.

이 함수에서 호출할 때 개수가 바뀔 수 있는 인수를 가변 인수(arbitrary argument)라고 합니다. 함수 본체에서는 a, b, 튜플 num의 모든 요소의 최댓값을 구합니다.

▶ 마지막 호출 max2more(1)은 매개 변수 b에 주어지는 인수를 전달하지 않기 때문에 오류가 발생합니다.

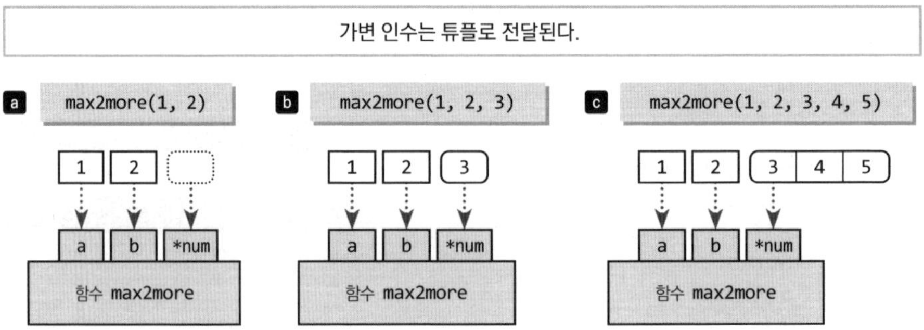

그림 9-10. 가변 인수의 전달

List 9-18을 실행하면 별표(*)를 붙여 선언된 매개 변수가 튜플임을 확인할 수 있습니다.

List 9-18

```
# 가변 인수의 정보를 출력하기

def print_args(*args):
    """가변 인수의 정보를 출력하기"""
    print('type(args) = ', type(args))
    print('len(args)  = ', len(args))
    print('args       = ', args)

print_args()
print()
print_args(1, 2, 3)
```

실행 결과

```
type(args) = <class 'tuple'>
len(args)  = 0
args       = ()

type(args) = <class 'tuple'>
len(args)  = 3
args       = (1, 2, 3)
```

함수 print_args의 유일한 매개 변수인 args는 별표(*)가 붙어 선언되어 있습니다. 따라서 이 함수는 0개 이상의 인수를 받습니다.

중요

별표 *를 붙여 선언된 매개 변수는 0개 이상의 인수의 값을 튜플로 받는다. 함수를 호출할 때의 가변 인수는 암묵적으로 팩된다.

다음으로 한 개 이상의 인수를 받는 함수를 작성합니다. List 9-19에서는 함수 print_sum이 식을 출력하면서 인수의 합을 구합니다.

List 9-19

```
# 인수의 합을 출력하면서 구하기

def print_sum(a, *no):
    """인수의 합을 리턴(식도 출력)"""
    sum = a
    print(a, end='')
    n = len(no)
    if n > 0:
        print(' + ', end='')
        for i in range(n - 1):
            sum += no[i]
            print(no[i], '+ ', end='')
        sum += no[n - 1]
        print(no[n - 1], end='')
    print(' =', sum)
    return sum

print_sum(5)
print_sum(9, 3)
print_sum(3, 6, 8, 2, 7)
```

실행 결과

```
5 = 5
9 + 3 = 12
3 + 6 + 8 + 2 + 7 = 26
```

▶ List 9-19의 자세한 설명은 생략합니다.

가변 인수는 그 성격상 매개 변수의 마지막에 두는 것이 기본입니다. 가변 인수보다 뒤에 있는 매개 변수는 위치 인수가 아닌 키워드 인수로 한정됩니다.

:: 이터러블형 인수의 언팩

List 9-4에서 만든 함수 max3를 다시 살펴보겠습니다. 최댓값을 구할 세 값이 리스트나 튜플에 있으면 일단 언팩하여 각각의 값을 꺼낸 다음 함수에 전달합니다. 아래가 그 예입니다.

```
lst1 = [1, 3, 5]        # 최댓값을 구할 대상인 세 값이 리스트에 들어있음
x, y, z = lst1          # 언팩하여 개별 값을 추출
m = max3(x, y, z)       # 최댓값을 구함
```

이 번거로움을 해소한 것이 List 9-20입니다. 인수 앞에 *를 붙이는 것만으로 자동으로 언팩하여 함수로 전달합니다.

List 9-20

```
# 리스트에 있는 세 값의 최댓값을 구하기

def max3(a, b, c):
    """a, b, c의 최댓값을 구해 리턴"""
    max = a
    if b > max: max = b
    if c > max: max = c
    return max

lst1 = [1, 3, 5]
m = max3(*lst1)
print(lst1, '의 최댓값은', m, '입니다.')
```

List 9-4와 같음

실행 결과

```
[1, 3, 5] 의 최댓값은 5 입니다.
```

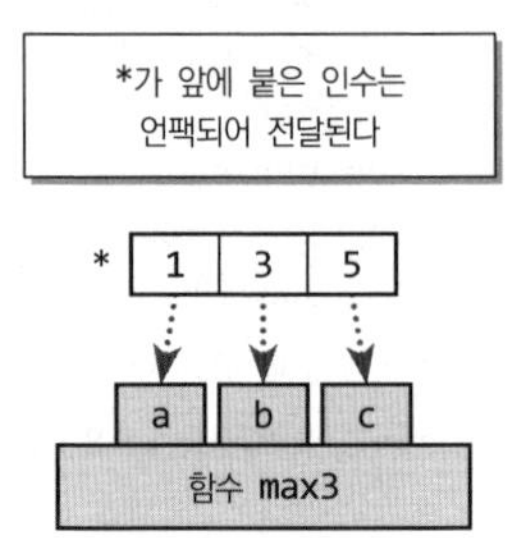

그림 9-11. 인수의 언팩

그림 9-11과 같이 리스트 lst1에서 언팩되어 꺼내진 세 값이 매개 변수 a, b, c에 전달되어 그 결과 최댓값 5를 구합니다. 또한 리스트 lst1을 튜플로 바꾸어도 정상적으로 동작하고 최댓값을 구합니다(chap09/list0920a.py).

중요

함수에 전달할 값이 리스트나 튜플 등의 이터러블 객체일 때 별표 *를 붙여 인수로 전달하면 언팩되어 함수에 전달된다.

▶ 이터러블 객체라면 어떤 것이든 인수에 *를 붙일 수 있습니다. 따라서 아래와 같이 호출하면 0, 1, 2의 최댓값을 구합니다.

```
max3(*range(3))        # 수열 0, 1, 2의 최댓값을 구한다.
```

규칙 몇 가지를 자세히 학습하겠습니다.

인수인 리스트나 튜플의 요소 개수와 매개 변수의 개수가 일치하지 않는 경우

예를 들어 요소 개수가 2 혹은 4인 리스트에 *를 붙여 max3 함수에 전달하면 TypeError 예외가 발생합니다.

함수에 기본값이 지정되어 있는 경우

인수의 요소 개수가 매개 변수보다 적으면 기본값이 사용됩니다. 예를 들어 함수 max3의 정의에서 기본값이 def max3(a, b, c=0):으로 지정되어 있으면, 아래와 같이 길이가 2인 리스트를 인수로 전달할 수 있습니다.

```
max3(*[-3, -1])    # -3, -1, 0의 최댓값을 구한다
```

이 예에서는 -3, -1, 0의 최댓값인 0이 리턴됩니다.

함수가 가변 인수를 받는 경우

함수가 가변 인수를 받을 때는 위치 인수에 요소가 보충됩니다. List 9-19의 함수 print_sum을 호출하는 예인 List 9-21을 통해 확인합니다.

List 9-21

```
# 인수의 합을 출력하면서 구하기(인수 언팩)

def print_sum(a, *no):
    # --- 중략 : List 9-19와 동일 --- #

lst1 = [1, 3, 5, 7]
print_sum(*lst1)
```

실행 결과

```
1 + 3 + 5 + 7 = 16
```

그림 9-12처럼 lst1의 첫 번째 요소 1이 a에 전달되고, 그 후 요소 [3, 5, 7]이 no로 전달됩니다.

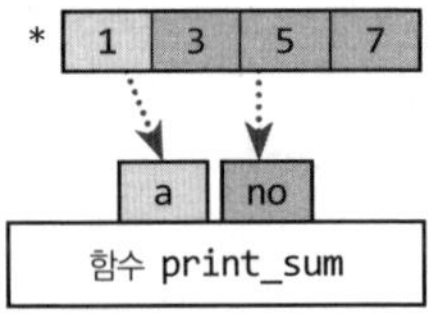

그림 9-12. 인수의 언팩

▶ List 9-21의 lst1과 *lst1을 print 함수에 전달하면 어떻게 출력되는지 확인합니다(chap09/print_list.py).

```
print(lst1)
print(*lst1)
```

```
[1, 3, 5, 7]
1 3 5 7
```

print(lst1)는 lst1을 리스트로 전달하므로 print 함수는 리스트 형식으로 출력됩니다. print(*lst1)는 모든 요소를 언팩한 print(1, 3, 5, 7)로 처리되기 때문에 네 개의 int 값이 print 함수에 전달됩니다. print 함수는 구분 문자열 sep의 기본값인 공백으로 전달받은 네 값을 구분하여 출력합니다.

:: 키워드 인수를 딕셔너리로 전달하기

이름 앞에 **을 붙여 선언한 매개 변수는 일정한 규칙에 따라 딕셔너리를 받습니다. 먼저 List 9-22를 확인합니다.

List 9-22

```
# 딕셔너리화된 키워드 인수 정보 출력하기

def print_kwargs(s, **kwargs):
    """딕셔너리화된 키워드 인수를 받는 kwargs의 정보 출력하기"""
    print(s)
    print('type(kwargs)  =', type(kwargs))
    print('len(kwargs)   =', len(kwargs))
    print('kwqrgs        =', kwargs)

print_kwargs('1번', spring='봄', summer='여름')  ❶
print()
print_kwargs('2번', spring='봄')  ❷
```

실행 결과

```
1번
type(kwargs) = <class 'dict'>
len(kwargs)  = 2
kwqrgs       = {'spring': '봄',
                'summer': '여름'}

2번
type(kwargs) = <class 'dict'>
len(kwargs)  = 1
kwqrgs       = {'spring': '봄'}
```

매개 변수 s는 일반적인 위치 인수입니다. 또 다른 매개 변수 kwargs는 딕셔너리화된 키워드 인수입니다. 함수 본체에서는 s의 값과 kwargs의 타입/요소 개수/값을 출력합니다.

호출하는 쪽을 살펴보겠습니다. ❶과 ❷의 첫 번째 인수 '1번'과 '2번'은 위치 인수 s에 전달됩니다.

kwargs에 전달된 나머지 인수는 ❶에서는 두 개, ❷에서는 한 개입니다. List 9-22와 실행 결과 ❶을 그림 9-13에서 비교해보면 다음 사항을 알 수 있습니다.

> 매개 변수 **kwargs**는 임의 개수의 요소를 포함한 딕셔너리를 받는 **dict**타입 변수다.
> - 키워드 인수의 이름을 문자열화한 것이 요소의 키가 된다.
> - 키워드 인수의 값이 요소의 값이 된다.

▶ 예를 들어 키워드 인수 spring='봄'은 인수의 이름인 spring을 문자열화한 'spring'이 딕셔너리 요소의 키이고, '봄'은 딕셔너리 요소의 값입니다.

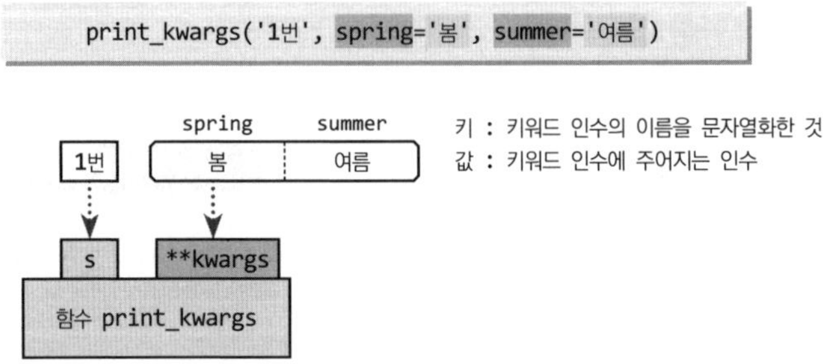

그림 9-13. 딕셔너리화된 키워드 인수의 전달

이어서 List 9-23을 살펴보겠습니다.

List 9-23

```
# 딕셔너리에 저장된 사람의 정보 출력하기

def put_person(**person):
    """딕셔너리 person에 있는 정보를 출력"""
    if 'name' in person: print('이름 =', person['name'], end='  ')
    if 'visa' in person: print('국적 =', person['visa'], end='  ')
    if 'age'  in person: print('연령 =', person['age'],  end='  ')
    print()  # 개행

put_person(name='손지형', visa='한국', age=27)   ❶
put_person(name='조탁', visa='중국')   ❷
```

실행 결과

```
이름 = 손지형  국적 = 한국  연령 = 27
이름 = 조탁  국적 = 중국
```

함수를 호출할 때 전달하는 키워드 인수의 개수는 ❶에서 세 개, ❷에서는 두 개입니다. 각각의 인수는 아래와 같이 딕셔너리로 변환된 다음 함수 put_person에 전달됩니다.

```
1 {'name':'손지형', 'visa': '한국', 'age': 27}        # 인수에서 생성된 딕셔너리
2 {'name':'조탁', 'visa': '중국'}                    # 인수에서 생성된 딕셔너리
```

함수 본체에서는 'name', 'visa', 'age'의 각 키가 딕셔너리 person에 포함되어 있는지를 판정하고, 포함되어 있으면 그 값을 출력합니다.

▶ ** 형식의 매개 변수와 * 형식의 매개 변수를 함께 사용할 수 있습니다. 그럴 경우 * 형식이 앞에 와야 합니다.

또한 ** 형식의 매개 변수를 사용하지 않는다면 List 9-24와 같이 작성합니다.

List 9-24

```
# 딕셔너리에 저장된 사람의 정보 출력하기

def put_person(name=None, visa=None, age=None):
    """키워드 인수로 받은 인물의 정보를 출력"""
    if name != None: print('이름 =', name, end='  ')
    if visa != None: print('국적 =', visa, end='  ')
    if age  != None: print('연령 =', age,  end='  ')
    print()  # 개행

put_person(name='손지형', visa='한국', age=27)
put_person(name='조탁', visa='중국')
```

실행 결과

```
이름 = 손지형 국적 = 한국 연령 = 27
이름 = 조탁 국적 = 중국
```

언뜻 보면 간단하지만 이 방법에는 다음과 같은 단점이 있습니다.

- 전달받는 모든 매개 변수를 선언해야 한다.
  ※ 알 수 없는 키를 가진 딕셔너리는 받을 수 없다.
- 모든 매개 변수에 기본값으로 None을 지정해야 한다.

매핑형 인수를 **으로 언팩

지금까지 별표 기호 *를 매개 변수에 한 개, 인수에 한 개, 그리로 매개 변수에 두 개 붙이는 방법을 배웠습니다. 마지막으로 인수에 두 개 붙이는 방법을 학습합니다.

딕셔너리형(정확히는 매핑형)의 인수 앞에 두 개의 별표 기호 **를 붙이면 그 딕셔너리의 모든 요소가 언팩됩니다. 그리고 각 요소의 키는 키워드 인수가 되고 그 키에 해당하는 값이 인수로 전달됩니다.

예를 들어, 함수 func를 호출하는 아래의 식을 살펴봅니다.

```
func(**{'key1': value1, 'key2': value2, 'key3': value3})
```

위의 식은 다음과 같은 호출식으로 처리됩니다.

```
func(key1 = value1, key2 = value2, key3 = value3)
```

인수를 **으로 언팩하는 예를 List 9-25로 확인합니다.

List 9-25

```
# 딕셔너리형 인수를 **로 언팩하기

def puts(n, s):
    """n개의 s를 연속해서 출력"""
    for _ in range(n):
        print(s, end='')

d1 = {'n': 3, 's': '*'}     # '*' 3개
d2 = {'s': '+', 'n' :7}     # '+' 7개

puts(**d1)
print()
puts(**d2)
```

List 9-15와 동일

실행 결과

```
***
+++++++
```

함수 puts는 List 9-15와 동일합니다. d1과 d2는 함수 puts에 전달할 값을 모아 놓은 딕셔너리입니다. 키가 되는 인수 이름이 작은따옴표로 묶인 문자열인 점에 주의하기 바랍니다.

▶ 즉, 다음과 같이 인수 이름이 문자열이 아닌 경우에는 오류가 발생합니다.

```
d1 = {n : 3, s : '*'}
d2 = {s : '+', n : 7}
```

함수 put을 호출하는 곳에서는 인수로 **d1 또는 **d2를 전달합니다. 따라서 딕셔너리가 언팩된 후에 전달됩니다.

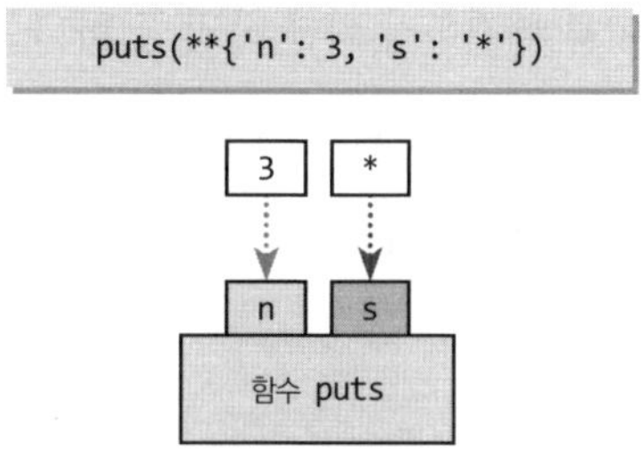

그림 9-14. 딕셔너리형 인수를 **로 언팩하기

▶ 그림 9-14는 puts(** d1)에 인수를 전달하는 그림입니다. 그러나 d1 대신에 딕셔너리가 인수로 직접 전달됩니다.

: : 키워드 인수 강제

함수의 인수에는 위치 인수와 키워드 인수가 있는 것 그리고 *과 **으로 호출할 때 수행되는 팩과 언팩을 배웠습니다. 인수가 복잡하게 구성된 경우 인수를 전달할 때 실수하지 않도록 주의해야 합니다.

함수 puts는 두 개의 매개 변수를 받습니다. 이러한 인수 모두가 위치 인수 그리고 키워드 인수로도 동작하는 것은 앞서 학습했습니다.

그렇다면 다음과 같이 위치 인수로 호출할 때는 어떤 결과가 나올지 생각해 보겠습니다.

```
puts('+', 3)        # '+'개의 3을 출력한다?
```

실행하면 오류가 발생합니다.

▶ 함수 puts의 for문에서 range('+')를 호출할 때 range 함수에 정수가 아닌 값이 전달되었으므로 오류가 발생합니다.

이를 해결하기 위한 방법 중 하나로 출력할 문자열과 개수 모두를 강제로 키워드 인수로 다루고, 위치 인수로는 사용하지 못하도록 하는 것입니다. List 9-26에서 자세히 살펴보겠습니다.

List 9-26

이 이후의 인수는 키워드 인수로만 사용된다

```
# 키워드 인수의 강제

def puts(*, n, s):
    """n개의 s를 연속해서 출력"""
    for _ in range(n):
        print(s, end='')

puts(n = 3, s = '*')
print()
puts(s = '+', n = 7)
print()
puts(3, '*')    # 오류
```

실행 결과

```
***
+++++++
Traceback (most recent call last):
File "/chap09/list0926.py", line 12,
in <module>
puts(3, '*')
TypeError: puts() takes 0 positional arguments but 2
were given
```

함수 puts의 첫 번째 매개 변수에는 *만 있습니다. 이처럼 매개 변수의 선언에 이름 없이 단독으로 *만 있으면, 그 이후의 매개 변수를 키워드 인수로 강제합니다.

회색으로 표시한 부분에서는 키워드 인수를 지정하지 않았기 때문에 오류가 발생합니다.

▶ 또한 *보다 앞에 선언된 인수는 위치 인수가 됩니다. 예를 들면 다음과 같습니다:

```
def func(a, b, *, k1, k2 = 4):
    pass

func(1, 2)
func(1, 2, k1 = 3, k2 = 4)
func(1, 2, k2 = 4, k1 = 3)
func(1, 2, 3)                # 오류 : 위치 인수는 2 개
func(1, 2, 3, 4)             # 오류 : 위치 인수는 2 개
func(1, 2, ky1 = 10)         # 오류 : 인수 이름이 잘못되었습니다
```

SECTION 9-2 문서화 문자열과 어노테이션

Section 9-2에서는 함수의 동작과 직접적인 관계는 없지만
함수를 더욱 잘 활용할 수 있도록 하는 문서화 문자열과 어노테이션을 학습합니다.

:: 문서화 문자열과 help 함수

이번 챕터에서는 함수 머리의 다음 줄에 """...""" 형식의 문서화 문자열(docstring)을 사용했습니다. 여기에서 doc은 문서(document)에서 따온 것으로 "해설", "사양", "매뉴얼"이라는 의미입니다.

소스 코드에 포함된 문서화 문자열은 다양한 수단으로 활용할 수 있습니다. 인터랙티브 셸(기본 대화 모드)에서 확인합니다. 우선 문서화 문자열을 포함하는 함수 전체를 입력합니다.

예 9-1. 문서화 문자열의 설정과 help 함수로 출력하기

```
>>> def puts(n, s): Enter
...     """n 개의 s를 연속해서 출력""" Enter
...     for _ in range(n): Enter
...         print(s, end = '') Enter
... Enter
```

```
>>> help(puts) Enter
Help on function puts in module __main__ :
puts(n, s)
    n 개의 s를 연속해서 출력
```

함수 puts의 문서가 출력된다.

함수를 정의한 후에 help(puts)를 입력하면 함수 puts의 형식과 문서화 문자열이 표시됩니다.

▶ 출력되는 첫 번째 행의 __main__은 다음 챕터에서 학습합니다.

help 함수는 인수로 주어진 함수(또는 클래스, 메소드, 모듈 등)의 문서를 출력하는 내장 함수입니다.

여기에서는 사용자 정의 함수인 puts의 문서를 출력했습니다. 우리가 학습한 내장 함수 max 문서를 출력해보겠습니다.

예 9-2. 내장 함수 max 문서를 help 함수로 출력하기

```
>>> help(max) Enter
Help on built-in function max in module builtins :

max (...)
     max (iterable * [, default = obj, key = func]) -> value
     max (arg1, arg2, * args * [, key = func]) -> value
     With a single iterable argument, return its biggest item. The
     default keyword-only argument specifies an object to return if
     the provided iterable is empty.
     With two or more arguments, return the largest argument.
```

이번에는 스크립트 프로그램 안에서 help 함수를 사용합니다. List 9-27에서는 사용자 정의 함수 puts와 내장 함수 max 문서를 출력합니다.

List 9-27

```
# 사용자 정의 함수 puts와 내장 함수 max의 문서 출력

def puts(n, s):
    """n개의 s를 연속해서 출력"""
    for _ in range(n):
        print(s, end='')

help(puts)
help(max)
```

실행 결과

```
Help on function puts in module __main__:
puts(n, s)
    n개의 s를 연속해서 출력
```

사용자 정의 함수의 문서

```
Help on built-in function max in module builtins:
max(...)
    max(iterable, *[, default=obj, key=func]) -> value
    max(arg1, arg2, *args, *[, key=func]) -> value

    With a single iterable argument, return its biggest item. The
    default keyword-only argument specifies an object to return if
    the provided iterable is empty.
    With two or more arguments, return the largest argument.
```

내장 함수의 문서

두 함수의 문서가 출력되었습니다. 함수 puts의 문서는 max의 문서에 비하면 부족해 보입니다. 이제 문서 작성 방법을 학습합니다.

Column 9-3. 기본 대화 모드의 도움말

기본 대화 모드에서 help 함수에 아무 인수 없이 help()를 입력하면 도움말이 시작됩니다. 프롬프트가 help>로 바뀌고 키워드나 함수 이름을 입력하면 그 문서가 출력됩니다. 그리고 quit로 종료할 수 있습니다.

예 9-3. help 유틸리티

```
>>> help() Enter↵
Welcome to Python 3.7's help utility!
...중략...
help> if Enter↵
The "if" statement
******************
The "if" statement is used for conditional execution:
```

```
    if_stmt ::= "if" expression ":" suite
                ("elif" expression ":" suite)*
                ["else" ":" suite]
...중략...
help> quit Enter
>>>
```

:: 어노테이션

max 함수의 문서를 보면 함수의 형식은 아래와 같습니다.

```
max(iterable, *[, default=obj, key=func]) -> value
max(arg1, arg2, *args, *[, key=func]) -> value
```

여기에서 다음의 사실을 알 수 있습니다.

1 함수의 형식이 한 개가 아니라 두 개이다.
2 *나 [] 등의 기호를 사용한다.
3 끝에 -> value가 있다.

이 세 가지 내용을 자세히 살펴보겠습니다.

1 은 max 함수가 적어도 두 개 존재한다는 것을 의미합니다. 주어진 인수의 타입과 개수에 따라 파이썬이 내부적으로 어떤 함수를 호출할지 판단하고 적절한 쪽을 호출하는 방식입니다.

▶ 이러한 구조에 대해 자세히 다루기에는 기본서인 이 책의 범위를 벗어나므로 다루지 않습니다.

2 *는 *이후의 인수를 강제로 키워드 인수로 지정해서 위치 인수로는 사용할 수 없게 하는 기호임을 이미 학습했습니다. 또한 []는 그중 인수를 생략할 수 있음을 의미하는 해설 기능의 표기입니다.

▶ 6챕터 문자열의 다양한 메소드에서도 이 형식의 표기를 사용하여 학습했습니다.

3 -> value는 앞으로 배울 어노테이션(annotation)입니다.

▶ annotation은 주석이라는 뜻입니다.

어노테이션은 프로그램의 동작에는 영향을 주지 않지만 나름대로의 의미가 있는 주석입니다. 동작에 영향을 주지 않는다는 것은 있어도 되고 없어도 상관없다는 뜻입니다.

max 함수의 -> value는 단일 값을 리턴함을 나타내는 주석입니다.

List 9-28에서 어노테이션을 작성해 함수 puts를 다시 작성합니다. 함수 어노테이션은 아래의 형식으로 쓸 수 있습니다(그림 9-15).

```
매개 변수        : 주석       매개 변수 이름 뒤(기본값 앞)에 둔다.
리턴 값          -> 주석      함수 머리의 )와 : 사이에 둔다.
```

함수 puts의 어노테이션은 다음과 같은 의도로 작성되었습니다.

- 매개 변수 n → 이 매개 변수는 int타입 정수를 받습니다.
- 매개 변수 s → 이 매개 변수는 str타입의 문자열을 받습니다.
- 리턴 값 → 이 함수는 값을 리턴하지 않습니다. 따라서 None을 반환합니다.

List 9-28

```
# 어노테이션이 있는 함수 puts

def puts(n: int, s: str) -> None:
    """n개의 s를 연속해서 출력"""
    for _ in range(n):
        print(s, end='')

puts(5, '*')  ❶
print()
print(puts.__annotations__)  ❷
print()
puts('*', 5)  ❸
```

순서가 바뀜

실행 결과

```
*****
{'n': <class 'int'>, 's': <class 'str'>, 'return': None}
Traceback (most recent call last):
  File "rubypaper\chap09\list0928.py", line 12, in <module>
    puts('*', 5)
  File "rubypaper\chap09\list0928.py", line 5, in puts
    for _ in range(n):
TypeError: 'str' object cannot be interpreted as an integer
```

▶ 다음은 함수 어노테이션의 표준 코딩 스타일입니다:

- 매개 변수에 대한 어노테이션에서는 : 앞에 공백을 입력하지 않고 : 뒤에 공백을 입력합니다.
- 리턴 값에 대한 어노테이션에서는 -> 앞뒤에 공백을 입력합니다.

함수를 호출하는 코드를 작성할 때는 함수 어노테이션의 내용에 유의하면서 작업할 수 있습니다. 무엇보다 어노테이션은 기대하는 내용을 작성한 것일 뿐 그 내용에 강제력은 없습니다. 따라서 ❸처럼 인수의 순서를 바꿔 호출한 puts('*', 5)는 프로그램 실행 전에 체크되지 않고, 프로그램이 실행될 때 오류가 발생합니다.

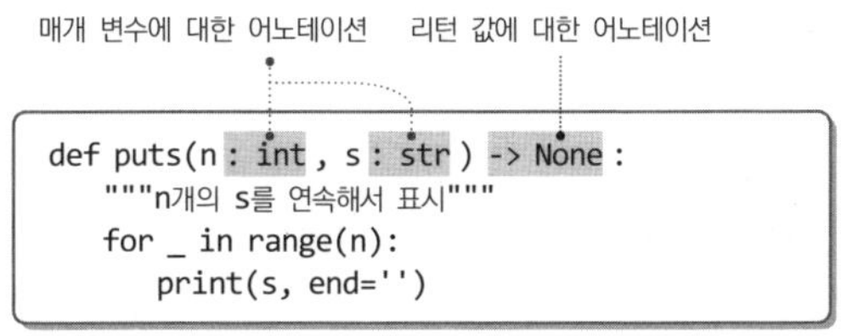

그림 9-15. 어노테이션

코드 **2**와 실행 결과를 비교해 보면 '함수 이름.__ annotations__'라는 식이 그 함수의 어노테이션을 딕셔너리화한 것임을 알 수 있습니다.

중요

함수를 정의할 때는, 매개 변수와 리턴 값에 주석을 작성하여 매개 변수와 리턴 값의 성격을 사용자에게 전달하면 좋다. 어노테이션 각 항목의 내용을 딕셔너리화한 것은 '함수 이름.__ annotations__'으로 확인할 수 있다.

식으로 인식되지 않는 독자적인 어노테이션은 문자열로 작성할 수 있습니다. 예를 들어 매개 변수의 주석을 integer와 string으로 한다면 아래와 같이 작성할 수 있습니다.

```
def puts(n: 'integer', s: 'string') -> None:
```

: : 문서화 문자열

지금까지는 문서화 문자열을 함수 머리의 다음 행에 한 줄로만 작성했습니다. 하지만 내장 함수 max의 문서는 여러 줄에 걸쳐 자세히 설명되어 있습니다. 단일 행이든 복수 행이든 지켜야 할 공통 사항은 다음과 같습니다.

```
함수 본체의 첫 번째 줄(함수 머리의 다음 행)에서 설명을 시작한다.
따옴표 세 개로 묶는다(작은따옴표 '''라도 상관없지만 큰따옴표 """로 묶는 것이 기본).
```

이제 두 가지 형식의 작성 방법을 알아보겠습니다.

단일 행 문서화 문자열

함수의 개요를 간결하게 설명합니다. 함수 머리와 함수 어노테이션에서 선언된 내용을 그대로 중복해서 설명하는 일은 피합니다.

복수 행 문서화 문자열

구체적인 기술 방법은 자유입니다. 그러나 다음 지침을 따르는 것이 좋습니다.

- 첫 번째 행　함수의 개요를 """ 이후에 간단히 설명합니다.
- 빈 행　가독성을 위해 한 줄 비웁니다.
- 중간 행　상세한 설명을 기술합니다.
  매개 변수, 리턴 값, 부작용※, 발생할 수 있는 예외※, 호출 시의 전제 조건 등을 작성합니다. 매개 변수는 생략할 수 있는 인수를 포함하여 각각의 인수를 한 줄씩 설명합니다.
  ※ 부작용은 함수의 실행으로 인해 다른 곳에 어떠한 영향을 미치는 것입니다.
  ※ 예외는 12챕터에서 학습합니다.
- 빈 행　가독성을 위해 한 줄 비웁니다.
- 마지막 행　"""만 작성합니다.

▶ 여기에서 소개한 문서화 문자열의 표기법은 대체로 PEP 257 Docstring Conventions 스타일을 따른 것입니다. 이 외에도 다양한 작성법이 고안되어 있습니다.

어노테이션은 함수뿐만 아니라 스크립트 파일에 대해서도 작성할 수 있습니다. 이 경우에는 파일의 첫 번째 행부터 작성합니다.

▶ 사실 어노테이션을 작성하는 대상은 스크립트 파일이 아닌 모듈입니다. 이는 다음 챕터에서 자세히 학습합니다.

List 9-29는 어노테이션과 문서화 문자열을 포함하는 함수 puts입니다.

List 9-29

```
"""어노테이션과 문서화 문자열이 있는 함수 puts"""


def puts(n: int, s: str) -> None:
    """n개의 s를 연속해서 출력

    매개 변수:
        n -- 출력하는 문자열의 개수
        s -- 출력하는 문자열
    리턴 값:
        없음

    """
    for _ in range(n):
        print(s, end='')


print(puts.__doc__)    # 문서화 문자열을 출력
```

개요를 한 줄로 작성

상세한 해설을 작성

함수의 전후로 두 행을 비운다.

실행 결과

```
n개의 s를 연속해서 출력

    매개 변수:
        n -- 출력하는 문자열의 개수
        s -- 출력하는 문자열
    리턴 값:
        없음
```

PEP 8에서는 함수 정의(또는 클래스 정의)의 전후로 두 개의 빈 줄을 입력하는 것이 바람직하다고 되어 있기 때문에 그 내용을 따르고 있습니다.

▶ 이 책에서는 지면 절약을 위해 List 9-29 이외의 함수에는 빈 행을 한 줄만 입력합니다.

회색으로 표시한 부분의 코드와 실행 결과를 비교해 보면 "함수 이름.__ doc__" 형식의 식이 그 함수의 문서화 문자열이라는 것을 알 수 있습니다.

중요

함수를 정의할 때는 """...""" 형식의 문서화 문자열을 작성하면 된다. 그 내용은 "함수 이름.__ doc__" 문자열로 확인할 수 있다.

Column 9-4. 어노테이션과 문서화 문자열의 활용

매개 변수와 리턴 값에 대한 어노테이션에 작성된 타입 힌트(type hint)는 아래 항목에 정리되어 있습니다.

```
PEP 484 Type Hints
```

또한 변수의 어노테이션은 다음 항목에 정리되어 있습니다.

```
PEP 256 Syntax for Variable Annotations
```

아래와 같은 다양한 도구를 사용하면 어노테이션과 문서화 문자열을 활용할 수 있습니다.

pydocstyle

스크립트 프로그램의 문서화 문자열이 PEP 257 Docstring Conventions을 준수하는지 체크할 수 있습니다.

Sphinx

문서화 문자열을 가져와 HTML 등의 보기 좋은 형식으로 문서를 생성합니다.

:: 다양한 함수 만들기

어노테이션과 문서화 문자열을 삽입하여 여러 가지 함수를 작성합니다.

: 윤년의 판정

먼저 특정 년도가 윤년인지를 판정하는 함수 is_leapyear를 List 9-30처럼 작성합니다. 이 책에서는 윤년을 366일이 되는 해로 간단히 정의합니다. 윤년의 규칙은 4로 나누어 떨어지는 해는 윤년이며 4로 나누어 떨어지지만 100으로도 나누어 떨어지는 해는 평년으로 합니다. 또한 400으로 나누어 떨어지는 해도 윤년으로 합니다.

List 9-30

```
"""특정 해의 일수 구하기"""

def is_leapyear(year: int) -> bool:
    """서기 year년은 윤년인지 알아보기"""
    return y % 4 == 0 and y % 100 != 0 or y % 400 == 0

print('특정 해의 일수를 구합니다.')
y = int(input('구할 년도 : '))
print('그 해는 {}일입니다.'.format(365 + is_leapyear(y)))
```

실행 결과

```
특정 해의 일수를 구합니다.
구할 년도 : 2020 Enter↵
그 해는 366일입니다.
```

: 특정 값을 갖는 딕셔너리의 키 나열

다음은 딕셔너리에서 검색을 수행하는 함수입니다. 키 중심의 딕셔너리에서 in 연산자로 키를 탐색할 수 있지만 값의 탐색은 쉽지 않습니다. List 9-31에서 살펴볼 keys_of가 바로 특정 값을 가진 요소의 키를 찾아 리턴하는 함수입니다.

▶ List 8-15의 문자열에 포함된 문자의 분포를 구하는 코드를 다시 작성한 것입니다. 문자로 개수를 알아내는 것이 아니라 개수로부터 문자를 추출합니다.

List 9-31

```
"""딕셔너리에서 특정한 값을 가지는 키의 리스트 생성"""

def keys_of(dic: dict, val: 'value') -> list:
    """딕셔너리 dic에 있는 값이 val인 요소의 키를 리스트로 리턴"""
    return [k for k, v in dic.items() if v == val]

txt = input('문자열 : ')
count = {ch: txt.count(ch) for ch in txt}
print('분포=', count)

num = int(input('몇 개인 문자 : '))
print('{}개인 문자={}'.format(num, keys_of(count, num)))
```

실행 결과

```
문자열 : ABAXB Enter↵
분포= {'A': 2, 'B': 2, 'X': 1}
몇 개인 문자 : 2 Enter↵
2개의 문자=['A', 'B']
```

함수 keys_of는 단일 값이 아닌 리스트를 리턴합니다. 딕셔너리에는 특정 값을 가지는 요소가 여러 개 존재할 수 있기 때문입니다. List 9-31의 실행 결과는 값이 2인 두 개의 키 'A'와 'B'를 요소로 하는 리스트를 리턴합니다.

▶ 딕셔너리에서 키의 중복은 허용되지 않기 때문에 어떠한 키를 가지는 요소는 반드시 한 개입니다.

평균값 구하기

다음은 전달받은 가변 인수의 평균값을 구해 리턴하는 함수 ave를 List 9-32에서 작성합니다.

List 9-32

```
"""평균값 구하기"""

def ave(*args) -> float:
    """가변 인수의 평균 구하기"""
    return sum(args) / len(args)

print('ave(1, 2, 3) = {}'.format(ave(1, 2, 3)))
print('ave(5, 7.77, 5) = {}'.format(ave(5, 7.77, 5)))
print('ave(3.5, 4.7, 8.2) = {}'.format(ave(3.5, 4.7, 8.2)))
```

실행 결과

```
ave(1, 2, 3) = 2.0
ave(5, 7.77, 5) = 5.923333333333333
ave(3.5, 4.7, 8.2) = 5.466666666666666
```

함수 ave는 매개 변수 args에 가변 인수를 받습니다. 그리고 sum 함수로 구한 총합을, len 함수로 구한 요소의 개수로 나눈 값을 리턴합니다.

리스트 형식의 문자열 리턴

List 9-33에서는 전달받은 가변 인수의 값을 리스트 형식의 문자열로 리턴하는 함수 list_str을 작성합니다.

List 9-33

```
"""리스트 형식의 문자열로 변환하기"""

def list_str(*args) -> str:
    """가변 인수를 리스트 형식의 문자열으로
       변환하여 리턴"""
    return str(list(args))

print('list_str(1, 2, 3) = {}'.format(list_str(1, 2, 3)))
print('list_str(5, 7.77, 5) = {}'.format(list_str(5, 7.77, 5)))
print('list_str(3.5, 4.7, 8.2) = {}'.format(list_str(3.5, 4.7, 8.2)))
```

실행 결과

```
list_str(1, 2, 3) = [1, 2, 3]
list_str(5, 7.77, 5) = [5, 7.77, 5]
list_str(3.5, 4.7, 8.2) = [3.5, 4.7, 8.2]
```

args를 리스트로 변환해 그 리스트를 문자열로 변환합니다. 그리고 그 문자열을 리턴합니다.

Column 9-5. 함수 이름과 변수 이름

다음 프로그램을 실행합니다(chap09/column0905.py).

```
a, b, c = 3, 7, 5
max = max(a, b, c)                          # 첫 번째 : OK (max = 7)
print('a, b, c의 최댓값은', max, '입니다.')

max = max(a, b, c)                          # 두 번째 : 오류 (max = 7(a, b, c))
```

첫 번째 호출로 max에는 정수 7에 대한 참조가 대입됩니다. 두 번째 호출의 오른쪽 피연산자 max(a, b, c)는 "정수(a, b, c)"가 되기 때문에 오류가 발생합니다.

또한 List 9-4처럼 함수 내에서 변수 max를 이용한 경우, 그 이름은 함수 내 범위에서만 통용되며 함수 밖에는 미치지 않습니다. 변수의 범위는 Section 9-3에서 다룹니다.

SECTION 9-3

네임스페이스와 범위

함수나 변수 등은 정의된 위치에 따라 그 이름이 통용되는 범위가 달라집니다.
이번 섹션에서는 네임스페이스와 범위를 학습합니다.

:: 함수 정의 위치에 관한 고찰

이번에 가장 먼저 만들어볼 것은 List 9-34의 "곱셈 표"입니다. 이것은 List 4-17에서 만든 "구구단 표"를 출력하는 코드를 확장하여 곱할 수의 범위를 1~31 내에서 자유롭게 선택할 수 있게 한 것입니다.

List 9-34

```
"""곱셈 표 출력"""

upper = int(input('1부터 몇까지 곱할까요:'))

def multiplication_table(n: int) -> bool:
    """1 ~ n까지의 곱셈 표를 출력"""
    if   1 <= n <=  3: w = 2
    elif  4 <= n <=  9: w = 3
    elif 10 <= n <= 31: w = 4
    else                : return False

    f = '{{:{}d}}'.format(w)
```

실행 결과

```
❶ 1부터 몇까지 곱할까요:3 Enter↵
 ------
  1 2 3
  2 4 6
  3 6 9
 ------
```

```
    print('-' * n * w)
    for i in range(1, n + 1):
        for j in range(1, n + 1):
            print(f.format(i * j), end='')
        print()
    print('-' * n * w)
    return True

multiplication_table(upper)
```

```
❷ 1부터 몇까지 곱할까요 : 8 Enter ↵
------------------------
 1  2  3  4  5  6  7  8
 2  4  6  8 10 12 14 16
 3  6  9 12 15 18 21 24
 4  8 12 16 20 24 28 32
 5 10 15 20 25 30 35 40
 6 12 18 24 30 36 42 48
 7 14 21 28 35 42 49 56
 8 16 24 32 40 48 56 64
------------------------
```

```
❸ 1부터 몇까지 곱할까요 : 11 Enter ↵
------------------------
   1   2   3   4   5   6   7   8   9  10  11
   2   4   6   8  10  12  14  16  18  20  22
   3   6   9  12  15  18  21  24  27  30  33
   4   8  12  16  20  24  28  32  36  40  44
   5  10  15  20  25  30  35  40  45  50  55
   6  12  18  24  3_  36  42  48  54  6_  66
   7  14  21  28  35  42  49  56  63  70  77
   8  16  24  32  4_  48  56  64  72  80  88
   9  18  27  36  45  54  63  72  81  90  99
  10  20  30  40  50  60  70  80  90 100 110
  11  22  33  44  55  66  77  88  99 110 121
------------------------
```

실행해보겠습니다. 얼마까지 곱할 것인지 결정하고 1~31 사이의 값을 입력합니다. 곱셈 표의 각각의 값과 공백을 포함한 자릿수는, 아래와 같이 입력 값에 따라 달라집니다.

```
1~3 → 2자리.          4~9 → 3자리.          10~31 → 4자리
```

▶ 변수 w는 출력하는 자릿수를 나타냅니다. format 메소드를 이용해 출력 자릿수를 조정하는 방법은 List 5-7에서 배웠습니다. 또한 함수 multiplication_table은 매개 변수 n에 전달된 값이 1~31이 아니면 False를 리턴합니다. 인수에는 1~31의 정수 값이 주어져야 한다는 내용을 문서화 문자열로 작성해야 합니다.

이번 챕터를 시작하면서 다음의 내용을 배웠습니다.

- 함수는 호출될 때 실행된다. 즉 호출되지 않으면 실행되지 않는다.
- 함수의 정의는 호출보다 앞에 둔다.

지금까지는 함수를 스크립트 프로그램의 앞부분에 작성했습니다. 하지만 함수는 프로그램 중간에 있어도 됩니다. List 9-34에는 곱셈 표를 출력하는 함수 multiplication_table이 프로그램 중간에 있습니다.

잘 생각해 보면 함수 multiplication_table은 인수를 받을 필요가 없습니다. 왜냐하면 인수 n 대신 변수 upper를 그대로 사용할 수 있기 때문입니다. List 9-34를 아래와 같이 변경하여 실제로 확인합니다(chap09/list0934a.py).

▶ 코드 중 회색으로 표시한 다음 사항이 변경되었습니다.

- 함수 머리에서 매개 변수 선언을 삭제
- 함수 본체의 모든 n을 upper로 변경
- 함수 호출의 인수 upper를 삭제

```
"""곱셈 표 출력 2"""

upper = int(input('1부터 몇까지 곱할까요 : '))
def multiplication_table() -> bool:
    """1 ~ n까지의 곱셈 표를 출력"""
    if    1 <= upper <=  3: w = 2
    elif  4 <= upper <=  9: w = 3
    elif 10 <= upper <= 31: w = 4
    else                  : return False

    f = '{{:{}d}}'.format(w)
    print('-' * upper * w)
    for i in range(1, upper + 1):
        for j in range(1, upper + 1):
            print(f.format(i * j), end='')
        print()
    print('-' * upper * w)
    return True

multiplication_table()
```

실행하면 제대로 작동합니다. 변경한 코드에서 여러 가지를 알 수 있습니다.

함수는 외부에서 정의된 변수의 값을 사용할 수 있다

지금까지 함수 안에서는 매개 변수와 함수에서 정의된 변수만 사용했습니다. 변경한 프로그램의 함수 multiplication_table에서는 외부에서 정의된 변수인 upper 값을 이용합니다.

변경한 프로그램에는 단점이 있다

함수 multiplication_table에 변수 upper를 사용하면 변수 upper 이외의 값을 이용한 곱셈 표를 출력할 수 없다는 단점이 있습니다.

또한 다음과 같은 의문도 생길 수 있습니다.

> 함수 **multiplication_table**에서 변수 **upper**의 값을 바꾸면 어떻게 될까?

이제부터 함수나 변수를 정의하는 위치 그리고 정의된 함수와 변수를 사용하는 방법에 대해 자세하게 학습합니다.

:: 내부 함수

먼저 함수를 정의하는 위치에 대해 알아보겠습니다. 사실 함수 안에서도 함수를 정의할 수 있습니다. 이를 이용하여 List 9-35와 같이 작성합니다. 곱셈 표의 시작과 끝에 '-'를 연속해서 출력하는 처리를 독립된 함수 put_bar로 정의합니다(회색으로 표시).

List 9-35

```
"""곱셈 표 출력(내부 함수)"""

upper = int(input('1부터 몇까지 곱할까요 : '))

def multiplication_table(n: int) -> bool:
    """1 ~ n까지의 곱셈 표를 출력"""

    def put_bar(n: int) -> None:
```

실행 결과

```
1부터 몇까지 곱할까요:3 Enter↵
------
1 2 3
2 4 6
3 6 9
------
```

```
    """n개의 '-'을 연속해서 출력하고 개행"""
    print('-' * n)

  if    1 <= n <=  3: w = 2
  elif  4 <= n <=  9: w = 3
  elif 10 <= n <= 31: w = 4
  else               : return False

  f = '{{:{}d}}'.format(w)
  put_bar(n * w)
  for i in range(1, n + 1):
      for j in range(1, n + 1):
          print(f.format(i * j), end='')
      print()
  put_bar(n * w)
  return True

multiplication_table(upper)
```

내부 함수

실행 결과

```
1부터 몇까지 곱할까요 : 5 Enter
---------------
  1  2  3  4  5
  2  4  6  8  1
  3  6  9 12 15
  4  8 12 16  2
  5  1 15  2 25
---------------
```

함수 put_bar는 함수 multiplication_table 내에서만 호출되는 함수입니다. 이와 같이 특정 함수에서 호출되어 보조적인 역할을 하는 함수를 내부 함수(inner function)라고 합니다. 내부 함수 put_bar는 회색으로 표시한 두 부분에서 호출합니다.

▶ 내부 함수의 들여쓰기는 본 함수보다 한 단계 깊어야 합니다.

이제 List 9-35의 두 함수에 대해 살펴보겠습니다.

외부 함수와 내부 함수의 매개 변수 n

내부 함수 put_bar의 매개 변수 n에는 호출하는 쪽의 인수 n * w가 대입됩니다. 외부 함수 multiplication_table의 n과 함수 put_bar의 n은 별개임을 추측할 수 있습니다.

▶ 예를 들어 1~5의 곱셈 표를 출력하면 multiplication_table의 n은 5이고, put_bar의 n은 15입니다.

내부 함수의 정의 위치

w를 구하는 if문 뒤로 함수 put_bar의 정의를 이동하면 인수를 교환할 필요가 없습니다(chap09/list0935a.py).

▶ 함수 put_bar의 정의와 호출을 아래와 같이 변경합니다.

함수 정의
```
def put_bar() -> None:      # w를 구하는 if문 뒤로 이동
    print('-' * n * w)
```
함수 호출
```
put_bar()
```

: 글로벌 네임스페이스와 로컬 네임스페이스

이어서 List 9-36을 살펴봅니다. 조금 복잡하기 때문에 실행 결과를 차분히 읽고 코드와 비교하며 학습합니다.

List 9-36

```
"""변수 내외의 변수 값을 확인"""

g1 = 1
g2 = 2

def outer():
    def inner():
        f2 = 6
        print('[2] inner() g1, g2 = ', g1, g2)
        print('    inner() f1, f2 = ', f1, f2)

    f1 = 3
    f2 = 4
    g2 = 5
    inner()
    print('[3] outer() g1, g2 = ', g1, g2)
    print('    outer() f1, f2 = ', f1, f2)

print('[1] global  g1, g2 = ', g1, g2)
outer()
print('[4] global  g1, g2 = ', g1, g2)
```

실행 결과

```
[1] global  g1, g2 =  1 2
[2] inner() g1, g2 =  1 5
    inner() f1, f2 =  3 6
[3] outer() g1, g2 =  1 5
    outer() f1, f2 =  3 4
[4] global  g1, g2 =  1 2
```

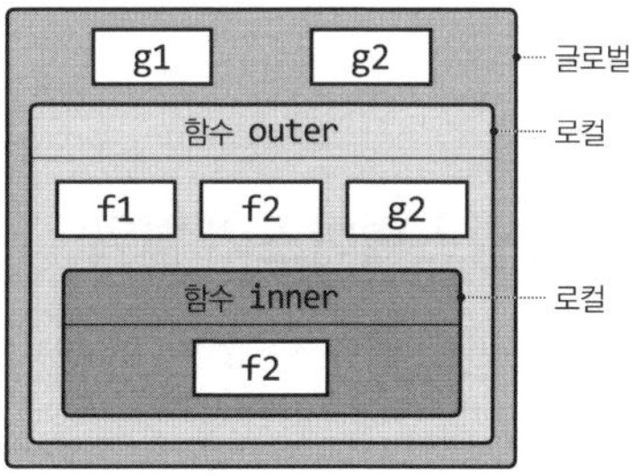

그림 9-16. 변수와 함수

변수 g2와 f2의 값이 이상하게 보입니다.

먼저 변수 g2는 [1]에서 2로 출력됩니다. 그 후 함수 outer에서 5로 변경되어 [2]와 [3]에서 출력됩니다. 그러나 마지막 [4]에서는 2로 표시됩니다.

다음은 변수 f2입니다. 내부 함수 inner에서 값을 6으로 변경한 후 [2]에서는 6으로 출력됩니다. 그리고 함수 outer로 돌아온 후 [3]에서는 4로 출력됩니다.

그림 9-16에서 보듯 변수 g1과 f1은 각각 한 개씩 존재하지만 g2와 f2는 동일한 이름으로 두 개씩 존재하기 때문에 이와 같은 결과가 나타납니다.

그림 9-16의 가장 바깥 부분은 글로벌 네임스페이스(global namespace)입니다. 안쪽의 두 부분은 각각의 함수에만 해당하는 로컬 네임스페이스(local namespace)입니다. 또한 글로벌 네임스페이스에 속한 변수는 글로벌 변수(혹은 광역 변수, global variable), 로컬 네임스페이스에 속한 변수는 로컬 변수(혹은 지역 변수, local variable)라고 합니다.

List 9-36의 각 변수에 표시한 색과 그림 9-16의 색을 비교합니다. 표시된 변수의 대응 함수는 다음과 같습니다.

```
함수 inner의 [2] → 글로벌 g1, outer의 로컬 g2와 f1, inner의 로컬 f2.
함수 outer의 [3] → 글로벌 g1, outer의 로컬 g2, f1, f2.
글로벌 [1], [4]  → 글로벌 g1, g2.
```

이러한 결과가 나타나는 이유를 순서대로 살펴보겠습니다.

: : 네임스페이스와 범위

앞서 글로벌 네임스페이스와 로컬 네임스페이스라는 용어가 등장했습니다. 네임스페이스(namespace)는 변수나 함수 등의 실체인 객체와 그 객체를 참조하는 이름(변수명, 함수명 등)의 매핑(mapping)입니다.

▶ 네임스페이스는 사용자가 만드는 것이 아니라 프로그램에 의해 자동으로 만들어집니다. 네임스페이스마다 매핑이 이루어지므로 서로 다른 네임스페이스에 속했을 때 동일한 이름의 변수와 함수가 존재할 수 있습니다.

그림 9-17에서 List 9-36의 네임스페이스를 한눈에 볼 수 있습니다.

▶ 그림에서 1, 2, ... 6으로 나타낸 여섯 개의 상자가 정수 객체입니다. 또한 본래 대응표에는 함수(나 클래스 등)도 등록되어 있지만 여기에서는 생략했습니다.

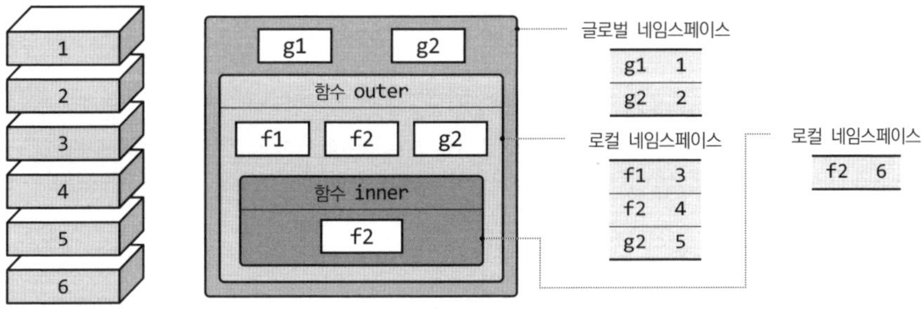

그림 9-17. 네임스페이스

▶ 대응표는 다음과 같이 만들어집니다.

글로벌 네임스페이스

모든 함수의 외부에서 변수 g1과 g2로 값이 대입됩니다. 처음 등장하는 이름의 변수에 대입하면 그 자체로 변수가 정의되므로 대응표가 만들어집니다.

함수 outer용 네임스페이스

변수 f1, f2, g2에 값을 대입하므로 대응표가 만들어집니다.

함수 inner용 네임스페이스

변수 f2에 값을 대입하므로 대응표가 만들어집니다.

여기에서는 함수 내에서 정의된 변수로 설명했지만 매개 변수 역시 동일합니다. 함수에 매개 변수가 있으면, 그 매개 변수는 해당 함수 전용의 네임스페이스에 들어가 대응표에 등록됩니다. 그런데 함수 outer에서는 자기 자신 함수 전용의 로컬 네임스페이스에 속한 f1, f2, g2뿐만 아니라 글로벌 네임스페이스의 g1의 값을 읽기도 합니다.

위 설명을 이해하기 위해 범위(scope) 개념이 필요합니다. 범위는 어떠한 이름이 그대로 통용되는 프로그램상의 범위이며 다음의 세 종류가 있습니다.

(1) 빌트인 범위(built-in scope)

파이썬에서 제공하는 특별한 범위입니다. 이 범위에 정의된 이름은 빌트인 네임스페이스(built-in namespace)에 속해 있습니다.

▶ 내장 함수 print와 len, max 등은 빌트인 네임스페이스에 있습니다. 따라서 파이썬 시스템 전체에서 통용됩니다.

(2) 글로벌 범위(global scope)

함수의 외부에서 정의된 식별자의 범위이며 프로그램 전체입니다.

▶ 예를 들면 g1, g2, outer가 가진 범위입니다. 이 이름은 프로그램 list0936.py 전체에서 통용합니다. 또한 글로벌 범위에서 정의된 이름은 글로벌 네임스페이스에 속합니다.

(3) 로컬 범위(local scope)

함수 안에서 정의된 식별자가 가진 범위이며 함수 전체입니다. 함수 안에서 함수를 정의하면 그 범위는 중첩됩니다.

▶ 예를 들면 함수 outer에 속한 f1, f2, g2, inner가 가진 범위입니다. 이 이름은 함수 outer 전체에서 통용됩니다. 또한 로컬 범위에서 정의된 이름은 로컬 네임스페이스에 속합니다.

어떠한 함수를 실행하는 중에 처음 등장하는 이름(예: 함수 outer에서 g1)이 있으면 파이썬 시스템은 그 이름을 그 함수 전용의 로컬 네임스페이스에서 찾습니다. 검색에 실패하면 글로벌 네임스페이스에서 탐색합니다. 만약 여기에서도 검색에 실패하면 빌트인 네임스페이스를 검색합니다.

함수 밖의 부분을 실행하는 중에 처음으로 등장한 이름(예 : print)을 만나면 파이썬의 시스템은 글로벌 네임스페이스에서 그 이름의 변수와 함수가 정의되어 있는지 탐색합니다. 검색에 실패하면 빌트인 네임스페이스에서 찾습니다.

즉, 이름 검색은 다음의 순서로 이루어집니다.

> ❸ 로컬 네임스페이스 → ❷ 글로벌 네임스페이스 → ❶ 빌트인 네임스페이스

▶ 함수가 중첩되어 있을 때는 그 깊이에 따라 ❸이 다중으로 검색됩니다.

함수 outer의 g1과 g2를 확인해보겠습니다.

- **g1 →** 이 변수는 값을 읽어 들일 뿐입니다. ❸ → ❷ 의 검색이 수행되고, 글로벌 네임스페이스의 대응표에서 g1을 찾을 수 있습니다.
- **g2 →** 이 변수에는 값을 대입합니다. 따라서 이름 g2는 함수 outer 네임스페이스의 대응표에 등록되어 있습니다. 즉, 글로벌의 g2와 무관하며 함수 outer의 전용 변수입니다.

:: global문과 nonlocal문

지금까지 네임스페이스와 범위의 개념을 배웠습니다. 이제 함수 안에서 글로벌 변수의 값을 변경하는 방법을 한 가지 더 학습합니다.

▶ 함수 안에서 글로벌 변수의 값을 읽기만 하면 상관없지만, 함수 내에서 한 번이라도 값을 대입하면 같은 이름의 다른 변수를 새로 만드는 정의가 되어버리기 때문입니다.

이때 다음과 같은 형식의 global문(global statement)을 사용합니다.

```
global 식별자
```

global문

▶ 여러 식별자를 쉼표로 구분하여 지정할 수 있습니다.

global문은 지정한 식별자(이름)를 강제로 글로벌 변수로 해석하게 하는 선언입니다. List 9-37과 List 9-38을 비교하며 알아봅시다.

List 9-37

```
# global문 없음

n = 1

def func():
    # 같은 이름의 변수를 생성
    n = 2    # n은 로컬 변수
    print('n =', n)

print('n =', n)
func()
print('n =', n)
```

실행 결과

```
n = 1
n = 2
n = 1
```

List 9-38

```
# global문 있음

n = 1

def func():
    global n
    n = 2    # n은 글로벌 변수
    print('n =', n)

print('n =', n)
func()
print('n =', n)
```

실행 결과

```
n = 1
n = 2
n = 2
```

- **List 9-37 →** 지금까지의 프로그램과 유사합니다. 함수 func에서 값이 대입된 변수 n은 글로벌의 n과는 무관하며, 함수 func의 로컬 변수입니다. 값을 대입해도 글로벌 변수 n의 값은 변경되지 않습니다.
- **List 9-38 →** global문에서 지정된 n은 함수 func의 대응표에 등록되지 않고 글로벌 변수 n으로 해석됩니다. 따라서 값을 대입하면 글로벌 변수 n의 값이 1에서 2로 업데이트됩니다.

정리하면 다음과 같습니다.

> 글로벌 네임스페이스에 있는 변수를 함수 내에서 사용할 때:
> - 대입하지 않고 값을 읽기만 하면 그대로 사용한다.
> - 값을 한 번이라도 대입하는 경우에는 global문으로 지정한다.

다음과 같은 형식의 nonlocal문(nonlocal statement)은 위 내용과 같은 역할을 중첩 함수에 수행합니다.

```
nonlocal 식별자
```
nonlocal문

▶ nonlocal문에는 여러 식별자를 쉼표로 구분하여 지정할 수 있습니다.

여기에서는 List 9-39와 List 9-40을 비교하면서 이해하겠습니다.

List 9-39

```
# nonlocal문 없음

def outer():
    n = 1
    def inner():
        # 같은 이름의 변수를 생성
        n = 2
        print('n =', n)

    print('n =', n)
    inner()
    print('n =', n)

outer()
```

실행 결과

```
n = 1
n = 2
n = 1
```

List 9-40

```
# nonlocal문 있음

def outer():
    n = 1
    def inner():
        nonlocal n
        n = 2
        print('n =', n)

    print('n =', n)
    inner()
    print('n =', n)

outer()
```

실행 결과

```
n = 1
n = 2
n = 2
```

두 프로그램 모두 함수 outer 안에 변수 n이 정의되었습니다.

- **List 9-39 →** 함수 inner에서 값이 대입된 변수 n은 외부 함수 outer의 n과 무관합니다. 이것은 함수 inner의 로컬 변수입니다.
- **List 9-40 →** nonlocal문으로 지정된 n은 함수 inner의 대응표에 등록되지 않습니다. 따라서 함수 inner의 변수 n은 한 단계 외부의 함수 outer의 n으로 해석됩니다.

정리하면 다음과 같습니다.

외부 함수의 네임스페이스에 있는 변수를 사용할 때:

- 대입하지 않고 값을 읽기만 하면 그대로 이용한다.
- 값을 대입할 때는 nonlocal문으로 지정한다.

▶ 범위를 어떠한 이름이 그대로 통용되는 프로그램상의 범위라고 배웠습니다. 거꾸로 말하면 이름은 '있는 그대로' 통용되지 않을 수도 있다는 의미입니다.
예를 들면 다음과 같습니다.

다른 모듈(스크립트 프로그램)에 정의된 객체를 사용할 때

List 4-6의 숫자 맞히기 게임에서 random 모듈의 randint 함수를 randint 이름 그대로가 아니라 random.randint로 호출했습니다. randint 함수를 정의하는 글로벌 범위(즉 random.py)에서는 이름 randint가 그대로 통용되지만, 다른 파일에서는 그대로 사용할 수 없습니다(모듈은 다음 챕터에서 학습합니다).

클래스에 속하는 이름을 사용할 때

클래스 C와 그 클래스타입의 객체 x에 있는 이름 name은 클래스 C의 정의에서는 name이 그대로 통용됩니다. 그러나 클래스 외부에서 사용할 때는 name을 C.name이나 x.name으로 씁니다(클래스는 12챕터에서 학습합니다).

SECTION 9-4

고차 함수

모든 것을 객체로 다루는 파이썬에서는 함수도 객체입니다. 이번 섹션에서는 함수 정의로 함수 객체를 생성하는 것을 이해하고 고차 함수를 학습합니다.

:: 함수는 객체다

파이썬에서는 모든 것이 객체기 때문에 이번 챕터에서 배우는 함수도 객체입니다. List 9-41을 실행합니다.

List 9-41

```
"""함수가 객체인지 확인"""

def min2(a, b):
    """a, b의 최솟값을 구해 리턴하는 함수"""      1
    return a if a < b else b

a = int(input('정수 a : '))
b = int(input('정수 b : '))

func = min2
print('최솟값은', func(a, b), '입니다.')      2

del min2
print('최솟값은', func(a, b), '입니다.')      3

del func
print('최솟값은', func(a, b), '입니다.')      4
```

실행 결과

```
정수 a : 3 Enter↵
정수 b : 7 Enter↵
최솟값은 3 입니다.
최솟값은 3 입니다.
```

호출할 함수가 존재하지 않음

```
Traceback (most recent call last):
 File "chap09\list0941.py", line 17, in <module>
  print('최솟값은', func(a, b), '입니다.')
NameError: name 'func' is not defined
```

1은 함수의 정의입니다. 이 정의는 크게 다음의 두 가지를 수행합니다.

① 함수 객체(function object)를 생성한다.

② 생성한 함수 객체에 min2라는 이름을 연결한다(min2는 함수 객체를 참조하는 이름이 된다).

즉, 함수 정의로 "함수 객체의 생성"과 "생성된 함수 객체에 대한 명명"이 이루어집니다(그림 **a**).

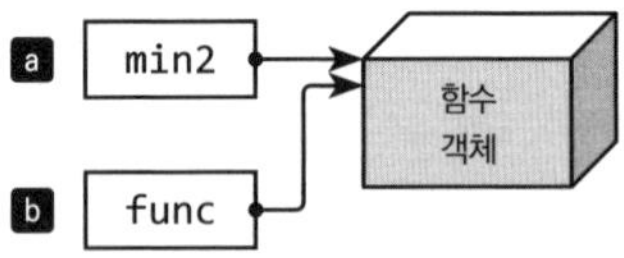

그림 9-18. 함수 객체와 이 객체를 참조하는 변수

2min2를 func에 대입합니다. 변수 대입과 마찬가지로 참조 대상이 복사됩니다. 그러므로 대입 후 func는 min2가 참조하는 함수 객체를 참조합니다(그림 **b**).

▶ 우변의 min2는 호출 연산자 ()가 없기 때문에 함수 min2를 호출하는 식이 아니라 함수 min2 자체를 나타냅니다.

이 상태에서 호출식 func(a, b)를 실행(func가 참조하는 함수를 호출)하면 두 값의 최솟값을 구하는 원래 min2가 참조하던 함수가 호출됩니다.

3del문으로 min2을 삭제합니다. 함수 객체 자체가 아니라 그것을 참조하는 이름이 삭제됩니다. 이 상태에서 호출식 func(a, b)를 실행하면(func가 참조하는 함수를 호출) 두 값의 최솟값을 구하는 함수가 호출됩니다(**2**와 동일).

4del문은 func를 삭제합니다. func라는 이름이 삭제된 결과, 두 값의 최솟값을 구하는 함수 객체를 어디에서도 참조하지 않습니다. func를 호출하면 당연히 오류가 발생합니다.

그런데 이 List 9-41에 정의되어 있는 함수 min2는 한 번도 min2라는 이름으로 호출되지 않고 func라는 이름으로만 호출됩니다. 따라서 함수가 객체이며 함수 이름은 그 객체를 참조하는 이름에 불과하다는 것을 알 수 있습니다. 또한 함수의 타입과 아이덴티티를 확인하는 방법은 변수와 동일하며 모든 객체와 공통입니다. List 9-42에서 확인합니다.

List 9-42

```
"""함수의 타입과 아이덴티티를 출력"""

def min2(a, b):
    """a, b의 최솟값을 구해 리턴하는 함수"""
    return a if a < b else b

func = min2

print('type(min2), id(min2) = ', type(min2), id(min2))
print('type(func), id(func) = ', type(func), id(func))
```

실행 결과

```
type(min2), id(min2) =  <class 'function'> 140303542083096
type(func), id(func) =  <class 'function'> 140303542083096
```

이 결과에서 함수 객체의 타입은 function타입임을 알 수 있습니다. 물론 min2와 func의 타입과 아이덴티티는 같은 내용이 출력됩니다.

중요

함수의 실체는 function타입의 함수 객체다. 함수 이름은 함수 객체를 참조하는(연결된) 이름에 불과하다.

:: 고차 함수

이어서 두 정수의 값을 입력받아 곱과 합을 구하는 List 9-43을 살펴보겠습니다.

List 9-43

```
"""하나의 이름으로 두 함수 호출하기"""

def mul2(x, y):
    return x * y

def add2(x, y):
    return x + y

a = int(input('정수 a : '))
b = int(input('정수 b : '))

func = mul2                                          # 1
print('a와 b의 곱은', func(a, b), '입니다.')

func = add2                                          # 2
print('a와 b의 합은', func(a, b), '입니다.')
```

실행 결과

```
정수 a : 5 Enter↵
정수 b : 7 Enter↵
a와 b의 곱은 35 입니다.
a와 b의 합은 12 입니다.
```

List 9-43에 정의된 두 함수는 간단합니다.

- 함수 mul2 → x와 y의 곱을 구해 리턴한다.
- 함수 add2 → x와 y의 합을 구해 리턴한다.

두 함수는 mul2과 add2라는 이름으로 정의되어 있습니다. 그러나 이 두 이름으로는 호출되지 않습니다(List 9-41과 동일합니다).

1의 대입으로는 함수 mul2에 func라는 이름을 부여합니다. 변수 func는 mul2를 참조하므로 func(a, b)는 실질적으로 mul2(a, b)와 동일합니다. 함수 mul2가 호출되고 두 수를 곱한 값을 구합니다.

2 도 마찬가지입니다. func(a, b)는 실질적으로 add2(a, b)와 동일합니다. 함수 add2가 호출되고 두 수를 더한 값을 구합니다.

여기에서는 func라는 하나의 이름으로 두 함수 mul2과 add2를 호출했습니다. 이 구조를 잘 이해하면 List 9-44를 보다 더 쉽게 이해할 수 있습니다.

▶ 함수 mul2와 함수 add2는 List 9-43과 같습니다.

함수 gugu

9행 9열의 테이블 형식으로 81개의 값을 세 자리로 출력하는 함수입니다. 출력하는 값은 func(i, j)로, func가 매개 변수로 전달됩니다.

List 9-44

```
"""9행 9열의 곱셈과 덧셈표 출력하기"""

def gugu(func):
    """9행 9열의 표를 출력"""
    for i in range(1, 10):
        for j in range(1, 10):
            print('{:3d}'.format(func(i, j)), end='')
        print()

def mul2(x, y):
    return x * y
                              List 9-43과 동일
def add2(x, y):
    return x + y

n = int(input('곱셈[0]/덧셈[1] : '))

if n == 0:
    print('9행 9열의 곱셈 표')
    gugu(mul2)              ❶
elif n == 1:
    print('9행 9열의 덧셈 표')
    gugu(add2)              ❷
```

실행 결과

```
❶ 곱셈[0]/덧셈[1] : 0 Enter↵
  9행 9열의 곱셈 표
   1  2  3  4  5  6  7  8  9
   2  4  6  8 10 12 14 16 18
   3  6  9 12 15 18 21 24 27
   4  8 12 16 20 24 28 32 36
   5 10 15 20 25 30 35 40 45
   6 12 18 24 30 36 42 48 54
   7 14 21 28 35 42 49 56 63
   8 16 24 32 40 48 56 64 72
   9 18 27 36 45 54 63 72 81
❷ 곱셈[0]/덧셈[1] : 1 Enter↵
  9행 9열의 덧셈 표
   2  3  4  5  6  7  8  9 10
   3  4  5  6  7  8  9 10 11
   4  5  6  7  8  9 10 11 12
   5  6  7  8  9 10 11 12 13
   6  7  8  9 10 11 12 13 14
   7  8  9 10 11 12 13 14 15
   8  9 10 11 12 13 14 15 16
   9 10 11 12 13 14 15 16 17
  10 11 12 13 14 15 16 17 18
```

주요 부분

1 에서는 함수 gugu에 인수로 mul2가 전달됩니다. 이 인수 mul2는 매개 변수 func에 대입됩니다. 그러므로 이러한 인수의 교환은 List 9-43의 대입과 동일합니다. 그 결과 매개 변수인 변수 func는 함수 mul2를 참조합니다.

func를 호출하는 func(i, j)의 실행은 실질적으로 mul2(i, j)와 같기 때문에 i와 j의 곱을 구할 수 있습니다. 따라서 함수 gugu로 구구단 표를 출력할 수 있습니다.

2 도 마찬가지입니다. 인수로 add2를 주기 때문에, func를 호출하는 func(i, j)의 실행은 실질적으로 add2(i, j)와 같습니다. 그러므로 i와 j의 합을 구해 함수 gugu로 덧셈 표를 출력할 수 있습니다.

함수 gugu의 호출식 func(i, j)만 보면 구체적으로 어떤 함수를 호출하는지 알 수 없습니다. 프로그램이 실행되고, 매개 변수 func가 함수 객체를 참조하게 된 시점에 처음으로 어떤 함수를 호출할지 결정되기 때문입니다.

함수 참조를 잘 이용하면 다음과 같은 이점이 있습니다.

- 프로그램을 실행할 때 호출할 함수를 정적(static)으로 결정하는 것이 아니라 동적(dynamic)으로 결정할 수 있습니다.
- 함수 내에서 보조적으로 호출하는 함수를 조건에 따라 변화시키는 코드를 작성할 수 있습니다.

함수를 인수로 받거나 함수 자체를 리턴하는 함수를 고차 함수(higher-order function)라고 합니다.

▶ Section 9-5에서는 람다식을 고차 함수에 적용합니다.

SECTION 9-5

람다식

이번에 학습할 람다식은 복합문 구조의 함수를 단일식으로 구현합니다.

:: 람다식

이번 챕터를 시작하면서 함수 정의가 일종의 복합문이라는 점을 배웠습니다. 문이 아닌 식으로 함수를 구현하는 것을 람다식(lambda expression)이라고 합니다. 람다식의 기본 형식은 다음과 같습니다.

```
lambda 매개 변수 : 리턴 값
```

람다식

▶ 여러 개의 매개 변수를 사용할 때는 쉼표로 구분합니다.

람다식이라고 부르는 이유는 lambda가 연산자이기 때문입니다.

▶ 이미 학습한 것처럼, ○○ 연산자를 적용한 식은 ○○식이라고 불립니다.

일반적으로 식 안에 문을 둘 수 없기 때문에 람다식에도 문을 포함할 수 없으며 또한 단순한 식이므로 어노테이션을 포함할 수 없습니다.

▶ lambda 연산자는 익명 함수(anonymous function)라고 하는 함수 객체 생성을 수행합니다.

List 9-45는 두 값의 합을 구하는 함수 객체를 람다식으로 생성하고 호출하는 코드입니다.

List 9-45

```
"""두 수의 합을 구하는 람다식"""

a = int(input('정수 a : '))
b = int(input('정수 b : '))

add2 = lambda x, y: x + y          ❶
print('a와 b의 합은', add2(a, b), '입니다.')          ❷
```

실행 결과

```
정수 a : 5 Enter↵
정수 b : 7 Enter↵
a와 b의 합은 12 입니다.
```

❶이 바로 람다식입니다. 다음 함수의 정의와 문법적 처리 등 상세한 사항은 다르지만 같은 역할을 합니다.

```
def 이름 없음(x, y) :
    return x + y
```

위의 정의에서 회색으로 표시한 부분을 lambda 연산자 뒤에 순서대로 쓰면 람다식을 완성할 수 있습니다.

람다식으로 만들어진 것은 함수 객체로, 이 객체에 add2라는 이름이 부여됩니다. ❷에서는 함수 객체를 호출합니다. 또한 호출 형식은 일반 함수를 호출하는 방법과 동일합니다.

그런데 만약 프로그램에서 한 번만 호출된다면 함수에 일부러 이름을 붙일 필요가 없습니다. 식은 일반적으로 다른 식의 일부가 될 수 있으므로 람다식도 다른 식의 일부분으로 작성할 수 있습니다. 이 방법을 사용하여 List 9-46과 같이 수정합니다.

List 9-46

```
"""두 수의 합을 구하는 람다식 2"""

print('a와 b의 합은', (lambda x, y: x + y)(a, b), '입니다.')
```

람다식을 사용한 함수 정의와 호출이 하나의 식으로 정리되었습니다.

두 값의 합을 구하는 함수는 앞에서 고차 함수의 예제로도 살펴보았습니다. 9×9의 곱셈 표와 덧셈 표를 출력하는 List 9-44를 람다식을 써서 List 9-47과 같이 수정합니다.

List 9-47

```
"""9행 9열의 곱셈과 덧셈표 출력하기"""

def gugu(func):
    """9행 9열의 표를 출력"""
    for i in range(1, 10):
        for j in range(1, 10):            List 9-44와 동일
            print('{:3d}'.format(func(i, j)), end='')
        print()

n = int(input('곱셈[0]/덧셈[1] : '))

if n == 0:
    print('9행 9열의 곱셈 표')
    gugu(lambda x, y: x * y)
elif n == 1:
    print('9행 9열의 덧셈 표')
    gugu(lambda x, y: x + y)
```

실행 결과

```
❶ 곱셈[0]/덧셈[1] : 0 Enter↵
9행 9열의 곱셈 표
  1  2  3  4  5  6  7  8  9
  2  4  6  8 10 12 14 16 18
  3  6  9 12 15 18 21 24 27
  4  8 12 16 20 24 28 32 36
  5 10 15 20 25 30 35 40 45
  6 12 18 24 30 36 42 48 54
  7 14 21 28 35 42 49 56 63
  8 16 24 32 40 48 56 64 72
  9 18 27 36 45 54 63 72 81
❷ 곱셈[0]/덧셈[1] : 1 Enter↵
9행 9열의 덧셈 표
  2  3  4  5  6  7  8  9 10
  3  4  5  6  7  8  9 10 11
  4  5  6  7  8  9 10 11 12
  5  6  7  8  9 10 11 12 13
  6  7  8  9 10 11 12 13 14
  7  8  9 10 11 12 13 14 15
  8  9 10 11 12 13 14 15 16
  9 10 11 12 13 14 15 16 17
 10 11 12 13 14 15 16 17 18
```

함수 gugu가 아닌 회색으로 표시된 함수를 호출하는 부분이 수정되었습니다. 그리고 함수 gugu에 주어지는 인수를 람다식으로 변경했습니다. 따라서 두 값의 곱과 합을 구하는 (익명)함수 객체가 생성되는 동시에 그 참조가 함수 gugu에 전달됩니다.

중요

람다식을 사용하면 익명의 함수 객체를 문이 아닌 식으로 생성할 수 있다.

또한 람다식 역시 함수의 인수와 마찬가지로 인수의 기본값, 키워드 인수, 가변 인수 등을 지정할 수 있습니다.

: : map 함수와 람다식

람다식을 응용한 예로 내장 함수인 map 함수에 대해 알아보겠습니다. 기본 호출 형식은 다음과 같습니다.

```
map(함수, 이터러블 객체)
```

map 함수는 두 번째 인수로 받은 이터러블 객체의 모든 요소에 함수를 적용하여 생성되는 이터레이터를 map타입의 map 객체로 리턴합니다.

List 9-48과 List 9-49에서 사용 방법을 살펴보겠습니다.

List 9-48

```
# 리스트의 모든 요소를 두 배로 만들기(함수)
def double(n):
    return 2 * n

x = [1, 2, 3, 4]
y = map(double, x)

print(list(y))
```

실행 결과

```
[2, 4, 6, 8]
```

List 9-49

```
# 리스트의 모든 요소를 두 배로 만들기(람다식)

x = [1, 2, 3, 4]
y = map(lambda n: 2 * n, x)

print(list(y))
```

실행 결과

```
[2, 4, 6, 8]
```

두 가지 예 모두 리스트 [1, 2, 3, 4]에 있는 모든 요소의 값에 2를 곱한 값으로 이루어진 리스트를 생성하고 출력합니다.

List 9-48은 함수 버전입니다. 전달된 인수를 두 배로 만들어 리턴하는 함수 double을 정의하고 함수 객체를 생성합니다. 그리고 이를 map 함수의 첫 번째 인수로 전달합니다.

map 함수는 x의 모든 요소에 함수 double을 적용한 결괏값들을 생성하고 리턴합니다. 결괏값들은 map 객체이므로 그대로 출력할 수 없습니다. 따라서 y를 [2, 4, 6, 8]과 같이 리스트로 변환하여 출력합니다.

List 9-49은 람다식 버전입니다. 앞에서 살펴본 프로그램과 마찬가지로 함수 객체를 생성하는 람다식을 그대로 인수로 전달합니다.

▶ 람다식을 생성하는 함수 객체가 n을 매개 변수로 받고 2 * n을 리턴합니다.

map 함수를 이용한 변환 예를 살펴보겠습니다(x는 [1, 2, 3, 4]입니다).

- **모든 요소를 문자열로 변환(chap09/map_sample01.py)**
  list(map(str, x))
    2챕터에서 배운 str 함수는 전달된 인수를 문자열로 변환하는 내장 함수입니다.
    따라서 리스트 ['1', '2', '3', '4']가 생성됩니다.

- **모든 요소의 단위를 인치에서 센티미터로 변환(chap09/map_sample02.py)**
  list(map(lambda n : 2.54 * n, x))
    생성된 리스트는 [2.54, 5.08, 7.62, 10.16]입니다.

:: filter 함수와 람다식

이어서 람다식의 응용으로 내장 함수인 filter 함수를 살펴보겠습니다. 기본 호출 형식은 다음과 같습니다.

```
filter(함수, 이터러블 객체)
```

이 함수는 두 번째 인수로 받은 이터러블 객체의 모든 요소 중에서, 함수를 적용한 결과가 참인 요소만을 이터레이터로 추출합니다. 그리고 그 이터레이터를 filter타입의 filter 객체로 리턴합니다. List 9-50에서 자세히 살펴보겠습니다.

List 9-50

```
# 80점 이상의 점수만 추출하기

import random

number = int(input('학생 수 : '))

score = [None] * number

for i in range(number):
   score[i] = random.randint(0, 100)

print('모든 학생 점수=', score)
print('합격자 점수', list(filter(lambda n: n >= 80, score)))
```

실행 결과

```
학생 수 : 11 Enter↵
모든 학생 점수= [86, 39, 22, 62, 89, 82, 78, 74, 29, 36, 16]
합격자 점수 [86, 89, 82]
```

score는 0~100점의 시험 점수를 저장한 리스트입니다. 요소 개수는 키보드에서 입력받고 각 요소의 값은 난수로 결정합니다.

filter 함수로는 합격자(80점 이상)의 점수를 추출합니다. 따라서 전달된 인수의 값이 80 이상이면 True를, 그렇지 않으면 False를 리턴하는 함수를 람다식으로 생성합니다. 그리고 그 람다식을 첫 번째 인수로 전달합니다.

호출된 filter 함수는 두 번째 인수로 받은 리스트의 모든 요소를 순서대로 탐색합니다. 이때 각 요소에 첫 번째 인수로 받은 함수를 적용해 참인(80점 이상인) 점수만 추출합니다. 그리고 추출한 새로운 점수의 모음을 filter 객체로 생성합니다.

리턴된 filter 객체를 그대로 출력할 수 없으므로 리스트로 변환하여 출력합니다.

정리

- 함수는 매개 변수를 받아 처리하고 그 결과를 리턴 값으로 리턴하는 복합 구문으로 이루어진 프로그램의 일부분이다.

- 함수 정의로 함수의 실체인 function타입 함수 객체가 만들어진다. 함수 이름은 함수 객체를 참조하는 이름이다.

- 함수 정의는 그 함수를 호출하는 코드보다 앞에 둔다. 함수는 호출하지 않는 한 실행되지 않는다.

- 함수가 호출되면 프로그램의 흐름은 그 함수로 옮겨진다. 호출 연산자 () 안에 전달된 인수는 함수가 받는 매개 변수에 대입된다.

- 인수의 교환은 참조 값 전달(객체 참조 전달)로 이루어진다. 따라서 다음과 같이 실행된다.
  - ▶ 인수가 불변 객체(변경 불가)일 때, 함수 내에서 매개 변수의 값을 변경하면 다른 객체가 생성된다. 그리고 그 객체를 참조하도록 변경된다.
  - ▶ 인수가 가변 객체(변경 가능)일 때 함수에서 매개 변수의 값을 변경하면 객체 자체가 업데이트된다.

- return문은 함수의 실행을 종료시키고 프로그램의 흐름을 호출 지점으로 되돌려 값을 리턴한다. 튜플을 리턴하면 여러 개의 값을 리턴할 수 있다. return문이 없거나 return문에서 리턴 값을 지정하지 않은 함수는 None을 리턴한다.

- 호출식을 평가하면 함수의 리턴 값을 얻을 수 있다. 리턴 값은 사용하지 않아도 상관없다.
- 함수 안에서 자기 자신 함수를 호출하는 재귀 호출을 할 수 있다.
- 인수를 생략하고 호출하려면 함수 정의에서 매개 변수의 기본값을 설정해야 한다.
- 인수 전달 방법은 위치 인수 전달과 키워드 인수 전달 두 가지가 있다. 위치 인수 전달은 인수와 동일한 슬롯에 위치한 매개 변수에 전달된다. 키워드 인수 전달은 호출하는 쪽에서 매개 변수의 이름을 지정한다.
- 별표(*)로 선언된 매개 변수는 가변 인수(0개 이상의 값)를 튜플로 받는다. 호출하는 쪽의 가변 인수는 암묵적으로 팩되어 전달된다.
- 함수에 주어지는 값이 리스트나 튜플과 같은 이터러블 객체로 정리되어 있다면 인수 앞에 *를 붙인다. 그 인수는 언팩되어 함수에 전달된다.
- 별표 두 개 **를 붙여 선언된 매개 변수는 딕셔너리화된 키워드 인수를 받는다.
- 딕셔너리타입(매핑형) 인수 앞에 **가 있으면 그 딕셔너리의 모든 요소가 언팩된다. 각 요소의 '키'가 키워드 인수가 된다. 그리고 그 키의 '값'이 해당 키워드 인수로 전달되는 값이 된다.
- 매개 변수의 선언에 아무 이름 없이 단독으로 있는 *는 뒤에 있는 매개 변수를 강제로 키워드 인수로 만든다.
- 함수를 정의 할 때, """..."""" 형식의 문서화 문자열을 작성할 수 있다. '함수 이름.__doc__'으로 그 내용을 확인할 수 있다. 또한 help 함수로 출력할 수 있다.

- 함수를 정의할 때 매개 변수나 리턴 값에 대한 타입 힌트 등의 어노테이션을 작성하여 매개 변수와 리턴 값의 성질과 특성을 사용자에게 전달할 수 있다. 어노테이션의 각 항목의 내용을 딕셔너리화했을 때는 '함수 이름.__ annotations__'으로 확인할 수 있다.

- 함수 안에서 정의된 함수는 내부 함수다.

- 네임스페이스는 변수나 함수 등의 객체와 그 객체를 참조하는 이름(변수명, 함수명 등)의 매핑이며, 글로벌 네임스페이스와 로컬 네임스페이스가 있다.

- 범위는 어떤 이름이 그대로 통용되는 스크립트 프로그램상의 범위로, 빌트인 범위, 글로벌 범위, 로컬 범위가 있다.

- global문은 지정한 이름을 글로벌 변수로 사용할 수 있게 한다. nonlocal문은 지정한 이름이 외부 함수의 로컬 변수로 사용되게 한다.

- 고차 함수는 함수를 인수로 받거나 함수를 리턴하는 함수이다. 고차 함수를 사용하면 호출할 함수를 실행 시에 동적으로 결정할 수 있다.

- 람다식은 익명 함수라는 함수 객체를 생성하기 위해 lambda 연산자를 적용한 식이다.

- map 함수를 사용하면 이터러블 객체의 모든 요소에 함수를 적용한 결과를 생성할 수 있다.

- filter 함수를 사용하면 이터러블 객체의 요소에 함수를 적용해 참인 요소만 추출한 결과를 생성할 수 있다.

chatp09/gist.py

```
# 9챕터 정리

def range_of(*v):
    """최댓값과 최솟값의 차를 리턴"""
    return abs(max(v) - min(v))

print('range_of(1, 5)              = ', range_of(1, 5))
print('range_of(1, -3, 2, 5, 4)    = ', range_of(1, -3, 2, 5, 4))
```

실행 결과

```
range_of(1, 5)              = 4
range_of(1, -3, 2, 5, 4) = 8
```

10

모듈과 패키지

이번 챕터에서는 프로그램의 부품 재사용을 지원하는 모듈과 패키지에 대해 배워 보겠습니다.

- 모듈
- 블록과 코드 블록
- 모듈 import
- 모듈 객체의 초기화
- 모듈(스크립트 파일)의 구성
- __name__과 '__main__'
- 모듈 검색 경로
- sys.path
- sys.path에 검색 경로 추가하기
- FQN(Fully Qualified Name)
- 단순명
- import문
- 패키지와 모듈
- 정규 패키지
- __init__. py
- 절대 임포트
- 묵시적 상대 임포트
- 명시적 상대 임포트
- 네임스페이스 패키지

SECTION 10-1

모듈

지금까지는 한 개의 스크립트 프로그램 안에서 함수를 정의하고 호출했습니다.
함수를 모듈로 만들면 다른 스크립트 프로그램에서도 이 함수를 호출할 수 있습니다.

:: 모듈과 블록

random이라는 모듈(module)을 임포트하면 난수를 생성하는 randint 함수를 사용할 수 있습니다. randint 함수처럼 다시 사용할 수도 있는 모듈은 사용자가 직접 만들 수도 있습니다. 사실 지금까지 수많은 모듈을 만들어 왔습니다. 왜냐하면 각각의 스크립트 파일은 그 자체로 모듈이기 때문입니다.

파이썬은 코드 블록(code block, 줄여서 블록)으로 구성됩니다. 한 개의 스크립트 전체가 블록인 동시에 그 안에 있는 함수 본체, 그리고 다음 챕터에서 배우는 클래스 정의 또한 블록입니다.

스크립트 파일로 제공되는 모듈은 함수나 클래스 같은 블록을 내포하는 큰 단위의 블록입니다.

중요

하나의 스크립트 파일은 그 자체로 모듈이며 블록이다.

그러면 사용자 정의 모듈에 포함된 함수를 다른 모듈에서 사용하는 방법을 학습합니다. List10-1의 함수 min_max2를 살펴봅니다.

List 10-1(chap10/min_max2.py)

List 9-6과 동일

```
# 두 값의 최솟값과 최댓값 구하기

def min_max2(a, b):
    """a와 b의 최솟값과 최댓값을 구하여 리턴"""
    return (a, b) if a < b else (b, a)

n1 = int(input('정수 n1 : '))
n2 = int(input('정수 n2 : '))

minimum, maximum = min_max2(n1, n2)
print('최솟값은', minimum, '이고 최댓값은', maximum, '입니다.')
```

확장자 .py를 제외한 파일 이름이 그대로 모듈의 이름이 되므로 이 모듈의 이름은 min_max2입니다.

중요

확장자를 제외한 파일의 이름이 모듈명이다.

List 10-2에서 모듈 min_max2의 함수 min_max2를 이용하여 두 실수의 최솟값과 최댓값을 구합니다.

▶ 두 스크립트 파일은 동일한 디렉터리(폴더)에 있어야 합니다.

List 10-2(chap10/min_max2_test.py)

```
"""min_max2 모듈의 min_max2 함수 호출하기"""

import min_max2                              ❶

x = float(input('실수 x : '))
y = float(input('실수 y : '))

mini, maxi = min_max2.min_max2(x, y)         ❷
print('최솟값은', mini, '입니다.')
print('최댓값은', maxi, '입니다.')
```

실행 결과

```
정수 n1 : 3 Enter↵                  List 10-1
정수 n2 : 7 Enter↵
최솟값은 3 이고 최댓값은 7 입니다.
실수 x : 5.2 Enter↵                 List 10-2
실수 y : 6.4 Enter↵
최솟값은 5.2 입니다.
최댓값은 6.4 입니다.
```

'import 모듈명' 형식의 import문 ❶과 "'모듈명.함수명(...)' 형식으로 모듈의 함수를 호출하는 ❷는 앞서 배웠습니다.

그런데 이 프로그램을 실행하면 List 10-1의 함수 min_max2 이외의 부분, 즉 회색 부분 코드까지도 수행됩니다. 이것은 9챕터에서 함수 본체는 호출했을 때만 실행되며 호출하지 않으면 실행되지 않는다고 학습한 것과 어긋나는 결과입니다.

모든 것을 객체로 처리하는 파이썬에서는 모듈도 객체입니다. 모듈이 다른 프로그램에서 처음으로 임포트되는 순간 그 모듈이 생성되고 초기화되는 구조입니다(그림 10-1).

List 10-2에서는 ❶의 import 문이 실행되고 모듈 객체 min_max2가 생성 및 초기화된 결과로 'min_max2.py'에서 회색으로 표시된 부분이 실행됩니다.

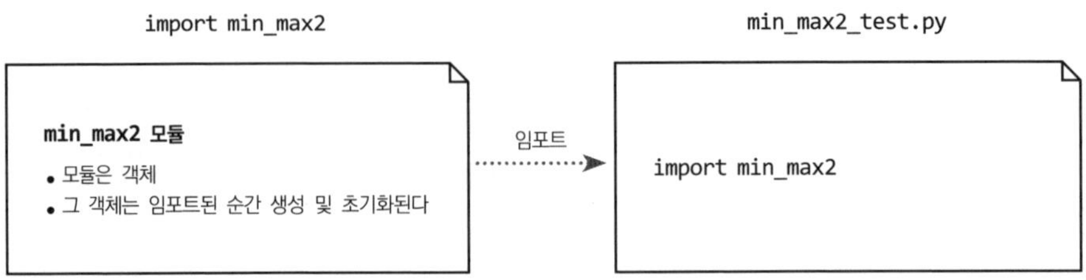

그림 10-1. 임포트와 모듈 객체의 초기화

이를 방지하려면 List 10-1에서 회색으로 표시된 부분을 제거하는 것이 가장 쉬운 해결책입니다. 그러나 다음과 같은 단점이 있습니다.

- 완성된 스크립트 파일을 수정해야 한다.
- 스크립트 파일 한 개만으로 함수를 테스트하거나 디버깅할 수 없다.

:: 모듈 만들기

List 10-3에서 앞의 문제를 해결합니다. 파일 이름이 min_max.py이므로 모듈 이름은 min_max입니다. 이 모듈에는 세 값의 최솟값과 최댓값을 구하는 함수 min_max3가 있습니다

▶ 또한 min_max2를 수정하여 내장 함수 min과 max로 최솟값과 최댓값을 구합니다.

List 10-3(chap10/min_max.py)

```
"""최솟값과 최댓값을 구하는 모듈"""

def min_max2(a: 'value', b: 'value') -> 'value':
    """a와 b의 최솟값과 최댓값을 구하여 리턴"""
    return min(a, b), max(a, b)

def min_max3(a: 'value', b: 'value', c: 'value') -> 'value':
    """a, b, c의 최솟값과 최댓값을 구하여 리턴"""
```

```
    return min(a, b, c), max(a, b, c)

if __name__ == '__main__':
    x = int(input('정수 x : '))
    y = int(input('정수 y : '))
    z = int(input('정수 z : '))

    print('x와 y의 최솟값은 {}이고, 최댓값은 {}입니다.'.format(*min_max2(x, y)))
    print('y와 z의 최솟값은 {}이고, 최댓값은 {}입니다.'.format(*min_max2(y, z)))
    print('x와 z의 최솟값은 {}이고, 최댓값은 {}입니다.'.format(*min_max2(x, z)))
    print('x, y, z의 최솟값은 {}이고, 최댓값은 {}입니다.'.format(*min_max3(x, y, z)))
```

직접 호출되었을 때만 실행되고 임포트될 때는 실행되지 않는다.

이 모듈은 두 개의 함수 정의와는 별개로 if문이 있는 구조입니다.

▶ 정수 x, y, z를 입력받아, 최솟값과 최댓값을 min_max2와 min_max3로 구하여 출력합니다. 인수 앞에 *를 붙여 튜플을 언팩하고, format 메소드로 전달합니다.

: __name__과 '__main__'

if 문에서는 __name__과 '__main__'이 같은지를 판정합니다. 왼쪽 피연산자의 __name__은 모듈의 이름을 나타내는 변수이며 다음과 같은 조건으로 결정됩니다.

스크립트 파일이 :
- 직접 실행될 때　　변수 __name__은 '__main__'
- 임포트될 때　　변수 __name__은 본래의 모듈명(예에서는 min_max)

따라서 회색으로 표시한 부분은 min_max.py를 직접 기동할 때만 실행되고 다른 스크립트 파일에서 임포트할 때는 실행되지 않습니다.

▶ 모듈 객체에는 __name__ 외에도 __loader__, __package__, __spec__, __path__, __file__ 등의 속성이 있습니다.

그림 10-2는 일반적인 모듈(스크립트 파일)의 구성입니다.

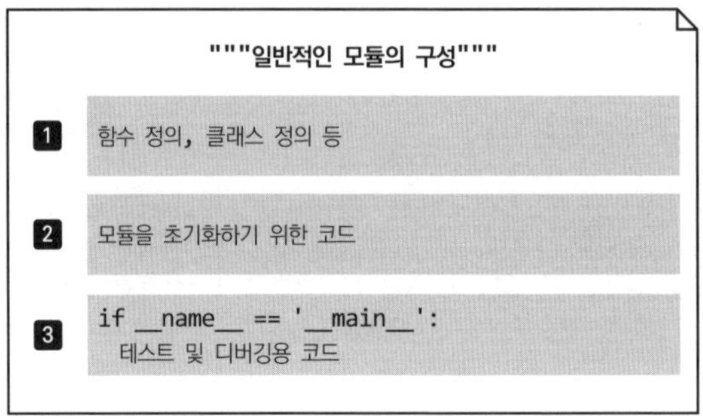

그림 10-2. 모듈의 일반적인 구성

일반적으로 모듈은 크게 세 부분으로 구성됩니다.

❶ 함수 혹은 클래스 등의 정의입니다.

❷ 외부에서 임포트될 때 자동으로 실행되는 부분입니다. 모듈 실행에 필요한 초기화를 위한 코드입니다.

▶ min_max에는 이 부분이 없습니다.

❸ 외부에서 임포트될 때 실행되지 않는 부분입니다. ❶의 함수(또는 클래스)를 테스트하고 디버깅하기 위한 코드입니다.

List 10-4에서 모듈 min_max의 함수들을 사용합니다.

List 10-4(chap10/min_max_test.py)

```
"""min_max 모듈의 함수 호출하기"""

import min_max

x = float(input('실수 x : '))
y = float(input('실수 y : '))
z = float(input('실수 z : '))

print('x와 y의 최솟값은 {}이고, 최댓값은 {}입니다.'.format(*min_max.min_max2(x, y)))
print('y와 z의 최솟값은 {}이고, 최댓값은 {}입니다.'.format(*min_max.min_max2(y, z)))
print('x와 z의 최솟값은 {}이고, 최댓값은 {}입니다.'.format(*min_max.min_max2(x, z)))
print('x, y, z의 최솟값은 {}이고, 최댓값은 {}입니다.'.format(*min_max.min_max3(x, y, z)))
```

실행 결과

```
실수 x : 5.2 Enter↵
실수 y : 6.4 Enter↵
실수 z : 7.2 Enter↵
x와 y의 최솟값은 5.2이고, 최댓값은 6.4입니다.
y와 z의 최솟값은 6.4이고, 최댓값은 7.2입니다.
x와 z의 최솟값은 5.2이고, 최댓값은 7.2입니다.
x, y, z의 최솟값은 5.2이고, 최댓값은 7.2입니다.
```

세 실수를 입력받아 최솟값과 최댓값을 min_max2와 min_max3로 구해서 출력합니다. 이번에는 List 10-4의 코드만 실행되었습니다. 임포트한 모듈의 함수 이외의 코드는 실행되지 않습니다. 이것으로 문제가 해결되었습니다.

:: 모듈 검색 경로

지금까지 우리는 사용자 정의 모듈을 동일한 디렉터리(폴더)에서 임포트했습니다. 그런데 사용자 정의 파일과 같은 위치에 random.py가 없습니다. 따라서 난수를 생성하는 random 모듈은 어딘가 다른 곳에서 임포트된 것입니다.

▶ 디렉터리(폴더) 등의 기본 용어는 Column 13-3에서 학습합니다.

모듈은 임포트할 때 우선순위에 따라 로드할 디렉터리가 결정되는 구조입니다. 원칙적으로는 다음과 같은 순서를 갖습니다.

1. 현재 디렉터리(현재 폴더)
2. 환경 변수 **PYTHONPATH**에 설정되어 있는 디렉터리
3. 표준 라이브러리 모듈 디렉터리
4. 타사 라이브러리 디렉터리

현재의 상세 검색 경로와 그 순위는 sys.path라는 변수에 들어 있습니다. List 10-5에서 살펴보겠습니다.

▶ sys 모듈은 시스템에 대한 각종 변수나 함수 등이 정의되어 있는 모듈입니다.

List 10-5(chap10/sys_path.py)

```
"""모듈 검색 경로"""

import sys

print(sys.path)
```

실행 결과

```
['\\rubypaper\\chap10', '\\Users\\user\\AppData\\Local\\
Programs\\Python\\Python37\\Lib\\idlelib', ...중략... ]
```

실행하면 경로가 문자열 형식으로 출력됩니다. 가장 앞에 출력된 부분이 이 스크립트 sys_path.py가 위치한 디렉터리입니다.

▶ 출력되는 디렉터리는 실행 환경 및 설정 등에 따라 달라집니다.

이 같은 결과가 나오는 이유는 스크립트 파일이 실행되는 동시에 현재 디렉터리 경로가 sys.path 리스트의 첫 요소가 되기 때문입니다.

인터랙티브 셸은 약간 다르기 때문에 확인합니다.

예 10-1. sys.path

```
1 >>> import sys Enter
  >>> sys.path
  >>> [ '','\\Users\\user\\AppData\\Local\\Programs\\     ← 이하 생략
```

sys.path를 출력했을 때 리스트의 첫 요소는 빈 문자열인 ' '입니다.

▶ 사용자가 프로그램상에서 sys.path를 변경할 수 있습니다. 또한 다음 식으로 검색 경로를 추가할 수 있습니다.

`sys.path.append('추가하려는 검색 경로를 포함하는 문자열')`

: : FQN

최솟값과 최댓값을 구하는 프로그램으로 돌아와 임포트한 함수의 이름을 살펴보겠습니다.

```
min_max.min_max2 : 모듈 min_max에 소속된 함수 min_max2
min_max.min_max3 : 모듈 min_max에 소속된 함수 min_max3
```

이렇게 모듈과 객체명(함수명, 변수명, 클래스명, ...)의 조합을 점(.)으로 구분하여 연결한 이름을 FQN(Fully Qualified Name)이라고 합니다.

FQN을 사용하면 속한 모듈이 다를 때 같은 이름의 함수를 구분해서 사용할 수 있다는 큰 장점이 있습니다.

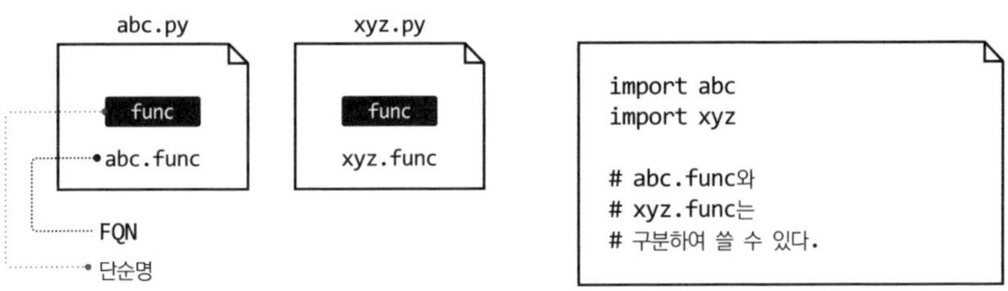

그림 10-3. FQN과 단순명

또한 이 책에서는 마지막 점(.) 다음의 이름, 즉 min_max2와 min_max3를 단순명이라고 부릅니다.

중요

FQN을 사용하여 동일한 단순명을 가진 객체를 구분하여 사용할 수 있다.

▶ 모듈 내에서는 단순명을 사용할 수 있습니다(이름 func가 그대로 통용됩니다). 그러나 다른 모듈에서 호출할 때는 단순명이 그대로 통용되지 않습니다. 그 이유는 모듈마다 전용의 네임스페이스가 만들어지기 때문입니다.

:: import문

객체(함수, 변수, 클래스 등)의 이름으로 단순명과 FQN이 있다는 것을 배웠습니다. 이름은 임포트 방법에 따라 구분하여 쓸 수 있습니다. import문에는 다양한 형식이 있으므로 대표적인 형식을 학습합니다.

```
import 모듈명
```

지금까지 사용한 import문 형식입니다. 지정된 모듈의 객체에 '모듈명.객체명'으로 액세스할 수 있습니다.

▶ 다음과 같이 여러 모듈을 쉼표로 구분하여 가져올 수 있습니다.

`import 모듈명1, 모듈명2 ...`

그러나 이 방법은 사용하지 않도록 합니다. PEP8에서는 하나의 import문은 하나의 모듈을 임포트해야 하고 여러 개의 모듈을 임포트하면 안 된다고 기술되어 있습니다.

```
import 모듈명 as 별칭
```

이 형식은 모듈에 별명을 붙입니다. 모듈명이 길 때 간단한 이름으로 부를 수 있게 합니다. 다음은 모듈 min_max에 mm이라고 별명을 붙이는 예입니다.

```
import min_max as mm

a, b = mm.min_max2(x, y)
a, b, c = mm.min_max3(x, y, z)
```

함수 min_max.min_max2는 mm.min_max2라는 이름으로 액세스할 수 있습니다. 또한 함수 min_max.min_max3는 mm.min_max3라는 이름으로 액세스할 수 있습니다.

```
from 모듈명 import 이름1, 이름2 ...
```

모듈의 특정 객체의 이름(이름1, 이름2, ...)을 지정하여 임포트한 후 단순명으로 사용할 수 있습니다. 다음 예에서는 모듈 min_max에서 min_max2를 임포트합니다.

```
from min_max import min_max2

a, b = min_max2(x, y)
```

이처럼 모듈 min_max의 함수 min_max2는 단순명 min_max2로 액세스할 수 있습니다. 이 임포트 방법은 편리해 보입니다. 그러나 다른 모듈에서 같은 단순명의 객체를 임포트할 때 문제가 생기므로 자주 사용하면 안 됩니다.

▶ 아래는 발생할 수 있는 문제의 예시입니다.

```
a = 1
# "a"는 "변수 a"

from module1 import a
# "a"는 "module1.a"

from module2 import a
# "a"는 "module2.a"
```

위와 같이 이름의 참조 대상이 최근 임포트한 것으로 덮어쓰기됩니다. 임포트하는 모듈의 이름을 모두 파악하고 있으면 이러한 문제 발생을 피할 수 있지만 현실적으로는 불가능합니다.

```
from 모듈명 import *
```

지정한 모듈의 모든 객체를 임포트해서 단순명으로 액세스할 수 있도록 합니다.

```
from min_max import *
a, b = min_max2(x, y)
a, b, c = min_max3(x, y, z)
```

▶ 밑줄 _로 시작하는 이름은 임포트 대상에서 제외됩니다.

```
from 모듈명 import 이름 as 별칭
```

임포트한 이름에 별명을 부여합니다.

```
from min_max import min_max2 as m2
from min_max import min_max3 as m3

a, b = m2(x, y)
a, b, c = m3(x, y, z)
```

이름이 짧아지고 편리해지지만 이 방법을 사용할 때는 별명 규칙을 통일해 오류가 생기지 않도록 주의해야 합니다.

모듈 임포트는 기본적으로 프로그램 시작 부분에서 진행합니다. 만약 존재하지 않는 모듈을 임포트하면 ModuleNotFoundError 예외가 발생합니다. 또한 존재하는 모듈에서 존재하지 않는 객체를 임포트하면 ImportError 예외가 발생합니다.

▶ 모듈 임포트는 함수 안에서도 수행할 수 있습니다. 그러나 함수 안의 * 형식 임포트는 파이썬 3부터는 지원하지 않습니다.

SECTION 10-2

패키지

모듈을 모아 둔 것을 패키지라고 합니다.

패키지를 도입하면 모듈을 계층적으로 관리할 수 있습니다.

:: 정규 패키지

Section 10-1에서는 함수 두 개로 구성된 프로그램을 중심으로 모듈을 학습했습니다. 모듈에 저장하는 함수 또는 클래스가 급격히 늘어나면 구분하여 사용하기 불편합니다. 따라서 비슷한 기능을 하는 모듈을 그룹으로 묶어 디렉터리 형식으로 사용하면 편리합니다. 이와 같이 모듈을 디렉터리화한 것이 패키지(package)입니다.

기본 개념은 다음과 같습니다.

- 스크립트 파일이 모듈이 된다.
- 스크립트 파일이 저장되는 디렉터리(폴더)가 패키지다.

또한 패키지 폴더에 __init__.py라는 파일을 두는 것이 표준 구성이며, 이러한 패키지는 정규 패키지(regular package)라고 합니다.

그림 10-4를 살펴보면 패키지 pack을 만들고 서브 패키지로 패키지 sub를 만듭니다. 패키지 pack에 모듈 abc와 모듈 xyz가 있고 서브 패키지 sub에도 모듈 abc와 모듈 xyz가 있습니다. 또한 List 10-6~9와 같이 모든 모듈에 func라는 함수가 정의되어 있습니다.

▶ 여기에서는 __init__.py가 비어 있습니다.

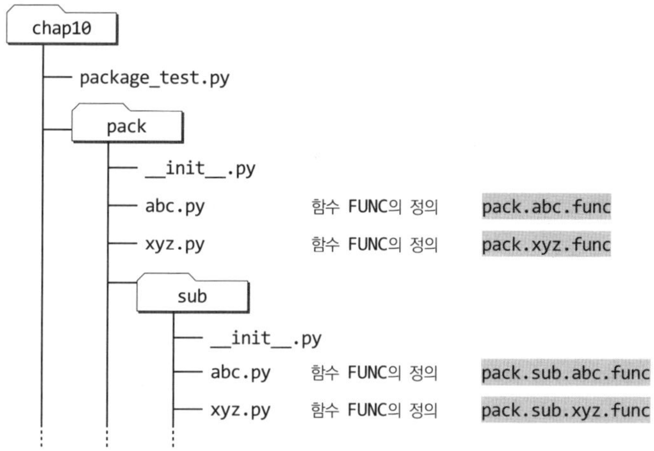

그림 10-4. 정규 패키지와 모듈 구성의 예

List 10-6(chap10/pack/abc.py)

```
# pack.abc 모듈

def func():
    print('pack.abc.func()')
```

List 10-7(chap10/pack/xyz.py)

```
# pack.xyz 모듈

def func():
    print('pack.xyz.func()')
```

List 10-8(chap10/pack/sub/abc.py)

```
# pack.sub.abc 모듈

def func():
    print('pack.sub.abc.func()')
```

List 10-9(chap10/pack/sub/xyz.py)

```
# pack.sub.xyz 모듈

def func():
    print('pack.sub.xyz.func()')
```

그림 10-4의 회색 부분이 각 함수의 FQN입니다. 즉, 계층적 패키지는 '부모 패키지.자식 패키지.함수명'과 같이 점(.)으로 연결합니다.

List 10-10은 각 모듈의 함수 func를 호출하는 예제입니다.

List 10-10(chap10/package_test.py)

```
"""패키지의 모듈 임포트"""

import pack.abc
import pack.xyz
import pack.sub.abc
import pack.sub.xyz

pack.abc.func()
pack.xyz.func()
pack.sub.abc.func()
pack.sub.xyz.func()
```

실행 결과

```
pack.abc.func()
pack.xyz.func()
pack.sub.abc.func()
pack.sub.xyz.func()
```

네 개의 모듈을 임포트하고 그 모듈에 있는 함수 func를 호출합니다.

패키지를 임포트하면 __init__.py의 내용이 모듈로서 초기화되고 실행됩니다. 위 예제에는 __init__.py가 비어 있지만, 코드가 입력되어 있다면 그 코드가 실행됩니다.

▶ 패키지 규칙은 매우 복잡하므로 우선 다음과 같이 이해합니다.

- __ init__.py는 정규 패키지 파이썬에 전달하기 위한 파일입니다. 이 파일이 없으면 정규 패키지로 인식되지 않습니다(List 10-10도 수행할 수 없습니다).
- 패키지를 임포트하면 __ init__.py 모듈이 초기화되고 실행됩니다. 따라서 그 안에 (다음 챕터에서 배울) 클래스를 정의하는 기법도 사용됩니다.
- __ init__.py에 __ all__이라는 이름으로 객체의 이름을 문자열 리스트로 정의하면 해당 이름의 객체를 * 형식으로 임포트할 수 있습니다. 예를 들어 pack의 __init__.py에 __all__ = ['abc', 'xyz'] 라는 정의를 넣어 두면 from pack import *로 pack.abc와 pack.xyz를 임포트할 수 있습니다.

:: 절대 임포트와 상대 임포트

패키지에 속한 모듈에서 임포트하는 방법은 일반적인 모듈과 다릅니다. 예를 들어, 모듈 pack의 abc 즉, pack\abc.py에서 동일한 패키지의 모듈 xyz를 임포트할 때 다음과 같이 import문을 사용하면 오류가 발생합니다.

```
import xyz          # 오류
```

패키지의 모듈은 동일한 폴더의 모듈을 최우선으로 찾는 묵시적 상대 임포트(implicit relative import)를 하지 않기 때문입니다.

▶ 파이썬 2에서는 묵시적 상대 임포트를 할 수 있었습니다.

패키지에 속한 모듈은 다음 중 하나의 방법으로 임포트할 수 있습니다.

절대 임포트(absolute import)

'패키지명.모듈명'과 같이 모든 계층을 순서대로 적은 FQN으로 임포트합니다. 위의 예는 다음과 같이 변경할 수 있습니다.

```
import pack.xyz        # 절대 임포트(pack\abc.py에서 pack\xyz.py)
```

또한 pack.sub의 모듈 abc 즉, pack\sub\abc.py에서 동일한 패키지의 모듈 xyz를 임포트한다면 다음과 같습니다.

```
import pack.sub.xyz    # 절대 임포트(pack\sub\abc.py에서 pack\sub\xyz.py)
```

이것은 파일 시스템의 절대 경로(Column 13-3)에 해당합니다.

명시적 상대 임포트(explicit relative import)

명시적 상대 임포트는 동일한 계층과 부모 계층을 간결하게 지정합니다. 동일한 계층의 패키지는 .으로 지정하고 부모 계층의 패키지는 ..으로 지정합니다. 파일 시스템의 상대 경로와 동일합니다.

pack\abc.py에서 동일한 패키지의 모듈 xyz를 임포트한다면 다음과 같이 작성합니다.

```
from . import xyz      # 동일한 계층의 xyz를 명시적 상대 임포트
```

또한 pack.sub의 모듈 abc 즉 pack\sub\abc.py에서 한 계층 위의 패키지에 있는 모듈 xyz를 가져온다면 다음과 같이 쓸 수 있습니다.

```
from .. import xyz     # 한 계층 위의 xyz를 명시적 상대 임포트
```

:: 네임스페이스 패키지

패키지가 디렉터리에 대응하고, 모듈이 파일에 대응하는 것이 원칙입니다. 하지만 패키지 구성과 물리적인 디렉터리 구성을 할 수 없거나 원하지 않는 경우도 있습니다.

이때 네임스페이스 패키지(namespace package)를 이용합니다. 패키지 npack의 모듈 abc와 xyz를 다른 디렉터리에 저장하는 그림 10-5의 구성을 예로 들어 살펴보겠습니다. 네임스페이스 패키지를 사용할 때는 __init__.py 파일을 둘 수 없습니다.

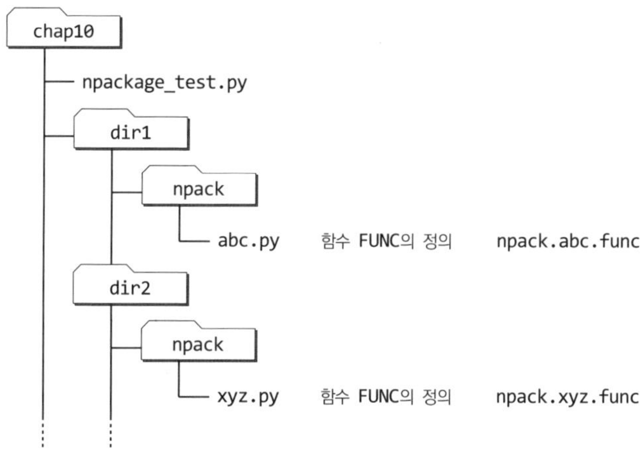

그림 10-5. 네임스페이스 패키지와 모듈의 구성 예

임포트하기 전에 디렉터리 dir1과 dir2를 모듈 검색 경로 sys.path에 등록해야 합니다. 즉, npackage_test.py의 맨 위에 다음 코드를 입력합니다.

```
import sys
sys.path.append('dir1')        # 디렉터리 'dir1'를 검색 경로에 추가
sys.path.append('dir2')        # 디렉터리 'dir2'를 검색 경로에 추가
```

위와 같이 등록한 후 다음처럼 임포트할 수 있습니다.

```
import npack.abc        # 'dir1\npack\abc.py'에서 임포트
import npack.xyz        # 'dir2\npack\xyz.py'에서 임포트
```

모듈 npack.abc는 디렉터리 dir1에서 검색되고 npack.xyz는 디렉터리 dir2에서 검색되기 때문에 임포트에 성공합니다.

▶ 소스 코드는 chap10/npacakge_test.py, chap10/dir1/npack/abc.py, chap10/dir2/npack/xyz.py입니다.
이러한 네임스페이스 패키지는 파이썬 3.3에서 도입되었습니다.

정리

- 스크립트 프로그램은 모듈이며, 확장자를 제외한 파일명이 모듈명이다. 모듈은 큰 코드 블록이다.
- 모듈은 객체의 일종이며 모듈 객체라고 불린다. 모듈 객체는 직접 실행되었을 때뿐만 아니라 임포트되는 시점에도 생성 및 초기화된다.
- 스크립트 프로그램이 직접 실행되면 __name__ 값은 '__main__'이 된다. 다른 스크립트 프로그램에서 임포트하면 __name__ 값은 모듈명이 된다.

"""일반적인 모듈의 구성"""

1. 함수 정의, 클래스 정의 등
2. 모듈을 초기화하기 위한 코드
3. `if __name__ == '__main__':`
   테스트 및 디버깅용 코드

- 모듈의 검색 순위는 현재 디렉터리 → 환경 변수 PYTHONPATH에 설정되어 있는 디렉터리 → 표준 라이브러리의 모듈 디렉터리 → 타사 라이브러리 디렉터리다.
- 모듈 검색 경로는 sys.path로 확인할 수 있다. 또한 sys.path.append 메소드로 추가할 수도 있다.

- 패키지는 스크립트 파일을 한 덩어리 또는 계층적으로 처리할 수 있도록 한 것이다.
- 패키지 이름, 모듈 이름, 개체 이름을 점으로 연결한 이름은 FQN(Fully Qualified Name)이다. 이 이름으로 다른 패키지와 모듈에 포함된 단순명이 같은 객체를 구분하여 사용한다.
- 패키지는 디렉터리와 파일의 구성이 대응하는 구조를 갖는 정규 패키지와 그렇지 않은 구조를 갖는 네임스페이스 패키지가 있다.
- 정규 패키지에는 __ init__.py가 필요하다. 파이썬 버전 3.3 이상부터는 __init__.py 파일이 없어도 패키지로 인식되지만, 하위 버전에도 호환되도록 __init__.py 파일 작성을 권장한다. 모듈의 초기화와 실행을 위한 코드를 두는 것이 기본이지만 내용은 비어 있을 수 있다.
- 동일 패키지에 속한 모듈은 묵시적 상대 임포트가 불가능하기 때문에 절대 임포트나 명시적 상대 임포트로 임포트한다.
- import문으로 모듈 임포트를 수행하는 다양한 방법이 있다.

```
import 모듈명
import 모듈명 as 별칭
from 모듈명 import 이름1, 이름2, ...
from 모듈명 import *
from 모듈명 import 이름 as 별칭
```

또한 import 문은 프로그램의 앞에 두는 것이 기본이다.

chap10/put.py

```
"""출력 모듈 put
  함수 :
      puts -- n개의 s를 연속해서 출력
      put_star -- n개의 '*'를 연속해서 출력
"""

def puts(*, n: int, s: str) -> None:
    """n개의 s를 연속해서 출력
    매개 변수:
        키워드 인수n -- 출력하는 문자열의 개수
        키워드 인수s -- 출력하는 문자열
    리턴 값:
        없음
    """
    for _ in range(n):
        print(s, end='')

def put_star(n: int) -> None:
    """n개의 '*'를 연속해서 출력
    매개 변수:
        인수n -- 출력하는 개수
    리턴 값:
        없음
    """
    puts(n=n, s='*')
```

chap10/gist.py

```
"""출력 모듈 put의 이용 예"""

import put

print('왼쪽 직각 이등변 삼각형')
n = int(input('짧은 변의 길이 : '))

# 짧은 변의 길이가 n인 직각 이등변 삼각형을 '*'로 출력
for i in range(1, n + 1):
    put.put_star(i)
    print()

print('사각형')
h = int(input('세로 : '))
w = int(input('가로 : '))

# 세로가 h이고 가로가 w인 사격형을 '+'로 그리기
for _ in range(1, h + 1):
    put.puts(n=w, s='+')
    print()

# 모듈 put의 문서화 문자열 출력하기
print('\n' + put.__doc__)
```

실행 결과

```
왼쪽 직각 이등변 삼각형
짧은 변의 길이 : 3 Enter ↵
*
**
***
사각형
세로 : 2 Enter ↵
가로 : 7 Enter ↵
+++++++
+++++++
출력 모듈 put
 함수 :
    puts -- n개의 s를 연속으로 출력
    put_star -- n개의 '*'를 연속으로 출력
```

11

클래스

이번 챕터에서는 데이터와 메소드를 한데 모은 부품이자,
객체지향 프로그래밍의 근간이 되는 클래스를 학습합니다.

- 클래스와 클래스 정의
- 동적 타이핑
- 속성(데이터 속성과 메소드 속성)과 속성 참조 연산자
- 상태와 행동
- 인스턴스와 인스턴스화
- 생성자 __init__ 메소드
- self와 cls
- 인스턴스 변수와 인스턴스 메소드
- 클래스 변수와 클래스 메소드
- 호출 가능 객체
- 데이터 은닉과 캡슐화
- 네임 맹글링(이름 난독화)
- 세터 / 게터 / 접근자
- property 데코레이터
- classmethod 데코레이터
- __str__ 메소드의 문자열화
- 상속
- 기본(슈퍼) 클래스 / 파생(하위) 클래스
- 오버라이드와 다형성

SECTION 11-1

클래스

이번 챕터에서는 클래스를 학습합니다. 클래스는 객체의 상태를 나타내는 데이터와 그 행동을 규정하는 메소드로 구성된 프로그램의 부품입니다.

:: 클래스란

문자열, 리스트, 튜플, 딕셔너리 등의 타입은 데이터와 함께 메소드도 가지고 있습니다. 데이터와 메소드를 아우르는 타입이 이번 챕터에서 배울 클래스(class)입니다.

스포츠 클럽의 회원 정보를 관리하는 클래스를 작성합니다. 회원 정보에는 다양한 데이터가 있겠지만 지금은 다음 세 가지 정보만 다룹니다.

```
회원 번호 no          성명 name          체중 weight
```

List 11-1에서는 이러한 데이터로 이루어진 클래스를 정의합니다.

List 11-1(chap11/Member01.py)

```
# 스포츠 클럽 회원 클래스1

class Member:
    """스포츠 클럽 회원 클래스1"""
    pass

# 회원 클래스 테스트

kim = Member()
kim.no = 15
kim.name = '김준호'
kim.weight = 72.7

park = Member()
park.no = 37
park.name = '박지혜'
park.weight = 65.3

print('{}: {} {}kg'.format(kim.no, kim.name, kim.weight))
print('{}: {} {}kg'.format(park.no, park.name, park.weight))
```

(1: class 정의, 2: kim = Member(), 3: park = Member(), 4: print문)

실행 결과

```
15: 김준호 72.7kg
37: 박지혜 65.3kg
```

:: 클래스 정의와 인스턴스의 생성

시작 부분에 있는 1이 클래스 정의(class definition)입니다. 'class 클래스이름:' 다음 줄에 클래스 본체인 스위트로 구성됩니다. 또한 클래스 이름의 첫 글자는 대문자로 씁니다.

▶ 클래스 이름은 카멜 케이스(camel case) 방식으로 작성합니다. 카멜 케이스는 SpecialMember 처럼 여러 단어로 이루어진 각 단어의 첫 글자를 대문자로 쓰는 방법입니다. 낙타의 혹과 같은 모습에서 유래한 이름입니다.

List 11-1에서 정의한 클래스 Member의 본체는 문서화 문자열과 pass문으로만 이루어져 있습니다. 클래스 Member와 같이 pass문으로만 클래스 본체를 구성하는 것이 최소한의 클래스 정의입니다.

인스턴스(클래스타입 객체)의 생성

2와 **3**에서는 클래스 Member타입의 객체를 생성합니다. 우변에 있는 Member()가 클래스 Member타입의 객체를 생성하는 식입니다.

클래스는 설계도와 같은 역할을 합니다. 이러한 클래스에서 생성된 실체인 객체가 인스턴스(instance)입니다. 또한 인스턴스를 생성하는 것을 인스턴스화(instantiation)라고 합니다(그림 11-1).

▶ 변수 kim과 park은 인스턴스를 참조하는 이름입니다.

속성 참조 연산자

kim과 park의 각 인스턴스를 만든 후에 회원 번호, 이름, 체중을 대입합니다. 이때 속성 참조 연산자(attribute reference operator)라고 불리는 도트 연산자(.)를 사용합니다. 이 도트 연산자는 문자열과 리스트 등의 메소드 호출에서 사용했습니다. 예를 들어 kim.no는 'kim의 no'라고 생각하면 이해하기 쉽습니다.

kim.no, kim.name, kim.weight에 각각 대입함으로써 kim이 참조하는 인스턴스에 no, name, weight라는 변수가 추가되는 동시에 값이 대입됩니다. 그림 11-1처럼 인스턴스 자체가 점점 확장되는 모양입니다.

▶ 대입할 때 좌변의 변수가 처음 사용되었다면 자동으로 그 이름의 변수가 생성된다는 기본 원칙에 바탕을 두기 때문입니다. 따라서 kim.no = 15라는 대입으로 정수 15를 참조하는 변수 no가 kim이 참조하는 인스턴스에 새롭게 생성됩니다.

4에서는 kim과 park에 있는 데이터 값을 출력합니다.

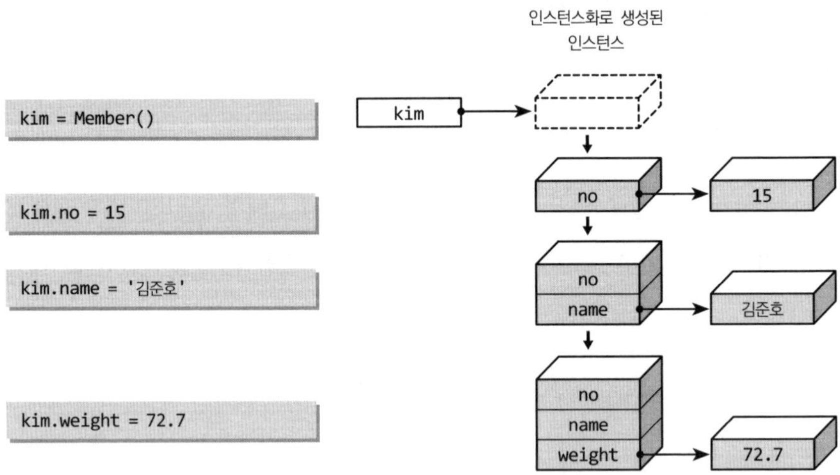

그림 11-1. 클래스 인스턴스의 동적 변화

최종 클래스 Member의 인스턴스에는 세 개의 데이터가 있습니다. 클래스에 포함된 이러한 데이터를 데이터 속성(data attribute)이라고 합니다.

박지혜 회원의 체중 대입을 다음과 같이 바꿔 보겠습니다(chap11/Member01x.py).

```
park.weigth = 65.3
```

weight의 마지막 두 글자가 ht가 아닌 th이므로 각 인스턴스가 가지는 데이터 속성은 다음과 같습니다(그림 11-2).

- 김준호 회원 kim은, no, name, weight의 데이터 세 개.
- 박지혜 회원 park은 no, name, weigth의 데이터 세 개.

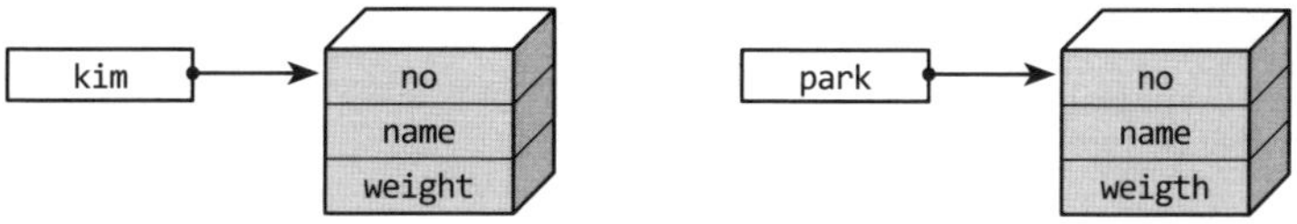

그림 11-2. 클래스 Member타입의 두 인스턴스

4에서 park.weight를 출력할 때 런타임 에러가 발생합니다. 여기에서 다음을 알 수 있습니다.

- 클래스의 사용 방법에 따라 같은 스포츠 클럽의 회원인 park과 kim의 데이터 타입과 개수가 달라진다.
- 각 회원의 데이터 값을 설정하고 출력할 때마다 비슷한 코드를 반복해야 한다.

이 문제를 해결해 보겠습니다.

Column 11-1. 동적 타이핑

회원 클래스1에서는 클래스의 인스턴스에 변수(데이터 속성)를 하나씩 추가합니다. 또한 이 페이지에서는 인스턴스마다 다른 이름의 변수를 갖게 만들었습니다.

실행하기 전에 클래스의 타입이 정해지지 않고 런타임에 변경할 수 있는 것은 동적 타이핑(dynamic typing)의 특징입니다. 현실에서도 회원에 따라 소지품(데이터)과 행동(메소드)이 다릅니다. 파이썬 클래스에서는 이러한 차이를 쉽게 구현할 수 있습니다.

클래스 정의

List 11-1에서 발견한 문제를 해결한 것이 List 11-2입니다. List 11-2에 있는 두 회원의 인스턴스는 동일하게 동작합니다.

List 11-2(chap11/Member02.py)

```
# 스포츠 클럽 회원 클래스2

class Member:
    """스포츠 클럽 회원 클래스2"""

    def __init__(self, no: int, name: str, weight: float) -> None:
        """생성자"""
        self.no = no              # 회원 번호
        self.name = name          # 이름
        self.weight = weight      # 체중

    def print(self) -> None:
        """데이터 출력"""
        print('{}: {} {}kg'.format(self.no, self.name, self.weight))

# 회원 클래스 테스트

kim = Member(15, '김준호', 72.7)
park = Member(37, '박지혜', 65.3)

kim.print()
park.print()
```

실행 결과

```
15: 김준호 72.7kg
37: 박지혜 65.3kg
```

List 11-2에서 클래스 Member의 본체에는 두 개의 메소드(method)가 정의되었습니다. 메소드는 9챕터에서 배운 함수와 비슷하지만 몇 가지 차이가 있습니다.

클래스에 속한다

두 메소드 __init__과 print는 클래스 Member에 속합니다. 예를 들어 메소드 print는 클래스 Member에 속하는 print로써 일반적인 print가 아닙니다. 클래스에 속하는 메소드를 메소드 속성(method attribute)이라고 합니다.

▶ 클래스의 속성(attribute)에는 데이터 속성과 메소드 속성이 있음을 알 수 있습니다. 일반적인 객체지향 프로그래밍에서 속성은 데이터 속성만 의미합니다.

첫 번째 인수가 self이다

첫 번째 인수는 자기 자신의 인스턴스를 참조하는 변수입니다. 이름은 자유롭게 설정할 수 있지만 보통 self로 지정합니다. self를 제외한 두 번째 인수부터가 실질적인 인수입니다. 따라서 각 메소드의 실질적인 인수는 __init__는 세 개, print는 0개입니다.

▶ self는 직접, 자신이라는 뜻인 영어 단어 self에서 유래합니다.

:: 생성자 __init__ 메소드

List 11-2를 살펴보겠습니다.

```
class Member:

    def __init__(self, no: int, name: str, weight: float) -> None:
        """생성자"""
        self.no = no            # 회원 번호
        self.name = name         # 이름
        self.weight = weight     # 체중

# --- 중략 (메소드 print의 정의) --- #

kim = Member(15, '김준호', 72.7)     1
park = Member(37, '박지혜', 65.3)    2

# --- 중략 (메소드 print의 정의) --- #
```

시작 부분의 __init__ 메소드는 인스턴스를 초기화하는 특별한 메소드입니다. 이 메소드는 일반적으로 생성자(constructor)라고 합니다.

▶ __init__이라는 이름은 "초기화하다"라는 단어 initialize에서 유래합니다. 동사 construct에서 파생된 생성자(constructor)라는 용어는 Column 11-7에서 자세히 살펴보겠습니다.
두 개의 밑줄 __이 앞에만 있거나 앞뒤 모두에 붙어있는 이름에는 특별한 의미가 있습니다. 두 개의 밑줄(double underscores)은 줄여서 던더(dunder)라고 합니다. 따라서 __init__은 dunder init dunder로 읽습니다.

이 생성자는 매개 변수 no, name, weight에 받은 세 개의 값을 self.no, self.name, self.weight에 대입하는 역할입니다(그림 11-3).

1과 **2**에서 생성자를 호출합니다. 우변의 식은 아래의 형식입니다.

```
클래스 이름(인수)
```

이 식으로 인스턴스가 생성되는 동시에 생성자 __init__ 메소드가 자동으로 호출되어 실행됩니다. 그림 11-3에서 볼 수 있듯 논리적으로는 kim 전용 생성자, park 전용 생성자가 존재한다고 생각할 수 있습니다.

따라서 kim에서 호출된 생성자의 self는 kim을 참조하고, park에서 호출된 생성자의 self는 park을 참조합니다. 첫 대입인 self.no = no는 kim에서 호출된 생성자는 kim의 no에 대입하고, park에서 호출된 생성자는 park의 no에 대입합니다.

또한 인스턴스 데이터 속성을 인스턴스 변수(instance variable)라고 합니다.

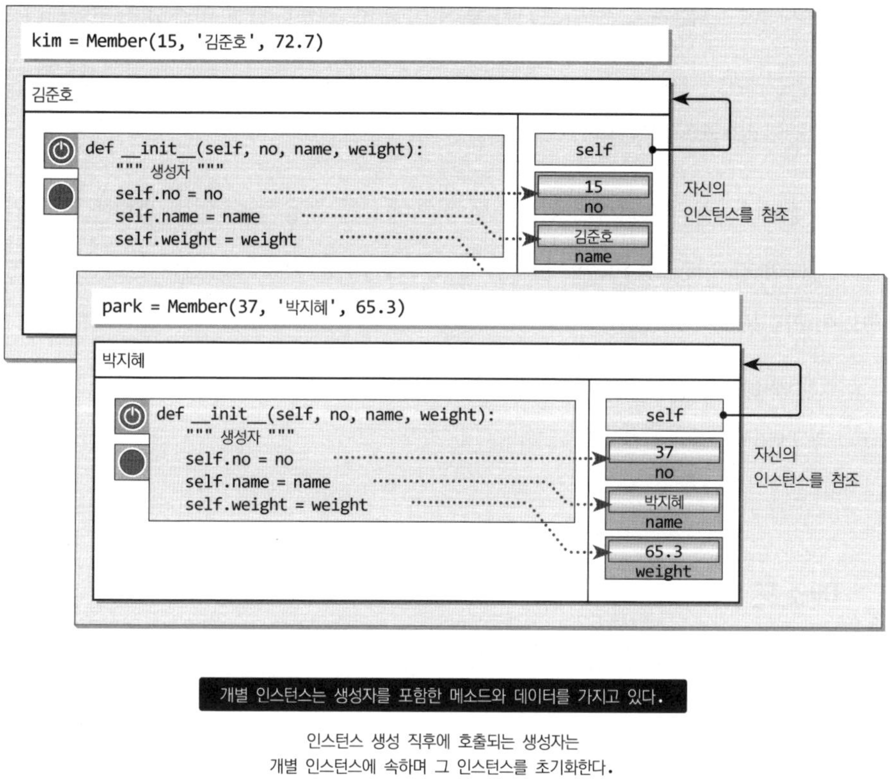

그림 11-3. 생성자와 호출

생성자는 인스턴스의 전원을 켜고 각 인스턴스 변수의 값을 초기화하기 위한 전원 버튼과 같은 존재입니다.

회원 클래스1과 2에서 인스턴스를 생성하는 식은 다음과 같습니다.

```
kim = Member()                         # 회원 클래스1
kim = Member(15, '홍길동', 72.7)        # 회원 클래스2
```

두 클래스 모두 클래스 이름 뒤에 ()가 붙어 있어 함수 호출식과 비슷한 형식입니다.

▶ 회원 클래스1은 클래스에 생성자 정의가 없습니다. 따라서 실질적으로는 데이터 속성이 전혀 없는 빈 인스턴스가 생성되어 리턴됩니다.

함수와 클래스, 클래스의 인스턴스처럼 직후에 ()를 적용할 수 있는 객체를 호출 가능 객체(callable object)라고 합니다. 클래스(인수)식에 의해 그 타입의 인스턴스가 생성되어 리턴됩니다.

▶ 생성자(메소드 __init__)는 return문을 쓰지 않아도 None을 리턴합니다. 또한 return문으로 None이 아닌 값을 반환하면 TypeError 예외가 발생합니다.

:: 메소드

이어서 메소드 print를 살펴보겠습니다.

```
class Member:

    # --- 중략 (생성자의 정의) --- #

    def print(self) -> None:
        """데이터 출력"""
        print('{}: {} {}kg'.format(self.no, self.name, self.weight))

# --- 중략 (생성자 호출) --- #
kim.print()
park.print()
```

메소드 print의 역할은 자신의 회원 번호, 이름, 체중을 출력하는 것입니다. 클래스 Member에 속한 print이므로 정규화된 이름은 Member.print입니다.

▶ 메소드 Member.print에서는 내장 함수인 print 함수에 출력을 지시합니다. print 호출은 자기 자신을 호출하는 재귀 호출이 아닙니다.

앞서 6챕터에서 메소드를 호출하는 형식을 배웠습니다.

```
변수 이름. 메소드 이름(인수)
```

▶ 물론 여기에 있는 변수 이름은 인스턴스 이름입니다. 또한 점(.)의 명칭이 속성 참조 연산자라는 것을 이번 챕터에서 배웠습니다.

객체에 요청하는 것을 객체에 메시지를 보낸다고 한다는 것 역시 이미 배웠습니다. 이번에는 다음과 같은 메시지를 보냅니다(그림 11-4).

```
김준호 회원님, 회원님의 데이터(회원 번호, 이름, 체중)을 알려주세요.
```

kim이 호출한 메소드 print에서 self의 참조 대상은 kim입니다. 마찬가지로 park이 호출한 메소드 print에서 self의 참조 대상은 park입니다. 호출된 메소드는 자신의 인스턴스에 있는 세 인스턴스 변수의 값을 확인하고 출력합니다.

모든 것을 객체로 다루는 파이썬에서는 클래스 자체도 객체입니다. 따라서 클래스 Member의 정의에 따라 클래스 Member용 클래스 객체가 생성됩니다. 이 클래스 객체는 Member의 실체를 만들기 위한 설계도입니다. 그리고 그 설계도를 바탕으로 생성된 것이 클래스타입 인스턴스입니다.

▶ 클래스에서 만들어진 설계도의 실체인 클래스 객체는 타입 객체라고도 합니다. 또한 설계도에서 만들어진 인스턴스는 인스턴스 객체라고도 합니다.

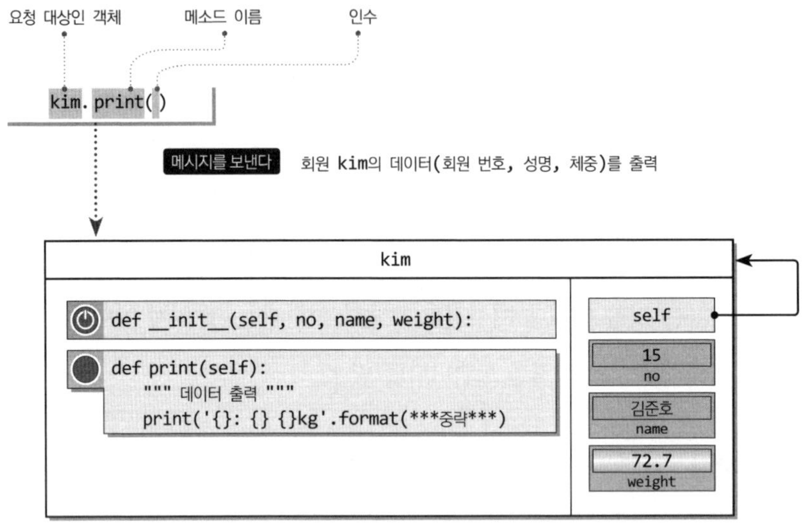

그림 11-4. 메소드와 호출

인스턴스 변수의 값은 인스턴스의 현재 상태를 나타냅니다. 때문에 인스턴스 변수의 값을 상태(state)라고도 합니다.

▶ state는 상태라는 뜻입니다. 예를 들어 인스턴스 변수 self.weight는 현재 체중이 몇 킬로그램인가라는 회원의 상태를 int타입 정수로 나타냅니다.

한편 메소드는 인스턴스의 행동(behavior)을 코드화한 것입니다. 메소드는 인스턴스의 상태를 확인하거나 변경할 수 있습니다. 데이터와 마찬가지로 메소드 역시 논리적으로는 개별 인스턴스에 속하므로 인스턴스 메소드(instance method)라고 합니다.

▶ Section 12-2에서는 클래스 메소드라고 부르는 메소드를 학습합니다. 또한 인스턴스 메소드는 일반적으로 메소드라고 부릅니다. 이 책에서도 클래스 메소드와 비교하여 설명하는 경우를 제외하고 인스턴스 메소드는 짧게 메소드라고 부릅니다.

Column 11-2. 호출 가능 객체의 판정

어떠한 객체가 호출 가능한 객체인지는 내장 함수인 callable 함수로 확인할 수 있습니다. 인수로 주어진 객체를 호출할 수 있으면 True가, 그렇지 않으면 False가 리턴됩니다.

예를 들어 callable(max)는 True입니다. 내장 함수 max는 호출할 수 있습니다. 클래스 자체, 즉 클래스 객체는 호출할 수 있습니다. 하지만 인스턴스는 호출할 수 없습니다. 따라서 callable(Member)는 True이지만 callable(kim)은 False입니다.

또한 클래스에 __call__ 메소드를 정의하면 그 클래스의 인스턴스를 호출할 수 있습니다.

:: 데이터 은닉과 캡슐화

다음으로 회원 클래스에 두 가지 변경 사항을 적용합니다.

1. 회원 번호, 이름, 체중의 값을 클래스 외부에서 바꿀 수 없도록 한다.
2. 체중 감량 메소드 lose_weight를 추가한다.

List 11-3은 변경 사항을 반영한 회원 클래스3입니다.

List 11-3(chap11/Member03.py)

```
# 스포츠 클럽 회원 클래스3

class Member:
    """스포츠 클럽 회원 클래스3"""

    def __init__(self, no: int, name: str, weight: float) -> None:
        """생성자"""
        self.__no = no
        self.__name = name
        self.__weight = weight

    def lose_weight(self, loss: float) -> None:
        """loss킬로그램 감량"""
        self.__weight -= loss

    def print(self) -> None:
        """데이터 출력"""
```

```
        print('{}: {} {}kg'.format(self.__no, self.__name, self.__weight))

# 회원 클래스 테스트

kim = Member(15, '김준호', 72.7)
park = Member(37, '박지혜', 65.3)

kim.lose_weight(3.5)      # 김준호 회원이 3.5kg 감량
park.lose_weight(5.3)     # 박지혜 회원이 5.3kg 감량

kim.print()
park.print()
```

실행 결과

```
15: 김준호 69.2kg
37: 박지혜 60.0kg
```

1 인스턴스 변수의 이름 앞에 밑줄이 두 개 있습니다. 이러한 네이밍 방식은 외부에서 클래스의 속성에 접근하지 못하도록 합니다(Column 11-3). 이와 같이 클래스의 데이터를 외부에서 액세스할 수 없게 하는 것을 데이터 은닉(data hiding)이라고 합니다. 패스워드나 인증 번호를 숨기는 것과 같습니다.

▶ 데이터 속성은 클래스의 외부에서 액세스할 수 없기 때문에 클래스 외부에서 kim.__no라는 식을 쓰면 오류가 발생합니다.

2 메소드 lose_weight는 매개 변수 loss로 받은 만큼의 체중을 줄이는 메소드입니다. 실행 결과에서 두 회원 모두 체중 감량에 성공한 것을 확인할 수 있습니다.

메소드는 속한 인스턴스의 데이터 값을 바탕으로 처리하고, 그 값을 변경합니다. 메소드와 데이터는 밀접하게 상호 작용합니다.

▶ 예를 들어 kim.lose_weight(3.5)는 인스턴스 kim의 체중을 3.5 줄입니다. 또한 park.print()는 인스턴스 park의 모든 인스턴스 변수의 값을 확인하여 출력합니다.

데이터와 메소드를 연계시키는 것을 캡슐화(encapsulation)라고 합니다.

▶ 성분을 채워 효과 좋은 캡슐 약을 만든다고 생각하면 쉽습니다.

Column 11-3. 네임 맹글링으로 액세스 제어하기

C++이나 Java 등의 프로그래밍 언어에서 제공되는 접근 제어(공개 : public / 비공개 : private / 보호 : protected 등의 지정으로 클래스 내외의 접근 레벨을 나누는 구조)와 같은 기능은 파이썬에서 제공하지 않습니다. 모든 속성(데이터 속성과 메소드 속성)은 공개되는 것이 기본 원칙입니다.

그래서 멤버를 비공개하기 위한 방법으로 멤버 이름 앞에 __을 붙입니다. 이것은 속성 이름이 '_클래스 이름__속성 이름'으로 변환되는 네임 맹글링(name mangling)의 구조를 이용한 것으로, 예를 들어 클래스 C의 속성 __abc는 이름이 _C__abc로 변환됩니다. 이 방법은 __init__ 등의 특수 이름에는 적용할 수 없습니다.

mangle은 엉망진창으로 만들다라는 의미로 이름 뒤섞기(한국어 공식 문서에서 사용)라고도 합니다.

List 11C-1에서 확인합니다.

List 11C-1

```python
# 네임 맹글링 확인

class C():
    __abc = 5

# 변경 후의 이름으로 액세스 가능
print(C._C__abc)        # 1

# 원래 이름으로는 액세스 불가
print(C.__abc)          # 2
```

실행 결과

```
1 5
2 Traceback (most recent call last):
    File "main.py", line 10, in <module>
      print(C.__abc)
  AttributeError: type object 'C' has no
  attribute '__abc'
```

1 변경된 이름인 C._C__abc이면, __abc에 액세스할 수 있고 값이 출력됩니다.

2 원래 이름인 C.__abc로는 액세스할 수 없습니다. 이때 '타입 객체 C는 __abc 속성을 가지고 있지 않다'는 오류가 발생합니다.

이 결과로 이름을 속이고 외부에서 보이지 않게 할 뿐이라는 것을 알 수 있습니다. 또한 List 11C-1에서는 '인스턴스이름.속성이름' 대신 '클래스이름.속성이름'으로 데이터 속성에 접근합니다. 이 형식은 Section 11-2에서 배웁니다.

클래스 Member와 클래스 C에서는 데이터 속성의 이름을 __으로 시작했습니다. 클래스 내부에서만 사용하는 메소드가 있으면 그 이름도 __으로 시작하도록 설정하면 외부에서 실수로 호출되는 위험을 줄일 수 있습니다.

:: 접근자(게터와 세터)

스포츠 클럽 회원을 관리하기 위해 각 회원의 체중을 지속적으로 측정하고 기록해야 합니다. 그러므로 체중을 추가하고 설정하는 기능을 클래스에 추가하겠습니다. 아래와 같이 두 메소드를 정의합니다.

```
def get_weight(self) -> float
    """체중 정보 획득"""
    return self.__ weight
```

```
def set_weight(self, weight : float) -> None
    """체중 설정"""
    self.__ weight = weight
```

이 메소드로 아래와 같이 체중 정보를 받아 설정할 수 있습니다.

```
w = kim.get_weight()            # 김준호 회원의 체중을 획득
park.set_weight(72.5)           # 박지혜 회원의 체중을 72.5로 설정
```

이와 같이 데이터 속성 값을 받아오거나 설정하는 메소드를 게터(getter)와 세터(setter)라고 하며, 둘을 통틀어 접근자(accessor)라고 합니다.

게터와 세터는 @property 데코레이터로 정의합니다. List 11-4에서 게터와 세터를 정의합니다.

List 11-4(chap11/Member04.py)

```
# 스포츠 클럽 회원 클래스4

class Member:
    """스포츠 클럽 회원 클래스4"""
    # --- 중략 : __init__, lose_weight, print는 스포츠 클럽 회원 클래스3과 동일 --- #
```

```
    @property
    def weight(self) -> float:
        """체중 획득(게터)"""
        return self.__weight

    @weight.setter
    def weight(self, weight: float) -> None:
        """체중 설정(세터)"""
        self.__weight = weight if weight > 0.0 else 0.0

# 회원 클래스 테스트

kim = Member(15, '김준호', 72.7)

kim.weight = 67.3                          # 김준호 회원의 체중 설정
print('kim.weight =', kim.weight)          # 김준호 회원의 체중 확인
```

실행 결과

```
kim.weight = 67.3
```

게터 정의

게터는 앞에 @property를 붙여 정의합니다. 메소드 이름은 값을 확인하는 데이터 특성을 잘 나타낼 수 있는 이름으로 짓습니다. 이 이름을 접근자 이름이라고 부르겠습니다. List 11-4에서는 데이터 __weight의 접근자 이름을 weight로 합니다. 게터의 본체에서는 데이터 값을 리턴합니다.

세터 정의

세터는 앞에 @접근자이름.setter를 붙여 정의합니다. 메소드의 이름은 게터와 같은 이름, 즉 접근자 이름을 사용합니다.

세터 본체에서는 매개 변수로 전달받은 값을 데이터에 대입합니다. 또 List 11-4에서는 체중이 음수가 되지 않도록, 매개 변수 weight에 0.0 이하의 값이 전달됐을 때는 데이터 __weight에 0.0을 대입합니다.

▶ 문법적으로 weight는 접근자 이름이 아닌 프로퍼티 이름입니다. 게터의 정의로 weight라는 프로퍼티 이름을 지으면 나중에 @속성명.setter로 지정할 수 있습니다.

게터와 세터 호출

세터와 게터를 정의하면 '인스턴스이름.접근자이름' 형식으로 값을 획득하고 설정할 수 있습니다. 따라서 우변과 좌변 모두 대입할 수 있습니다. List 11-4에서는 kim.weight에 대입하고 값을 획득합니다.

List 11-4에서는 게터와 세터 모두 정의했습니다. 게터만 정의하면 '외부에서 언제든지 값을 확인할 수 있지만 값을 수정할 수 없는 데이터 속성'을 구현할 수 있습니다.

▶ 세터와 게터 외에도 다른 데이터 속성을 삭제하는 딜리터(deleter)를 정의할 수 있습니다. __weight의 딜리터는 다음과 같이 정의합니다.

```
@weight.deleter
def weight(self) :
    del self .__ weight
```

Column 11-4. @property 데코레이터

@property 데코레이터에 대해 좀 더 자세히 알아보겠습니다.

데코레이터

데코레이터는 다른 함수를 리턴하는 함수를 만들기 위한 구조입니다. 다음 코드에서 왼쪽과 같이 정의하면 내부적으로 오른쪽 코드처럼 변환됩니다.

```
@deco                          def func(...):
def func(...):        →            함수본체
    함수본체                    func = deco(func)
```

즉, @deco를 쓴 함수 func를 정의하면 deco(func)를 func로 호출할 수 있습니다.

property 클래스

property는 표준으로 제공되는 클래스입니다. 또한 다음과 같은 데이터를 가지고 있습니다. 생성자의 호출로 이 값들을 키워드 인수로 지정할 수 있습니다.

- 속성 값을 획득하는 함수 fget
- 속성 값을 설정하는 함수 fset

- 속성 값을 제거하는 기능 fdel
- 속성의 문서화 문자열을 보여주는 doc

:: 문자열화를 위한 __str__ 메소드

이어서 애완동물 클래스 Pet을 작성합니다(List 11-5). 애완동물의 이름과 주인의 이름이 데이터입니다.

List 11-5(chap11/Pet.py)

```
# 애완동물 클래스

class Pet:
    """애완동물 클래스"""

    def __init__(self, name: str, master: str) -> None:
        """생성자"""
        self._name = name            # 이름
        self._master = master        # 주인의 이름

    def introduce(self) -> None:
        """자기소개"""
        print('제 이름은 {}입니다!'.format(self._name))
        print('주인의 이름은 {}입니다!'.format(self._master))

    def __str__(self) -> str:
        """문자열화"""                                   문자열화
        return self._name + ' <<' + self._master + '>>'

    def print(self) -> None:
        """출력(__str__이 리턴하는 문자열을 출력하고 개행)"""
        print(self.__str__())
# 애완동물 클래스 테스트
kurt = Pet('Kurt', '소영')
kurt.introduce()
print(kurt)                              1
print('str(Kurt) = ' + str(kurt))       2
kurt.print()                             3
```

실행 결과

```
제 이름은 Kurt입니다!
주인의 이름은 소영입니다!
Kurt <<소영>>
str(Kurt) = Kurt <<소영>>
Kurt <<소영>>
```

생성자 __init__와 자기 소개를 하는 메소드 introduce는 지금까지 배운 내용으로 이해할 수 있습니다. 그러므로 나머지 메소드 __str__과 print를 살펴보겠습니다.

__str__ 메소드

생성자와 마찬가지로 이름의 처음과 끝이 __인 특수한 메소드입니다. __str__ 메소드는 인스턴스를 나타내는 문자열을 리턴합니다.

▶ 이 클래스의 __str__ 메소드는 '이름 《주인이름》' 형식의 문자열을 리턴합니다.

호출하는 곳을 보면 이 메소드의 이점을 이해할 수 있습니다.

1에서는 print 함수의 인수로 kurt를 전달만 하면 출력됩니다. print 함수에 전달될 수 있도록 묵시적으로 __str__ 메소드가 호출되어 문자열로 변환됩니다. 따라서 print 함수는 전달된 문자열 'Kurt 《소영》'을 출력합니다.

2에서는 str 함수를 호출합니다. str 함수를 호출하면 전달한 인수(여기에서는 kurt)에 소속된 메소드 __str__이 자동으로 호출되는 구조입니다.

1과 2의 형식은 숫자 값을 출력하거나 문자열화하는 것과 같습니다.

```
# 애완동물 클래스 Pet 타입
kurt = Pet('Kurt', '아이')
print(kurt)
print('str (Kurt) ='+ str(kurt))
```

```
# int 타입
x = 15
print(x)
print('str(x) = ' + str(x))
```

__str__ 메소드를 정의하면 내장형처럼 문자열화하는 것을 알 수 있습니다. 또한 그 문자열을 출력까지 합니다.

메소드 print

메소드 print는 __ str__ 메소드가 리턴하는 문자열을 그대로 출력하는 메소드입니다. self.__str()__은 출력을 위해 내장 함수 print로 전달합니다. 메소드에서는 자신의 클래스에 속하는 다른 메소드를 'self.메소드이름(인수)'로 호출합니다.

❸에서 이 메소드를 호출하며 ❶과 동일하게 출력합니다.

Column 11-5. __str__ 메소드와 __repr__ 메소드

__str__ 메소드는 인간이 읽기 쉬운 문자열을 리턴하는 메소드입니다. 비공식 문자열을 리턴하며 str 함수로 확인할 수 있습니다.

__str__과 비슷한 역할을 수행하는 __repr__ 메소드는 인스턴스를 나타내는 공식 문자열을 리턴하는 메소드입니다. 리턴된 문자열은 repr 함수로 확인할 수 있습니다. 되도록 그 문자열은 원래 클래스의 인스턴스를 복원할 수 있는 값으로 합니다.

다음 예에서 datetime타입(Column 13-6)의 __str__과 __repr__을 비교해 보겠습니다.

__repr__이 생성한 문자열을 내장 함수인 eval 함수에 전달하면 datetime타입의 인스턴스를 생성(복원)할 수 있습니다. 한편 __ str__이 생성한 문자열에서 datetime타입 인스턴스는 복원할 수 없습니다.

```
>>> import datetime Enter
>>> crnt = datetime.datetime.now() Enter    ← 현재 날짜와 시간
>>> repr(crnt) Enter
'datetime.datetime(2021, 01, 25, 14, 6, 15, 645785)'
>>> eval(repr(crnt)) Enter
datetime.datetime(2021, 01, 25, 14, 6, 15, 645785)
>>> str(crnt) Enter
2021-01-25 14:06:15.645785
>>> eval(str(crnt)) Enter
Traceback (most recent call last):
  File "<stdin>", line 1, in <module>
  File "<string>", line 1
    2021-01-25 14:06:15.645785
             ^
SyntaxError: invalid token
```

__repr__이 리턴하는 문자열은 읽기 어렵지만 그 문자열에서 datetime타입 인스턴스를 복원할 수 있다.

__str__이 리턴하는 문자열은 인간이 읽기 쉽다. 하지만 그 문자열에서 datetime타입 인스턴스는 복원할 수 없다.

학습용이 아닌 실제 프로그래밍에서 클래스를 만들 때는 __repr__ 메소드를 함께 정의하는 것이 좋습니다. 디버깅 작업을 쉽게 할 수 있기 때문입니다.

또한 print 함수는 __str__과 __repr__ 중 하나만 정의되어 있으면 정의된 하나만을 호출합니다. 모두 정의되어 있을 때는 __str__을 호출합니다.

SECTION 11-2

클래스 변수와 클래스 메소드

이번에는 개별 인스턴스가 아닌 클래스 전체에 속하는 클래스 데이터와 클래스 메소드를 학습합니다.

:: 클래스 변수

장군을 소개하는 클래스 Commander를 생성합니다. 이 클래스의 인스턴스에는 1, 2, 3, ...이라는 아이덴티티가 자동으로 부여됩니다. 먼저 그림 11-5를 확인합니다.

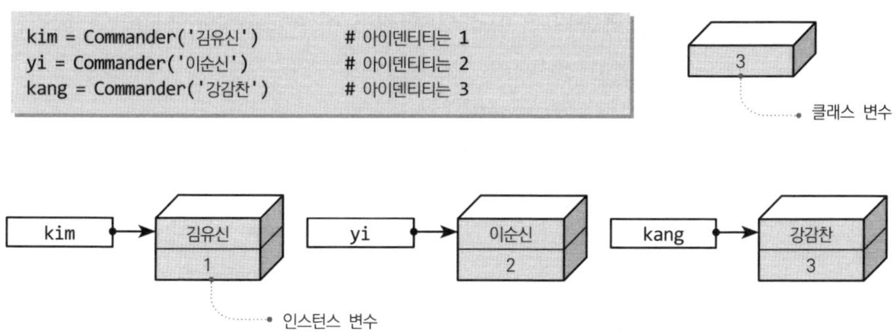

그림 11-5. 인스턴스 변수와 클래스 변수

이 그림은 세 개의 인스턴스를 생성한 상태입니다. 1, 2, 3, ...이라는 아이덴티티는 각 인스턴스의 데이터입니다. 이와는 별개로 오른쪽 위의 회색 상자는 다음을 나타내는 변수입니다.

> 지금까지 아이덴티티를 몇 번까지 부여했는가

아이덴티티를 부여한 변수의 이름을 __counter로 하면 __counter는 각 인스턴스의 변수가 아니라 클래스 Commander의 인스턴스로 공유됩니다.

Section 11-1에서 설명한 클래스의 데이터 속성은 생성자와 메소드에서 'self.데이터 속성이름'의 형태로 정의해 사용했습니다. 이와 같이 개별 인스턴스에 속한 데이터 속성을 인스턴스 변수라고 합니다. 개별 인스턴스에 속하는 아이덴티티는 인스턴스 변수로 구현합니다.

한편 몇 번까지 아이덴티티를 부여했는가를 나타내는 데이터 속성 __counter는 클래스 Commander의 인스턴스에서 공유됩니다.

이처럼 클래스에는 속해 있지만 개별 인스턴스에는 속하지 않는 데이터 속성은 인스턴스 변수로는 존재할 수 없습니다. 따라서 클래스 변수(class variable)라고 불리는 데이터 속성으로 존재합니다.

List 11-6에서 장군 클래스 Commander를 살펴보겠습니다.

List 11-6[A](chap11/Commander.py)

```
# 아이덴티티가 있는 장군 클래스

class Commander:
    """장군 클래스"""
    __counter = 0   # 몇 번까지 아이덴티티를 사용하는지

    def __init__(self, name: str) -> None:
        """생성자"""
        self.__name = name
        Commander.__counter += 1
        self.__id = Commander.__counter

    def id(self) -> int:
        """"아이덴티티 받기"""
        return self.__id

    @classmethod
    def max_id(cls) -> int:
        """"지금까지 아이덴티티를 몇 번까지 부여했는가"""
        return cls.__counter

    def print(self) -> None:
        """데이터 출력"""
        print('{}:{}번'.format(self.__name, self.__id))
```

클래스 변수의 정의

회색으로 표시한 부분은 클래스 변수 __counter를 정의하고, 사용하는 부분입니다. 클래스의 시작 부분에 'self.' 없이 '변수이름' 형식으로 정의합니다.

▶ 이미 배운 것처럼 클래스 정의로 클래스 객체가 생성됩니다. 또한 그 객체를 생성할 때 클래스 객체의 __counter는 0이 됩니다. 즉 0은 단 한 번만 대입됩니다.

처음과 끝에 정의된 두 메소드를 살펴보겠습니다.

생성자 __init__

생성자가 포함되어 있는 메소드에서는 '클래스이름.변수이름' 형식으로 클래스 변수에 접근합니다. 생성자에서는 클래스 변수 Commander.__counter를 증가시킨 후 그 값을 인스턴스 변수인 self.__id에 대입합니다. 따라서 인스턴스가 생성될 때마다 해당 인스턴스의 아이덴티티 self.__id에 1, 2, 3, ...이 대입됩니다.

메소드 print

메소드 print는 인스턴스 변수인 이름 self.__name과 아이덴티티 self.__ id의 값을 출력합니다. 이 메소드는 클래스 변수에는 액세스하지 않습니다.

:: 클래스 메소드

다음으로 메소드 id와 메소드 max_id를 살펴보겠습니다. 클래스 정의의 일부를 다시 확인합니다.

```
class Commander:
# --- 중략(생성자 정의) --- #
    def id(self) -> int:
        """"아이덴티티 받기"""
        return self.__id

    @classmethod
    def max_id(cls) -> int:
        """"지금까지 아이덴티티를 몇 번까지 부여했는가"""
        return cls.__counter
```

인스턴스 메소드 (def id) / self.__id: 인스턴스 변수

클래스 메소드 (def max_id) / cls.__counter: 클래스 변수

메소드 id

이 메소드는 아이덴티티(kim이면 1, yi면 2, ...)를 확인합니다. 이와 같이 개별 인스턴스에 속한 메소드는 인스턴스 메소드라고 합니다.

인스턴스 메소드가 전달받는 첫 번째 인수 self는 자신의 인스턴스를 참조하는 변수이므로 메소드 id는 자기 인스턴스의 아이덴티티 값을 'self.__id'로 확인하여 리턴합니다.

호출 형식은 '인스턴스이름.메소드이름(인수)'입니다. List 11-6[B]의 ❶에서 kim.id(), yi.id(), kang.id()로 호출합니다.

메소드 max_id

이 메소드는 지금까지 아이덴티티를 몇 번까지 부여했는지 확인합니다. 이와 같이 개별 인스턴스에는 속하지 않고 클래스에 속한 메소드를 클래스 메소드(class method)라고 합니다.

클래스 메소드라는 것을 나타내기 위해 앞에 @classmethod 데코레이터를 씁니다. 또한 메소드가 받는 첫 번째 인수 cls는 자신이 속한 클래스 객체를 참조하는 변수입니다.

따라서 이 메소드에서는 클래스에 속하는 클래스 변수 Commander.__counter를 cls.__counter로 액세스할 수 있습니다.

▶ cls는 클래스 class의 약자입니다. 앞에서 배운 것과 같이 클래스 정의로 클래스 객체가 생성됩니다. 매개 변수 cls는 그 클래스 객체에 대한 참조를 전달받습니다.

List 11-6[B]의 ❷에서 첫 번째 행에서는 Commander.max_id()로 호출합니다. 즉 이 클래스 메소드의 호출은 다음과 같은 형식입니다.

```
클래스 이름.메소드 이름(인수)                클래스 메소드의 호출 형식 A
```

'모두의 max_id'는 'kim의 max_id'이며 'yi의 max_id'이기도 하며 'kang의 max_id'이라고도 할 수 있습니다.

List 11-6[B](chap11/Commander.py)

```
kim = Commander('김유신')                # 아이덴티티는 1
yi = Commander('이순신')                 # 아이덴티티는 2
kang = Commander('강감찬')               # 아이덴티티는 3

print('kim.id() = {}'.format(kim.id()))
print('yi.id() = {}'.format(yi.id()))          ❶
print('kang.id() = {}'.format(kang.id()))

print('Commander.max_id() = {}'.format(Commander.max_id()))   ❷
print('kim.max_id() = {}'.format(kim.max_id()))
```

실행 결과

```
kim.id() = 1
yi.id() = 2
kang.id() = 3
Commander.max_id() = 3
kim.max_id() = 3
```

따라서 ❷의 두 번째 줄처럼 다음 형식으로도 호출할 수 있습니다.

```
인스턴스 이름.메소드 이름(인수)              클래스 메소드의 호출 형식 B
```

단 B 형식은 혼동할 수 있기 때문에 A 형식을 사용하는 것이 원칙입니다.

▶ 클래스 변수의 액세스도 마찬가지입니다. 클래스 C형의 클래스 변수 x는 A 형식처럼 C.x로 액세스합니다.
c1과 c2가 클래스 C형의 인스턴스라면 '모두의 x'는 'c1의 x'이고, 'c2의 x'이기도 합니다. 그러므로 클래스 변수 C.x는 B형식처럼 c1.x와 c2.x로도 액세스할 수 있습니다.

클래스 메소드에는 self가 없습니다. 따라서 인스턴스 변수에 액세스할 수 없습니다.

▶ 클래스 메소드 max_id에는 self.__name과 self.__ id에 액세스하는 식이 존재할 수 없다는 의미입니다.

한편 인스턴스 메소드에서는 클래스 변수에 자유롭게 액세스할 수 있습니다. 생성자에서는 Commander.__counter의 값을 참조하고 변경합니다.

▶ 인스턴스 변수, 인스턴스 메소드, 클래스 변수, 클래스 메소드 모두 클래스 외부에서 액세스 할 때는, 단순명으로는 액세스할 수 없고 반드시 . 연산자가 필요합니다. 클래스 정의로 새로운 네임스페이스가 생성되기 때문입니다. 클래스 Member, 클래스 Pet, 클래스 Commander 각각의 전용 네임스페이스가 생성됩니다.

Column 11-6. 정적 메소드

인스턴스 메소드와 클래스 메소드 외에도 정적 메소드(static method)가 있습니다. 정적 메소드는 클래스에 속한다는 점에서 클래스 메소드와 동일하지만 다음과 같은 차이가 있습니다.

- @staticmethod 데코레이터를 시작으로 정의한다.
- 메소드의 인수로 cls를 받지 않는다.

cls를 받지 않기 때문에 클래스 변수에 접근하기 위해서는 명시적인 클래스 선언이 필요합니다. 또한 Section 11-3에서 학습할 상속을 수행할 때의 동작도 다릅니다.

SECTION 11-3

상속

앞에서 학습한 클래스에 의한 캡슐화와 여기서 배우는 상속과 다형성은 객체지향 프로그래밍(Object Oriented Programming)의 3대 요소입니다.

:: 상속

기존 클래스를 토대로 그 자산을 물려받은 새로운 클래스를 쉽게 만들 수 있습니다. 기존 클래스의 자산을 물려받는 것이 상속(inheritance)입니다. 상속으로 만들어지는 클래스는 아래와 같이 다양한 이름으로 불립니다.

- 상속의 기초가 되는 클래스
  기본 클래스(base class) / 슈퍼 클래스(super class) / 부모 클래스(parent class)
- 상속으로 새로 만들어진 클래스
  파생 클래스(derived class) / 서브 클래스(sub class) / 자식 클래스(child class)

이제 List 11-5에서 만든 애완동물 클래스 Pet을 기본 클래스로 하여 파생 클래스인 로봇 클래스 RobotPet을 작성합니다. 표 11-1은 RobotPet 클래스의 구조입니다.

표 11-1. 클래스 RobotPet의 구조

데이터	이름	_name	Pet에서 상속
〃	주인 이름	_master	Pet에서 상속
〃	번호	_type_no	RobotPet에서 새로 추가
메소드	자기 소개	introduce	번호도 알려주도록 기능 변경
〃	문자열화	__str__	리턴하는 문자열에 번호도 포함하도록 기능 변경
〃	출력	print	__str__ 메소드가 리턴하는 문자열을 출력하는 기능을 Pet에서 상속
〃	집안일	work	청소, 세탁, 요리를 하는 메소드. RobotPet에서 새로 추가

List 11-7에서는 이 설계대로 클래스 Pet과 Pet에서 파생된 클래스 RobotPet을 만듭니다. 표 11-1과 같이 기본 클래스의 자산을 상속하고 기능을 변경합니다. 또한 데이터와 메소드도 새로 추가합니다.

:: 파생 클래스의 정의와 생성자

다음은 파생 클래스 정의 형식입니다.

```
class 파생클래스이름(기본클래스이름):
        클래스 본체
```

이와 같이 상속의 뿌리가 되는 클래스의 이름을 () 안에 입력합니다. RobotPet의 정의는 '지금 정의하는 RobotPet은 Pet이 부모 클래스입니다.'라는 의미입니다.

List 11-7[A](chap11/RobotPet.py)

```
# 애완동물 클래스와 로봇 클래스

class Pet:                                           기본 클래스 : List 11-5와 동일
    """애완동물 클래스"""

    def __init__(self, name: str, master: str) -> None:
        """생성자"""
        self._name = name              # 이름
        self._master = master          # 주인의 이름

    def introduce(self) -> None:
        """자기 소개"""
        print('제 이름은 {}입니다!'.format(self._name))
        print('주인의 이름은 {}입니다!'.format(self._master))

    def __str__(self) -> str:
        """문자열화"""
        return self._name + ' <<' + self._master + '>>'

    def print(self) -> None:
        """출력(__str__이 리턴하는 문자열을 출력하고 개행)"""
        print(self.__str__())

class RobotPet(Pet): ·····························  파생 클래스 : 클래스 Pet의 자산을 상속
    """로봇 클래스"""

    def __init__(self, name: str, master: str, type_no: str) -> None:
        """생성자"""
        super().__init__(name, master)     # 기본 클래스의 생성자를 호출 ····· 1
        self._type_no = type_no            # 번호
```

전원 버튼과 같은 존재인 생성자는, 파생 클래스로 새롭게 정의합니다. 기존 클래스에 데이터와 메소드 등의 속성이 추가된 파생 클래스에서는 기본 클래스의 전원 버튼을 그대로 사용할 수 없기 때문입니다.

클래스 RobotPet의 생성자는 세 개의 값(이름, 주인 이름, 번호)을 받아 그 값을 인스턴스 변수에 대입합니다.

▶ 클래스 Pet에서 데이터의 이름은 _name과 _master이고, __로 시작하지 않기 때문에 클래스 외부에서 액세스할 수 있습니다. 클래스 RobotPet에서는 _name과 _master의 데이터 속성을 기본 클래스 Pet에서 상속하고 _type_no를 새로 추가했으므로 데이터 속성은 총 세 개입니다.

_name과 _master의 대입은 기본 클래스 Pet의 생성자가 처리하며 List 11-7[A]의 **1** 부분에서 수행합니다. 따라서 기본 클래스의 메소드는 다음과 같은 형식으로 호출합니다.

```
super().메소드이름(인수)
```

생성자의 이름은 __init__입니다. 그러므로 List 11-7에서는 super().__init__(인수) 형식으로 기본 클래스 Pet의 생성자를 호출합니다.

▶ 기본 클래스는 슈퍼 클래스라고도 합니다. super()로 참조하는 슈퍼 클래스를 확인하고 그 클래스의 __init__ 메소드를 호출합니다.

또한 새로 추가한 데이터 속성 _type_no의 값은 생성자에서 대입합니다.

:: 메소드 오버라이드와 다형성

이어서 메소드 introduce와 __str__을 살펴보겠습니다. 이 메소드는 기능을 변경합니다. 따라서 클래스 RobotPet에서 재정의됩니다. 이와 같이 기본 클래스에 있는 메소드와 같은 메소드를 파생 클래스에서 정의하는 것을 오버라이드(override)라고 합니다.

▶ override는 ~에 우선한다, 짓밟다, 무시하다, 무효화하다, 뒤집다 등의 의미입니다.

클래스 RobotPet의 메소드 introduce와 __str__은 출력 또는 문자열화 대상에 데이터 속성인 번호를 추가합니다. 이러한 메소드를 기본 클래스 Pet타입 인스턴스에서 호출하는 부분이 List 11-7[B]의 ❶입니다. 그리고 파생 클래스 RobotPet타입 인스턴스에서 호출하는 부분이 List 11-7[B]의 ❷입니다. 이 부분은 코드를 읽으면 이해할 수 있습니다.

List 11-7[B]의 ⓐ로 표시한 부분에는 self_introduce라는 함수가 정의되어 있습니다. 이 함수는 전달된 인수 obj에 대해 메소드 introduce를 호출하는 간단한 함수입니다.

함수 self_introduce는 List 11-7[B]의 ❸과 ❹에서 호출합니다.

❸ : 함수 self_introduce에 Pet타입 인스턴스 kurt를 전달하고 호출합니다. obj.introduce()로 Pet타입 메소드 introduce가 호출됩니다.

❹ : 함수 self_introduce에 RobotPet타입 인스턴스 r2d2를 전달하고 호출합니다. obj.introduce()로 RobotPet타입 메소드 introduce가 호출됩니다.

이와 같이 자연스럽게 동작합니다. 그런데 함수 self_introduce의 입장에서는 의외로 힘든 작업입니다. 왜냐하면 매개 변수 obj로 전달된 인스턴스의 타입에 따라 다른 동작을 수행해야 하기 때문입니다.

```
매개 변수 obj에 Pet타입이 전달되면 Pet.introduce를 호출한다.
매개 변수 obj에 RobotPet타입이 전달되면 RobotPet.introduce를 호출한다.
```

그러나 걱정하지 않아도 됩니다. 다른 타입의 인스턴스에 대해 동일한 메시지를 보내도(예제에서는 메소드 introduce를 호출) 자신의 타입을 알고 있는 인스턴스가 알맞게 동작하기 때문입니다. 이 메커니즘을 다형성(polymorphism)이라고 합니다.

▶ polymorphism은 여러 혹은 다양한을 의미하는 접두어 poly와 타입, 형태를 나타내는 morph, 그리고 접미사 ism을 합성하여 만들어진 말입니다. 압력이나 온도 등 다양한 조건에 따라 동일한 화학 성분이 다른 결정 구조를 이루는 모습과 같습니다.

List 11-7[B](chap11/RobotPet.py)

```
    def introduce(self) -> None:
        """자기 소개"""
        print('◆나는 로봇. 이름은 {}'.format(self._name))
        print('◆번호는 {}.'.format(self._type_no))
        print('◆내 주인은 {}.'.format(self._master))

    def __str__(self) -> str:
        """문자열화"""
        return(self._name + ' [[' + self._type_no + ']]'
                          + ' <<' + self._master + '>>')

    def work(self, sw: int) -> None:
        """집안일을 수행"""
        if   sw == 0: print('청소합니다.')
        elif sw == 1: print('세탁합니다.')
        elif sw == 2: print('요리합니다.')

# 애완동물 클래스와 로봇 클래스 테스트

kurt = Pet('Kurt', '소영')
kurt.introduce()                                  # 1
print(kurt)

r2d2 = RobotPet('R2D2', '준우', 'R2')
r2d2.introduce()                                  # 2
print(r2d2)

def self_introduce(obj: object) -> None:          # a
    """obj에 자기소개를 요청"""
    obj.introduce()

self_introduce(kurt)                              # 3
self_introduce(r2d2)                              # 4
```

11-7[A]의 클래스 RobotPet의 정의에서 이어짐

실행 결과

```
❶ 제 이름은 Kurt입니다!
  주인의 이름은 소영입니다!
  Kurt <<소영>>
❷ ◆나는 로봇. 이름은 R2D2
  ◆번호는 R2.
  ◆내 주인은 준우.
  R2D2 [[R2]] <<준우>>
❸ 제 이름은 Kurt입니다!
  주인의 이름은 소영입니다!
  ◆나는 로봇. 이름은 R2D2
  ◆번호는 R2.
  ◆내 주인은 준우.
```

:: object 클래스

함수 self_introduce의 인수 obj에는 object라는 어노테이션이 있습니다. object 클래스는 파이썬에 있는 모든 타입의 직간접적인 기본 클래스입니다.

실제 기본 클래스 Pet의 정의는 다음과 같습니다.

```
class Pet(object) :
    클래스 본체
```

클래스 이름 뒤에 있는 (기본 클래스 이름) 부분은 생략할 수 있습니다. 생략하면 그 클래스는 object 클래스의 파생 클래스가 된다는 규칙이 있기 때문입니다. 따라서 클래스 Pet은 object 클래스의 자식 클래스입니다. 또한 클래스 RobotPet은 object 클래스의 손자 클래스가 됩니다.

▶ 함수 self_introduce는 클래스 Pet이나 RobotPet과 파생 관계가 없어도, introduce 메소드를 가진 클래스타입이라면 매개 변수로 받을 수 있습니다. 직접적인 파생 관계가 없는 클래스타입이라도 그 클래스의 인스턴스에 동일한 메시지를 보낼 수 있는 구조를 덕 타이핑(duck typing)이라고 합니다.

:: 메소드의 다형적 동작

이어서 메소드 print를 학습합니다. 클래스 Pet 정의의 일부를 다시 살펴보겠습니다.

```
class Pet :
    """애완동물 클래스"""
    def print(self) -> None :
        """출력(__str__이 리턴하는 문자열을 출력하고 개행)"""
        print(self.__str__())
```

이 메소드는 __str__ 메소드가 리턴하는 문자열을 출력합니다. 여기서 메소드 print는 클래스 Pet에는 정의되어 있지만 클래스 RobotPet에는 정의되지 않았다는 점을 주의해야 합니다. 즉, 기본 클래스의 자산인 메소드 print는 파생 클래스에서 오버라이드 되지 않고 그대로 상속됩니다.

그림 11-6의 ❶과 ❷에서는 각 타입의 인스턴스에 대해 메소드 print를 호출합니다. ❶의 동작은 여러분이 이해할 수 있습니다. Pet.print가 호출되어 이름과 주인 이름이 출력됩니다. ❷에서는 클래스 RobotPet타입 인스턴스 r2d2에 대해 메소드 print를 호출합니다. 실행 결과를 보면 이름과 주인 이름뿐만 아니라 번호도 출력되었습니다.

즉 데이터가 두 개인 클래스 Pet의 메소드 print를 그대로 상속받고 있음에도 데이터가 추가되어 세 개가 된 클래스 RobotPet 인스턴스에 대해 print를 호출하면, 세 개의 데이터가 모두 출력됩니다.

이러한 마법 같은 동작의 비밀은 self.__str__ ()에 있습니다(그림 11-6).

그림과 같이 **1**에서 호출했을 때의 self.__str()__은 Pet.__str()__을 호출합니다. 그리고 **2**에서 호출한 self.__str()__은 RobotPet.__str()__을 호출합니다. self.__str__()이 다형적으로 동작한 결과, 메소드 print도 다형적으로 동작한다는 것을 알 수 있습니다.

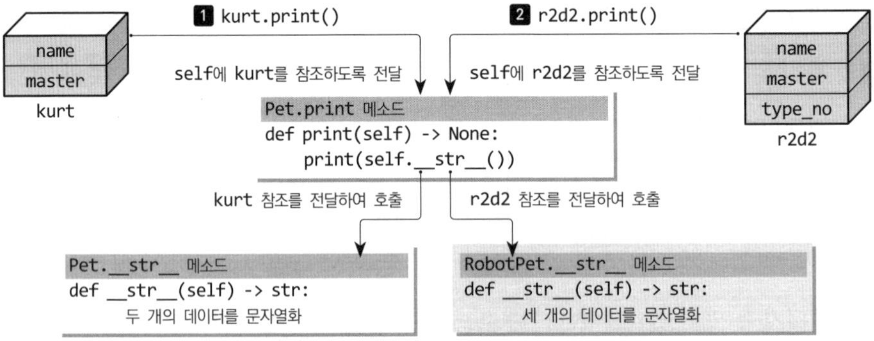

그림 11-6. 기본 클래스 메소드의 다형적 동작

List 11-7[C](chap11/RobotPet.py)

```
#  애완동물 클래스와 로봇 클래스 테스트(계속)

# kurt는 Pet타입 인스턴스
kurt.print()                    ❶

# r2d2는 RobotPet타입 인스턴스
r2d2.print()                    ❷
r2d2.work(1)
```

실행 결과

```
❶ Kurt <<소영>>
❷ R2D2 [[R2]] <<준우>>
  세탁합니다.
```

▶ 다음과 같이 클래스 RobotPet에 동일한 메소드를 정의할 수 있습니다.

```
class RobotPet(Pet):
    # --- 중략 --- #
    def print(self) -> None:
        """출력(__str__이 리턴하는 문자열을 출력하고 개행)"""
        print(self.__str__())
```

그러나 이것은 올바르지 않습니다. 동일한 코드의 반복이 소모적이기 때문만은 아닙니다.
원래 클래스 Pet의 메소드 print는 __str__ 메소드가 리턴하는 문자열을 출력하는 기능을 수행하며 클래스 RobotPet은 그 기능을 상속받습니다(표 11-1).
문자열을 출력한 후 개행 문자를 두 번 출력하도록 변경하는 등 그 자체의 기능을 변경할 때는 클래스 Pet의 print 정의를 수정하는 것만으로 작업이 완료됩니다.
하지만 만약 위와 같은 메소드 정의가 클래스 RobotPet(뿐만 아니라 Pet에서 파생된 모든 클래스)에 있다면, 그 모든 정의를 수정해야 합니다.

마지막으로 새로 추가한 메소드 work를 살펴보겠습니다. 전달된 인수의 값에 따라 '청소합니다.', '세탁합니다.', '요리합니다.' 중 하나를 출력합니다. List 11-7[C]에서는 r2d2에 세탁을 요청합니다.

▶ 로봇이 아닌 클래스 Pet타입 인스턴스에서 work 메소드를 호출하면 오류가 발생합니다.

:: is-A 관계와 클래스 판정

RobotPet은 Pet의 일종이지만, Pet이라고 해서 RobotPet인 것은 아닙니다. RobotPet은 Pet의 일종이라는 관계는 RobotPet is a Pet 문장에 따라 is-A 관계라고 합니다.

▶ 소문자만 쓴 is-a 관계 혹은 kind-of-A 관계라고도 합니다.

내장 함수인 isinstance 함수를 사용하면 인스턴스가 특정 클래스 또는 해당 클래스의 파생 클래스의 인스턴스인지를 확인합니다. 호출 형식은 다음과 같으며 True 또는 False를 리턴합니다.

```
isinstance(인스턴스이름, 클래스이름)
isinstance(인스턴스이름, (클래스이름1, 클래스이름2, ...))      ※ 튜플로 지정
```

kurt와 r2d2는 아래와 같이 작성합니다(결과는 is-A 관계입니다).

```
isinstance(kurt, Pet)       → True    isinstance(r2d2, Pet)       → True
isinstance(kurt, RobotPet) → False   isinstance(r2d2, RobotPet) → True
```

또한 파이썬의 모든 타입은 object의 일종입니다.

Column 11-7. 클래스

이 책은 입문서이므로 클래스의 기초만 배웠습니다. 여기에서는 다음 단계를 학습하기 위한 몇 가지 사항을 소개합니다. 지금은 모든 내용을 다 이해하지 못해도 괜찮습니다.

문서화 문자열은 '클래스이름.__doc__'로 확인할 수 있다

함수의 문서화 문자열은 '함수이름.__doc__'로 확인합니다. 마찬가지로 클래스의 문서화 문자열은 '클래스이름.__ doc__'로 확인할 수 있습니다.

메소드는 함수다

type 함수로 메소드의 타입을 확인하면 〈class 'function'〉의 결과가 나옵니다. 즉, 메소드는 함수의 일종입니다.

모든 타입은 클래스다

int타입과 list타입 등을 비롯한 파이썬의 모든 타입은 클래스입니다. 예를 들어 int타입을 type 함수로 확인하면 〈class 'int'〉가 나옵니다(1챕터에서 확인했습니다).

내부적으로 0 또는 1이라는 정수 값을 갖는 bool타입은 int타입의 파생 클래스입니다.

따라서 obj가 숫자형 객체인지는 isinstance(obj, (int, float, complex))로 확인할 수 있습니다. int의 일종(파생 클래스)인 bool은 지정할 필요가 없습니다.

내장 함수 dir로 속성을 확인한다

x가 클래스의 인스턴스라고 가정하겠습니다. dir(x)는 인스턴스 속성과 그 클래스에 정의된 메소드와 속성의 리스트를 알파벳 순서로 리턴합니다.

dir(int)는 다음과 같은 리스트를 리턴합니다.

```
['__abs__', '__add__', '__and__', '__bool__', '__ceil__',
'__class__', '__delattr__', '__dir__', '__divmod__', '__doc__',
'__eq__', '__float__', '__floor__', '__floordiv__', '__format__',
'__ge__', '__getattribute__', '__getnewargs__', '__gt__',
'__hash__', '__index__', '__init__', '__init_subclass__',
'__int__' ...중략... 'bit_length', 'conjugate', 'denominator',
'from_bytes', 'imag', 'numerator', 'real', 'to_bytes']
```

※ 회색은 앞으로 소개할 속성입니다.

int 함수와 list 함수는 생성자다

int('53')과 list(1, 2, 3) 등의 '타입이름(인수)' 형식으로 호출하는 함수는 인수의 값을 해당 형식으로 변환하는 함수라기보다는 해당 타입의 인스턴스를 생성하는 생성자입니다.

위에 있는 dir(int)가 리턴하는 리스트에는 __ init__ 메소드가 포함되어 있습니다.

클래스 이름은 '인스턴스이름.__class__'로 확인할 수 있다

인스턴스의 클래스 이름은 '인스턴스이름.__class__'로 확인할 수 있습니다. 사용자 정의 클래스타입뿐만 아니라 int타입과 list타입 등에서도 마찬가지로 확인할 수 있습니다.

인스턴스의 속성은 '인스턴스이름.__dict__'로 확인할 수 있다

사용자 정의 클래스타입의 인스턴스 속성은 '인스턴스이름.__dict__'로 확인할 수 있습니다. 예를 들어 회원 클래스1(List 11-1)에서는 park.__dict__로 {'no': 37, 'name': '박지혜', 'weight': 65.3}라는 딕셔너리를 확인할 수 있습니다.

정리

- 데이터와 메소드를 어떻게 정리할지를 나타내는 설계도에 해당하는 것이 타입, 즉 클래스다. int타입과 float타입 등의 내장 타입을 비롯한 파이썬의 모든 타입은 클래스다. 사용자 정의 클래스의 이름은 카멜 케이스로 작성한다.

- 클래스 정의는 키워드 class로 시작하는 복합문의 일종이며 클래스 객체(타입 객체)를 생성한다.

- 설계도인 클래스에서 만들어진 클래스타입의 객체는 인스턴스 객체(줄여서 인스턴스)라고 한다. 인스턴스를 생성하는 것은 인스턴스화라고 한다.

- 클래스의 속성에는 데이터 속성과 메소드 속성이 있다. 이 둘을 아울러 캡슐화라고 한다. 일반적인 객체지향 프로그래밍 용어로 "속성"은 데이터 속성만을 가리킨다.

- 클래스의 모든 속성은 클래스 외부에 공개되어 있다. 즉 다른 언어에서 지원하는 접근 제어, 곧 클래스 외부에 공개/비공개/제한적 공개 등의 접근 수준을 나눌 수 없다.

- 파이썬은 동적 타이핑을 위한 데이터 속성과 메소드 속성을 런타임에 바꿀 수 있다. 따라서 동일한 타입의 인스턴스 객체에 속하는 속성이 같지 않아도 된다. 또한 같다고도 할 수 없다.

- 클래스의 속성은 속성 참조 연산자 .을 이용하여 접근한다.

- 개별 인스턴스 객체가 가진 데이터와 메소드는 인스턴스 변수와 인스턴스 메소드다.

■ 인스턴스 변수의 값은 속해 있는 인스턴스 객체의 상태를 나타낸다. 변수 이름을 __로 시작하면 네임 맹글링 메커니즘에 의해 데이터 은닉이 이루어진다.

■ 인스턴스 메소드는 속해 있는 인스턴스 객체의 동작을 나타낸다. 또한 인스턴스 변수의 값을 바탕으로 처리하고, 인스턴스 변수의 값을 변경하기도 한다. 그 첫 번째 인수 self는 자기 자신의 인스턴스 객체를 참조한다.

■ 인스턴스 메소드 __init__은 인스턴스를 초기화하기 위한 특별한 메소드며 일반적으로 생성자라고 부른다. 인스턴스 변수를 초기화하고 None을 리턴한다. 객체 생성 자체에는 관여하지 않기 때문에 엄밀한 의미의 생성자는 아니다.

■ 호출식 '클래스이름(인수)'로 인스턴스 객체가 생성되고 생성자가 호출된다.

■ 필요한 경우 @property 데코레이터를 사용해 접근자(게터와 세터)와 딜리터를 정의하면 좋다. 세터를 정의하지 않고 게터만 정의하면, 외부에서 값을 확인할 수는 있지만 수정은 할 수 없는 데이터 속성을 만들 수 있다.

■ 클래스 변수와 클래스 메소드는 인스턴스가 아닌 클래스에 속하는 데이터와 메소드다.

■ @classmethod 데코레이터로 정의한 클래스 메소드의 첫 번째 인수 cls는 자신이 속한 클래스 객체를 참조한다. 클래스 메소드에는 self가 없기 때문에 인스턴스 변수에는 액세스할 수 없다.

■ 클래스 변수는 클래스 외부에서 '인스턴스이름.변수이름'으로도 접근할 수 있다. 그러나 '클래스이름.변수이름'으로 접근하는 것이 정석이다.

■ 클래스 메소드는 클래스 외부에서 '인스턴스이름.메소드이름(인수)'로 호출할 수 있다. 그러나 '클래스이름.메소드이름(인수)'로 호출하는 것이 정석이다.

- 정적 메소드는 @staticmethod 데코레이터로 정의한다. 클래스 메소드와 달리 cls는 받지 않는다.
- 비공식적인 문자열을 리턴하는 __str__ 메소드와 공식 문자열을 리턴하는 __repr__ 메소드를 정의하면 클래스를 사용하기 쉽게 만들 수 있다.
- 기존 클래스를 토대로 그 자산을 상속하는 새로운 클래스를 만들 수 있다. 뿌리가 되는 상위 클래스는 기본 클래스/슈퍼 클래스/상위 클래스라고 한다. 새로 만들어진 하위 클래스는 파생 클래스/서브 클래스/하위 클래스라고 부른다.
- 파생 클래스의 메소드에서는 기본 클래스의 메소드를 'super().메소드이름(인수)'로 호출한다.
- 동일한 이름의 메소드를 파생 클래스에서 정의하면 기본 클래스의 메소드를 오버라이드한다. 다형적으로 동작하기 때문에 다형성을 실현할 수 있다.
- 기본 클래스를 지정하지 않고 클래스를 정의하면 object 클래스의 파생 클래스가 된다. 파이썬의 모든 클래스는 object 클래스의 직간접적인 파생 클래스다.
- 클래스 B가 클래스 A에서 파생됐을 때, 클래스 B는 클래스 A의 일종이다. 이 관계는 is-A 관계(kind-of-A 관계)라고 부른다.
- isinstance 함수를 사용하면 인스턴스 객체가 특정 클래스타입(혹은 그 클래스타입의 파생 클래스타입)인지 판정할 수 있다.
- 함수, 클래스, 클래스의 인스턴스처럼 호출 연산자 ()를 붙여 쓸 수 있는 객체를 호출 가능한 객체라고 한다. 특정 객체가 호출 가능 객체인지는 callable 함수로 판정한다.

12

예외 처리

프로그램에서 예측하기 어려운 예외 상황에 맞닥뜨렸을 때
심각한 상황까지 가지 않도록 방지하는 것이 예외 처리입니다.

- 예외
- 예외 처리
- 예외 전송
- raise문
- 예외 전파
- 예외 포착과 처리
- try문(try절/except절/else절/finally절)
- try-finally문(try절/finally절)
- 예외 안전 및 예외 중립
- 예외 타입
- 예외 타입의 호환성
- 예외 객체
- Exception 클래스
- BaseException 클래스
- 표준 내장 예외
- 사용자 정의 예외
- Traceback
- traceback 모듈
- 예외 관련 값

SECTION 12-1

예외 처리

프로그램이 실행되는 동안 오류가 발생하면 프로그램은 실행을 중단하고 종료됩니다. 이번 챕터에서는 오류가 발생했을 때 적절한 대처를 하기 위한 예외 처리를 학습합니다.

:: 예외와 예외 처리

파이썬에는 크게 다음과 같은 두 종류의 오류가 있습니다.

구문 오류(syntax error)

구문 오류는 코드 내에 있는 잘못된 어휘와 문법으로 인해 발생합니다. 올바르지 않은 표현식과 철자나 들여쓰기가 잘못된 경우 발생하는 오류입니다.

예외(exception)

구문을 정확하게 작성했음에도 프로그램을 실행할 때 발생하는 오류입니다. 이번 챕터에서는 이 오류를 학습합니다.

▶ 엄밀히 말하면 구문 오류는 예외의 한 종류로 취급합니다.

List 12-1을 통해 발생하는 예외를 우선 살펴보겠습니다.

List 12-1

```
# 두 정수를 입력받아 곱셈과 나눗셈 연산하기

a = int(input('정수 a : '))
b = int(input('정수 b : '))

print('a * b는', a * b, '입니다.')
print('a / b는', a / b, '입니다.')
```

실행 결과

```
❶ 정수 a : 12 Enter↵
   정수 b : 5 Enter↵
   a * b는 60 입니다.
   a / b는 2.4 입니다.
```

```
❷ 정수 a : 12 Enter↵
   정수 b : 3.14 Enter↵
   Traceback (most recent call last):
     File "rubypaper\chap12\list121.py", line 4, in <module>
       b = int(input('정수b : '))
   ValueError: invalid literal for int() with base 1: '3.14'
```

```
❸ 정수 a : 12 Enter↵
   정수 b : 0 Enter↵
   Traceback (most recent call last):
     File "rubypaper\chap12\list121.py", line 7, in <module>
       print('a / b 는', a / b, '입니다.')
   ZeroDivisionError: division by zero
```

실행 결과 ❷에서는 변수 b에 실수 값을 입력합니다. 정수로 변환할 수 없는 문자열 '3.14'를, int 함수로 변환하려고 하기 때문에 오류가 발생합니다.

```
ValueError : invalid literal for int() with base 10 :
값 오류 : 10진수 int()에 잘못된 리터럴
```

실행 결과 ❸에서는 변수 b에 0을 입력합니다. 곱셈은 제대로 실행되지만 나눗셈에서 오류가 발생합니다.

```
ZeroDivisionError : division by zero
0으로 나누기 오류 : 0으로 나누기
```

예외가 발생하면 먼저 오류 메시지가 표시된 후 프로그램의 실행을 중단하고 종료합니다. 그렇다면 오류가 발생했을 때 구체적으로 어떤 처리를 수행하면 좋을지 알아보겠습니다. 예를 들면 다음과 같은 방법을 생각할 수 있습니다.

> **1** 프로그램을 강제로 종료한다.
> **2** 발생한 오류를 화면에 표시하고 나서 처리를 이어간다.
> **3** 오류의 내용을 파일에 쓰고 프로그램을 종료한다.
> ...

다양한 방안 중에서 해결책을 하나로 결정하면 어떻게 될까요?

1과 같이 나눗셈을 하기 전에 나누는 값이 0인지를 확인하여 프로그램을 강제 종료하는 함수나 클래스를 만드는 것은 쉽습니다. 하지만 모든 사용자가 이런 해결책을 선호하지는 않습니다. 함수와 클래스 등의 '부품'을 개발할 때는 다음과 같은 어려움이 있습니다.

> 오류를 발견하기는 쉽다. 하지만 오류를 어떻게 처리할지 결정하기는 어렵다. 또한 결정할 수 없을 때도 있다.

왜냐하면 오류에 대한 대처 방법은 개발자가 아닌 사용자에 의해 결정되어야 하는 경우가 많기 때문입니다. 부품 사용자가 상황에 따라 대처 방법을 결정할 수 있도록 한다면 그 소프트웨어는 유연하다고 할 수 있습니다.

오류 처리의 딜레마를 해소하는 수단이 예외 처리(exception handling)입니다. 프로그램을 실행하는 도중에 처리할 수 없는 것이 나타나면 예외(exception) 메시지를 전송(raise)합니다. 예외 메시지에 어떻게 대응할 것인지를 사용자가 자유롭게 결정할 수 있다면 유연하게 대응할 수 있습니다.

a 메시지를 무시한다(List 12-1에서 이 방식을 사용합니다).
b 메시지를 적극적으로 포착하여(catch) 자신의 취향대로 개선한다.
…

지금부터 이러한 예외 처리에 대해 알아보겠습니다.

:: try문(예외 핸들러)

List 12-1에 예외 처리 코드를 추가한 List 12-2를 실행합니다. List 12-1과 동일한 값을 입력했는데 세 개의 실행 결과 중 어떤 결과에서도 프로그램은 중단되지 않습니다.

List 12-2

```
# 두 정수를 입력받아 곱셈과 나눗셈 연산하기(예외 처리1)

try:
    a = int(input('정수 a : '))
    b = int(input('정수 b : '))

    print('a * b는', a * b, '입니다.')
    print('a / b는', a / b, '입니다.')

except ValueError:
    print('정수로 인식할 수 없습니다!')

except ZeroDivisionError:
    print('0으로 나누기!')

else:
    print('성공!')

finally:
    print('수고하셨습니다!')
```

본래의 처리

실행 결과

```
❶ 정수 a : 12 Enter↵
  정수 b : 5 Enter↵
  a * b는 60 입니다.
  a / b는 2.4 입니다.
  성공!
  수고하셨습니다!
❷ 정수 a : 12 Enter↵
  정수 b : 3.14 Enter↵
  정수로 인식할 수 없습니다!
  수고하셨습니다!
❸ 정수 a : 12 Enter↵
  정수 b : 0 Enter↵
  a * b는 0 입니다.
  0으로 나누기!
  수고하셨습니다!
```

예외를 처리하는 try문(try statement)은 예외 핸들러(exception handler)라고 불리는 일종의 복합문입니다. 그림 12-1에서 보는 것처럼 두 종류가 있습니다. 12-2에서는 그림 a의 try문을 사용했습니다.

: try절

예외를 적극적으로 포착하는 try절의 스위트에서는 '본래의 처리'를 수행합니다. List 12-2의 회색 부분은 사실 List 12-1과 동일합니다.

예외 처리의 장점 중 하나는 본래의 처리를 수행하는 코드와 오류를 처리하기 위한 코드를 분리할 수 있다는 점입니다. '만약 오류가 발생하면 ○○ 처리를 한다'와 같은 대처를 위한 if문을 본래의 처리에 포함하지 않아도 됩니다.

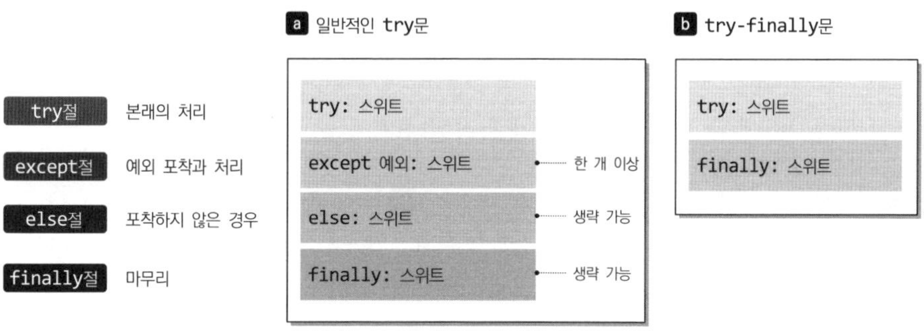

그림 12-1. 두 종류의 try문 형식

: except절

try절의 스위트(본래의 처리)를 실행하는 동안 예외가 발생하면 try절 나머지 부분의 실행이 생략됩니다. 그리고 예외 사항이 발생하면 except절을 실행합니다. except절은 한 개 이상 존재할 수 있는데, List 12-2에는 두 개의 except절이 있습니다. 여기서 발생한 오류는 각각 "ValueError"와 "ZeroDivisionError"입니다.

이러한 except절의 스위트에서는 예외에 대한 "대처"를 실행합니다. List 12-2에서는 각각 '정수로 인식할 수 없습니다!', '0으로 나누기!'라고 출력합니다. 여기에선 출력만 하지만 만약 오류를 복구할 수 있으면 그 코드를 except절에 작성합니다.

: else절

except절에서 예외가 포착되지 않는다면 else절의 스위트를 실행합니다. else절은 생략할 수 있습니다. 예외가 발생하지 않는 실행 결과 ❶에서는 '성공!'이라고 출력됩니다.

: finally절

예외 발생 유무와 상관없이 마지막에는 finally절의 스위트를 실행합니다. finally절은 생략할 수 있습니다. 예외가 발생하지 않는 실행 결과❶, 예외가 발생하는 ❷와 ❸ 모두 마지막에 '수고하셨습니다!'가 출력됩니다.

▶ 두 개의 except절과 else절을 생략하면 그림 12-1 **b** 의 try-finally문이 됩니다.
try-finally문에는 except절이 포함되지 않습니다. 따라서 예외 처리는 이루어지지 않지만 finally절은 반드시 실행됩니다(chap12/list1202a.py).
또한 try-finally문에 있는 try절의 스위트에서 return문, break문, continue문이 실행될 때는 먼저 finally절이 실행되고 그 다음에 함수나 루프에서 빠져나옵니다.

지금까지 예외 처리 코드가 본래의 처리를 위한 코드와 대처를 위한 코드로 분리할 수 있는 구조이며 프로그램을 중단·종료시키지 않는다는 사실을 학습했습니다.

덧붙여 List 12-2의 예외 포착은 완전하지 않습니다. 예를 들어 변수 a와 b에 입력하는 동안 [Ctrl]+[C]를 누르면 KeyboardInterrupt 예외가 발생하여 프로그램이 중단·종료됩니다. except절에서 포착되지 않기 때문에 처리되지 않고 남아 있습니다.

▶ finally절에 의해 '수고하셨습니다!'가 출력된 후 프로그램이 중단·종료됩니다.

:: except절에 의한 예외 포착과 처리

예외를 포착하고 대처하는 except절에는 다음의 규칙이 있습니다.

1. except절은 한 개 이상 존재할 수 있다.
2. except절로 지정한 예외와 호환되는 예외를 포착할 수 있다.
3. 단일 except절에서 여러 예외를 튜플로 지정할 수 있다.
4. 포착한 예외를 변수로 받을 수 있다.
5. 포착하는 예외를 지정하지 않을 수도 있다.

1은 앞에서 배웠습니다.

2는 except절로 지정한 클래스뿐만 아니라 파생 클래스도 포착할 수 있다는 의미입니다. 즉, 예외 B가 예외 A의 파생 클래스이면 except A는 예외 A뿐만 아니라 예외 B도 포착합니다. B는 A의 일종이기 때문입니다.

이제 3을 이용하여 List 12-3으로 수정합니다.

List 12-3

```
# 두 정수를 입력받아 곱셈과 나눗셈 연산하기(예외 처리2)
try:
    a = int(input('정수 a : '))
    b = int(input('정수 b : '))

    print('a * b는', a * b, '입니다.')
    print('a / b는', a / b, '입니다.')

except (ValueError, ZeroDivisionError):
    print('0으로 나누었거나 확인할 수 없습니다!')

else:
    print('성공!')

finally:
    print('수고하셨습니다.')
```

실행 결과

```
❶ 정수 a : 12 Enter↵
  정수 b : 5 Enter↵
  a * b는 60 입니다.
  a / b는 2.4 입니다.
  성공!
  수고하셨습니다.
❷ 정수 a : 12 Enter↵
  정수 b : 3.14 Enter↵
  0으로 나누었거나 확인할 수 없습니다!
  수고하셨습니다.
❸ 정수 a : 12 Enter↵
  정수 b : 0 Enter↵
  a * b는 0 입니다.
  0으로 나누었거나 확인할 수 없습니다!
  수고하셨습니다.
```

하나의 except절에서 두 예외를 포착합니다. 따라서 여러 예외에 대해 동일한 처리를 할 수 있습니다.

▶ 이 프로그램은 문법적인 이해를 위해 작성했으므로 성격이 다른 예외를 동일하게 처리할 수 있을지는 때에 따라 다릅니다.

다음은 4입니다. 파이썬은 모든 것을 객체로 다루기 때문에 예외 또한 객체의 일종입니다. 포착한 예외 객체를 변수로 받을 때 이름을 붙일 수 있습니다(함수에서 인수를 받는 것과 비슷합니다).

```
except 예외 as 변수이름: 스위트
```

포착한 예외 객체에 이름을 붙이는 except절 구문은 위와 같은 형태입니다. List 12-4에는 이 형식을 사용합니다.

List 12-4

```
# 두 정수를 입력받아 곱셈과 나눗셈 연산하기(예외 처리3)

except (ValueError, ZeroDivisionError) as e:
    print(type(e))
    print('0으로 나누었거나 확인할 수 없습니다!')
```

실행 결과

```
❷ 정수 a:12 Enter↵
   정수 b:3.14 Enter↵
   <class 'ValueError'>
   0으로 나누었거나 확인할 수 없습니다!
   수고하셨습니다.
❸ 정수 a:12 Enter↵
   정수 b:0 Enter↵
   a * b는 0 입니다.
   <class 'ZeroDivisionError'>
   0으로 나누었거나 확인할 수 없습니다!
   수고하셨습니다.
```

except절의 머리에 as e가 추가되었으므로 변수 e는 포착한 예외 객체를 참조합니다. 스위트의 첫 번째 행에서는 type(e)를 출력하기 때문에 포착한 예외의 타입이 출력됩니다.

List 12-4의 실행 결과에는 〈class 'ValueError'〉와 〈class 'ZeroDivisionError'〉가 출력되었습니다.

▶ e처럼 except절의 머리에 선언된 변수는 except절에서만 유효합니다.

마지막은 5입니다. 예외의 종류를 지정하지 않은 except절은 모든 예외를 포착합니다. 그러므로 except절이 여러 개인 형식의 except절은 가장 마지막에 두어야 합니다.

5의 방식으로 List 12-5를 다시 작성합니다.

List 12-5

```
# 두 정수를 입력받아 곱셈과 나눗셈 연산하기(예외 처리4)

except ValueError:
    print('정수로 인식할 수 없습니다!')

except ZeroDivisionError:
    print('0으로 나누기!')

except:
    print('예외 발생!')
```

실행 결과

```
❷ 정수 a : 12 Enter↵
  정수 b : 3.14 Enter↵
  정수로 인식할 수 없습니다!
  수고하셨습니다.
❸ 정수 a : 12 Enter↵
  정수 b : 0 Enter↵
  a * b는 0 입니다.
  0으로 나누기!
  수고하셨습니다.
❹ 정수 a : [Ctrl]+[C]
  예외 발생!
  수고하셨습니다.
```

마지막 except절에서는 앞에 있는 except절에 명시된 예외(및 그 예외와 호환되는 예외) 이외의 모든 예외를 포착할 수 있습니다. 실행 결과 ❷와 ❸은 List 12-2와 동일합니다.

실행 결과 ❹에서는 입력 중 [Ctrl]+[C]를 눌러서 발생하는 KeyboardInterrupt 예외가 포착됩니다.

▶ 일반적으로 서드 파티의 통합 개발 환경에서는 [Ctrl]+[C]를 사용할 수 없습니다. 이런 환경에서는 예외가 발생하지 않으며 포착도 되지 않습니다.

:: raise로 예외 발생시키기

지금까지 예외를 포착하고 대처하는 방법을 배웠습니다. 예외는 의도적으로 발생시켜 전송할(raise) 수도 있습니다. 다음과 같은 형식의 raise문(raise statement)으로 예외를 전송할 수 있습니다.

```
raise 식
```

raise문

여기에서 "식"은 예외 객체이며, BaseException 클래스의 서브 클래스 혹은 인스턴스여야 합니다. 이 BaseException 클래스는 예외 클래스의 상위에 있는 클래스입니다(Column 12-1).

List 12-6에서 raise문을 사용하여 의도적으로 예외를 전송합니다.

List 12-6

```
# raise문으로 예외 발생시키기

def func(sw: int) -> None:
    if sw == 0:
        raise ValueError
    elif sw == 1:
        raise ZeroDivisionError

sw = int(input('sw:'))

try:
    func(sw)

except BaseException as e:
    print('예외 포착!')
    print(type(e))
```

실행 결과

```
❶ sw:0 Enter ↵
예외 포착!
<class 'ValueError'>
❷ sw:1 Enter ↵
예외 포착!
<class 'ZeroDivisionError'>
❸ sw:2 Enter ↵
```

함수 func는 매개 변수 sw가 받은 값이 0이면 ValueError 예외를 전달하고 1이면 ZeroDivisionError 예외를 전달합니다.

try문에서는 함수 func에서 전달된 예외를 단일 except절에서 포착합니다. 여기에 BaseException 클래스가 지정되었습니다. 따라서 그 파생 클래스인 ValueError 예외와 ZeroDivisionError 예외도 이 except절에서 포착할 수 있습니다. 예외를 포착하면 "예외 포착!"이라고 출력하고 포착한 예외 e의 타입을 type(e)로 확인하여 출력합니다.

:: 사용자 정의 예외

raise문의 특성에서 다음을 알 수 있습니다.

> BaseException 클래스를 상속하면 사용자 정의 예외 클래스를 만들 수 있다.

List 12-7에서 사용자 정의 예외 클래스를 정의하고 사용합니다.

List 12-7

```
# 사용자 정의 예외

class MyException(Exception):        # 1
    """내가 만든 예외"""
    pass

def raise_my_exception() -> None:
    raise MyException                # 2

def func(sw: int) -> None:
    try:
        if sw == 0:
            raise_my_exception()
    except MyException as e:
        print('내가 만든 예외를 포착')
        # 내가 만든 예외에 대한 처리를 시도한다.
        # 복구할 수 없다고 판단.
        print('복구할 수 없습니다.')
        raise Exception              # 3

sw = int(input('sw : '))

try:
    func(sw)
except Exception as e:
    print('예외 포착!')
    print(type(e))
```

실행 결과

```
sw : 0 Enter↵
내가 만든 예외를 포착
복구할 수 없습니다.
예외 포착!
<class 'Exception'>
```

3 raise

실행 결과

```
sw : 0 Enter↵
내가 만든 예외를 포착
복구할 수 없습니다.
예외 포착!
<class '__main__.MyException'>
```

3 # 아무것도 하지 않음

실행 결과

```
sw : 0 Enter↵
내가 만든 예외를 포착
복구할 수 없습니다.
```

❶은 사용자 정의 예외 클래스인 MyException의 정의입니다. 베이스 클래스로서 Exception 클래스를 지정하고 클래스의 본체에는 pass문만 있습니다(Column 12-1).

함수 raise_my_exception은 예외 MyException을 전송하는 함수입니다. ❷에서는 예외를 전송할 뿐이며, 여기서는 아무런 처리를 하지 않습니다.

sw에 0을 입력했을 때의 프로그램 동작을 생각해 보겠습니다. 함수 raise_my_exception에서 예외 MyException이 전송됩니다. 그리고 그 예외가 함수 func의 except절에서 포착됩니다.

그런데, 포착한 예외에 대한 처리를 시도해도 항상 복구할 수 있는 것은 아닙니다. 이를 전달하기 위해 ❸에서는 Exception 예외를 발생시키고 호출한 곳으로 전달합니다. 발생한 Exception 예외는 프로그램 메인의 except절에서 포착됩니다.

또한 ❸을 단순한 raise로 변경하면 현재 처리 중인 예외가 그대로 다시 전송됩니다(chap12/list1207a.py). 그리고 ❸을 삭제하면 포착한 예외의 처리를 완료한(오류에서 복구) 것으로 간주됩니다(chap12/list1207b.py).

List 12-7에서는 함수에서 처리하지 않거나 처리하지 못한 예외를 호출한 곳으로 전송하는 방법과 그 예외를 도중에 다른 예외로 변경할 수 있다는 것을 확인했습니다. 발생한 예외를 적절하게 처리하는 것을 예외 안전이라고 합니다. 또한 모든 예외를 호출한 곳으로 전달하는 것은 예외 중립이라고 합니다.

Column 12-1. 트레이스백과 예외 타입

여기에서는 트레이스백과 예외 타입을 학습합니다.

트레이스백(traceback)

예외 처리를 하지 않는 프로그램에서는 예외가 발생하면 프로그램이 중단되고 오류 메시지가 출력됩니다. 예를 들어 List 12-1에서는 아래의 메시지가 출력되었습니다.

```
Traceback (most recent call last) :
  File "chap12\list1201.py", line 4, in <module>
    b = int (input ( '정수 b :'))
ValueError : invalid literal for int () with base 10 : '3.14'
```

메시지는 트레이스백(traceback)으로 시작하는데 이것은 프로그램이 중단된 부분에서 예외가 발생한 곳까지의 알림을 나타내는 용어입니다. 트레이스백 관련 함수 등은 트레이스백 모듈 traceback으로 제공됩니다. chap12/list1207c.py에는 앞에서 다룬 예제에 트레이스백을 출력하는 기능이 추가되었습니다.

예외 타입

이번 챕터에서 배운 것과 같이 예외 처리의 대상이 되는 예외는 BaseException 클래스의 파생 클래스입니다. 즉, BaseException 클래스는 모든 예외 클래스의 최상위 클래스입니다.

ValueError 클래스와 ZeroDivisionError 클래스 등 파이썬에서 제공하는 예외는 표준 내장 예외라고 합니다. 그림 12C-1에서 표준 내장 예외의 일부를 도식으로 볼 수 있습니다. 각 선은 상속 관계를 나타내고, 가장 위에 있는 예외가 base class입니다.

프로그램의 실행 자체에 의존하는 특수한 예외(GeneratorExit, KeyboardInterrupt, System Exit)는 BaseException 클래스에서 파생되었습니다. 이러한 예외는 일반적으로 프로그램에서 포착하거나 대처하지 않습니다. 포착할 수 있지만 완전한 복구는 어렵기 때문입니다.

즉, 거의 모든 예외 클래스는 실질적으로 Exception 클래스에서 직접 또는 간접적으로 파생되고 이 Exception 클래스를 사실상 최상위 클래스라고 생각할 수 있습니다. List 12-6에서는 원리를 이해하기 위해 except절을 BaseException 클래스로 지정했지만 실제로는 BaseException 대신 Exception을 사용해야 합니다.

BaseException 클래스는 사용자 정의 클래스가 파생하는 것을 전제하지 않습니다. 그러므로 프로그래머가 작성하는 사용자 정의 예외는 BaseException 클래스가 아닌 Exception 클래스에서 파생하는 것이 원칙입니다. 따라서 List 12-7에서 사용자 정의 클래스 MyException은 Exception 클래스에서 파생됩니다.

그러나 사용자 정의 예외는 반드시 Exception 클래스에서 파생할 필요는 없습니다. 산술 오류를 나타내는 예외 클래스는 ArithmeticError 클래스에서 파생할 수 있습니다.

예외 클래스는 오류의 원인을 표시하기 위한 관련 값(associated value)을 가지고 있습니다. 이 값은 오류 코드와 그 코드의 정보로 이루어진 문자열 혹은 튜플입니다. 일반적으로 예외 클래스의 생성자에 인수로 전달하여 설정합니다.

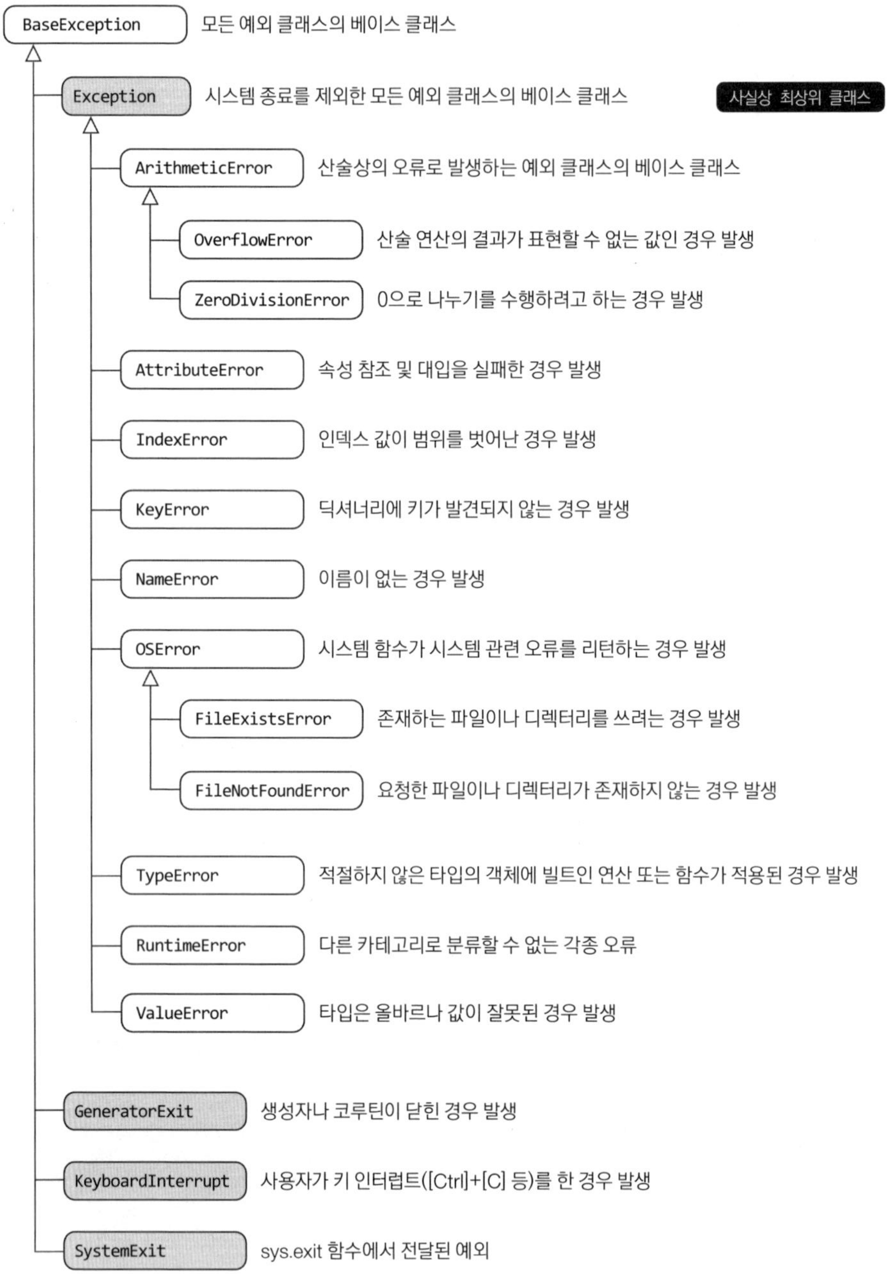

그림 12C-1. 주요 표준 내장 예외 클래스의 계층

정리

- 오류를 찾기는 쉽지만 대처 방법을 결정하기는 어렵다. 대처 방법은 개발자가 아니라 사용자가 결정해야 하는 경우가 많기 때문이다.
- 파이썬 프로그램을 실행하는 동안 발생하는 오류는 예외 메시지로 전달된다. 구문 오류도 예외의 일종이다.

chap12/gist1.py

```
# 12챕터 정리1

class RangeException(Exception):
    """범위를 벗어난 예외"""
    pass

class ParameterRangeException(RangeException):
    """매개 변수의 범위를 벗어난 예외"""
    pass

class ResultException(RangeException):
    """리턴 값의 범위를 벗어난 예외"""
    pass

def is_valid(value: int) -> bool:
    """value는 0~9인가?"""
    return 0 <= value <= 9

def add(a: int, b: int) -> int:
    """a와 b의 합을 리턴
    사전 조건 : a와 b는 0~9
              충족하지 않은 경우 ParameterRangeException을 전송
```

```
    사후 조건 : 리턴하는 합은 0~9
           충족하지 않은 경우 ResultRangeException을 전송
    """
    if not is_valid(a):
        raise ParameterRangeException
    if not is_valid(b):
        raise ParameterRangeException

    result = a + b

    if not is_valid(result):
        raise ResultException
    return result
```

```
a = int(input('정수 a : '))
b = int(input('정수 b : '))

try:
    print('두 수의 합은 {}입니다.'.format(add(a, b)))
except RangeException:
    print('범위를 벗어났습니다.')
except:
    print('예외가 발생하였습니다.')
finally:
    print('수고하셨습니다.')
```

실행 결과

```
❶ 정수 a : 3 Enter ↵
   정수 b : 5 Enter ↵
   두 수의 합은 8입니다.
   수고하셨습니다.
❷ 정수 a : 12 Enter ↵
   정수 b : 6 Enter ↵
   범위를 벗어났습니다.
   수고하셨습니다.
❸ 정수 a : 7 Enter ↵
   정수 b : 5 Enter ↵
   범위를 벗어났습니다.
   수고하셨습니다.
```

- 예외가 발생하면 그 예외가 전송되고 최종적으로 오류 메시지가 표시된 후 프로그램 실행이 중단된다. 트레이스백은 오류의 전파 모습을 나타낸다.
- 예외 처리는 예외를 포착하고 대처하는 것이다. 적절한 예외 처리를 하면 오류를 복구할 수 있고 프로그램 실행 중단을 피할 수 있다.
- 예외 처리는 본래의 처리 코드와 오류가 발생했을 때의 대처 코드를 분리할 수 있는 장점이 있다.

- 예외를 처리하기 위한 try문은 예외 핸들러라고도 한다. 예외 핸들러는 try절, except절, else절, finally절로 구성된다. 또한 try절과 finally절로만 구성된 try-finally문도 사용할 수 있다.

- try절을 실행하는 동안 예외가 발생하면 except절에서 포착을 시도한다. try문에는 하나 이상의 except절이 존재할 수 있다. 이때 각 except절에서는 지정된 예외 및 그 예외와 호환되는 예외를 포착할 수 있다. 포착하는 예외를 튜플로 만들면 여러 예외를 지정할 수 있으며 또한 예외를 변수로 받을 수 있다. 포착할 예외를 지정하지 않으면 모든 예외를 포착한다.

- except절에서 예외가 포착되지 않은 경우에는 else절의 스위트가 실행된다.

- 수행해야 하는 마무리 처리는 예외 발생 유무에 상관없이 finally절의 스위트에서 실행한다.

- 예외 객체는 raise문으로 만들 수 있다.

- 표준 내장 예외는 BaseException 클래스와 여기에서 직접 또는 간접적으로 파생된 클래스로 제공된다.

- 사용자 정의 예외는 Exception 클래스의 파생 클래스로 정의한다.

- 발생한 예외에 적절한 조치를 취하는 것을 예외 안전이라고 한다. 또한 모든 예외를 호출한 곳으로 보내는 것을 예외 중립이라고 한다.

chap12/gist2.py

```
# 12챕터 정리2

a = int(input('정수 a : '))
b = int(input('정수 b : '))

try:
    print('두 수의 합은 {}입니다.'.format(add(a, b)))
except ParameterRangeException:
    print('매개 변수가 범위를 벗어났습니다.')
except ResultException:
    print('리턴 값이 범위를 벗어났습니다.')
except:
    print('알 수 없는 예외가 발생하였습니다.')
finally:
    print('수고하셨습니다.')
```

실행 결과

```
❶ 정수 a : 3 Enter ↵
  정수 b : 5 Enter ↵
  두 수의 합은 8입니다.
  수고하셨습니다.
❷ 정수 a : 12 Enter ↵
  정수 b : 6 Enter ↵
  매개 변수가 범위를 벗어났습니다.
  수고하셨습니다.
❸ 정수 a : 7 Enter ↵
  정수 b : 5 Enter ↵
  리턴 값이 범위를 벗어났습니다.
  수고하셨습니다.
```

13

파일 처리

이번 챕터에서는 텍스트 파일과 바이너리 파일을 읽고 쓰는 방법을 중심으로 파일 처리를 학습합니다.

- 파일
- 텍스트 파일과 텍스트 입출력
- 바이너리 파일과 바이너리 입출력
- 원시 파일과 원시 입출력
- 파일 객체
- 파일 열기(내장 함수 open)
- 파일 열기 모드
- 파일 닫기(close 메소드)
- read 메소드/readline 메소드/readlines 메소드
- write 메소드/writelines 메소드/print 함수
- 문자 코드/인코딩/UTF-8
- 텍스트 파일의 개행 문자/유니버설 개행 모드
- with문
- 경로(절대 경로/상대 경로)
- 스트림 위치(tell에 의한 취득과 seek에 의한 변경)
- os 모듈에 의한 경로 조작
- 파일 덤프
- pickle 모듈
- 피클화

SECTION 13-1

파일 처리의 기초

이번 챕터에서는 문자 정보를 저장하는 텍스트 파일을 오픈하고
읽고 쓰는 방법을 중심으로 파일 처리의 기초를 학습합니다.

:: 파일과 파일 시스템

데이터를 장기 보존하는 파일(file)은 OS에 의해 관리되고 계층 구조의 디렉터리(폴더)에 저장됩니다. Section 13-1에서는 파일 열기, 읽고 쓰기, 닫기 등의 기본적인 파일 처리 방법을 학습합니다.

▶ 디렉터리나 경로 등의 용어는 Column 13-3에서 학습합니다.

:: 파일 열기와 닫기

공책을 쓰려면 먼저 공책을 열고 펼쳐야 합니다. 마찬가지로 파일을 사용할 때는 먼저 파일을 열고 원하는 위치를 설정해야 합니다.

내장 함수인 open 함수는 파일을 여는 오픈(open) 처리를 수행합니다. 예를 들어, hello.txt라는 파일을 쓰기용으로 여는 경우 다음과 같이 작성합니다(그림 13-1).

```
f = open('hello.txt', 'w')        # 파일 'hello.txt'를 쓰기용으로 오픈
```

첫 번째 인수는 파일 이름(경로 이름)이 들어있는 문자열입니다. 두 번째 인수(키워드 인수 mode)는 파일 취급 모드를 지정합니다. 표 13-1에 있는 문자를 단독으로 쓰거나 조합하여 문자열로 전달합니다. w는 파일을 쓰는 용도로 연다는 의미이며 파일이 존재하는 경우 기존 내용을 지워 버립니다.

▶ 이번 챕터의 프로그램에서는 오픈하는 파일의 경로를 지정하지 않습니다. 따라서 읽고 쓰는 파일이 스크립트 프로그램과 동일한 디렉터리에 존재하는 것을 전제로 합니다.

열기에 성공한 open 함수는 파일 객체(file object)를 리턴합니다.

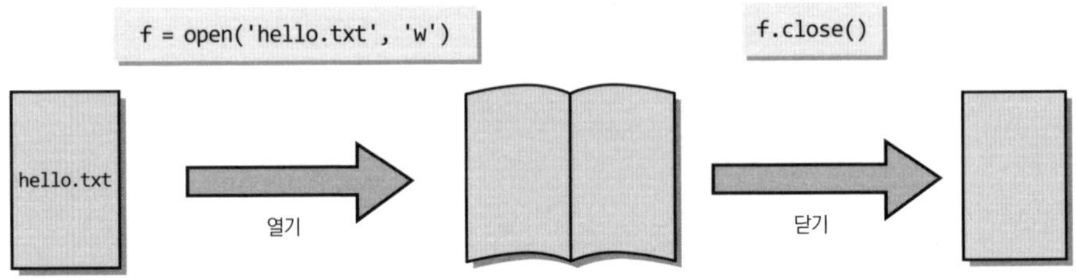

그림 13-1 파일 열기 및 닫기

파일과 연결된 파일 객체에는 읽고 쓰기에 필요한 정보가 저장되어 있습니다. 또한 파일의 입출력 등의 처리가 파일 객체를 통해 이루어집니다.

▶ 파일을 여는 데 실패하면 open 함수는 OSError 예외, 정확하게는 파생 클래스인 FileNotFoundError 예외를 전송합니다.

:: 파일에 쓰기

이제 파일에 텍스트를 작성하는 프로그램을 만들어 보겠습니다. List 13-1은 파일 'hello.txt'에 두 줄의 문자열 'Hello!\n'과 'How are you?\n'을 작성하는 프로그램입니다.

List 13-1

```
# 파일에 문자열 두 줄 입력하기

f = open('hello.txt', 'w')    # 열기(텍스트 + 쓰기 모드)

f.write('Hello!\n')
f.write('How are you?\n')

f.close()                     # 닫기
```

파일 열기 모드는 w입니다. 표 13-1에서 보는 바와 같이 파일은 텍스트 모드(text mode)가 기본값입니다.

▶ 즉 w는 wt와 같은 의미입니다.

또한 파일을 오픈할 때 hello.txt 파일이 존재하는 경우 기존 파일의 내용을 삭제합니다. 따라서 파일의 내용은 두 줄뿐입니다.

파일 객체 f에서 호출하는 write 메소드는 파일에 문자열을 쓰는 메소드입니다. print 함수와 달리 마지막에 자동으로 개행 문자를 생성하지 않습니다.

▶ write 함수는 입력한 문자의 수를 리턴합니다. 이 점도 print 함수와는 다릅니다.

프로그램의 끝에서 호출하는 close 메소드는 파일을 닫으며 동시에 오픈할 때 확보한 각종 메모리를 해제합니다.

표 13-1. open 함수의 mode 인자에 사용하는 열기 모드용 문자

문자	개요	
r	읽기용으로 연다	※ 기본값
w	쓰기용으로 열고 파일이 존재하는 경우 기존 내용을 지운다	
x	배타적인 생성으로 열고 파일이 존재하는 경우 실패한다	
a	쓰기용으로 열고 파일이 존재하는 경우 끝부분에 추가한다	
t	텍스트 모드	※ 기본값
b	바이너리 모드	
+	수정용으로 연다(읽기/쓰기)	

:: 파일에 추가 기록하고 읽기

List 13-1로 실행한 결과가 올바르게 반영되었는지 확인합니다. OS 명령어로 확인하거나 List 13-2처럼 직접 프로그램을 만들어서 확인할 수도 있습니다.

List 13-2

```
# 파일에서부터 두 줄의 문자열을 읽어들여 출력하기

f = open('hello.txt')        # 열기(텍스트 + 읽기 모드)

line1 = f.readline()         # 한 줄 읽어들이기
line2 = f.readline()         # 한 줄 읽어들이기

print(line1, end='')
print(line2, end='')

f.close()                    # 닫기
```

실행 결과

```
Hello!
How are you?
```

이번에는 파일을 열 때 모드를 지정하지 않습니다. 표 13-1에서 보는 바와 같이 'r의 읽기용'과 't의 텍스트'가 기본 값입니다. 따라서 모드는 'rt'로 처리됩니다.

파일 객체 f에서 호출하는 readline 메소드는 파일에서 행의 시작 부분부터 개행 문자까지 읽어와 리턴하는 메소드입니다.

▶ 리턴되는 문자열의 끝에는 개행 문자가 포함됩니다. 만약 파일의 마지막 행에 개행 문자가 없으면 그 행을 읽어들일 때의 문자열에는 개행 문자가 포함되지 않습니다.
또한 파일의 끝을 지나서 읽으려고 하는 경우에는 빈 문자열이 리턴됩니다.

파일을 실행해 보면 앞서 hello.txt에 쓴 두 줄의 문자열이 화면에 출력됩니다.

그럼 이번에는 파일에 문자열 두 줄을 추가합니다(List 13-3).

List 13-3

```
# 파일에 두 줄의 문자열을 추가하기

f = open('hello.txt', 'a')     # 열기(텍스트 + 추가 쓰기 모드)

f.write('Fine, thanks.\n')
f.write('And you?\n')

f.close()                      # 닫기
```

파일 hello.txt를 a의 추가 기록 모드로 열고 두 줄의 문자열 Fine, thanks.\n와 And you?\n를 파일의 마지막 위치에서부터 씁니다. 따라서 List 13-3을 실행할 때마다 파일 'hello.txt'에 두 줄의 문자열이 추가됩니다. 그림 13-2에서 확인할 수 있습니다.

List 13-2는 파일에서 두 줄만 읽어 옵니다. List 13-4로 파일의 모든 행을 읽어 출력합니다.

List 13-4

```
# 파일에서 모든 행의 문자열을 읽어들여 출력하기

f = open('hello.txt')         # 열기(텍스트 + 읽기 모드)

while True:
    line = f.readline()
    if not line:              # 읽지 못했다(파일의 끝에 도달)
        break
    print(line, end='')

f.close()                     # 닫기
```

모든 행을 읽기 때문에 읽어 오는 처리를 while문으로 제어합니다. 루프 본체의 시작 부분에서는 readline 메소드를 호출하여 한 줄의 문자열을 읽어들입니다. 읽어들인 문자열이 빈 문자열이면 break문으로 반복을 강제 종료합니다.

▶ 그림 13-1은 List 13-1을 1회 실행한 후 List 13-3를 두 번 실행했을 때의 모습입니다. 또한 파일의 내용을 확인하기 위해 List 13-4를 세 번 실행합니다.

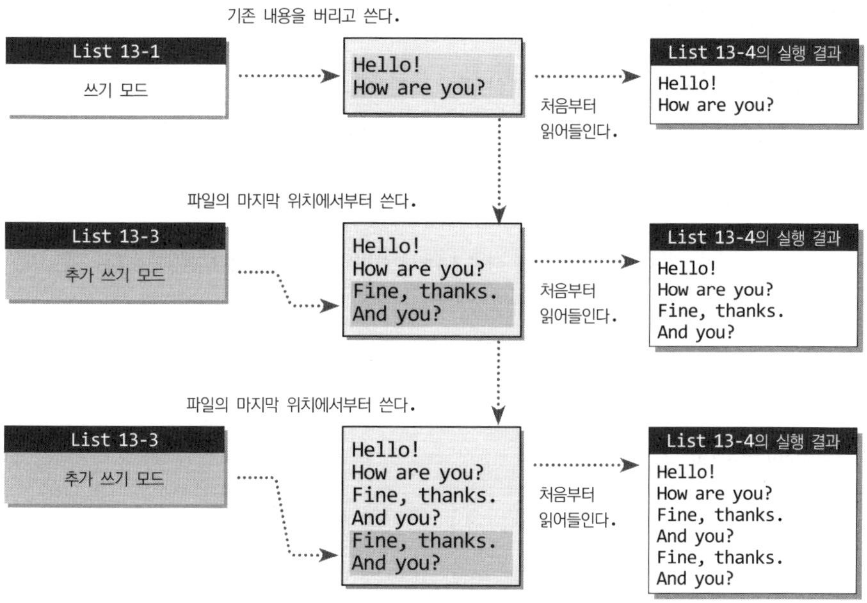

그림 13-1. 프로그램을 실행하여 hello.txt 파일에 읽고 쓰기

:: 파일에서 읽어오는 방법

지금까지 배웠듯 파이썬에서 텍스트 파일의 입출력은 문자열로 이루어집니다. 다음으로 파일에서 문자열을 읽어 들이는 다양한 종류의 방법을 학습합니다.

: read 메소드

read 메소드는 파일의 끝인 EOF(end of file)까지 읽어 단일 문자열로 리턴합니다.

따라서 오른쪽의 코드만으로 파일의 전체 내용을 출력할 수 있습니다(chap13/list1304a.py).

```
lines = f.read()
print(lines, end='')
```

▶ 생략할 수 있는 인수 size를 지정한 경우 최대 size 바이트를 읽습니다. 생략한 경우 기본값은 -1입니다. 음수 또는 None이 지정되면 파일 전체를 읽어들입니다.

: readline 메소드

readline 메소드는 앞에서 사용했습니다. 오른쪽 코드는 List 13-4와 동일합니다. 이 메소드는 행의 시작부터 개행 문자까지의 한 행을 읽어 단일 문자열을 리턴합니다.

```
while True:
    line = f.readline()
    if not line:
        break
    print(line, end='')
```

▶ 생략할 수 있는 인수 size를 지정한 경우 최대 size 바이트를 읽습니다. 생략한 경우 기본값은 -1이며 개행 문자까지의 한 행을 읽어들입니다.

: readlines 메소드

readlines 메소드는 여러 행을 읽습니다. 읽어들인 행은 문자열 리스트로 리턴합니다. 오른쪽의 코드는 lines에 대입된 리스트의 요소(문자열)를 한 개씩 출력합니다(chap13/list1304b.py).

```
lines = f.readlines()
for line in lines:
    print(line, end='')
```

▶ 생략할 수 있는 인수 size를 지정한 경우 최대 size 바이트를 읽습니다. 생략한 경우 기본값은 -1이며 파일 전체를 읽어들입니다.

: 파일 객체에서 직접 추출

텍스트 파일 객체는 이터러블 객체로 for문을 사용하여 행 단위로 추출할 수 있는 구조입니다.

```
for line in f:
    print(line, end='')
```

▶ 따라서 오른쪽의 코드와 같이 간결하게 작성할 수 있습니다. 이 코드는 빠르고 효율적인 방법으로 알려져 있습니다(chap13/list1304c.py).

:: 파일에 쓰는 방법

다음은 파일에 쓰는 방법을 학습합니다.

: write 메소드

앞서 배운대로 write 메소드는 문자열을 쓰고 쓴 문자 수를 리턴합니다. 끝에 개행 문자가 출력되지 않습니다. 그러므로 필요한 경우 명시적으로 개행을 출력해야 합니다.

: writelines 메소드

writelines 메소드는 문자열 리스트를 쓰는 메소드입니다. write 메소드와 마찬가지로 끝에 개행 문자가 출력되지 않습니다.

▶ List 13-1처럼 쓰려면 다음과 같이 작성합니다(chap13/list1301a.py).

```
f.writelines(['Hello!\n', 'How are you?\n'])
```

또한 print 함수로도 파일에 쓸 수 있습니다. 이때 다음과 같이 키워드 인수 file에 쓰고자 하는 파일 객체를 줍니다(chap13/list1301b.py).

```
print('Hello!\nHow are you?', file=f)          # 끝에 개행 문자가 자동으로 출력된다
```

Column 13-1. 인코딩 및 UTF-8

문자 코드와 그 일종인 ASCII에 대해 Column 7-3에서 배웠습니다.

파이썬은 기본적으로 그 환경에 적합한 문자 코드를 이용하여 텍스트 파일을 입출력합니다. 예를 들어 한국어 Windows에서는 EUC-KR 코드를 확장한 CP949를 이용합니다.

파일을 읽거나 쓰는 프로그램을 특정 환경에서만 작동하게 의도한 경우에는 상관없지만, 작성한 파일을 다른 환경에서도 자유롭게 읽고 쓰고자 할 때는 문자 코드가 중요합니다. 그러므로 open 함수의 세 번째 인수(키워드 인수명은 문자를 코드화한다는 의미의 encoding입니다)에 문자 코드를 지정할 수 있습니다. 다음 예들을 encoding에 지정할 수 있습니다.

```
'ascii'      'cp949'      'euc-kr'      'utf-8'
```

ascii는 영어의 문자 코드 ASCII이며 cp949, euc-kr은 한국어의 문자 코드 입니다. 이 외에도 중국어, 일본어 등 각 언어의 인코딩이 있습니다.

파이썬 프로그램에서는 UTF-8을 이용합니다. UTF-8은 다양한 언어의 문자를 취급할 수 있도록 만들어진 세계 표준 문자 코드로써 널리 이용됩니다. 읽고 쓰는 파일을 다양한 환경에서 유연하게 사용하려면 UTF-8을 채용하는 것이 좋습니다. 예를 들어 List 13-1은 다음과 같이 encoding 인수에 'utf-8'을 지정하여 파일을 엽니다.

```
f = open('hello.txt', 'w', encoding='utf-8')
```

이미 학습한 바와 같이 모드를 지정하는 인수의 키워드 인수 이름은 mode입니다. 이를 명시적으로 써서 키워드 인수를 지정한다면 아래와 같이 순서를 바꿀 수 있습니다.

```
f = open('hello.txt', encoding='utf-8', mode='w')
```

:: with문의 파일 처리

파일을 읽거나 쓸 때 다음과 같은 오류가 발생할 수 있습니다.

```
파일을 열 수 없다.
파일을 읽고 쓸 수 없다.
```

지금까지는 파일 처리 자체에 집중하기 위해 예외 처리를 생략했습니다. List 13-5에는 수행해야 하는 예외 처리를 추가합니다.

▶ 구조를 이해하는 것이 주요 목적이므로 예외 발생 시의 처리는 pass문으로 생략했습니다.

List 13-5

```
# 파일에서 문자열을 읽어들여 출력하기(예외 처리)

try:
    f = open('hello.txt', 'r')
    try:
        for line in f:
            print(line, end='')
    except OSError:
        pass              # 읽기 실패 시 대처 방안
    finally:
        f.close()
except OSError:
    pass                  # 열기 실패 시 대처 방안
```

실행 결과

```
Hello!
How are you?
```

예외 처리가 중첩된 구조로 이루어져 있습니다. 파일을 열 수 없는 경우 읽기를 수행할 필요가 없기 때문입니다.

파일을 처리할 때 with문(with statement)을 사용하면 간결하게 작성할 수 있습니다. List 13-6에서 with문을 사용합니다.

List 13-6

```
# 파일에서 문자열을 읽어들여 출력하기(with문)

with open('hello.txt', 'r') as f:
    for line in f:
        print(line, end='')
```

with문은 시작과 종료 처리를 수행하는 객체의 취급을 단순화하는 복합문입니다. with문의 머리에서는 시작 처리를 수행합니다. 여기에서는 파일 hello.txt를 f로 오픈합니다.

with문이 제어하는 스위트 실행이 종료되면 with문의 머리에서 수행한 시작 처리에 대응하는 종료 처리를 자동으로 수행하는 구조입니다. 이 경우 시작 부분의 open 함수에 대응하는 close 메소드가 자동으로 호출됩니다. 또한 스위트를 실행하는 동안 예외가 발생했을 경우에도 종료 처리를 수행하도록 했으므로 close 메소드가 호출됩니다.

with문을 사용하면 메모리를 획득해야 하는 객체를 초기화할 수 있습니다. 또한 메모리를 해제해야 하는 객체를 없앨 수도 있습니다.

▶ with문은 객체의 컨텍스트 관리자에 포함된 시작 처리 __enter__()와 종료 처리 __exit__()를 자동으로 수행하는 복합문입니다.
with문의 대상이 파일 객체인 경우 open 함수의 호출은 __enter__()에 해당하고, close 메소드 호출은 __exit__()에 해당합니다.
with문의 머리에서 __enter__()로 open 함수를 호출하고 그 리턴 값이 as 뒤에 놓인 변수 f에 대입됩니다. 스위트 실행이 완료되면 자동으로 close 메소드가 호출됩니다.
또한 오픈하는 파일이 여러 개라면 아래와 같이 쉼표로 구분합니다.

```
with open('input.txt', 'r') as fin, \
        open('output.txt', 'w') as fout :
    # --- 이하 생략 --- #
```

Column 13-2. 텍스트 파일의 개행 문자

텍스트 파일에서 개행 문자(줄 바꿈 문자)를 표시하는 방법은 OS에 따라 다릅니다. 대표적으로 다음과 같은 세 종류가 있습니다.

```
LF       : Unix, Linux, macOS 등
CR       : 버전 9까지의 macOS 등
CR + LF  : Windows 등(CR과 LF)
```

LF(line feed)는 ASCII 문자 코드가 0x0a인 문자 '\n'입니다. 협의의 줄 바꿈(화면이라면 커서를 다음 행으로 이동하는 것)을 의미합니다.

CR(carriage return)은 ASCII 문자 코드가 0x0d인 문자 '\r'입니다. 복귀(화면이라면 커서를 행의 처음으로 되돌리는 것)를 의미합니다.

개행 문자를 나타내는 문자는 그 수가 하나일 때도 있고 두 개일 때도 있습니다. 또 그 문자 코드의 구체적인 값이 OS에 따라 다릅니다. 그렇기 때문에 open 함수에는 개행과 관련된 동작을 키워드 인수 newline으로 지정할 수 있습니다. 사용할 수 있는 값은 None, 빈 문자열 " ", '\n', '\r', '\r\n' 중 하나입니다.

읽을 때

newline이 None이면 유니버설 개행 모드('\n', '\r', '\r\n'를 개행 문자로 해석하는 모드)가 된 후, 읽어 온 개행 문자를 문자열로 만들 때 '\n'으로 변환합니다.

newline이 빈 문자열이라면 유니버설 개행 모드로 지정되지만, 변환은 수행하지 않습니다. newline이 '\n', '\r', '\r\n' 중 하나라면, 그 지정된 문자열을 개행 문자로 간주하여 읽고 그대로 문자열로 리턴합니다.

쓸 때

newline이 None이면 개행 문자 '\n'이 그 시스템의 개행 문자(os.linesep)로 변환됩니다. newline이 빈 문자열이거나 '\n'이면 변환되지 않습니다. newline이 다른 문자인 경우에는 모든 '\n'이 주어진 문자로 변환됩니다.

Column 13-3. 파일 및 경로

엄청난 수의 파일을 일원적으로 관리하는 것은 어렵습니다. 따라서 대부분의 운영 체제에는 폴더(folder)라고도 불리는 디렉터리(directory)의 개념을 도입했습니다.

디렉터리는 여러 파일을 모아 그룹화하기 위한 것이라고 생각하면 됩니다. 그러나 디렉터리 안에는 파일뿐만 아니라 디렉터리도 존재할 수 있습니다. 따라서 디렉터리는 계층적인 트리 구조입니다. 당연하지만 파일 안에 디렉터리가 포함된다고는 하지 않습니다.

또한 디렉터리에 있는 파일과 디렉터리는 0개라도 상관없습니다. 이러한 디렉터리는 일반적으로 빈 디렉터리라고 합니다.

디렉터리의 기본 개념을 알아보겠습니다.

루트 디렉터리(root directory)

최상위 디렉터리며 단 한 개만 존재합니다. 그러나 Windows에서는 루트 디렉터리가 각 드라이브마다 한 개씩 존재합니다.

Unix에서는 루트 디렉터리를 /로 표시하고, 한국어 Windows에서는 ₩로 표시됩니다.

서브 디렉터리(sub directory)

계층적 디렉터리 구조에서 하위에 위치하는 디렉터리로, 디렉터리에 포함된 디렉터리입니다. 자식 디렉터리라고도 합니다.

슈퍼 디렉터리(super directory)

계층적 디렉터리 구조에서 하위 디렉터리를 포함하는 디렉터리, 즉 상위에 위치하는 디렉터리입니다. 부모 디렉터리라고도 합니다. 루트 디렉터리 이외의 디렉터리는 반드시 하나의 부모 디렉터리를 가집니다. 여러 부모를 가질 수는 없습니다.

홈 디렉터리(home directory)

각 사용자에게 부여된 전용 디렉터리입니다. 일반적으로 다른 사용자가 액세스할 수 없는 구조입니다.

작업 디렉터리(working directory)

현재 작업하고 있는 디렉터리입니다. 현재 디렉터리(current directory), 또는 현재 작업 디렉터리(current working directory)라고도 합니다.

많은 OS에서 로그인한 직후의 홈 디렉터리가 현재 디렉터리입니다. 즉 홈 디렉터리가 작업 위치입니다. 또한 현재 디렉터리는 OS 명령어로 자유롭게 이동할 수 있습니다.

파일과 디렉터리의 위치를 나타내는 것이 경로(path)입니다. 경로는 다음 두 가지 방법으로 표시합니다.

절대 경로(absolute path)

루트 디렉터리부터의 전체 경로를 나타냅니다. 현재 디렉터리와는 무관하게 결정합니다.

상대 경로(relative path)

특정 디렉터리, 일반적으로 현재 디렉터리부터의 경로를 나타냅니다. 경로의 표현에는 다음의 기호를 사용합니다.

..	상위 디렉터리를 나타낸다.
.	디렉터리 자신을 나타낸다.
~	홈 디렉터리를 나타낸다.
/	경로 표현에서 가장 처음에 있는 경우 루트 디렉터리를 나타낸다. 중간에 있는 경우에는 디렉터리명이나 파일명의 구분을 나타낸다(한국어 Windows에서는 ₩을 사용합니다).

그림 13C-1에서 확인합니다.

절대 경로

가장 처음에는 반드시 /여야 합니다. 표시할 파일 또는 디렉터리까지의 디렉터리를 /로 구분합니다.

파일 F1	/ D1 / D2 / F1
파일 F3	/ D1 / F3
파일 F4	/ F4
디렉터리 D3	/ D1 / D3

상대 경로

가장 처음에는 /가 올 수 없습니다. 동일 폴더 내의 파일이나 디렉터리인 형제 위치로 이동할 경우 일단 부모 위치로 올라갔다가 다시 내려갑니다.

현재 디렉터리가 D2일 때

파일 F1	F1
파일 F3	../F3
파일 F4	../../F4
디렉터리 D3	../D3

현재 디렉터리가 D1인 경우

파일 F1	D2/F1
파일 F3	F3
파일 F4	../F4
디렉터리 D3	D3

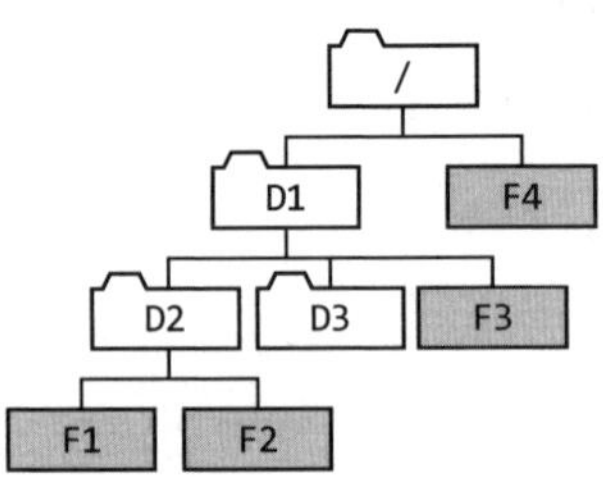

그림 13C-1. 파일 및 디렉터리의 구성 예시

SECTION 13-2

바이너리 파일

단순한 문자열로 표현할 수 없는 데이터를 저장하는 것이 바이너리 파일입니다.
Section 13-2에서는 바이너리 파일을 읽고 쓰는 방법을 학습합니다.

:: 텍스트 파일과 바이너리 파일

Section 13-1에서는 텍스트 파일을 중심으로 파일 처리 방법에 대해 배웠습니다. 화상이나 음성을 저장한 파일과 실행 파일 등은 문자만으로 읽고 쓸 수 없습니다. 이러한 파일을 바이너리 파일(binary file)이라고 합니다. List 13-7에서 바이너리 파일을 만들겠습니다.

List 13-7

```
# 바이너리 파일에 0x00~0xff 쓰기

with open('binfile.bin', 'bw') as f:      # 바이너리 쓰기 모드
    f.write(bytes(range(0, 256)))
```

파일 binfile.bin을 'b 바이너리' 그리고 'w 쓰기' 모드로 엽니다. 열기에 성공하면 256개의 정수 값 0~255를 늘어 놓은 바이트열을 생성하고 write 메소드로 씁니다.

0부터 255까지의 정수 값은 8자리의 2진수로 00000000~11111111입니다. 2자리의 16진수로는 00~ff입니다. 1바이트로 표현할 수 있는 모든 값을 파일에 씁니다.

▶ 열 때 파일이 존재하는 경우 기존의 내용이 지워집니다. 바이트열은 Section 7-3에서 살펴보았습니다.

이 파일의 내용을 그림 13-3에서 확인할 수 있습니다.

▶ 이 그림은 List 13-10을 실행하여 확인할 수 있습니다.

```
00000000 00 01 02 03 04 05 06 07 08 09 0a 0b 0c 0d 0e 0f ................
00000010 10 11 12 13 14 15 16 17 18 19 1a 1b 1c 1d 1e 1f ................
00000020 20 21 22 23 24 25 26 27 28 29 2a 2b 2c 2d 2e 2f  !"#$%&'()*+,-./
00000030 30 31 32 33 34 35 36 37 38 39 3a 3b 3c 3d 3e 3f 0123456789:;<=>?
00000040 40 41 42 43 44 45 46 47 48 49 4a 4b 4c 4d 4e 4f @ABCDEFGHIJKLMNO
00000050 50 51 52 53 54 55 56 57 58 59 5a 5b 5c 5d 5e 5f PQRSTUVWXYZ[\]^_
00000060 60 61 62 63 64 65 66 67 68 69 6a 6b 6c 6d 6e 6f `abcdefghijklmno
00000070 70 71 72 73 74 75 76 77 78 79 7a 7b 7c 7d 7e 7f pqrstuvwxyz{|}~.
00000080 80 81 82 83 84 85 86 87 88 89 8a 8b 8c 8d 8e 8f ................
00000090 90 91 92 93 94 95 96 97 98 99 9a 9b 9c 9d 9e 9f ................
000000a0 a0 a1 a2 a3 a4 a5 a6 a7 a8 a9 aa ab ac ad ae af ................
000000b0 b0 b1 b2 b3 b4 b5 b6 b7 b8 b9 ba bb bc bd be bf ................
000000c0 c0 c1 c2 c3 c4 c5 c6 c7 c8 c9 ca cb cc cd ce cf ................
000000d0 d0 d1 d2 d3 d4 d5 d6 d7 d8 d9 da db dc dd de df ................
000000e0 e0 e1 e2 e3 e4 e5 e6 e7 e8 e9 ea eb ec ed ee ef ................
000000f0 f0 f1 f2 f3 f4 f5 f6 f7 f8 f9 fa fb fc fd fe ff ................
```

그림 13-3. List 13-7에서 만든 바이너리 파일의 내용

다음으로 List 13-8을 실행하여 생성된 바이너리 파일을 읽어옵니다.

List 13-8

```
# 바이너리 파일에서 읽기

with open('binfile.bin', 'br') as f:
    bin = f.read()                # 전체를 읽어 들임
    for c in bin:
        print(int(c))
```

실행 결과

```
0
1
···· 중략 ····
254
255
```

파일 binfile.bin을 'b 바이너리' 그리고 'r의 읽기' 모드로 엽니다. 파일을 연 후에는 먼저 read 메소드를 이용하여 파일의 내용을 모두 읽어들입니다. 변수 bin은 바이트 타입이 되고 처음부터 순서대로 10진수 0~255가 들어갑니다. for문으로 그것을 하나씩 꺼내 int타입으로 변환하여 출력합니다.

Column 13-4. 파일 입출력의 내부

본문에서 학습한 텍스트 파일과 바이너리 파일의 읽고 쓰기는 텍스트 입출력(text I/O)과 바이너리 입출력 (binary I/O)으로 이루어집니다. 이처럼 텍스트나 바이너리 파일 등 다루는 파일의 종류에 따라 파일을 다루는 클래스가 달라집니다.

각 프로그램의 f의 타입을 확인하고 출력(print(type(f))를 실행)하면 다음과 같이 표시됩니다.

```
<class '_io TextIOWrapper'>     텍스트 파일(List 13-1)
<class '_io.BufferedWriter'>    바이너리 파일 쓰기(List 13-7)
<class '_io.BufferedReader'>    바이너리 파일 읽기(List 13-8)
```

똑같은 함수 open이 같은 이름의 변수 f를 리턴했습니다. 그러나 텍스트 파일에서의 f와 바이너리 파일에서의 f는 완전히 다릅니다. 또한 읽고 쓸 수 있는 r+b나 w+b로 바이너리를 오픈하면 BufferedRandom이 됩니다.

텍스트 입출력을 담당하는 클래스, 바이너리 파일 입출력을 담당하는 클래스, 또 각각에 포함된 다양한 메소드가 파일의 종류에 따른 처리를 수행하는 구조입니다.

다른 종류의 파일을 동일하게 취급할 수 있는 이유는 위의 클래스가 공통 클래스에서 파생하기 때문입니다.

물론 텍스트 입출력의 write와 바이너리의 입출력 write는 다르게 작동합니다. 또한 바이너리 입출력 전용 메소드로는 read1 메소드 등이 제공됩니다.

바이너리 파일을 열 때 키워드 인수 buffering에 0을 지정하면 파일은 원시 파일(raw file)이 되고, 원시 입출력(raw I/O)이 수행됩니다. 원시 입출력은 텍스트 입출력과 바이너리 입출력보다 낮은 수준의 입출력입니다. 따라서 일반적으로 프로그래머가 직접 다루는 일은 없습니다. 이 입출력을 나타내는 클래스가 FileIO입니다.

※ TextIOWrapper, Buffered계 클래스, FileIO 클래스는 모든 io 패키지에 속합니다.

:: 스트림 위치와 탐색

파일을 읽고 쓰고 있는 위치를 스트림 위치(stream position)라고 합니다. 파일을 열면 일반적인 스트림 위치는 파일의 처음입니다. 그리고 읽거나 쓴 바이트 수만큼 스트림 위치가 끝으로 이동합니다. 단 추가 쓰기 모드의 스트림 위치는 파일의 끝입니다.

스트림 위치를 확인하고 설정하는 메소드는 아래의 tell 메소드와 seek 메소드입니다.

```
f.tell()
```

tell 메소드는 현재의 스트림 위치를 리턴합니다.

```
f.seek(offset[, whence])
```

지정된 offset 바이트로 스트림 위치를 변경합니다.
offset은 whence로 지정한 위치로부터의 상대 위치로 해석됩니다. whence로 다음의 값을 지정합니다. 생략했을 때의 기본값은 SEEK_SET입니다.
SEEK_SET 또는 0 : 스트림의 처음. offset은 0 이상의 값이어야 합니다.
SEEK_CUR 또는 1 : 현재 스트림 위치. offset은 음수도 지정할 수 있습니다.
SEEK_END 또는 2 : 스트림의 끝. offset은 음수 값으로 지정합니다.
변경된 스트림의 위치를 리턴합니다.

▶ 이것은 바이너리 파일 메소드의 사양입니다. 텍스트 파일용 tell 메소드는 일정하지 않은 값을 리턴합니다. 또한 seek 메소드는 기능이 제한적입니다.

seek 메소드를 사용하면 파일의 임의의 위치에서 읽고 쓸 수 있습니다. List 13-9는 파일 binfile.bin에서 사용자가 입력한 위치의 바이트를 읽고 출력합니다.

List 13-9

```
# 바이너리 파일의 임의의 위치에 있는 문자 읽기

with open('binfile.bin', 'br') as f:
    while True:
        pos = int(input('위치 : '))
        f.seek(pos)
        c = f.read(1)
        print(c[0])

        retry = input('한 번 더[Y/N] : ')
        if retry in {'N', 'n'}:
            break
```

실행 결과

```
위치 : 5 Enter
5
한 번 더[Y/N] : Y Enter
위치 : 128 Enter
128
한 번 더[Y/N] : N Enter
```

파일 binfile.bin을 'b의 바이너리' 그리고 'r의 읽기' 모드로 엽니다. 키보드로 입력받은 pos 바이트의 위치를 찾아 1바이트만큼만 읽고 그 값을 출력합니다.

▶ 여기에서는 읽기 전용으로 파일을 열었습니다. 임의의 위치에서 읽고 쓰는 프로그램은 13챕터 정리에 있습니다(chap13/gist2.py).

Column 13-5. os 모듈로 경로 다루기

파일을 삭제하거나 파일의 유무 확인 등 파일 자체를 조작하기 위한 함수는 os 모듈에서 제공합니다. 표 13C-1은 주요 함수의 목록입니다.

표 13C-1. 경로를 다루는 주요 함수(os 모듈)

함수	설명
chdir(path)	(현재)작업 디렉터리를 path로 변경
getcwd()	(현재)작업 디렉터리를 확인
listdir(path)	path에 포함된 목록 확인
makedirs(name)	재귀적으로 디렉터리 name 생성(필요한 중간 디렉터리도 생성)
mkdir(path)	path 디렉터리 생성
remove(path)	path 파일 삭제
removedirs(name)	재귀적으로 디렉터리 name 삭제
rename(src, dst)	파일/디렉터리 이름을 src에서 dst로 변경

rmdir(path)	디렉터리 path 삭제
walk(path)	path를 정점으로 하는 디렉터리 트리에 있는 모든 파일의 이름 확인
path.basename(path)	경로 path의 파일 이름 부분을 확인
path.dirname(path)	경로 path의 디렉터리 이름을 확인
path.exists(path)	경로 path의 존재 여부 판정
path.getatime(path)	경로 path의 액세스 시간 확인
path.getmtime(path)	경로 path의 수정한 날짜 확인
path.getsize(path)	경로 path의 파일 크기를 바이트 단위로 확인
path.isabs(path)	경로 path가 절대 경로인지 판정
path.isdir(path)	경로 path가 디렉터리인지 판정
path.isfile(path)	경로 path가 파일인지 판정
path.join(path * paths)	한 개 이상의 요소를 결합하여 경로 생성
path.samefile(path1, path2)	두 경로가 동일한 파일/디렉터리를 참조하는지 판정
path.split(path)	경로 path를 베이스와 끝(경로의 마지막 요소)으로 분할
path.splitext(path)	경로 path를 베이스와 파일 확장자로 분할

▶ 이 표에서는 개요만 소개했습니다. 리턴 값이나 선택적 인수 등의 설명은 생략합니다.

os 모듈 이외에도 다음과 같은 모듈이 제공되고 있습니다.

filecmp 모듈	파일과 디렉터리의 비교
fnmatch 모듈	UNIX 형식 파일명의 패턴 매칭
glob 모듈	UNIX 형식 경로명의 패턴 전개
pathlib 모듈	객체 지향 파일 경로
shutil 모듈	높은 수준의 파일 조작
tempfile 모듈	임시 파일 및 디렉터리 생성

:: 파일 덤프

바이너리 모드로 쓴 파일은 텍스트 편집기 등에서 내용을 확인할 수 없습니다. 따라서 파일의 내용을 문자 코드로 출력하는 프로그램 List 13-10을 작성합니다.

List 13-10

```
# 파일 덤프(파일 내용을 코드와 문자로 출력하기)

import string

def is_print(ch: str) -> bool:
    """문자 ch는 인쇄할 수 있는 문자인가?"""
    return (ch == ' ' or ch in string.digits or ch in string.ascii_letters
                      or ch in string.punctuation)

fname = input('파일명 : ')

with open(fname, 'rb') as f:
    count = 0    # 어드레스(앞에서부터 몇 번째 바이트인가)
    while True:
        buf = f.read(16)
        n = len(buf)
        if n == 0:
            break
        print('%08x' % count, end=' ')          # 어드레스
        for i in range(n):                      # 문자 코드
            print('%02x' % buf[i], end=' ')
        if n < 16:
            print('   ' * (16 - n), end='')
        for i in buf:                           # 문자
            ch = chr(i)
            print('%c' % ch if is_print(ch) else '.', end='')
        print()
        if n < 16:
            break
        count += 16
```

List 13-10은 파일을 열고 저장되어 있는 내용을 처음부터 한 글자씩 16진수 문자 코드와 문자로 출력합니다.

파일이나 메모리의 내용을 한 번에 쓰는(출력하는) 처리를 덤프(dump)라고 합니다.

▶ 덤프 트럭이 한 번에 짐을 내리는 모습에 비유한 표현입니다.

함수 is_print는 인수로 받은 문자가 인쇄 가능한 문자인지 판정합니다. 즉, 화면이나 프린트 등에서 눈으로 볼 수 있도록 출력하는 문자인지 판정합니다. 따라서 공백, 숫자 문자, 아스키 문자, 구분 문자 중 하나이면 True를 리턴합니다.

▶ 이 함수는 ch가 공백 ' '인지 또는 string.digits, string.ascii_letters, string.punctuation 중 하나에 포함되는지를 판정합니다. string 모듈에서 제공하는 각 문자열은 Column 6-3에서 학습했습니다.

프로그램의 주요 부분에서는 파일을 'b 바이너리' 그리고 'r 읽기' 모드로 엽니다. 그리고 파일의 시작부터 몇 번째 바이트인지의 주소를 기억하기 위한 변수 count를 0으로 초기화합니다.

while문에서는 한 행의 16 문자를 읽고, 읽은 문자 수를 n에 대입합니다. n이 0이면 파일의 끝에 도달한 것이므로 break문으로 while문이 종료됩니다. n이 양수이면 먼저 현재의 위치를 출력하고 문자 n개의 16진수 문자 코드와 문자를 출력합니다. 마지막 줄에 한해 n의 값이 16 미만일 수 있다는 점에 유의하기 바랍니다.

▶ 각 문자는 is_print로 표시할 수 없다고 판단된 경우 문자 대신 마침표(.)로 출력합니다.

List 13-10의 내용을 덤프한 결과를 그림 13-4에서 확인할 수 있습니다.

▶ 이 결과는 실행 환경의 문자 코드 등에 따라 달라집니다. 또한 이 결과는 텍스트 파일을 바이너리 모드로 열고 읽은 것입니다.

파일명 : list1310.py Enter ↵

```
00000000 23 20 e3 83 95 e3 82 a1 e3 82 a4 e3 83 ab e3 82 # ..............
00000010 92 e3 83 80 e3 83 b3 e3 83 97 ef bc 88 e3 83 95 ................
00000020 e3 82 a1 e3 82 a4 e3 83 ab e3 81 ae e4 b8 ad e8 ................
00000030 ba ab e3 82 92 e3 82 b3 e3 83 bc e3 83 89 e3 81 ................
00000040 a8 e6 96 87 e5 ad 97 e3 81 a8 e3 81 a7 e8 a1 a8 ................
00000050 e7 a4 ba ef bc 89 0d 0a 0d 0a 69 6d 70 6f 72 74 ..........import
00000060 20 73 74 72 69 6e 67 0d 0a 0d 0a 64 65 66 20 69  string....def i
00000070 73 5f 70 72 69 6e 74 28 63 68 3a 20 73 74 72 29 s_print(ch: str)
00000080 20 2d 3e 20 62 6f 6f 6c 3a 0d 0a 20 20 20 20 22  -> bool:..    "
00000090 22 22 e6 96 87 e5 ad 97 63 68 e3 81 af e5 8d b0 "".....ch.......
000000a0 e5 ad 97 e5 8f af e8 83 bd e6 96 87 e5 ad 97 e3 ................
000000b0 81 a7 e3 81 82 e3 82 8b e3 81 8b ef bc 9f 22 22 ..............""
000000c0 22 0d 0a 20 20 20 20 72 65 74 75 72 6e 20 28 63 "..    return (c
000000d0 68 20 3d 3d 20 27 20 27 20 6f 72 20 63 68 20 69 h == ' ' or ch i
000000e0 6e 20 73 74 72 69 6e 67 2e 64 69 67 69 74 73 20 n string.digits
000000f0 6f 72 20 63 68 20 69 6e 20 73 74 72 69 6e 67 2e or ch in string.
00000100 61 73 63 69 69 5f 6c 65 74 74 65 72 73 0d 0a 20 ascii_letters..
00000110 20 20 20 20 20 20 20 20 20 20 20 20 20 20 20 20
00000120 20 20 20 20 20 6f 72 20 63 68 20 69 6e 20 73 74      or ch in st
00000130 72 69 6e 67 2e 70 75 6e 63 74 75 61 74 69 6f 6e ring.punctuation
00000140 29 0d 0a 0d 0a 66 6e 61 6d 65 20 3d 20 69 6e 70 )....fname = inp
00000150 75 74 28 27 e3 83 95 e3 82 a1 e3 82 a4 e3 83 ab ut('...........
00000160 e5 90 8d ef bc 9a 27 29 0d 0a 0d 0a 77 69 74 68 ......')....with
00000170 20 6f 70 65 6e 28 66 6e 61 6d 65 2c 20 27 72 62  open(fname, 'rb
00000180 27 29 20 61 73 20 66 3a 0d 0a 20 20 20 20 63 6f ') as f:..    co
00000190 75 6e 74 20 3d 20 30 20 20 20 20 23 20 e3 82 a2 unt = 0    # ...
000001a0 e3 83 89 e3 83 ac e3 82 b9 ef bc 88 e5 85 88 e9 ................
000001b0 a0 ad e3 81 8b e3 82 89 e4 bd 95 e3 83 90 e3 82 ................
                              …중략…
000003b0 64 3d 27 27 29 0d 0a 20 20 20 20 20 20 20 20 70 d='')..        p
000003c0 72 69 6e 74 28 29 0d 0a 20 20 20 20 20 20 20 20 rint()..
000003d0 69 66 20 6e 20 3c 20 31 36 3a 0d 0a 20 20 20 20 if n < 16:..
000003e0 20 20 20 20 20 20 20 20 62 72 65 61 6b 0d 0a 20         break..
000003f0 20 20 20 20 20 20 20 63 6f 75 6e 74 20 2b 3d 20        count +=
00000400 31 36 0d 0a                                     16..
```

문자 코드(16진수) 　　　　　　　　　　　 문자

그림 13-4. List 13-10의 실행 예

Column 13-6. pickle 모듈에 의한 객체의 보존과 복원

List 13C-1을 실행합니다. 처음 실행하면 "처음 실행하셨군요!"라고 출력되고 두 번째 실행부터는 이전에 실행한 날짜와 시간이 표시됩니다.

List 13C-1

```
# 이전에 실행한 날짜와 시간 출력하기

import os.path
import pickle
import datetime

CONFIG_FILE = 'config.dat'

previous = None

if os.path.exists(CONFIG_FILE):
    with open(CONFIG_FILE, 'rb') as f:
        previous = pickle.load(f)
        print('방문 일시 : ', previous)
        pass
else:
    print('처음 실행하셨군요!')

# 다양한 처리

current = datetime.datetime.now()

with open(CONFIG_FILE, 'wb') as f:
    pickle.dump(current, f)
```

처음 실행 결과

실행 결과

```
처음 실행하셨군요!
```

두 번째 이후의 실행 결과 예시

실행 결과

```
방문 일시 : 2021-01-18 15:13:27.741089
```

여기에서는 config.dat라는 파일을 읽고 씁니다. config.dat은 프로그램 실행을 종료한 날짜와 시간을 저장하는 파일입니다.

프로그램의 흐름을 대략적으로 살펴보겠습니다. 프로그램의 시작 부분에서는 파일 config.dat가 존재하는지 os.path.exists 함수(표 13C-1)를 이용하여 판정합니다. 판정 결과에 따라 다음과 같이 선택적으로 실행합니다.

파일이 존재하지 않는 경우

파일이 존재하지 않으면 '처음 실행하셨군요!'라고 출력합니다.

파일이 존재하는 경우

파일 config.dat을 엽니다. 그리고 파일로부터 마지막으로 쓴 날짜와 시간을 읽어 들여 출력합니다. 또한 프로그램 실행을 종료할 때는 항상 그때의 날짜와 시간을 파일 config.dat에 씁니다. 여기에서 사용하는 datetime 모듈과 pickle 모듈을 살펴보겠습니다.

datetime 모듈

datetime 모듈은 날짜와 시간에 관련된 데이터를 처리하기 위한 클래스를 제공하는 모듈입니다. 이 모듈에서는 날짜를 나타내는 date, 시간을 나타내는 time, 날짜와 시간을 조합한 datetime 등의 클래스가 제공됩니다.

List 13C-1에서는 현재 날짜와 시간을 datetime.datetime.now()로 구합니다. now는 모듈 datetime에 속하는 클래스 메소드입니다.

pickle 모듈

pickle 모듈은 날짜와 시간 정보를 파일에 읽고 쓰는 데 사용합니다. pickle 모듈은 객체를 피클로 변환하여 파일에 저장합니다. 파일에서 피클을 읽어들여 그것을 원래대로 되돌리면 본래의 객체로 복원할 수 있습니다.

또한 파이썬의 객체를 바이트 스트림으로 변환하는 과정을 피클화라고 합니다. 다른 언어의 직렬화(serialization)가 피클화에 해당합니다. 피클화는 다음과 같이 수행합니다.

dump 함수로 피클화하고 파일에 쓰기

dump(obj, file)로 호출하여 객체 obj를 피클화한 후 파일 오브젝트 file에 씁니다. 피클화할 수 있는 객체는 아래와 같습니다.

```
None, True, False
정수, 실수, 복소수
문자열, 바이트열, 바이트 배열
피클화할 수 있는 객체로 구성된 튜플, 리스트, 딕셔너리
모듈의 최상위에서 def로 정의된 함수(람다식 제외)
모듈의 최상위에 정의된 내장 함수
모듈의 최상위에 정의된 클래스
__dict__ 속성의 클래스 또는 __getstate__() 메소드의 리턴 값이 피클화할 수 있는 클래스
```

피클화에는 버전 0에서 4까지 다섯 종류의 프로토콜이 있습니다. dump 함수를 호출할 때 protcol 인수에 전달하면 명시적으로 지정할 수 있습니다.

List 13C-1에서는 프로그램을 종료할 때 현재 날짜와 시간을 저장하고 있는 객체 current를 피클화하여 파일에 기록합니다.

load 함수로 파일에서 읽어 피클 해제하기

load(file)로 호출하면 파일 오브젝트 file에서 읽어 온 다음 피클이 해제된(unpickle) 객체가 리턴됩니다.

List 13C-1에서는 파일에서 읽어 피클 해제한 것을 객체 previous에 저장한 후 마지막으로 실행한 날짜와 시간을 출력합니다.

정리

■ 파일은 내장 함수인 open 함수로 연다. 오픈할 파일의 경로나 모드를 인자로 준다.

r	읽기용으로 연다	※ 기본값
w	쓰기용으로 연다. 파일이 존재하는 경우 기존의 내용을 지운다	
x	배타적인 생성으로 연다. 파일이 존재하는 경우 실패한다	
a	쓰기용으로 연다. 파일이 존재하는 경우 끝부분에 추가한다	
t	텍스트 모드	※ 기본값
b	바이너리 모드	
+	수정용으로 연다(읽기/쓰기)	

■ 파일을 열 때의 모드 지정은 open 함수의 키워드 인수인 mode로 한다. 기본값은 'r 읽기'와 't 텍스트'다.

■ 파일 열기에 성공한 open 함수는 파일 객체를 리턴한다. 파일에 대한 각종 작업은 파일 객체를 통해 수행한다.

■ 파일을 열 때 지정한 모드에 따라 TextIOWrapper, BufferedWriter, BufferedReader, BufferedRandom, FileIO 등의 파일 객체 형태가 된다.

■ 파일을 사용한 후 close 메소드로 닫는 작업을 수행한다. 시작 처리와 종료 처리를 하는 객체는 with문을 사용하면 열기 및 닫기 처리를 간단하게 수행한다. 또한 예외 처리를 도입하지 않아도 확실하게 메모리 확보와 해제를 할 수 있다.

- 텍스트 파일의 읽고 쓰기는 문자열로 수행하며 인코딩 및 개행 문자에 유의해야 한다.
- 바이트열로 바이너리 파일을 읽고 쓴다.
- 파일에서 읽어 들이는 메소드에는 read 메소드, readline 메소드, readlines 메소드가 있다.
- 파일에 쓰기를 수행하는 메소드에는 write 메소드, writelines 메소드가 있다.

chap13/gist1.py

```
# 13챕터 정리1(파일 자기 자신의 내용을 행 번호와 함께 출력하기)

with open('gist1.py', 'r', encoding='utf8') as f:
    for i, line in enumerate(f, 1):
        print(f'{i:04} {line}', end='')
```

실행 결과

```
0001 # 13챕터 정리1(파일 자기 자신의 내용을 행 번호와 함께 출력하기)
0002
0003 with open('gist1.py', 'r', encoding='utf8') as f:
0004     for i, line in enumerate(f, 1):
0005         print(f'{i:04} {line}', end='')
```

- print 함수의 키워드 인수 file에 파일 객체를 지정하면 파일에 쓸 수 있다.
- 파일을 읽고 쓰는 위치는 스트림 위치라고 한다. 스트림 위치는 tell 메소드로 구하고 seek 메소드로 변경할 수 있다. 이러한 메소드는 원칙적으로 바이너리 파일에 적용한다.
- 경로를 조작하기 위한 기본적인 함수는 os 모듈로 제공된다. 경로, 즉 파일이나 디렉터리의 존재 여부는 os.path.exists 함수로 판정할 수 있다.

■ 날짜와 시간 데이터를 처리하는 클래스는 datetime 모듈에서 제공한다. 현재 날짜와 시간은 datetime.datetime.now 메소드로 가져올 수 있다.

■ 피클화하는 함수는 pickle모듈에서 제공된다.

■ 객체를 피클화하여 파일에 쓰고 저장하려면 pickle.dump 함수를 이용한다. 파일에서 pickle.load 함수로 읽어 오면 객체가 복원된다.

chap13/gist2.py

```
# 13챕터 정리2
# List 13-7로 만든 바이너리 파일의 임의의 위치에 있는 문자를 읽고 쓰기

with open('binfile.bin', 'br+') as f:
    while True:
        pos = int(input('위치 : '))
        f.seek(pos)
        c = f.read(1)
        print(c[0])

        retry = input('값 변경[Y/N] : ')
        if retry in {'Y', 'y'}:
            value = int(input('0~255의 수  : '))
            if 0 <= value <= 255:
                f.seek(pos)
                f.write(bytes([value]))
            else:
                print('올바르지 않은 값입니다.')

        retry = input('한 번 더[Y/N] : ')
        if retry in {'N', 'n'}:
            break
```

정수 ➜ 리스트 ➜ 바이트열
예 : 123 ➜ [123] ➜ b'{'

실행 결과

```
위치 : 7 Enter
7
값 변경[Y/N] : Y Enter
0~255의 수 : 300 Enter
올바르지 않은 값입니다.
한 번 더[Y/N] : Y Enter
위치 : 7 Enter
7
값 변경[Y/N] : Y Enter
0~255의 수 : 123 Enter
한 번 더[Y/N] : N Enter
```

List 13-10의 실행 결과

```
파일명 : binfile.bin Enter
00000000 00 01 02 03 04 05 06 7b 08 09 0a 0b 0c 0d 0e 0f .......{........
00000010 10 11 12 13 14 15 16 17 18 19 1a 1b 1c 1d 1e 1f ................
00000020 20 21 22 23 24 25 26 27 28 29 2a 2b 2c 2d 2e 2f  !"#$%&'()*+,-./
00000030 30 31 32 33 34 35 36 37 38 39 3a 3b 3c 3d 3e 3f 0123456789:;<=>?
00000040 40 41 42 43 44 45 46 47 48 49 4a 4b 4c 4d 4e 4f @ABCDEFGHIJKLMNO
00000050 50 51 52 53 54 55 56 57 58 59 5a 5b 5c 5d 5e 5f PQRSTUVWXYZ[\]^_
00000060 60 61 62 63 64 65 66 67 68 69 6a 6b 6c 6d 6e 6f `abcdefghijklmno
00000070 70 71 72 73 74 75 76 77 78 79 7a 7b 7c 7d 7e 7f pqrstuvwxyz{|}~.
... 이하 생략 ...
```

부록

설치와 실행

SECTION - A

파이썬 설치

파이썬을 시작하려면 먼저 컴퓨터에 파이썬을 설치해야 합니다.
이 책은 Windows 10 환경에서 설치 절차를 설명합니다.

:: 파이썬 다운로드

파이썬을 설치하려면 파이썬을 실행할 컴퓨터 시스템 종류를 알아야 합니다. [윈도우 시작 버튼] → [설정] → [시스템] → [정보]를 클릭합니다. 다음 그림처럼 설치할 시스템의 정보를 알 수 있습니다. 이 책은 64비트 운영체제를 기준으로 설명합니다.

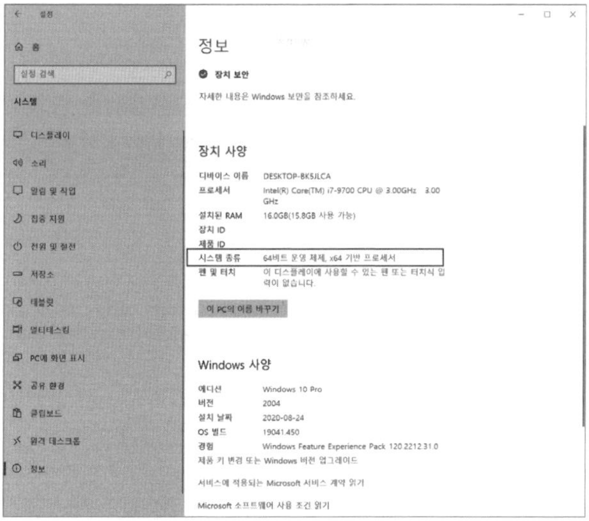

설치할 시스템의 정보를 확인했다면(64비트 운영체제) 파이썬 웹사이트에 접속합니다.

- http://www.python.org/

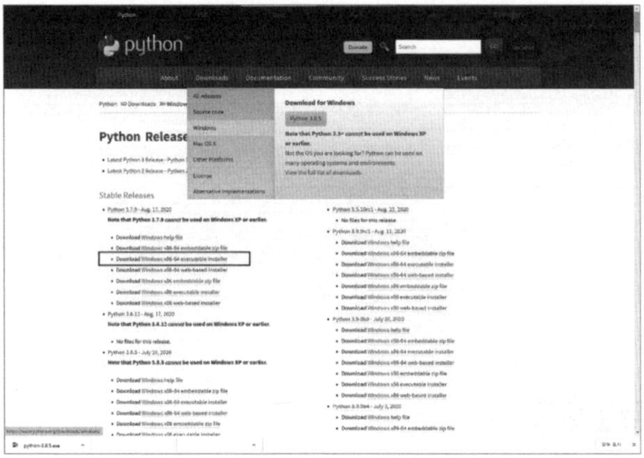

파이썬 배포 페이지에서 운영체제 종류와 설치 형태가 맞는 파일을 다운로드합니다. 이 책은 64비트 기준이기 때문에 [Download Windows x86-64 executable installer]를 선택합니다. 만일 설치할 운영체제가 32비트라면 [Download Windows x86 executable installer]를 선택합니다.

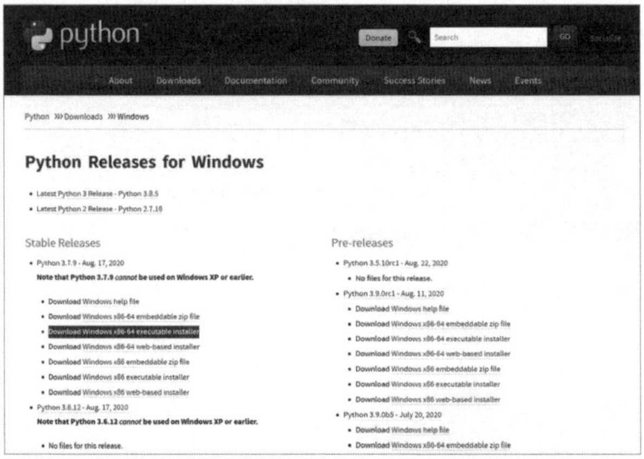

: : 파이썬 설치

앞선 설명과 함께 다운로드한 파일은 [python-3.7.3-amd64.exe]입니다. 이 파일을 실행하면 다음 그림이 나옵니다.

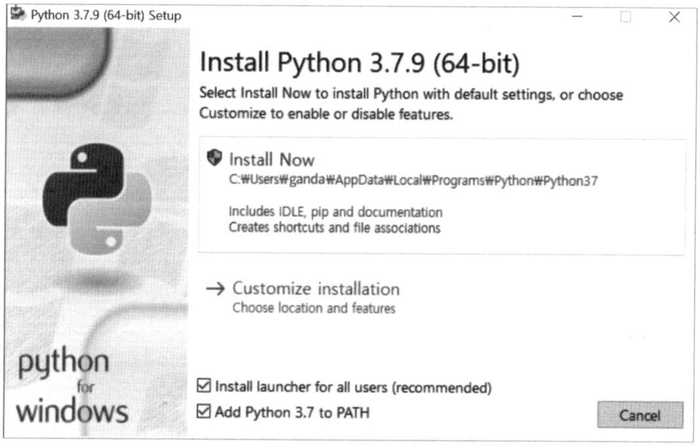

여기서 [Add Python 3.7 to PATH]에 체크하고 [Install Now]를 클릭해 설치를 진행합니다. 만일 설치할 경로를 바꾸거나 설치할 기능을 선택하려면 [Customize installation]을 선택합니다.

▶ 응용 프로그램이나 소프트웨어를 단순히 설치만 했다면 커맨드 이름만으로 실행할 수 없습니다. 커맨드 실행을 지시한 경우 환경 변수 PATH에 등록된 경로에서만 탐색되고, PATH에서 찾으면 실행하는 구조입니다. [Add Python 3.7 to PATH]를 체크하고 설치하면 파이썬이 설치되는 경로가 환경 변수 PATH에 등록됩니다. 따라서 PowerShell 등에서 파이썬 명령어를 실행했을 때 Windows가 자동으로 경로를 찾아 실행할 수 있습니다.

이 옵션을 선택하지 않고 설치하면 명령어를 시작할 때마다 파이썬이 설치된 경로를 지정해야 하는 불편함이 있습니다.

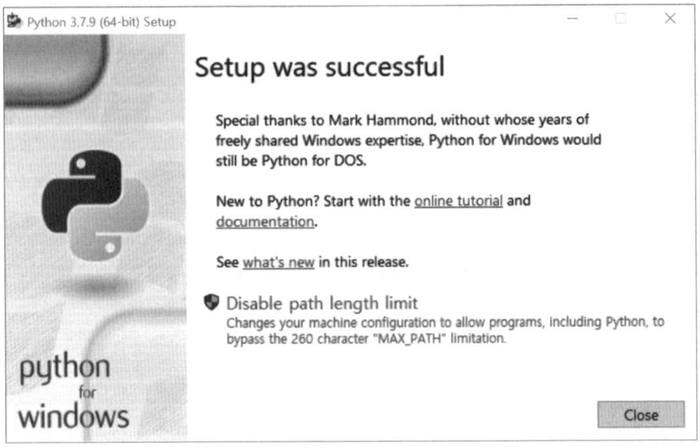

설치가 완료되면 〈Close〉 버튼을 클릭합니다. 이제 Windows 시작 메뉴에 파이썬 관련 메뉴가 생성됐는지 확인합니다.

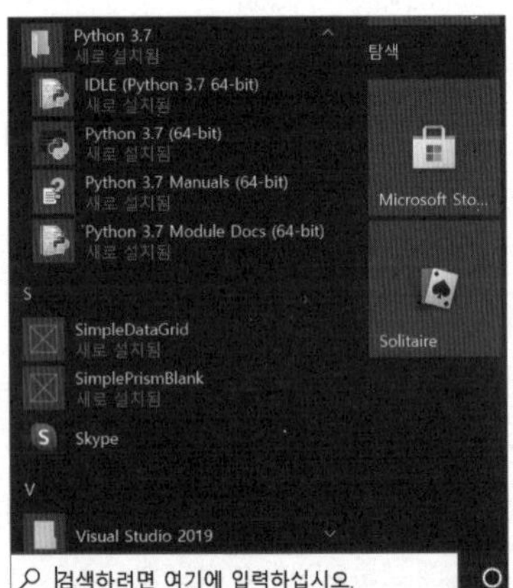

새로 설치된 [IDLE (Python 3.7 64-bit)]는 통합 개발 환경이고 [Python 3.7 (64-bit)]는 기본 대화 모드라고도 하는 인터랙티브 셸입니다.

:: 프로그램 실행 방법

파이썬은 다음과 같은 세 가지 실행 방법이 있습니다.

1	인터랙티브 셸(기본 대화 모드)	프로그램을 한 줄씩 실행합니다. 1챕터에서는 이 방법만 사용합니다
2	통합 개발 환경에서 실행	IDLE이라고 부르는 통합 개발 환경 도구를 사용하여 실행합니다
3	파이썬 커맨드로 실행	파이썬 커맨드를 사용하여 저장한 프로그램을 실행합니다

1. 인터랙티브 셸

먼저 인터랙티브 셸(기본 대화 모드)을 이용해 실행하는 방법을 알아봅니다. 앞 그림과 같이 [윈도우 시작 버튼] → [Python 3.7 (64-bit)]를 클릭해 인터랙티브 셸을 시작합니다.

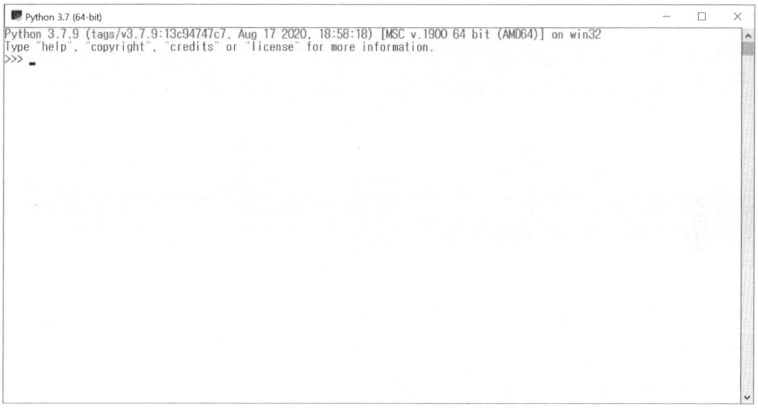

인터랙티브 셸 사용 방법은 1챕터에서 자세히 배우기 때문에 여기에서는 속성을 변경하는 방법을 알아봅니다. 왼쪽 상단의 아이콘을 클릭하면 시스템 메뉴가 나옵니다. 여기에서 [속성(P)]을 클릭합니다(또는 단축키 [Alt] + [space]를 누릅니다).

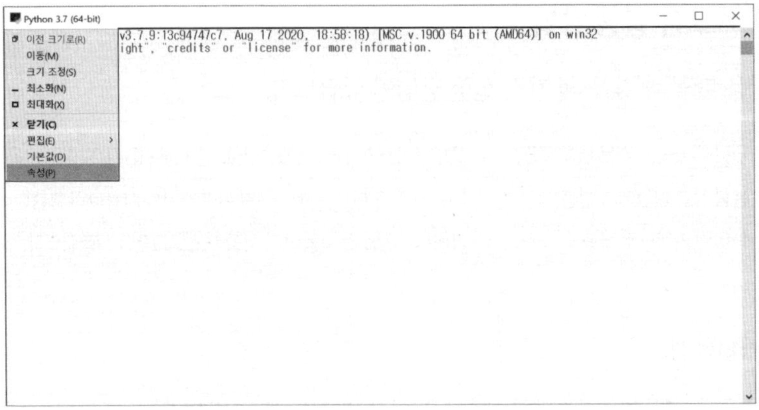

이 속성 창에서 커서 크기, 글꼴, 창 크기, 색(글자 색과 배경색) 등을 설정할 수 있습니다.

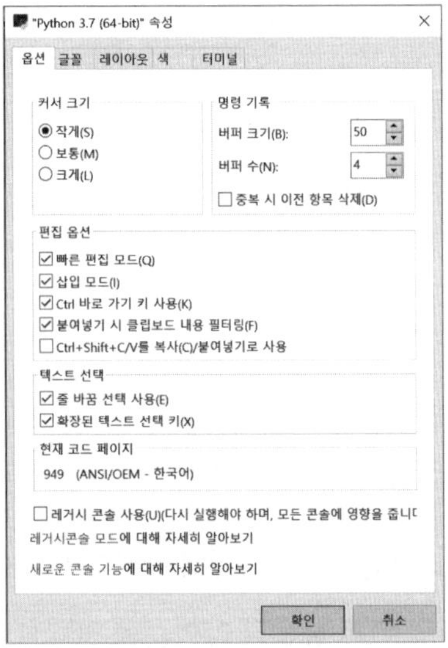

2. 통합 개발 환경

다음은 통합 개발 환경인 IDLE에서 실행하는 방법입니다. 앞에서와 같이 [윈도우 시작 버튼] → [IDLE (Python 3.7 64-bit)]을 클릭해 시작합니다.

인터랙티브 셸과는 달리 IDLE에는 [File], [Edit], [Shell], [Debug], [Options] 등 다양한 메뉴가 있습니다. [Options] 메뉴에서 [Configure IDLE]을 선택하면 글꼴과 색상 등의 다양한 항목을 설정할 수 있습니다.

[File] → [New File]을 선택하면 새 창이 열립니다. 또 저장한 파일을 편집하려면 [File] → [Open...]을 선택합니다. 열기 대화 상자가 나오면 파일을 선택합니다.

작성한 내용을 저장하려면 [File] → [Save] 또는 [Save As...]를 선택합니다. 다른 이름으로 저장 대화 상자가 나오면 원하는 디렉터리에 저장합니다. 확장자는 .py입니다.

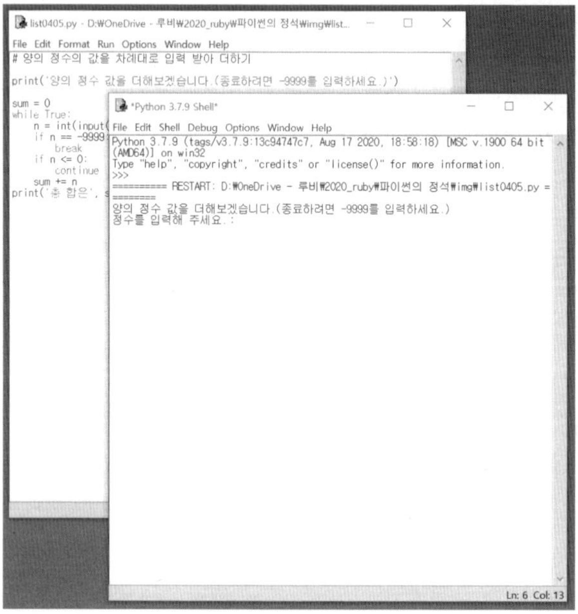

IDLE에서는 [F5] 키를 눌러 프로그램을 실행합니다. 실행하면 위 그림과 같이 새로운 창에서 실행됩니다.

:: 파이썬 커맨드

마지막으로 파이썬 커맨드에서 실행하는 방법입니다. [윈도우 시작 버튼] → [Windows PowerShell]을 클릭해 실행합니다.

파이썬 커맨드 실행 방식은 디렉터리, 파일, 경로, 현재 디렉터리 등의 개념을 잘 알고 있다고 가정하고 설명합니다.

파이썬 커맨드는 기본적으로 다음의 형식으로 실행합니다.

- python 스크립트파일 이름

다음 그림과 같이 python list0405.py로 List 4-5를 실행합니다.

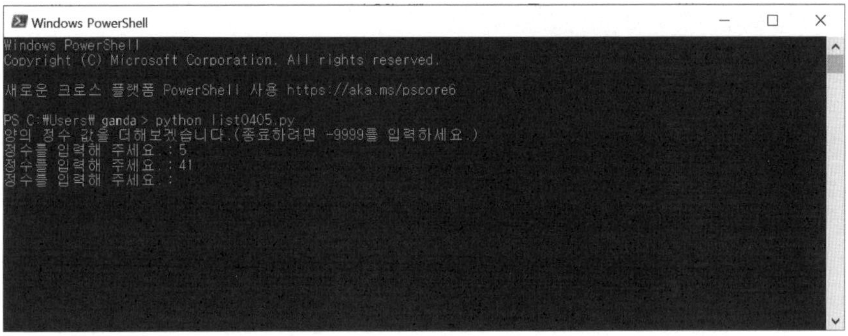

▶ 현재 디렉터리에 저장되어 있는 스크립트 프로그램을 실행하는 경우에는 스크립트 파일 이름만 지정하면 되지만, 현재 디렉터리가 아닌 다른 디렉터리에 저장되어 있는 스크립트 프로그램을 실행하려면 경로를 지정해야 합니다.

:: 예제 파일

이 책에서는 299개의 스크립트 프로그램을 작성하면서 학습합니다. 모든 예제는 다음 사이트에서 다운로드할 수 있습니다.

- https://www.rubypaper.co.kr/category/자료실

소스 파일은 압축 파일 한 개로 저장되어 있습니다. 다음 그림과 같이 원하는 디렉터리를 만들고 그 안에 파일을 저장합니다. IDLE에서 스크립트 프로그램을 열고 [F5] 키를 누르면 실행할 수 있습니다.

이 책을 마치며

축하합니다. 드디어 파이썬 기초를 모두 마쳤습니다.

이 책으로 파이썬을 공부하면서 다양한 생각이 들었을지도 모릅니다. 예를 들면 '변수와 변수 대입이 이런 의미였구나' 또는 '이 기능을 사용하면 초반에 만들었던 코드를 더 간결하게 할 수 있겠다'처럼 말입니다.

물론 파이썬뿐만 아니라 무엇을 배우더라도 비슷한 생각을 할 것입니다. 무언가를 배울 때 처음부터 전체 그림을 완전히 이해하고 나서 배우는 것은 불가능하기 때문입니다.

이 책을 집필하면서 여러분이 큰 그림을 놓치지 않고 파이썬이라는 언어의 길, 그리고 파이썬 프로그래밍의 길을 조금씩 걸어갈 수 있도록 노력했습니다. 그래서 처음 배우기에 어렵거나 자세한 내용들은 일부러 조금만 설명하고 나중에 제대로 된 설명을 덧붙이기도 했습니다.

본문을 약 600페이지 정도로 마무리했기 때문에 이 책에서는 제너레이터, 클래스의 응용, 응용 알고리즘, 스레드 프로그래밍, GUI 등은 다루지 않았습니다. 따라서 파이썬의 모든 스킬과 기술을 다룬 것은 아닙니다. 그러나 다음 단계를 학습하기 쉽도록 기초 지식을 탄탄하게 구성했으니 걱정하지 않아도 됩니다.

지금까지 정말 셀 수 없이 많은 학생과 전문 프로그래머를 대상으로 프로그래밍과 프로그래밍 언어를 지도했습니다. 수강생이 100명 있으면 100가지의 교재가 필요하다고 느낄 정도로 학습 목표, 진도, 이해 정도 등 모든 면에서 개인마다 차이가 있습니다.

또한 학습 목적도 취미로 배우는 사람, 프로그래밍 전공이 아니지만 학점을 위해 수강하는 사람, 전공자로서 필수로 수강하는 사람, 프로 게임 프로그래머가 되고자 하는 사람 등 다양합니다.

이 책은 이런 다양한 독자층을 대상으로 삼았으며 너무 쉽지도, 너무 어렵지도 않은 수준으로 만들고자 노력했습니다. 그럼에도 불구하고 너무 쉽다고 느낀 분도, 너무 어렵다고 느낀 분도 있을 것입니다.

이런 내용은 나는 필요 없다. 비슷한 예제가 너무 많다. 왜 이런 세세한 것까지 설명하는 걸까? 책의 구성이 이상한데 실제 소프트웨어 개발에서는 이렇게 하지 않을 텐데와 같은 의문이 들 수도 있습니다.

다음 내용은 파이썬 기초 단계를 마친 후에 참고하면 좋을 몇 가지 포인트입니다. 또한 지금까지 받은 질문과 의견에 대한 답변이기도 합니다.

용어에 대해

전문 용어는 명사 위주로 한국어와 영어를 병기했습니다. 영문명은 원칙적으로 파이썬 소프트웨어 재단의 문서를 준수했습니다. 한국어 단어(번역어)는 재단 사이트에서 한국어 문서를 참고했으나, 적절하지 않다고 느껴지는 번역어는 제 나름대로의 단어를 사용하였습니다.

컴퓨터 공학 계열의 학생이라면 프로그래밍에 관련된 영어 전문 서적을 읽게 될 수 있습니다. 이 책에 나와있는 영문 용어는 대부분 기본 단어이기 때문에 잘 알아 두어야 합니다.

유사한 예제에 대해

단순한 기능을 수행하는 프로그램이라도 다양한 구현 방법이 있고, 기능이 복잡해지면 구현 방법은 무한하다고 할 만큼 많습니다.

따라서 이 책에서는 각 학습 단계에 맞춘 구현 방법을 많이 준비했습니다. 예를 들면 1부터 n까지의 합을 구하는 List 4-3에서는 while문으로 구현하였고, 288페이지에서는 sum 함수와 range 함수를 조합하여 구현했습니다. 이 외에도 이 책의 예제는 고급 기술을 활용한다면 더 간결하고 실용적으로 사용할 수 있도록 다양하게 준비했습니다.

챕터 구성에 대해

이해가 빠른 독자나 다른 프로그래밍 언어에 경험이 있는 독자는 왠지 진도가 잘 나아가지 않는 것처럼 느껴져 후반의 내용이 부족하다고 느꼈을지도 모르겠습니다.

그러나 이렇게 구성한 이유 중 하나는 if문(3챕터)과 반복문(4챕터) 단계에서 좌절하는 학습자가 결코 적지 않기 때문입니다. 실제로 교육 현장의 선생님들로부터 'if문이나 반복문 단계에서 많은 학생들이 포기한다. 어떻게 가르치면 좋을까?'같은 상담을 많이 받습니다.

수학을 처음 배울 때를 생각해 봅시다. 우선 몇 가지 기본적인 사칙 연산에서 출발하여 덧셈과 뺄셈을 먼저 배웁니다. 예를 들면 1과 3을 더하는 문제를 풉니다. 물론 일상생활에서는 1과 3을 더하는 문제 자체를 풀 일은 없습니다.

또한 3×5는 대부분의 사람이 15라고 바로 대답합니다. 그러나 곱셈을 배우기 전에는 3을 다섯 번 더하는 방식의 덧셈으로 풀었습니다.

처음부터 OO(예를 들어, 객체지향 프로그래밍)을 가르쳐야 한다 라든가 실려 있는 예제가 실용적이지 않다는 의견도 있지만, 덧셈을 모르는 사람의 존재를 완전히 무시하고 처음부터 곱셈이나 방정식을 푸는 방법을 가르칠 수는 없습니다.

물론 Java와 같이 다른 객체지향 프로그래밍 언어에 익숙한 개발자만을 위한 경우에는 '모든 타입은 클래스다'와 '모든 클래스는 object클래스의 파생 클래스다'부터 시작할 수 있겠지요.

하지만 산술 계산 용도로만 파이썬을 사용하는 분들도 많이 있습니다. 프로그래밍 언어뿐만 아니라 무엇이든 간에 그 용도는 사용하는 사람이 결정하기 마련입니다.

게다가 기본서는 교육 현장에 따라 다른 목적으로 이용되기도 합니다. 예를 들면 이 책처럼 기본서를 사용하는 기초 프로그래밍 외에 컴퓨터 공학, 알고리즘과 데이터 구조, 객체지향 프로그래밍 등의 과정도 있습니다. 이러한 과정이라면 검색이나 정렬, 디자인 패턴 등은 다른 책으로 학습할 수 있습니다.

반면 이 책처럼 입문 교재 한 권만으로 프로그래밍을 가르치는 과정도 있습니다. 이런 경우에는 탐색이나 배열을 어느 정도 능숙하게 다루는 기술도 배워야 합니다.

다양한 교육 현장과 교재의 사용 방법을 넓고 깊게 고려하면 상급자나 프로 개발자 분들이 생각하는 이상으로 기초가 중요하다는 것이 저의 지론입니다.

마지막으로 이 책을 마치면서 몇 가지 주의해야 할 점을 알려드립니다. 지식이 부족한 상태에서 작성한 잘못된 내용의 책이나 웹 사이트가 너무나도 많이 있기 때문입니다.

변수에는 수명(저장소의 기간)이 있다.

변수의 수명이란 '함수에서 정의된 객체는 그 함수가 실행되는 동안에만 존재한다'와 같이 C언어 등에서 사용하는 개념입니다. 객체 중심의 파이썬에서 변수는 객체를 참조하는 이름일 뿐입니다. 따라서 함수 실행의 시작과 종료에 따라 객체가 생성되거나 삭제되는 것이 아닙니다. List 9-36에서도 확인할 수 있습니다. 여기에서 정수 객체 1, 2, 3, 4, 5, 6은 각 함수의 시작과 종료 타이밍에 만들어지고 소멸되는 것이 아닙니다.

변수의 수명이라는 개념은 파이썬에서 존재할 여지가 없습니다. 이 점에 대해서는 Column 5-1에서도 확인할 수 있습니다.

논리 연산자인 and 연산자와 or 연산자는 True 또는 False의 논릿값을 생성한다.

논리식 x and y 혹은 x or y의 평가에서 얻을 수 있는 값은 x 또는 y 중 하나라는 것을 3챕터에서 자세하게 설명했습니다. 식 5 or 3의 평가로 나오는 값은 True가 아닌 5입니다.

x와 y 자체가 논릿값이 아닌 이상, and 연산자와 or 연산자는 True 또는 False를 생성하지 않습니다. 원래 참(true)과 True는 동일하지 않으며, 거짓(false)과 False는 동일하지 않습니다.

파이썬에서는 논리식 x and y나 x or y에서 생성되는 값이 x나 y인 것을 이용하는 프로그래밍 기술이 유용하게 사용되는 것도 배웠습니다.

if문은 판정식이 True일 때 스위트를 실행한다.

if문의 판정식은 논릿값(True 또는 False)일 필요가 없습니다. 'if 5:'나, 'if [1, 2, 3]:' 같은 정수나 리스트 등 무엇이든 가능합니다. 왜냐하면 모든 값은 참 또는 거짓으로 간주되기 때문입니다.

덧붙여서 if문을 포함한 복합문이 제어하는 스위트를 머리 다음 행에 써야 한다는 잘못된 설명도 많이 볼 수 있지만 그렇지 않다는 것은 104p~112p에서 자세하게 설명했습니다.

대입 연산자는 우결합 연산자다.

대입문에서 사용되는 =이 연산자가 아니라는 것은 1챕터부터 계속 배웠습니다. 연산자가 아니기 때문에 우결합이나 좌결합 등의 결합성은 존재하지 않습니다.

대입 연산자가 우결합이라는 잘못된 전제에 따라 a=b=1이 a=(b=1)으로 간주된다는 설명을 볼 수 있지만 파이썬에서 a=(b=1)은 오류입니다.

함수의 인수 전달은 '값 전달' 또는 '참조 전달'로 수행된다.

파이썬에서 함수 간의 인수 전달은 값 전달도, 참조 전달도 아니라는 것을 9챕터에서 자세히 살펴보았습니다. 인수가 매개 변수에 대입된다는 매우 간단한 규칙에 따라 인수의 전달이 이루어집니다. 물론 대입되는 것은 값이 아닌 객체에 대한 참조입니다.

인수가 불변 객체인지 아닌지에 따라 겉으로 보이는 동작이 바뀔 뿐이며 인수의 타입과 성질에 따라 값 전달과 참조 전달이 구분되는 것도 아닙니다.

지금까지 주의점은 제 개인적인 견해가 아니라 모든 파이썬 공식 문서에 근거한 것입니다. 또한, 앞서 지적한 잘못된 내용으로 이루어진 서적을 보기도 했습니다. 그런 서적으로 학습하여 파이썬의 본질을 오해하지는 않을지 우려가 됩니다.

이 책에서 처음에 '변수는 값을 저장하는 상자와 같은 것이다'라고 꾸며 말했다가 나중에 실상을 밝혔습니다.

매뉴얼이 아닌 입문서이다 보니 많은 부분에서 문법 규칙이나 라이브러리 사양 등의 세세한 설명보다는 개념적인 설명이 필요했기 때문에 간혹 이러한 방법으로 설명한 부분도 있습니다.

세상에는 여러 가지 정보가 넘쳐납니다. 파이썬뿐만 아니라 다양한 정보를 그대로 받아들이지 말고 선별하여 스스로 판단하기를 바랍니다.

찾아보기

ㄱ

ㄴ

ㄷ

ㄹ

ㅅ

ㅈ

ㅊ

ㅋ

ㅌ

ㅍ

ㅎ

A

B

C

D

E

F

G

H

I

J

K

L

M

N

숫자